笔墨丹心

陈康白诗文赏析

宋逸鸥 王鹏 王民 / 编著

北京理工大学出版社
BEIJING INSTITUTE OF TECHNOLOGY PRESS

版权专有 侵权必究

图书在版编目（CIP）数据

笔墨丹心／宋逸鸥，王鹏，王民编著．--北京：北京理工大学出版社，2023.4
 ISBN 978-7-5763-2355-9

Ⅰ.①笔… Ⅱ.①宋…②王…③王… Ⅲ.①社会科学-文集 Ⅳ.①C53

中国国家版本馆 CIP 数据核字（2023）第 081501 号

出版发行 ／	北京理工大学出版社有限责任公司
社　　址 ／	北京市海淀区中关村南大街 5 号
邮　　编 ／	100081
电　　话 ／	(010)68914775（总编室）
	(010)82562903（教材售后服务热线）
	(010)68944723（其他图书服务热线）
网　　址 ／	http://www.bitpress.com.cn
经　　销 ／	全国各地新华书店
印　　刷 ／	三河市华骏印务包装有限公司
开　　本 ／	787 毫米 × 1092 毫米　1/16
印　　张 ／	28.75
字　　数 ／	346 千字
版　　次 ／	2023 年 4 月第 1 版　2023 年 4 月第 1 次印刷
定　　价 ／	98.00 元

责任编辑／李颖颖
文案编辑／李思雨
责任校对／周瑞红
责任印制／李志强

图书出现印装质量问题，请拨打售后服务热线，本社负责调换

青年时期的陈康白

1940年年初，陈康白（左三）和陕甘宁边区政府主席林伯渠（右一）等人勘察自然科学院校址

1944年12月27日，南下支队在山西垣曲跨过黄河冰桥。前排左起：陈康白、王恩茂、王首道、王震

陈康白与徐特立在一起

陈康白（左）、李强（中）与苏谦益（右）在北京工业学院建校40周年大会上

陈康白（中）与王震（右二）、王首道（右一）、王恩茂（左二）相聚在一起

1952年6月28日，陈康白校长（前中）在哈工大与师生们合影

中央人民政府任命陈康白为哈尔滨工业大学校长的任命书

1951年陈康白在东北时期

1958年陈康白（推车者）带领自然辩证法班学员参加大炼钢铁活动

1958年11月，陈康白（二排左五）带领自然辩证法班学员来到徐水公社

油画陈康白

陈康白与孙女陈樱对弈

在陈康白故乡湖南长沙县路口镇设有陈康白生平业绩陈列馆

风华正茂的陈康白

陈康白在国务院二招

病房中的温馨

陈康白徜徉在哈尔滨街头

陈康白教外甥、外甥女下棋

浓情翰墨映丹心
（序）

苏 青

合上《笔墨丹心》文稿，思绪万千，颇多感慨。该书主要编著者王民先生不仅曾是我在北京理工大学工作时的同事，还是志趣相投的好朋友，拜读《笔墨丹心》，自然倍感亲切、喜悦，禁不住要为新书的付梓连连点赞。

一赞王民好友坚持不懈研究中国共产党自然科学高等教育发展历史，发掘延安时期著名科学家、教育家陈康白的历史价值，全面展现陈康白的精神风采，成为研究陈康白先生第一人。王民自1986年起就一直在北京理工大学工作，早在校招生办公室工作时，他就注意搜集学校不同历史时期的重大事件、重要人物、重要新闻和重要成果，将其编入招生简章予以重点宣传，以增强考生报考母校的吸引力。2008年调任校档案馆副馆长后，他开始参与学校历史上第一个常设校史馆筹建工作，着手收集、整理、研究学校历史资料，聚焦我党创办自然科学高等教育尤其是延安自然科学院发展史研究。延安时期的自然科学院是北京理工大学的前身，创办于1940

注：苏青，博士，研究员，国务院政府特殊津贴专家，全国新闻出版行业领军人才；曾任北京理工大学校长办公室主任、出版社社长、兼职教授，科学普及出版社暨中国科学技术出版社社长，中国科技馆党委书记等职；现任中国青少年科技教育工作者协会副理事长兼科学传播工作委员会主任。

年9月，是中国共产党创建的第一所理工科大学，由此开启了我党创办自然科学高等教育的先河。作为真实的历史存在，延安自然科学院虽然广被人知，但由于解放战争期间延安曾一度"沦陷"，中央和各个单位的许多历史资料或被销毁或被掩埋或不幸遗失，保留下来的物证、档案少之又少。为此，王民一直在思考一个问题：用什么来展示延安自然科学院的诞生和早期建院的意义，以及对日后学校不同历史发展阶段的影响？校友们写的回忆录和为数不多的老照片，以及已出版的《延安自然科学院史料》固然珍贵，但仍然显得单薄，不足以说明延安自然科学院建院的伟大历史意义。带着这个问题，王民开始了持续十余年的艰难查找、探寻、收集、整理、研究工作，并取得了一系列骄人的成果。

功夫不负有心人。王民最终从中央档案馆、陈康白遗孀黎扬等处，找到了有关延安自然科学院创建等方面的许多重要档案资料。根据文献查询、实地勘察、校友走访等，他和其他同志一道落实校党委指示精神，创建了新校史馆，复原了延安自然科学院旧址沙盘，主编出版了《中共中央在延安十三年资料（4）——中央机关工作和建设》一书，协助拍摄了《徐特立》《党旗飘飘》《奠基中国》《传奇共产党人——刘鼎》《抗战中的财经》《红色育人路》《寻宝校史馆》等多部有关延安革命史的电视片，在《光明日报》《自然辩证法研究》《中华魂》等报刊上发表多篇相关研究文章，为研究延安时期党史和北京理工大学红色发展历史增添了新的内容。

在延安自然科学院跨度近6年的办学历史上，李富春、徐特立、陈康白、李强曾先后担任院长。王民在研究过程中发现，李富春、徐特立、李强三位老院长都出版过个人传记，相关史料都很多，唯独第三任院长陈康白既未见其个人传记，相关的历史资料也非常少，校档案馆和互联网上也很难找到有关他的详细介绍。作为当年延安最大的科学家，新中国成立后，陈康白先后任东北军区军工部总工程师、东北人民政府文化部副部长、哈尔滨工业大学校长、中国科学院秘书长、中共中央高级党校哲学教研室副主任兼自然辩证法教研室主任、中华全国自然科学专门学会联合会副主席、中共中央华北局文教办副主任和农办副主任、国务院参事等职,这样一位传奇历史人物却几乎被后人遗忘,实在是不应该。于是,王民又开始着手研究陈康白,经过11年的努力,终于写就《陈康白传》一书,并即将由中央文献出版社出版。如今,现任北京理工大学校史馆馆长、档案馆副馆长,中国延安精神研究会理事的王民好友,已成为中国共产党自然科学高等教育发展历史尤其是延安自然科学院院史研究方面的专家,成为研究陈康白先生的第一人和绝对权威。《笔墨丹心》则是王民撰写《陈康白传》的附带研究成果,它与《陈康白传》一道,全面展示了陈康白革命的一生、奋斗的一生、公而忘私的一生、坎坷多难的一生、坚贞不屈的一生,同时也对《陈康白传》做了很好的细化和补充,使得《陈康白传》中的人物形象更真实、更立体、更饱满、更具吸引力。

二赞王民好友慧眼识珠,抢救性发掘陈康白诗文史料,为研究我党在延安时期的革命、科技、教育和工农业发展历史提供了极为珍贵的素材,填补了诸多空白,具有较高的史料和文献价值。为了撰写《陈康白传》,王民曾多次带领同事前往陈康白的遗孀黎扬和女儿陈明珠家,发现了大量陈康白遗存的诗文手稿和文件资料。2020年夏,他带领同事在整理这些手稿、资料时,被几个陈旧的笔记本所吸引,细心的王民在其中一个笔记本里发现了几首记载延安时期事项的诗词,诗的题目如"追记延安豹子川访田三""跻边开盐田""寿徐老"等。显然,这些诗句并不是陈康白摘抄的古诗文,将诗歌下方标注的创作时间与陈康白在延安的经历相比对,王民惊喜地发现,这些都是陈康白原创的诗文。沿着这条线索,之后,在陈康白遗存的各种资料中,他们又陆续找到了陈康白创作的几十首诗词作品和一批从未面世过的文稿。

陈康白，原名陈运煌，1903年8月30日出生于湖南省长沙县麻林桥乡（今长沙县路口镇明月村）；1927年毕业于厦门大学化学系，先后在国立浙江大学、北京大学任教，1933年经诺贝尔化学奖获得者阿道夫·温道斯引荐赴德国哥廷根大学化学研究院讲学并从事科学研究；1937年回国后，在徐特立指引下奔赴延安参加革命，1939年入党。延安时期，他先后担任中共中央军事委员会军工局技术处处长、边区工业展览会筹委会主任、三边盐业处处长等职，成为延安时期著名的科学家。

1939年5月，作为筹建小组组长，陈康白在李富春领导下，负责筹建延安自然科学研究院并担任副院长；1940年3月，又是作为筹建小组组长，在中央和边区政府领导下，筹建延安自然科学院并任副院长；1944年5月，出任延安自然科学院院长。王民考证的结果表明，陈康白先后担任延安自然科学研究院和延安自然科学院两个筹建小组的组长，是这项工作最具体、最直接的领导者和实施者，可谓创建延安自然科学研究院和延安自然科学院的最大功臣，是延安时期知名的教育家。

王民团队抢救性发掘的这些陈康白诗文史料，既有延安时期和解放初期，又有新中国成立后的手稿和印刷品，几乎涵盖了陈康白老院长奋斗的一生。诗文不仅全面展示了陈康白在诗词方面深厚的历史底蕴和文学功底，以及在不同历史时期的主要工作成就，更展示了延安时期他在化学研究、石油开采、农业开发、经济管理、哲学研究、教育教学、军工生产、重工业管理、矿产开发、高等教育、科学机构设置和自然辩证法研究诸多方面的突出贡献，是我党在延安时期的革命、科技、教育和工农业发展史料的重要补充，填补了诸多空白，具有较高的史料和文献价值，为了解、研究我党领导的科技、教育发展史提供了珍贵的参考资料。

以第二部分"文章荟萃"中的《五月初在延安举行边区工业展览会》《边区工业展览会之召开与抗战之经济建设》《边区工业展览会的意义》为

例，这3篇文章全面、系统地介绍了我党第一次举办大型边区工业展览会的初衷、筹备、展开和总结工作的全部过程和详细情况，为研究我党展览会历史提供了鲜活的史料和成功的案例。研读《笔墨丹心》，读者可以真切地感受到，陈康白不愧为我党在延安时期不可多得的科学家、教育家、政治家和社会活动家。

三赞王民好友带领团队成员对陈康白诗文进行认真、细致、全面、客观的解读，深入挖掘其内涵、价值，为北京理工大学文化建设做出重要贡献，为新生入学教育提供了极好教材。《笔墨丹心》分"诗词赏析"和"文章荟萃"两部分，共收录陈康白诗词66篇、文章32篇；第一部分"诗词赏析"重在对陈康白创作的诗词进行认真、细致、全面、客观的注解、翻译、赏析，第二部分则在认真考证陈康白撰写的每篇文章历史背景的基础上，给出了有助于读者阅读、理解的必要说明。可以说，在此基础上编著完成的《笔墨丹心》一书，体现了王民编著团队对陈康白诗文内涵、价值的深入挖掘，是一次文学、艺术上的再创造，不失为北京理工大学文化建设的一项重要成果，可作为新生入学教育的极好教材。

以第一部分"诗词赏析"中的"跻边开盐田（一）"为例："革命旌旗映北山，长城万里敢登攀。春日繁花沙漠里，牧群棋布彩云端。平湖盐石欢心白，晶体骄阳满目斑。事到于今歌出塞，来游此地不知还。"此诗写于1940年春，正值延安艰难困苦之际，陈康白利用所学化学知识在边区组织开发盐田，克服重重困难开展生产自救；虽身处人烟罕迹荒漠，他却并未感到孤单寂寥，如同慷慨远征的将士高歌出塞，革命激情高涨，雄心壮志凌云。读罢此诗，学习老一辈革命家的乐观主义精神，在"攻城不怕坚，攻书莫畏难"攀登科学新高峰的征程上，相信今天的莘莘学子一定也会充满豪迈的情怀。

第二部分"文章荟萃"中的许多文章，对今天的读者仍多有启发、多有教益。读"整理陕北石油矿建议书""陕甘宁边区垦荒报告书"等文章，一个重调查研究、重实地考察、重分析研究、重数据事实、重系统规划、重实操落地的科学家形象跃然纸上，令人感动，让人敬佩。而写于1952年2月的《对〈巩固国防、发展经济〉草稿的修改意见》一文，则彰显了陈康白作为科学家不唯上不媚上、实事求是、坚持真理的精神风范，以及作为政治家襟怀坦白、勇于担当、敢于谏言的品德修养。《巩固国防、发展经济》是时任东北人民政府主席高岗准备在东北人民政府委员会第三次扩大会议上作的重要报告稿，陈康白的修改意见不仅没有一味逢迎或是简单敷衍，而且一针见血地指出了当时东北工业存在的大量问题，痛陈这些问题的严重危害性，并特别强调"为了建立制度而不流于形式，就应该认真反对形式主义。"时至今日，这些铮铮建言，仍然振聋发聩，催人警醒。

陈康白早年专攻化学，在专业领域颇有成就，从德国学成回国后，他并未就职校园、沉迷安逸、享乐生活，而是毅然奔赴延安，从此投身革命，献身祖国，服务人民，殚精竭虑，为今天的青年才俊树立了爱国爱民、拼搏奋斗、无私奉献的人生楷模。这位地道的理工男有着极高的文学造诣、艺术修养，品读《笔墨丹心》便可见一斑。陈康白写诗填词善于用典，尤喜借鉴诗圣杜甫的名诗，将古诗名句写出新意，写出新境界；其论文、报告、建议、书信、讲话、笔记等涉猎学科之广泛、探研问题之深入，更是彰显了他见识之高远、学问之渊博、见解之独到、才情之不凡。对今天文理普遍偏科的青年人来说，品读《笔墨丹心》，细究陈康白的成长之路，将更加知晓文学艺术对健全人格培养的重要作用，更加懂得科学人文相互融合对创新发展的积极意义。

四赞王民好友克服重重困难，组织编著出版《笔墨丹心》一书，彰显了他锲而不舍、坚韧不拔、努力钻研、虚心求教、无私奉献，忠实践行"团结、勤奋、求实、创新"校风的工作作风和优秀品质。陈康白的诗文被发现后，王民带领团队成员认真抄录、悉心整理。有的文稿字迹模糊，难以辨认，有的遣词用句较为生僻，不好理解，这些困难都没有难住他们，最终都被一一解决。团队成员只有一人是文学专业毕业，对古诗词也只是爱好而已，并无相关的专业基础，要想比较全面、客观、准确地解读、赏析陈康白的每一首诗词，难度之大、挑战之艰，可想而知。但是，这同样没有难倒王民他们。为使诗词解读更为严谨、准确，王民带领团队成员发挥集体智慧，共同研究探讨，虚心吸收朋友好的意见和建议，反复修改、不断完善。以第一部分中的第七首诗"夜渡汾河平原"为例，全诗如下："夜寒风黑到汾西，水灌冰封步步迷。过客正须愁出入，行军不自解东西。寻村问路亏枪托，野店山桥信马蹄。敌顽缩首乌龟壳，百八平川未足奇。"编著者最初将诗中四五两句理解为，"寻村问路"要凭借"枪托"做探杖，途经"野店山桥"要靠"战马"辨别方向。友人指出这样的理解过于浅显，不一定正确。该诗创作于1944年冬，正值抗日战争"大反攻"时期，陈康白随南下部队跨汾河、过同蒲，日夜征战，此处"枪托"和"马蹄"应该是代指南下武装力量。王民欣然接受友人建议，全诗重新翻译后，我军攻城略地、摧枯拉朽、一路南下，打得敌人闻风丧胆的英姿顿现，全诗的文学、艺术、思想境界马上就提升到了一个新的高度。

陈康白生性耿直，按他夫人黎扬老人所说："陈康白是一个书生似的科学家，不会当官，说话不会拐弯，很容易得罪人。他干工作总有自己的想法，他的有些想法很超前，所以很多人不理解他，不赞同他。有的时候一些领导也不支持他，批评他是'大军工、大计划、教条主义'。"或是个人性格使然，陈康白在新中国成立后的一段时期内屡遭排挤，"文革"期间更是遭人迫害，身陷囹圄，受尽磨难。这或许就是在此之前人们见不到陈康白的传记、很难查找到有关他的详细资料的缘故吧。

编著出版《陈康白传》《笔墨丹心》等史料图书，并非王民的硬性本职工作，而是他高度的使命感和责任感使然。这需要他拥有高超的理解和把握现行出版政策的能力。在为数不少人信奉"多一事不如少一事""躺平""润"的复杂官场，王民这种爱党忧国、主动担当、积极作为、敢于创新的精神，更是弥足珍贵。我以为，这也是王民好友带领团队成员践行"要实事求是，不要自以为是"延安自然科学院精神和"团结、勤奋、求实、创新"北京理工大学校风的具体体现。

有感于老一辈革命家陈康白的一片丹心光昭日月、新一代学者王民的赤诚情怀忠心可鉴，遐想于数代人隔空互为知音、惺惺相惜、共担忧乐，特填《浪淘沙令》词一首，以示褒赞之心，以表敬佩之意，以抒感慨情怀。"陕北理真寻，沐浴新霖。科研生产手拿擒。建院办学才俊育，鼓瑟鸣琴。//行路雨风侵，孤枕沉吟。浓情翰墨映丹心。赏析诗文圆鹤梦，喜遇知音。"

才疏学浅，自不量力，是以为序。

完稿于 2023 年 3 月 18 日凌晨

目 录

第一部分 诗词赏析

一、湖南同乡交谊会即席写怀 ·· 2

二、咏霜 ··· 7

三、追记延安豹子川访田三 ··· 9

四、跬边开盐田（一） ·· 12

五、跬边开盐田（二） ·· 16

六、寿徐老 ·· 19

七、夜渡汾河平原 ··· 22

八、黄河天险徒步过 ·· 25

九、吊陈宗尧将军 ··· 29

十、悼叶陀 ·· 34

十一、仿唐人韵离思 ·· 37

十二、女庄员赞 ·· 41

十三、浣溪沙·过长沙东乡鲁家嘏旧居有感 ······························· 44

十四、游秀峰 ··· 46

十五、咏庐 ·· 49

十六、题桂林山水图 ················· 52

十七、从中原会战到台湾负隅 ··········· 55

十八、汀家港水库即兴赋诗 ············ 59

十九、震后花絮　仿雨中花词 ··········· 61

二十、赋得灌溉无遗亩设想 ············ 64

二十一、西江月·吊棋友袁老太 ·········· 67

二十二、春暴雨 ··················· 70

二十三、前题 ···················· 73

二十四、吊邓艾 ··················· 75

二十五、过武汉忆抗日战争 ············ 78

二十六、咏刘备伐吴兵败，一蹶不振 ······· 80

二十七、西湖踏春词 ················ 83

二十八、登越王台怀鸱夷子皮 ··········· 86

二十九、咏红白杂色桃花 ············· 90

三十、看画师写桃花（湖滨） ··········· 92

三十一、出水芙蓉图 ················ 94

三十二、渔歌子·木兰 ··············· 97

三十三、咏红桃和樱桃 ·············· 99

三十四、谁先到校 ················· 101

三十五、咏红白月季和十姊妹 ··········· 103

三十六、劳动后的休息 ·············· 105

2

目 录

三十七、春江水暖（五、七言组诗）……………………………107

三十八、无题……………………………………………………110

三十九、咏春园煮酒看龙挂………………………………………112

四十、无题………………………………………………………116

四十一、观宋人出水芙蓉图………………………………………119

四十二、咏牧场联想古战场………………………………………121

四十三、昭君墓……………………………………………………125

四十四、观鲤有感…………………………………………………128

四十五、无题………………………………………………………132

四十六、春野秧歌…………………………………………………136

四十七、咏雨暴……………………………………………………138

四十八、咏构巢燕子………………………………………………140

四十九、咏梅雨……………………………………………………143

五十、赏野花忽闻边警……………………………………………146

五十一、咏电子姑娘绕人魂梦……………………………………149

五十二、咏下放青年………………………………………………151

五十三、久病新疗…………………………………………………154

五十四、欣闻治血吸虫专家同学徐君应召回国…………………156

五十五、重游后海（颐和园）偶得………………………………159

五十六、游吉林长白山林区偶得…………………………………161

五十七、菩萨蛮·林雪……………………………………………167

3

五十八、水调歌头·一九八〇年宵夜咏国际风波 …………170

五十九、赏绿牡丹 …………173

六十、贫女叹（接侄女静仪来信有感）…………175

六十一、生查子·宵夜（1980年引夜）…………178

六十二、南歌子·棋弟子来访 …………181

六十三、白雪歌 …………184

六十四、春情 …………186

六十五、菩萨蛮·京市 …………192

六十六、吊绿牡丹 …………194

第二部分 文章荟萃

一、关于麦角固醇 B_3 的氧化（1937年）…………198

二、整理陕北石油矿建议书（1938年上半年）…………206

三、陕甘宁边区垦荒报告书（1939年2月）…………224

四、五月初在延安举行边区工业展览会（1939年3月）…………235

五、边区工业展览会之召开与抗战之经济建设（1939年4月）…………237

六、边区工业展览会的意义（1939年5月）…………240

七、读学风笔记提要（1942年6月）…………245

八、整理山东盐产的建议（1945年下半年）…………269

九、对胶东渔业增产的建议（1945年下半年）…………280

十、陈康白先生对烟市各种建设意见（1945年下半年）…………289

十一、东北砂金生产（1948年4月）·················296

十二、关于划一度量衡和丈量地亩标准的说明（1948年）·················306

十三、对于东北钢铁生产工作的建议（1949年2月）·················312

十四、关于铜的生产和分配问题（1949年6月）·················323

十五、东北工业建设需要全国科学工作者
　　　来共同努力（1949年7月）·················338

十六、工业考察团总结报告（1949年10月）·················351

十七、如何搞好今天的生产建设来巩固以苏联为首的
　　　世界和平阵线（1949年12月）·················356

十八、漫谈青年学习自然科学问题（1950年1月）·················359

十九、自然科学是否有阶级性（1950年5月）·················365

二十、为什么在今天要搞计划经济（1950年8月）·················370

二十一、工业部门报告（1950年8月）·················374

二十二、对《巩固国防、发展经济》草稿的
　　　　修改意见（1951年2月）·················385

二十三、哈尔滨工业大学培养青年师资的工作（1953年）·················390

二十四、生产技术革新者和科学工作者亲密合作，
　　　　来争取国家工业化的更好完成（1955年）·················396

二十五、百家争鸣、百花齐放是延安精神的发扬（1956年）·················402

二十六、延安自然科学研究院的成立（1956年）·················405

二十七、中共中央高级党校自然辩证法班1958—1959年学习计划·················410

二十八、自然辩证法教学计划纲要（1960年6月15日脱稿）·················413

二十九、回忆延安时代的科学技术活动（1961年）..........421

三十、重读《孙子兵法》笔记（1978年）..........425

三十一、国务院参事室陈康白同志的讲话摘要（1980年6月）..........429

三十二、给乌兰夫同志信（1980年8月）谈内蒙托克托旗喇嘛湾
水力发电站建设问题..........431

后　记 433

第一部分 诗词赏析

一、湖南同乡交谊会即席写怀

陈运煌

负笈出云梦，万里任驱驰。
楚才殊寥寥，翘首莫我知。
念家不可即，萧萧凌风枝。
忽然作秋声，惊叹意何悲。
不见长征雁，哀鸣有所思。
所思在三湘，长道归无期。
梦魂靡远近，栩栩相追随。
作客逾千里，羁迹沪江滨。
偶语杂欢笑，相将互主宾。
握手问朝夕，况乃天涯人。
促膝话湘关，传食展殷勤。
楚些甜无那，高歌自有真。
不信同萍聚，飘忽偶相亲。

1924 年 11 月

注释：

笈：书箱；书籍。

羁迹：寄居在外的足迹。

相将：相伴，相见。

楚些：楚地招魂歌，此处泛指家乡曲调。

无那：无限，非常。

萍聚：萍水相逢，此处指初次见面的湖南老乡。

译文：

　　带着梦想和责任走出了家乡去求学，在祖国的大好河山中自由闯荡。湖南优秀的人才很少，有谁还知道我呀？想念家乡但也不能回，冷风吹曳着枝头更让我思乡心切；秋风在耳边吹响，突然让我感到丝丝的悲凉。看不见南飞的大雁，但仿佛能从它们的哀鸣中听到些什么。我的心早已回到了三湘，路途遥远我不知何时能回到家乡。思乡的梦伴着自己的情思忽远又忽近，但总是那么美好生动地萦绕在心头。我来到千里之外的这个地方，在沪江大学留下了我的足迹。平时与好友一起说说笑笑，都是外来人没有主宾之分。大家在一起聊着日常的事情，都是天涯人，总有说不完的话。几个湖南老乡在一起唠着家常，从家乡带来的好吃的还能互相分享。家乡的曲调是那么的亲切，大家在一起尽情地无所顾忌地吟唱着。没有想到萍水相逢的人，到了异乡却感到格外的亲切。

背景与赏析：

　　1922年，陈康白自长沙师范学校毕业后，来到位于上海的沪江大学读书，亲身感受了沪江大学优美的教学环境和相对宽松的学业生活，它作为一所美国教会学校，多在南方的几个省份招生，学生也是来自五湖四海，学校中设有多个同乡会，大家在紧张的学习之余，也经常聚在一起交流学业、畅述乡情。年轻的陈康白来到了这块陌生的土地上，租界里的西式广厦，黄浦江边的异域风情，都让陈康白感到既惊奇又陌生。沪江大学是一所比较现代化的学校，它着眼于城市的社会需要，强调上海作为中国工业的中心之一，学校应该与工厂紧密结合，相互促进，共同发展。为了能让学生对化工生产过程产生感性认识，化学系还专门组织学生去工厂参观，并要求学生书写参观报告，借此来为今后学生们走出校门更好地适应工厂实际工作打下基础。正是在沪江大学学习的这段经历，让陈康白逐渐认识、理解了现代教育体系的基本构成和运作方式，开始对于如何办好现代高等教育有了自己的思考和朦胧的概念，这也为他后来参与延安自然科学研究院、自然科学院的筹建工作，开创党办自然科学高等教育的实践先河打下了良好基础。陈康白像所有展翅欲飞的年轻人一样，内心是亢奋的，情感是飘逸的，但这颗年轻的心中也藏不住那一份独在异乡的乡愁。这首诗就是陈康白在一次同乡聚会中即席而作的，1924年11月1日发表于沪江大学月刊《天籁》——第14卷第2期。

陈康白此时不过20岁左右，初出茅庐，青涩异常。这首长诗生动、细致、全面地展现了青年陈康白此时内心的抱负、苦恼与满足，思绪翻飞，真情实感跃然纸上。前两联主要写陈康白的少年心气，充满着胸怀广阔天地，大有作为的豪情与壮志，渴望自己的才学能够得到展现的心理。前联先用一个"出"字开宗明义，点明自己此时此刻的身份已是离开家乡，远行求学的学子，颇带有一种不复归来的决心与勇气，再用一个"任"字将自己离家求学的目的明确，外出求学本就是为了书写壮阔人生，因而祖国的大好河山都将"任"我遨游、闯荡，将青年人的蓬勃与朝气体现得淋漓尽致。仅就首联而言，堪比毛泽东《七绝·改诗赠父亲》中"孩儿立志出乡关，学不成名誓不还"句，同样是20岁左右的青年人，同样是长沙走出的湖南伢子，在并不相同的年份里，面对着近似的社会环境和国情现状，拥有着同样满怀的豪情与壮志。后联表面上看是写陈康白希望跻身到湘楚才俊中去，得到他们的认可与肯定，但实际上仍是写他对自己生活、学业各个方面有所要求，认为自己一定能够取得辉煌成绩的坚定信心与壮阔憧憬。仅仅两联就已将这个20岁青年的志向与抱负描绘得通达明晰。

从"念家"句到"栩栩"句这五联诗主要是在写陈康白出湘之后对于故乡的怀念与眷恋。"念家不可即""长道归无期"，一个19岁的青年第一次远离家乡来到上海，生活不便，饮食不服，举目无亲，处处显悲凉，那风是冷的，那心更冷。陈康白用"不见长征雁，哀鸣有所思"这一触景生情的描写，生动地反映出当时思乡的真实情感。听着大雁飞过留下的哀鸣，更创造了一种空落、孤寂的意境，让人感同身受。特别是那一句"梦魂靡远近，栩栩相追随"堪称此首长诗中的最佳语句，既具有极高的艺术性，又具有常人难以描写到的真实感，把梦的虚幻与人的记忆、感受、憧憬结合在一起，似真似假、似远似近、模模糊糊，但又异常生动、清晰地萦绕在自己心间。从这几句诗可以看出，陈康白年轻时是一个多愁、多思、浪漫而又情感细腻之人，对于全面了解陈康白的人物性格起了很大的作用。

从"作客"句直到结尾的六联诗写陈康白来到沪江大学求学后的生活，读罢虽然不免仍会让人体会到一丝"独在异乡为异客"的孤独愁苦，但在总体情感上还是在描写陈康白的生活之中能够时常有湖南同乡同他一起消遣学习后的闲暇时光，让他感到了一种欣喜与满足。诗句中用"逾""羁迹"和"偶语"这些词汇像是来突出陈康白自己远隔家乡千里，寄居上海，无什么亲密朋友交流欢笑的落寞愁苦境遇，但实则正是以这样的笔触来突出后文所述为他带来欢笑、消解愁苦、"共话桑麻"的湖南同乡们与他一样，都"同是天涯沦落人"这样的相似情感认同。"握手""促膝""殷勤"这些词汇表面写来是具体展示这次在同乡交谊会上大家相见、相谈、相知的递进过程，但结合上文"相"字与"互"字，就能够清楚明白地知道这是历次同乡聚会使大家互帮互助、畅谈心扉、情谊渐浓的真挚描写，以至于这次大家一起在饭桌之上就操着相似的乡音"高歌"起了湖南的歌谣，分外通达畅快。结尾两句陈康白由衷发出了感叹"不信同萍聚，飘忽偶相亲"，像是在述说着我终于找到了和我有着相似情感经历的人们，来同我一道排遣思乡的孤苦，这应该也给陈康白带来了情感上的支撑与帮助，当他知道还有这样一群同在上海、同在沪大的朋友时，他内心关于思乡的缺角就已经能够得到弥补，可以使他无所顾虑地投身到学业之中，追求自己的远大理想。

  陈康白这首长诗将青年人的朝气蓬勃和彷徨失落展现得淋漓尽致,在苦闷中蕴含坚定,在踌躇中孕育理想,全面地展现了他的内心世界,为了解陈康白本人的情感世界贡献了不可多得的宝贵资料。

二、咏霜

陈运煌

千家有阁皆银色，百草无心尽玉冠。
由来天霰都佳丽，飞到人间总可看。

1925 年 3 月

注释：

霰（xiàn）：此处指霜，白色颗粒。

译文：

放眼望去，所有的房屋都披上了银装，草木上都挂着晶莹的白霜。天空中飞舞的小冰晶是那么的晶莹剔透，飞到人间是那样的令人神往。

背景与赏析：

这是 1925 年 3 月 1 日发表在沪江大学月刊《天籁》上的一首七言绝句，描写陈康白在沪江大学读书期间，所遇到的一个初春美好清晨。他起床后睁开惺忪的睡眼，无意间瞥见了窗外的霜后晨景，一派素净、纯洁的美好画面。陈康白顿时被眼前的景象感动了，立即提笔写下了这首小诗，遣词、造句极尽华丽且精致，观察、体会是那么细致而又入微，充满了那个朦胧年代文人所特有的艺术情调。陈康白用如此华美的词藻赋诗，到底是在认真刻画家乡麻林桥低矮错落的乡间庭院，还是在细致描写沪江边层层蒙雾之中若隐若现的亭台楼阁？今天的我们已不得而知，只能随着诗中所营造的优美、生动的意境去感受与体味当时在陈康白眼中出现的会是一幅怎样的山水画卷。

前两句重在写景，描绘的是陈康白亲眼得见的霜后晨景，一片白茫茫的景象。句中先用"千"和"百"来叙述亭台楼阁和花草树木的数量之多，足以看出窗外景象的宏大、壮观，又用"皆"和"尽"来表明它们完完全全被霜覆盖以后整体呈现出高度协调和统一的场面，还是在写景象壮阔，波澜浩荡。最后用"银色"和"玉冠"给这幅画面盖上了颜色，满目洁白，纯净美好。特别值得一提的是，"百草无心尽玉冠"一句中"无心"二字的运用将人的意识情感赋予了窗外的花草树木，反倒是给它们营造了一种无辜之感——我没有想要被白霜覆盖，怎么就把我给盖上了呢？颇给这首诗增添了一丝生动、俏皮的意味。

后两句重在抒情，先将漫天飞洒的霜花比作婀娜多姿的女子，又用一个"都"字，极致、深刻而又细腻地写尽了作者对于眼前美好景象的无限喜爱，仿佛是在说这天上缓缓飘落的每一片霜都像是那容貌秀美的女郎，既在诗句中展现了柔美之感，又带有豪迈的雄浑之力。其精妙之处可比苏轼在《饮湖上初晴后雨》中"欲把西湖比西子"一句"欲"字的运用，苏诗写想要、将要把西湖比作美人西施，那种渴望而又不敢直接表露的感觉被拿捏得恰到好处，诗句的情感在这种想说但没说透的分寸之中被无限延展。本诗是在柔美与豪迈间取中，苏诗是在想说和不敢说之间反复，那种既朦胧又直接的感觉久久萦绕在心间，不能散去。原诗中后句紧接着又写"飞到人间总可看"，笔者认为这句诗包含了两种深刻含义：一种是表现了诗人沉醉眼前美景，心驰神往，同时畅想起日后应该常常能够见到如此景致的乐观与豪迈；一种是作者感叹如此天上美景飞落人间，正有一种"此曲只应天上有"，如今已是"飞入寻常百姓家"的济世之感。

陈康白对窗外景物的观察细致入微，命词遣意极其灵动、俏皮，仿佛直接将眼前的画面用诗句呈现于人的眼前，让人读来顿时会沉醉在这样一幅美好的春日图景之中。

三、追记延安豹子川访田三

猎户田三意兴豪,茶余酒后笑谈高。
往年曾猎两头豹,一用长矛一用刀。
猪顽豹懒狼难见,雪厚风微兽可求。
出山狗队如临敌,归路禽虫若繁囚。

1939 年冬

注释:

田三:延安豹子川猎户。

繁:繁多。

译文:

田三是一个饶有兴致且性格豪爽的猎户,茶余酒后与他聊起打猎的情景,真是一件令人高兴的事。田三说起去年在豹子川曾猎得两只花豹:一头用长矛刺死,另一头用大刀砍死。反而今年冬天的雪地里很少能够见到狡猾的野猪、爱偷懒的豹子和野狼,在这积雪厚重的情况下,只有在风更小一些的时候才能更好地捕获猎物。田三带的猎狗在雪地里四处寻找着野兽的痕迹,但是却始终难以发现它们的踪影,无奈只得踏上归途,田三是多么希望能捕获更多的猎物维持生计啊。

背景与赏析:

陈康白自 1937 年归国后,在徐老的指引下奔赴延安,支援边区全方位建设。但他毕竟是留德归国的科学家,短时间里还不太能够适应边区的生活。因而在他初到延安的两年时间里,生活十分单调。但他有时也会用一些独特的方式来增添自己的生活乐趣——在边区闲暇的日子里，陈康白喜欢到处走走、转转，深入乡野，走进高原，去了解边区百姓们的生活样貌。正巧在这期间，陈康白结识了一位猎户田三。田三不像其他边民一样靠农耕过活，而是主要以打猎为生，偶尔也会采摘山货，贴补家用，并且他为人豪爽热情，善与人交谈，一来二去，竟与陈康白结下了深厚友谊。这是陈康白在追忆与田三把酒言欢的场景时留下的一首诗作。

全诗是一首记叙之作，记录的是陈康白在延安豹子川与猎户田三的一次酒谈，语言平实、真挚，将二人的人物性格展现得淋漓尽致，并且诗句本身是从生活实际的角度出发，运用多种手法进行描写，在内容意涵上闪烁着实践主义的思想光辉。

首联开门见山，直接写明本诗的描写对象为陈康白在山野之中偶然结识的猎户田三，并且交代清楚自己回忆的是与他"茶余酒后"的交谈场面。作者平铺直叙地在前句中用"意兴豪"来正面描绘出田三长期在山林中打猎，与猎狗、野兽为伍所养成的豪放性格，后句中则用"笑谈高"生动形象地写出了陈康白与田三性情相投，交谈甚欢的真切场面。同时，"笑谈高"一句也运用了侧面描写，将陈康白个人的豪迈性格也全面地展现出来。

颔联讲交谈内容，田三应是就着美酒向陈康白说起了自己打猎的经历，令陈康白记忆犹新的是田三讲到自己去年猎到的两头花豹时，记叙下"一用长矛一用刀"，连用两个"一"字将本该血腥的场面写得稀松平常，足可见出田三作为猎户的勇猛凶悍，也可看出陈康白胸有千秋，波澜不惊的意志品格，难怪他与田三能够把酒言欢，畅谈生计。

颈联仍是在写交谈内容，但不同的是此处所记的交谈内容已经十分深入，趋近于猎户的经验之谈。从诗句来看田三向陈康白分享了自己打猎时积累的经验心得，用"雪厚风微"来泛指气象条件，并且认为在这样的天气条件下会更利于猎取动物，本句可说是全诗的主旨句，闪烁着实践主义的思想光辉。

  尾联中猎户田三的故事讲到了尾声，也完成了全部故事线的收束。"出山"讲田三带着猎狗去雪地中寻找野兽出没的痕迹，"归路"表明他们完成了打猎的行动正行进在回家的路途上，一"出"一"进"将打猎的行动以极简单的语言交代得清楚、明晰，也为全诗记叙的这场酒谈作了结尾，极见功力。"如临敌"的运用，生动形象地刻画出了打猎过程的凶险和场面的紧张，"若繁囚"则再度通过诗人眼中的田三打猎的英武场面来侧面展现诗人那种豪迈直爽的性格，就像是整片山林都为我有，归路禽虫只能做我笼中之囚。

  全诗以陈康白和猎户朋友田三的酒谈为记叙对象，平铺直叙地写明了对谈的人物和内容，闪烁着实践主义的思想光辉，也是陈康白在来到延安后思想进步的一大体现，同时诗歌通过侧面描写将陈康白乐观豪迈的人物性格以一种委婉的方式徐徐展现出来，堪称精彩。

四、跬边开盐田（一）

革命旌旗映北山，长城万里敢登攀。
春日繁花沙漠里，牧群棋布彩云端。
平湖盐石欢心白，晶体骄阳满目斑。
事到于今歌出塞，来游此地不知还。

1940年初春

注释：

跬：指徒步行走，古同"步"。

北山：指陕甘宁边区原来比较落后的地区。

译文：

在陕甘宁边区的广大地区，革命事业已蓬勃开展起来，胸怀革命斗志可以战胜一切困难，眼望面前的古长城更激发出一种勇敢登攀的豪情壮志。遥望"三边"地区那广袤的滩涂沙漠中，一片片野花正在盛开，一群群牛羊星罗散布，交相掩映，仿佛置身于彩云之中。远处一片片盐池之中，已能看到一片片令人欣喜的盐的结晶体，这些盐石在阳光的照耀下折射出斑斓的色彩。此时此刻的陈康白看到"三边"地区这一幅幅壮美的画卷，不禁诗意大发，他要用诗歌唱出自己投身革命事业后的理想和胸怀，以至于在这种美景中流连忘返。

背景与赏析：

这首诗是1940年陈康白在边区搞盐田开发前后写的组诗，描写了边区盐田的场景和开发盐田的艰辛，真实地反映了陈康白在盐田的工作状态：

千淘万漉虽辛苦，吹尽狂沙始到"盐"。

其中，第一首诗创作于1940年春天，这时的陕甘宁边区正在遭受国民党和日本侵略者的双重限制与封锁，经济和工业的压力十分繁重，迫切需要找到发展边区经济的突破口。而对于制盐方法的改良，有着缓解边区经济压力的深远意义。陈康白作为自然科学研究院的副院长（自然科学院正在筹办之中），心系边区经济工作，耗费巨大的时间、精力赶赴一线，深入考察陕甘宁边区盐业生产状况。

"革命旌旗映北山，长城万里敢登攀"，诗歌前两句便营造出了壮阔雄浑的气势，为全诗奠定了大气的基调。身处延安革命圣地，一切百废待兴，陈康白油然而生一种为党和国家贡献力量的责任感与使命感，他希望通过自己多年所学为边区做点实事，为革命积累实力。所以在创办自然科学院的百忙之中来到盐田，他也并不觉得辛苦，反而觉得这里也是他大有可为的地方，心情自然格外地轻松舒畅。他遥望边区的广漠土地，黄土之中春花正盛开，牧民们正在放牧，牛羊星星点点，仿佛是在远处的彩云之上。一片春意盎然之中，盐湖也仿佛充满了生机，白花花的盐石在阳光的照耀下分外洁白，其晶体结构折射出阳光的色彩，一眼望去五彩斑斓。在边区，盐是经济收入的支柱，有了盐就有了振兴经济和工业的希望。陈康白看到了这片土地未来的发展，看到了自己施展才华和抱负的天地，更看到了盐田将为革命作出的贡献，虽身处人烟稀少的荒野，却并不觉孤单寂寥。古时诗人出塞远征，总是留下悲戚的出塞曲，而当时的陈康白欲歌出塞、流连忘返，则是完全不同的豪迈心境。

陈康白这首诗整体气势不凡，充满革命热情，表达着这位延安的第一大科学家渴望投身盐田开发和生产建设之中的雄心壮志。

引申阅读：

陈康白这首诗的灵感源自杜甫的《滕王亭子》（其一）一诗。陈康白的笔记本上经常可以见到他抄录的杜诗，说明他对杜诗较为推崇，一生的经历也与杜甫有心意相通之处。

摘录杜诗如下：

《滕王亭子》

杜甫

君王台榭枕巴山，万丈丹梯尚可攀。

春日莺啼修竹里，仙家犬吠白云间。

清江锦石伤心丽，嫩蕊浓花满目斑。

人到于今歌出牧，来游此地不知还。

《滕王亭子》一诗是杜甫游隆州（今四川阆中）滕王阁时写下的，阆中滕王阁与著名的江西南昌滕王阁同为滕王李元婴所建。李元婴是唐高宗第二十二子，自小骄佚失度，封邑滕州、身为滕王，却只知享乐、无心理政，屡次被调任，最终被贬到阆中，依然大修行宫、不知悔改。杜甫登上阆中滕王阁，看着这大兴土木的产物，心情自然是复杂的。"清江锦石伤心丽，嫩蕊浓花满目斑"一句便是他望着滕王阁的雕栏画栋、花丛锦簇，为劳民伤财而伤怀。"人到于今歌出牧"是指世人到现在还在对李元婴歌功颂德，而实际上李元婴并没有为当地百姓做什么实事，可见杜甫对李元婴的讽刺。明代文学家杨慎注曰："今按末二句一气读下，正刺其荒游，非颂其遗泽也。"意为以最后两句为基准整体读来，该诗意旨在于讽刺李元婴的荒淫骄奢，而不是歌颂滕王阁。

陈康白在作这首诗时，借鉴了杜诗的结构，不同的是，他是以写实的风格借景抒情，诗中"繁花""沙漠""牧群""彩云""平湖""盐石""晶体""骄阳"等意象都是陈康白真实所见的景物，表现出欢快、生机勃勃的场景。陈康白的心境也与杜甫不同。杜甫是看到滕王阁的壮观华丽而为百姓伤怀痛心，陈康白则是面对边区的荒凉高原景象，却毫无凄凉之感，因为他心中所系是充满生机的盐田，看到的也都是荒凉之中的美景，所以两首诗的末句"来游此地不知还"，也是完全不同的情绪。

五、跂边开盐田（二）

朝发桃林洼，夜宿乱石头。
层峦通塞气，驿道起沙鸥。
意迫马蹄急，征频宿食疏。
跂边无别事，经济待持筹。

1940 年秋

注释：

桃林洼：王家坪地名。

乱石头：洛川石头村。

沙鸥：水鸟名。

持筹：手持算筹，即经营。

译文：

早晨从王家坪桃林出发，一路马不停蹄，夜晚就住在洛川的石头村。一路上穿过山峦叠嶂，分外荒凉，仿佛置身于塞外。古驿道旁偶尔能见到几只沙鸥起落，更让人感到阵阵孤寂。因有任务在身，不得不纵马疾驰，顾不得吃饭和休息。来到这里不为别事，就是为了要发展边区的经济。

背景与赏析：

这首诗是《跂边开盐田》组诗中的第二首，写于 1940 年秋天。与上一首相比，这首诗多了一些边塞诗的沉郁气息，反映出陈康白在盐业开发工作中的忙碌与艰辛，以及他为了振兴边区经济不怕吃苦、迎难而上的奉献精神。

1940年5月,朱德提出"首先就应当大量的提高盐池的盐的产量和发展边区毛纺织工业",特别是要"先从盐下手"。在中央的指示精神下,1940年8月,财经部指派陈康白兼任"三边"盐业处的处长,这是党中央对自然科学院的重托。陈康白接到任务后没有丝毫怠慢,立即把学校的工作向屈伯川等人做了交代,带着陈宝诚、华寿俊日夜兼程,向"三边"奔去。

自从国民政府中断了给我党军队的经费以后,陕甘宁边区盐税的收入占到了边区自然收入的90%以上,所以提高盐产量对边区的经济影响十分重大,中央对于发展盐业的工作给予高度重视。在这种形势下,陈康白以一名科技工作者的高度责任感和使命感,抱定"不能捧着金饭碗要饭吃"的坚定信念,开始了对于"三边"地区盐业生产的技术改良工作,并很快取得丰硕成果。但是随着盐业工作的不断深入,陈康白最初的热情高涨逐渐被后来盐业开发中遇到的各种困难所困扰,所以这首诗相较于上一首也平添了几分沉闷的气息。

开篇两句就描述了陈康白带队奔赴盐田的情景:白天赶路,晚上随便找个地方稍加休息,又要星夜兼程地赶路。第三、四句写的是一路上面朝黄土背朝天的景象,秋日的萧瑟又给人烟稀少的路途增加了一分凄凉之意。满目山峦层叠、青黄不接,如同置身遥远的边塞,古驿道旁的浅滩中偶有沙鸥出没,更加凸显路途的荒凉。

陈康白一心只想要尽快赶赴盐田,"意迫马蹄疾"一句写出了他要去开盐田的急切心情,"征频宿食疏"则是因为着急赶路,不得不减少休息和吃饭的时间,甚至不眠不休。"跬边无别事,经济待持筹",末尾这两句是陈康白内心的真实写照,他无暇顾及条件的艰苦,心中只有开盐田这一件事情,生动地反映了这位心怀天下的大科学家为边区、为国家、为百姓殚精竭虑、鞠躬尽瘁的赤忱心肠。两句简简单单的描述,看似轻轻带过,实则力透纸背。

通过诗句，我们仿佛置身于边区的荒漠之中，看到陈康白带着一队人马风尘仆仆地赶来，他的身上满是尘土，神情忧思而坚定，他们是边区开发盐田的先驱者，更是整个边区的希望。

六、寿徐老

徐老何曾老，年老学弥勤。
秋毫分利义，片语见嶙峋。
培育多才俊，蒸熏有硕民。
春风增健旺，杯酒祝高龄。

1941 年 2 月

注释：

徐老：徐特立（1877—1968），湖南善化（今属长沙县）人，中国革命家、教育家，"延安五老"之一。1905 年起兴办私学，从事教育，后于 1912 年创立长沙县立师范学校，亲任校长。他一生致力教育，先后三次远赴海外，去到日本、法国、苏联学习知识，考察教育，将中西教育理念融会贯通，培养了一大批优秀人才，如毛泽东、田汉、陈康白等。党中央曾评价徐老称"对自己是学而不厌，对别人诲人不倦"，有《徐特立文集》存世。

嶙峋：形容人刚正有骨气，指气节。

蒸熏：熏陶、影响。

译文：

徐老呀您什么时候老过呀！我们看到您年龄越大越善学、勤谨。您在繁琐的小事上都异常严谨、是非分明，透过几句简单的话语就能看到您的刚正和傲骨。这么多年来，您培育了多少出色的人才，又广泛地影响、教育了多少民众。在春回大地之时也迎来了您的生日，祝愿您身体健康，永远保持旺盛的活力，举杯为您庆寿。

背景与赏析：

  早在 1915 年，陈康白还只是一个十几岁的少年，在长沙师范学校中就有幸亲耳聆听徐老的教诲，得以在成长中最重要的年纪使自己的思想不断成熟、完善。后来陈康白因被上海沪江大学以组织反叛运动（反美学生运动）为名勒令退学之际，是徐老请托在厦大教学的老朋友，帮助他转学到厦门大学继续学业，攻读化学，才有了陈康白后来执教厦大、辗转浙大、北上北大、远渡德国，终成近代中国著名化学家的一段经历。当时间来到 1937 年，在德国哥廷根大学从事科研工作的陈康白在报刊中看到日本侵略者给中华大地燃起硝烟，带来战火，他决心回国以自身所学为民族的抗日事业做些贡献，但当目睹了国民政府的腐朽与黑暗后，陈康白陷入了深深的迷茫之中，开始对自身的前途和生计不知所措。恰在此时陈康白找到了恩师徐特立，二人倾心相谈，徐老为陈康白指出了一条光明之路——到延安去。此后陈康白听从恩师指引，安顿好家中的一切义无反顾踏上了到延安去的路。启蒙开悟、援手助学、指点迷津，在人生的三个重要的时间节点上，陈康白都受到了徐特立真诚、无私的帮助。他不仅是陈康白的恩师，更是他走上革命道路的引路人。他们师徒二人又先后担任自然科学院院长，为延安自然科学院的创立与发展做出了重要贡献。

  1941 年 2 月徐老 64 岁寿辰时，师徒二人一起为自然科学院的建设忙碌，陈康白写下了这首《寿徐老》。在给恩师贺寿的同时，用精练的语言生动地描写出徐老皓首穷经、精神矍铄、睿智慈祥、桃李天下的形象，由此表达了他对恩师的敬重与感恩之情。

  开头两句妙也，首先反问"徐老何曾老"，下句再回答他不老的原因。开篇就将诗歌的整体氛围凸显得灵动、活泼，给人以鲜活生动之感，也足以展现出陈康白对他与徐老亦师亦友关系的感激和满足。人人皆敬徐特立为"徐老"，但在陈康白的心中他这位老师其实根本不老，徐老虽然年岁渐长，但是学习的劲头反而越来越足，与年轻人无异，实在是为弟子们树立了榜样，用实践诠释了"学高为师，身正为范"的古训。

三、四句对仗工整精巧，先用"秋毫"句写出徐老平时待人接物上的严谨品格和在大是大非面前能够严守利义界限的正直品性；又用"片语"句刻画出徐老在为人处世上的刚正傲骨。特别是"毫"字和"片"字的运用极言其少，前后有强烈的对比冲突，更加深了徐老在个人品格和行为品性上的高深修养，仅用了这寥寥数字就刻画了徐老明察秋毫、通达利义的伟岸形象。

五、六句是写徐老桃李天下，他不仅创办学校培养青年才俊，并且笔耕不辍，以他的教育思想熏陶民众，是一位心怀家国天下的伟大教育家。"培育"二字凸显出徐老对后辈年轻人才辛苦栽培、竭心相助的名师品格，"蒸熏"二字恰又写明徐老以他的高尚品格、实践经历和教育思想广泛地熏陶、影响民众。一从对青年学子的教育，一从对普罗大众的熏陶，在两个维度着眼、落笔，全面地展现了徐老在教育领域深耕多年所结出的累累硕果。

末尾两句是写陈康白对恩师徐老的祝愿，陈康白在"春风"句中连用"增"和"旺"两个表达正向增长幅度的语汇，来祝贺徐老新岁寿辰，希望徐老的身体能像这新回大地的春风一样康健旺盛，后句或是实写举杯为徐老祝寿的场面，或是虚写陈康白对恩师的祝愿之情拳拳，气氛热烈而又诚挚。

陈康白写这首祝寿诗是结合着自己对徐老的了解，从他的个人品格、行为修养和教育成果着眼，不吝赞美之词，情感深挚，为恩师徐老送上了最美好的生日祝愿。

七、夜渡汾河平原

夜寒风黑到汾西,水灌冰封步步迷。
过客正须愁出入,行军不自解东西。
寻村问路亏枪托,野店山桥信马蹄。
敌顽缩首乌龟壳,百八平川未足奇。

1944 年冬

注释:

亏:依靠。

信:信赖。

枪托:代指南下支队的武装力量。

马蹄:代指南下支队的武装力量。

译文:

南下支队在寒冷漆黑的夜晚来到汾西,汾河已是一片冰封,每走一步都增添了一份艰辛。途经的过客都发愁从哪里出入,行军队伍却早已分辨出前进的方向。南下支队依靠自己的武装力量,从敌人手中夺回了一个又一个村庄,拔掉了敌人一个又一个据点,使敌人慑于我军威力,都龟缩起来不敢轻举妄动,南下支队这才能够在平川之中快速前行。

背景与赏析:

1944 年 7 月,一批来延安学习的干部要返回南方,中央打算让 359 旅派一个营的兵力完成护送警卫任务。没承想王震旅长在主席面前亲自请缨出征,导致这次普通的护送任务发生了巨大变化。后来中央为将来的大局所想，酝酿派遣一支部队深入敌后，到南方去建立稳固的革命根据地，并决定组建由王震任司令、王首道任政委的南下支队。在这期间，陈康白恰巧在南泥湾协助进行生产，与王震、王首道、王恩茂等领导朝夕相处。陈康白在自然科学院"审干"和"抢救运动"以后，实际上处在一种"英雄无用武之地"的尴尬境地，闲暇时就来到南泥湾与大家一起搞经济生产，为部队提供了很多科技帮助。此时，听说王震要带队南下，陈康白想既然部队要南下开辟根据地，一定会需要科教工作者，于是马上给中央打报告，申请加入南下支队。在得到中央的批准后，1944年11月陈康白随南下支队出征，开始和南下支队共同经历这次我军战史上艰苦卓绝的"第二次长征"。本诗记录的背景是南下支队行进到山西境内遭遇敌军，王震指挥部队艰苦作战时的情况。

1944年11、12月间，南下支队打退敌人后，跨汾河，过同蒲，日夜征战。陈康白当时被编在了干部团，随部队一起风餐露宿，一起经受了战斗的残酷，这是陈康白第一次近距离地体会真实的战场。诗中描写的这一段在山西境内的战斗使陈康白终生难以忘怀。战斗之余，王震、周立波等人纾解战斗的紧张气氛，不禁诗兴大发。见到此情此景，陈康白无法按捺自己的诗性，写下了这首《夜渡汾河平原》，来记录那段不同寻常的战斗岁月。

陈康白在诗中用"水灌冰封步步迷""行军不自解东西"生动而又形象地反映出当时气候的恶劣和行军环境的艰苦，在夜黑风高、伸手不见五指的情况下，汾河上冰封一片，大家每走一步都是那么的艰难，更何况根本辨别不了方向，只能在摸索中前进。颔联两句改写自杜甫《将赴成都草堂途中作》中的"过客径须愁出入，居人不自解东西"两句，用到此处也是恰如其分。特别是陈康白用了"寻村问路亏枪托，野店山桥信马蹄"这一句描写，刚开始让作者很是不解，不明白为什么"亏枪托""信马蹄"。

细思之后，才体会到陈康白描写得很巧妙、很灵动。"寻村问路""野店山桥"原本笔者想要在翻译中直译，但详加思考以后认为此二词应为代指，指南下支队从敌人手中夺回的村庄和攻破的据点，特别是"枪托"与"马蹄"都是作为具体的部队武装。此处选用如此具象的意象就是在以小见大，代指了南下支队的人民武装，将全诗的文学艺术水平拔高了一个层次。整首诗大部分语言都在描写困难、艰苦，可到了结尾处，一句"百八平川未足奇"充分显示了一个革命者的英雄主义气概和乐观主义精神——这么难我们都走过来了，我们的队伍踏过了漫漫征程，没什么奇怪的！

八、黄河天险徒步过

王屋势从千涧落，更阻黄河风波恶。
况复河南敌正繁，万人皆废一夫关。
焉知尽夜北风号，百丈坚冰天作桥。
搴裳不跬徒步过，敌弃盘飧如兔脱。
门前敬礼知是谁，转背枪声来四座。
饮酒食肉发号令，灭此朝食快前进。
疲苶如此尽万千，军不留行气无前。
掷杯恶向胆边落，三军捧腹都活跃。

1944 年冬

注释：

王屋：王屋山，王屋山是中条山的分支山脉，位于黄河北岸，河南省济源市、山西晋城市阳城县、运城市垣曲县等市县间。

况复：何况，况且。

搴（jiǎn）裳：用手提起衣裳。

跬（bù）：指行走。

盘飧（sūn）：意思是盘盛食物的统称。飧，指饭食。

灭此朝食：消灭掉敌人再吃早饭。形容斗志坚决，要立即消灭敌人。出自《左传·成公二年》："齐侯曰：'余姑翦灭此而朝食。'"

疲苶（nié）：疲劳困顿。

留行：挽留，使不离去，意即停止不前。

气无前：气势无前，所向披靡。

恶向胆边落：怒从心中起、恶向胆边生是一句俗语，指愤怒到极点，什么都不顾及。此处恶向胆边"落",意即虽然对敌人的愤恨到极点,但也要理性分析、顾全大局、以智取胜。

译文:

　　王屋山山势陡峭、飞瀑四溅,横亘在黄河之边,仿佛要挡住黄河的汹涌波涛。此时众多的敌人正从河南方向步步紧逼,好在有王屋山这一天险挡住了敌人的去路。你可知此时此刻整夜都是寒风呼啸,黄河的波涛被冻成了坚冰,仿佛是天上的桥高不可攀。战士们手提裤脚,蹚着刺骨的河水徒步前行,敌人万万没想到我们此时能渡过天险,队伍的出现使敌人惊恐万分,还没来得及吃饭就四处奔逃了。有的敌人在黑夜里见到我们的队伍还敬礼、问口令,可没想到迎来的却是消灭他们的枪声。本来还在饮酒吃肉发号令的敌人,一霎时就被我军打个措手不及,消灭敌人以后我们吃过早饭又快速前进。虽然一路上都疲惫不堪,但大家都知道不能有一丝的停留,大家鼓足勇气、勇往直前。有的时候行军途中还能弄到一些酒,大家为了暖身子都喝了起来,喝酒以后,大家胆量更足了、豪气增加了,战士们的士气也都好了许多。

背景与赏析:

　　1944年12月,在南下支队渡过黄河,经由汾西,进入河南的行军过程中,国民党军队对我军围追堵截,迂回包抄,杀声不断,险象环生,部队根本没有像样的时间进行休整。但南下支队的全体将士知道自身使命重大,以高度的革命英雄主义和革命乐观主义精神浴血奋战,克服一切恶劣条件,坚决完成党中央交付的南下任务。当南下支队在山西垣曲跨过黄河冰桥之后,陈康白此时回望部队自从南下以来所经历的大小战役,曲折斗争,心中生发出了无限感慨,一方面为在这一路上牺牲的战士们用自己的生命换来部队的顺利前行扼腕叹息,另一方面也为大部队胜利渡过黄河而感到由衷的赞叹。正是在这样的背景下,陈康白在回忆这段岁月时写下了一首纪实性的七律《黄河天险徒步过》。

此诗以写景入手,第一句就大气磅礴,引人入胜,"王屋势从千涧落",马上给人一种波涛阵阵,飞瀑连天的震慑感。随着叙述的推进,人们知道王屋山是一处天险,挡住了敌人的追击。紧接着,诗人马上回答了读者心中的一个疑问:把敌人挡住了,我们的队伍是怎么过去的?"焉知尽夜北风号,百丈坚冰天作桥",多么真实,多么形象,马上在读者面前展现了一幅寒风凛冽、破冰前行的画面。这里又展现了诗人景物描写的高超技巧,"百丈坚冰天作桥",那么雄奇,那么险恶,又是那么浪漫,把革命者敢于战胜一切困难的豪情抒发得淋漓尽致。如果这不是诗人在描写一场艰苦卓绝的战斗,而单纯是对自然风景的描述:"王屋势从千涧落,百丈坚冰天作桥",有万山高耸,有飞瀑涧落,有冰挂连天,仿佛还能听到飞瀑入潭的轰鸣,这是对黄河多么令人惊叹的赞美呀!表现了诗人高超的描写技巧。而在此时,诗人把战争的残酷与景色的雄奇交融在一起,既是衬托又是渲染,做到了情境有声,借景抒情,为后面的诗句铺垫了情绪与氛围。

接下来,诗人将视线从宏观转向细节,以简练而形象的描述,为我们绘就了一幅南下支队在艰难之中行军作战的生动画面。"褰裳不跻徒步过",这是战士们徒步过黄河天险时的场景,战士们为了趁夜抢渡黄河抢占先机,所以顾不上夜黑风高、河水冰冷,手提裤脚,蹚着刺骨的河水徒步前行。在敌人没有防备还在吃饭之时,我们的队伍如神兵天降,令敌人闻风丧胆,还来不及吃准备好的饭食就四散奔逃。"门前敬礼知是谁,转背枪声来四座",描述了战士们如神兵天降,敌人根本没有想到,以为是自己人,还敬礼问口令,却突然迎来密集的弹雨。这两句描述非常真实形象,把人一下就带进了当时的情境中,仿佛看到了当时敌人慌乱的样子。这只有是亲身经历过的人，才能有如此逼真的回忆。"饮酒食肉发号令，灭此朝食快前进"，描述了战士们趁鬼子们吃肉喝酒放松警惕发动奇袭，不仅全歼鬼子，更收获了一顿丰盛的饭食，吃过饭之后战士们又匆匆上路。寥寥几行诗句，展现出了南下支队行军有素、作战无形的作风，让我们看到了战士们有勇有谋、舍生忘死的战斗精神，更让读者身临其境地感受到战士们在行军作战中的残酷与艰辛。

打赢了山间村野中的敌人，南下支队没有时间休整，又踏上了征途。"疲茶如此尽万千，军不留行气无前"，连日保持着高强度的行军作战，战士们都疲惫不堪。但是当时的严峻形势不能让他们长时间停留，所以大家收拾行装，鼓足精神，继续前进，"气无前"三个字把当时战士们那种英勇顽强、无坚不摧的战斗意志描写得异常形象。最后两句更为生动，"掷杯恶向胆边落，三军捧腹都活跃"，战士们对日寇痛恨至极，恨不得食其肉寝其皮。在征战过程中战士们有时还能弄到一些酒，这里描写了战士们喝完酒以后，大家纷纷摔杯泄愤，大骂敌寇，欲杀之而后快的激动情绪。喝酒之后，将士们都觉身上暖和了不少，一个个神清气爽、士气高涨，继续向着南方迈进。诗人将"恶向胆边生"改了一字，成了"恶向胆边落"，一下子就让将士们的心境跃然纸上，"三军捧腹都活跃"，并非真的捧腹大笑，而是大家重整心情后的高涨士气。这是诗人的妙笔，更是他亲身经历过这段南下岁月而书写下的真实心境。

陈康白以自己的诗句还原了一段历史，也定格了南下支队将士们那果敢坚毅、一往无前的年轻身影。再次拜读此诗，心中感怀万千。我们将永远难忘那段历史，难忘那些为驱逐日寇、开辟新中国而顽强拼搏的烈士英灵！

九、吊陈宗尧将军

将军农民子弟兵，策行战斗无敌人。
万里长征百胜在，南泥结幕山头岽。
同蒲路上骋前锋，与我交情气慨中。
渐酒田头何拓落，野烟荣带山花落。
青鸟飞向南海滨，谁知独卧五岭云。
壮节自应标史册，长风直欲倚崆峒。

1945 年 7 月

注释：

陈宗尧：湖南茶陵人，17 岁参加红军，20 岁就担任了茶陵县委军事部长，长征中任二方面军红六军团师参谋长，抗战开始后，任 359 旅 718 团团长。在著名的南泥湾大生产中，毛泽东主席亲笔为他题词："模范团长"。1945 年在战斗中牺牲。

子弟兵：指 359 旅 718 团（也称平山团）。"子弟兵"的称谓来源于抗日战争时期聂荣臻领导的晋察冀敌后抗日根据地。1937 年 11 月，晋察冀军区司令员兼政委聂荣臻率领 3 000 余人的武装，在晋、察、冀三省边界地区创建了第一个敌后抗日根据地。建立根据地后，聂荣臻立即着手扩大人民武装力量，在当时的晋、察、冀便出现了不少带有地域色彩的部队，如"平山团""阜平营""灵寿营"等。这些部队拥有群众基础，大家怀着保家卫国的热情，英勇顽强地打击日寇。1939 年 5 月，聂荣臻发布通令，嘉奖平山团是"捍卫民族、捍卫边区和捍卫家乡的优秀的平山子弟兵"。这是"子弟兵"一词首次用于称呼共产党领导下的人民武装。平山团扩军后改称七一八团，故此处的"子弟兵"陈康白特指平山团。

策行：在战场上有勇有谋地战斗。

结幕：结缘、相识。

山头峁：陕西省南泥湾一带常用地名，也指小山丘。

同蒲路：即同蒲铁路，北起大同经太原南至运城，继而在风陵渡过黄河，在华山站接入陇海铁路。贯穿山西省中部的南北铁路干线，也是沟通晋、陕两省的交通大动脉。南下支队的行军路线曾与同蒲路重合，在最后穿越同蒲路向东，由王屋山过黄河、进入河南。

渐酒：美酒渐空。

拓落：失意。

崆峒：山名，在山西临汾市南。这里借指仙山。

五岭：此处指中南的山脉。

译文：

陈宗尧将军和他率领的718团（平山团）在南下的艰苦征战中屡建奇功，在红军两万五千里长征中陈宗尧经受了无数次战火的考验。在他带领718团来到南泥湾以后，我们二人有缘一起在南泥湾的山坡上畅谈。记得南下支队从同蒲路一路打来，他一直冲锋陷阵、身先士卒，我们在残酷的战斗中结下了深厚的友谊。（现在陈康白已知道了陈将军牺牲的消息，也知道了平山团的子弟兵们在战斗当中遭受了巨大的牺牲。）陈康白来到空旷的田间把酒祭奠陈宗尧和这些在战斗中逝去的勇士们，表现出无尽的悲伤，英雄已去，他们一生的荣光随青烟飘散、伴落花逝去。平山团勇士们的灵魂已飞向了南海之滨，谁又知道陈宗尧将军的肉体还葬在中南的崇山峻岭之中呢。他们的英雄事迹应永载史册，他们的革命精神与山河共存。

第一部分　诗词赏析

背景与赏析：

　　1941 年前后，根据中共中央关于开展"大生产运动"的指示精神，359 旅及中央机关干部、家属进驻南泥湾开始屯垦。1943 年，自然科学院副院长陈康白来到南泥湾协助进行生产活动，与 359 旅 718 团团长陈宗尧及干部战士们建立起了深厚的革命友谊。次年底，陈康白与陈宗尧一同参加南下支队跟随部队南下，部队出发后面对日伪军和国民党顽军的围堵，在敌我力量极为悬殊的情况下孤军作战。而作为 718 团（平山团）团长的陈宗尧在南下支队中担任二大队大队长，陈宗尧曾带领部队随干部团行动，负责保卫干部团的安全。在此期间，陈康白与陈宗尧更是在枪林弹雨中结下了深厚的革命友谊。1945 年 7 月，陈宗尧在一次战斗中壮烈牺牲，年仅 37 岁。也就是在这次南下北返的过程里，平山团遭受了成立以来最大的牺牲，大部分平山子弟兵埋骨在中南的崇山峻岭之中。而陈康白在南下的过程中留在豫鄂交界的新四军五师军工部从事兵工生产工作，没有跟随南下支队继续征战。1945 年 7 月，陈康白得知陈宗尧在战斗中牺牲，平山团的干部战士们在战斗中遭遇严重伤亡，心里悲痛万分，久久不能平静。那些当年一起劳作、战斗过的岁月，一幕幕凝成画面浮现在陈康白的眼前，促使他提笔写下了这首诗，用来寄托对于战友陈宗尧及平山团阵亡将士们的深切哀思。

　　一、二句开门见山，用"将军""农民子弟兵"将全诗的描写对象直接点明，"将军"指的是担任原 359 旅 718 团（也称平山团）团长的陈宗尧，"农民子弟兵"原本指 718 团扩军前平山团的干部战士们，但此处也可看作 718 团全体将士。后半句中作者以强有力的笔触用"策行"和"无敌人"生动形象地刻画了包括团长陈宗尧在内的 718 团全体干部战士们在作战中有勇有谋、英勇无畏、奋勇杀敌、威震敌胆的英雄形象。

　　三、四句先是赞颂陈宗尧本人的英雄事迹，誉称他在二万五千里长征中，历经无数次大大小小战斗，取得了辉煌战绩，以"万里""长征"和"百胜"这三个昂扬向上的词汇勾勒出一幅气壮山河、波澜壮阔的豪迈画面，进一步深化陈宗尧的英武形象。紧接着又写作者本人与陈宗尧是在南泥湾垦荒的生产实践中相识的，并在挥洒汗水、倾心相谈的过程中建立了良好的革命关系。

五、六句继续回忆，作者将他与陈宗尧将军在南下过程之中经历的残酷战斗回忆梳理，桩桩件件跃然纸上，也正是在这样的枪林弹雨之中，两人结下了深厚的革命友谊。诗句中的"前锋"和"气慨"二词的运用，显示出高度的革命英雄主义精神，将全诗的豪迈情绪推向顶点。

七、八两句感情急剧转折，从回忆往昔峥嵘岁月，转而写到眼前景象和作者内心深处的感情，无尽哀伤。诗句连用两个"落"字，将陈康白独自在空旷的田野中把酒祭奠陈宗尧和平山团阵亡将士的场面渲染得淋漓尽致。他一人孤坐，回想起曾经和陈宗尧在南泥湾攀谈的时候也是这样坐着，可今天已物是人非，甚至于天人两隔，心中更显愁苦。"带"字传神，将阵亡将士们的无上荣光以拟人化的方式展现，像是它承载着他们一生的光荣，随祭奠的青烟飘散，带落了这时节凋谢的满山群花，异常凄婉。

九、十两句情绪稍稍缓和，应是焚纸悼念已近尾声，陈康白不得已安慰自己接受这样天人两隔的结局。"青鸟"句柔缓，写尽平山团死难将士们的灵魂已远远飞走，直至南海之滨，颇含祝福、祈祷之意；"谁知"句中"谁知""独卧"以问句的形式反问"谁又知道陈宗尧将军的肉体还葬在中南的崇山峻岭之中呢"，颇含惋惜、哀叹之意，像是在说灵魂远走，血肉长留，暗含"青山有幸埋忠骨"之意。

末尾两句紧接前句，相互对应。"自应"正对"谁知"，写出陈宗尧将军与平山团勇士们的强悍战绩自应是彪炳史册，为后人永远铭记；"崆峒"正对"南海"，形象地表达出他们的革命英雄主义精神、顽强的战斗意志和坚定的理想追求，真是与这大好河山共存，无限豪迈。

本诗是陈康白怀念老战友陈宗尧的一首悼亡诗，在怀缅之中又联想到陈宗尧所率领的原359旅718团（平山团）的战士们奋勇杀敌的英雄形象，慨叹残酷战争带走了无数热血战士的宝贵生命，寄托了陈康白本人对这些老战友的无限哀思和怀念之情。

十、悼叶陀

挽歌莫尽奏，奏苦血沾衣。
今日伤心极，征人骨不归。
相逢恐恨过，故作发声低。
流沙河畔草，悲风飒飒飞。

1945 年

注释：

叶陀：具体所指人物或事物不详，根据诗歌推测，疑为陈康白当年随 359 旅南下时牺牲的战友。

奏苦：形容笛声，表示演奏挽歌的声音凄惨，动人哀思。

过：经过。

发声：指吹奏笛声。

飒飒：形容风吹动树木枝叶等的声音。

译文：

哀悼的挽歌太过悲伤，（就像杜甫笔下的《秋笛》中描写的环境一样）笛声还没有演奏完毕，就已经让人泪满衣衫，如若继续演奏下去，恐怕眼泪都要流干而泣血了。陈康白此时已经伤心到了极点，这远征的英雄只能埋葬于此地，连尸骨都无法返回故土呀。此刻，陈康白又想起了杜甫《秋笛》中的"相逢恐恨过，故作发声微"来表达自己悲伤的心情。叶陀被葬在了流沙河边，河边的青草与坟茔为伴，风吹草动，万分悲凉。

背景与赏析：

此诗所悼"叶陀"不详，但悼念之情拳拳，令人读来含泪默默。全诗仿杜甫《秋笛》而作，杜诗原作如下：

　　　　清商欲尽奏，奏苦血沾衣。
　　　　他日伤心极，征人白骨归。
　　　　相逢恐恨过，故作发声微。
　　　　不见秋云动，悲风稍稍飞。

杜甫这首《秋笛》描写的是诗人在塞外秋日听到笛声，看着满目秋云悲风，联想到连年征战、国家动荡不安，无数士兵战死在这遥远的塞外，不禁心中怆然。诗句里没有提到"笛声"，但诗中的"清商"之音、"奏苦""发声微"等字句，却都是在写笛声，虽未提及"笛"字，但笛声好似遥远的背景音，贯穿着整首诗，幽幽地烘托出悲凉的意境。杜甫这首诗作于公元759年的秋天，那时的唐帝国几经战乱，早已不复盛世光景，杜甫一心投奔逃难的肃宗，渴望重整河山、还都长安，却怀才不遇、屡遭贬斥，他对于政权的混乱污浊痛心疾首，眼见国难民苦而无力回天，因而罢去了华州司功参军一职，赴秦州（今甘肃天水一带）暂住。秦州地处秦岭西段，人烟稀少，边塞风光虽好，但身处乱世的杜甫无心欣赏，只觉满目萧然。

杜诗大意如下：诗人听到远处幽幽的笛声，笛声吹奏的是五声音律中的"商"音，本就清凉凄切，想到国运衰微、民不聊生，更是悲从中来。身处荒凉的塞上秦州，笛声让诗人想起曾经出征的战士们，他们浴血沙场，归来却化作白骨，而他们的前赴后继却并没能挽救国家的倾覆，这才更令人痛心。这首曲子还没有吹毕，已是令人泪满衣衫，如要继续听完，恐怕是要泪尽而泣血了。幸而这笛声幽微，淡化了其中的凄楚，或许是演奏者知晓这笛声的悲切，唯恐经过的人闻之落泪，所以故意轻声吹奏吧。这也许是诗人与吹笛者的默契，只是心中悲伤又怎会轻易消解呢。独不见天上云动，但笛声令风闻之而起，可见这笛声催人心肝。

对比杜诗我们可以看到，陈康白对原诗的改动并不多，可见陈康白对杜甫的原诗深有感触。只不过杜诗表达的是忧国忧民的悲伤，陈康白则是表达怀悼之意，只改动了寥寥数字，以最精练的方式借杜诗表现其心中所感，可见陈康白的诗词功底。

回到陈康白这首诗。首先以"挽歌"开头，对应了题目的"悼"之意，也奠定了整首诗的基调。而之所以挽歌不能"尽奏"，都是因为心中的悲伤之情。这一句的大意为：哀悼的挽歌太过悲伤，还没有演奏完毕，就已经令悼念的人泪满衣衫，如若继续演奏下去，恐怕眼泪都要流干而泣血了。第三、四句，陈康白将杜诗的"他日"改为"今日"，将"白骨归"改为"骨不归"，情境一下就转变了过来。诗人正置身于追悼现场，而追悼的人是在战场上为国捐躯的英雄。这位英雄满怀报国之志奔赴战场，可归来之时却只剩下他的白骨。在哀悼的挽歌之中，诗人心中的悲伤更添一层、难以言喻。后两句只改了一字："微"变成了"低"，对诗歌的释意影响并不大，或为从音律角度而调整了这一字。这一句的大意为：或许挽歌的演奏者唯恐在追悼现场的人们更加悲伤，所以故意低声演奏，然而悲伤的心情并没有因此而缓解，面对曾经鲜活的生命骤然消逝，没有人能真正平复心情。最后两句的改动最多。看到"流沙河"我们首先想到的就是《西游记》里出现的那条河，在国内也确实存在名为流沙河的河流，但因为无法考证"叶陀"究竟是何人物，所以"流沙河"的真正含义亦无法最终确定。在此处，我们姑且就把它当成一条像《西游记》里那样宽阔磅礴的大河吧。这句的大意即：流沙河奔流不息，生命亦如是，不曾为谁停下脚步。只有河畔的荒草，面对这奔腾的江河独自伫立。诗人心中的悼念之情如一阵悲风，吹动着河畔的草，这动与静，正如生与死，从来不是对立的两面。在这亦动亦静之中，诗句写毕，而悲伤的情绪反复回环，仿佛永远不会终止。

十一、仿唐人韵离思

音问相远四十年，中间消息更茫然。
叮咛后会知何地，忽漫相逢是老年。
不分山花红似锦，生憎须发白于棉。
燕山春色真无赖，触忤离思到酒边。

1975 年

注释：

音问：音讯；书信。

忽漫：忽而，偶然。

不分：犹言不满、嫌恶的意思。一说不料；一作"不忿"。

生憎：犹言偏憎、最憎的意思。

于：一作"如"。

无赖：不赖。

触忤（wǔ）：冒犯。

译文：

二人已分别了四十年，这期间音讯全无。想当年分别的时候，虽不知何时才能再相见，但也相互嘱咐要互通消息，没承想再次重逢已都是两鬓斑白的老人。眼望满山的野花年年都红遍山野，可自己却是一天天老去，霜染白发。陈康白恼怒燕山的无限春色，是绚烂的景色冒犯了自己心中的离思，无处宣泄，只得借酒消愁。

背景与赏析：

在"文革"中陈康白受到打击迫害，曾被羁押5年之久。1971年周总理专门对陈康白的问题作了批示："敌我矛盾，按人民内部矛盾处理"。陈康白结束了牢狱生活在北京短暂居住停留后，按照原华北局的处理决定，下放到湖北物理研究所。1975年年初，陈康白被侄婿张爱国从武汉接回长沙居住，这首诗就是陈康白在那一时期写的。

陈康白这首诗名为《仿唐人韵离思》，其实仿的就是杜甫的《送路六侍御入朝》，整体上看两首诗形近神似，杜诗珠玉在前，陈康白不仅喜爱这首诗，更是在诗中找到了与自己情感的契合之处，因此才以杜诗为原版，稍作改动，完成了自己的诗。

我们先看一下杜诗：

《送路六侍御入朝》

杜甫

童稚情亲四十年，中间消息两茫然。

更为后会知何地？忽漫相逢是别筵！

不分桃花红似锦，生憎柳絮白于棉。

剑南春色还无赖，触忤愁人到酒边。

这首诗作于唐代宗广德元年（公元763年），杜甫与"童稚情亲"的儿时旧友路六侍御分别四十年后重逢，但重逢的欣喜却又被即将再次分别的不舍心情冲淡。桃花开得正好，漫天柳絮飞卷，剑南道的春日充满生机，但诗人不仅无心观赏，反觉这春色冒犯到了他这个"愁人"。四十年没见，再见却又要分别，这种心情自然是令人怅惘。

杜甫写此诗是因故友而起，而唤起陈康白相似愁绪的又是何人呢？我们先从开头两句看起，"音问相远四十年，中间消息更茫然"，陈康白这首诗作于1975年，在陈康白的人生旅途中，与他分别近四十年的、又至死不能忘怀的亲人,不正是结发妻子杨慎宜吗?

陈康白早年在厦大任教时结识了同是长沙人的杨慎宜。当时杨慎宜在厦大半工半读,而陈康白已是化学系的助教,二人在青春正好的年纪相互吸引,不久就坠入了爱河。杨慎宜能吃苦,又贤惠,当陈康白在实验中被炸伤住院后,杨慎宜就一边打工,一边学习,一边来医院照顾陈康白,
二人的感情也在这期间愈发深厚。1932年7月二人在湖南老家完婚,后来陈康白到德国公费留学,杨慎宜又不远万里,追随他到德国团聚,并且在1936年为陈康白生下了长子陈廷倚。"七七事变"之后,国内硝烟四起,陈康白选择回国,杨慎宜当时怀着老二,还要照顾不到一岁的陈廷倚,但她坚决支持陈康白的决定,二人放弃了德国优越的生活条件,历尽艰辛回到了长沙。回国后陈康白听从恩师徐特立的指点,下定决心去延安施展抱负,于是只能将不满一岁的大儿子陈廷倚、刚降生的二儿子陈廷矩和年迈的双亲托付给杨慎宜和弟弟妹妹们照料,自己只身奔赴延安。延安的生活是艰苦而忙碌的,陈康白和杨慎宜只能用书信交流,但就是这样的家书反而被国民政府截获,给杨慎宜带来了不小的麻烦,后来索性连书信的沟通也彻底中断了。那一时期陈康白蓄起了胡子,一来是用大胡子表达自己对于杨慎宜的思念,二来是用大胡子的邋遢形象来避免自己和女性相处。在那个战火纷飞的年代里,天各一方的两人没有一丁点儿的沟通和联系,甚至不知彼此究竟是死是活。特殊的岁月往往会演绎出特殊的剧情,最终这段深刻的恋情被现实所戏弄。1944年陈康白在延安与黎扬结成革命夫妻,从此彻底中断了与杨慎宜的婚姻和交往。1975年,历尽风雨年逾古稀的陈康白回到长沙,并瞒着身边的人与杨慎宜见了面。此时的陈康白想起杜甫的《送路六侍御入朝》，真是别有一番滋味在心头。在这种特殊的心态下，陈康白提笔写下了这首诗，来倾诉自己这四十年中与杨慎宜无以言对的情感纠葛，才有了"中间消息更茫然"。

第三、四句是写二人的重逢，将杜诗的"更为"换成了"叮咛"，"别筵"改成了"老年"，写实地描述了陈康白和杨慎宜这悲剧的婚姻，表现了带有戏剧冲突感的五味杂陈。四十年前分别时，这对小夫妇如胶似漆、难舍难分，彼此叮咛嘱咐，约好定期来往书信……而这一别就是四十年，再次重逢他们都成了两鬓斑白的老人。回首曾经共度的美好时光，但也敌不过这四十年无奈的分隔。虽然彼此心中仍常常挂念，但二人早已走过了各自不同的人生。如今重逢，太多的怨恨情仇都化作了无奈，字里行间透露出的悲凉之意令人恸怀。

第五、六句，将杜诗的"桃花"改成"山花"，"柳絮"改成"须发"，表达的意旨也完全不同。杜诗意在表达看到春日美好无心欣赏的愁绪，"桃花红似锦""柳絮白于棉"是并列的意象；陈康白则是看到了盛放的山花和二人斑白的头发，花开时节生机勃勃，他和杨慎宜也曾有过山花般绚烂的青春，如今都已是暮年，前后两句形成对比，将"生憎"的情绪无限放大。紧接着七、八句，将"剑南"改为"燕山"，燕山为北京北部山脉，此处"燕山春色"泛指北京的春日景象；将"愁人"改为"离思"，杜诗是指美好春色令人徒增怅惘，陈康白这里是指美好春色让他的离思无处宣泄，多年的离愁别绪积压在心，若是看到秋天的萧瑟、冬天的肃杀还可以借景抒情，但偏偏眼前春光无限美好、万物生机勃勃，这怎能不"触忤离思"呢？于是我们的诗人只能和杜甫一样，借酒消愁，聊以慰藉。他们心中的愁绪是否真的能得以排遣呢？恐怕也是"借酒消愁愁更愁"罢了。

陈康白这首诗虽然是出于杜甫的诗，但经过巧妙的改动，写出了他独特的意味，表达了与结发妻子杨慎宜久别重逢的复杂心情，不失为一首经典的仿写诗。

十二、女庄员赞

庄员多女子，红粉变黄粮。经济支配全由我，不费家庭插手。愿五亿解放妇女，都随咱来。

受尽几千年压迫，到头觉醒，吐尽满腔苦水，休啰杂。儿清女秀，全是镣铐锁链，自今而后，不再前来。

1975 年

注释：

啰杂：方言，指啰嗦。

译文：

集体农庄中的妇女能顶半边天，她们本该是婀娜美丽的女子，但是在劳动中她们挥洒汗水、辛勤劳作，为粮食丰收做出了巨大贡献。新中国的妇女走出了家庭，融入了社会，有了经济地位，再不是只知围着锅台转的家庭主妇了。愿中国所有的妇女们都能够得到全方面的解放。

中国妇女几千年来都受尽压迫（在中国共产党领导下终于翻身得解放），现在妇女们都觉醒了，不用赘言她们曾经受过的苦难和轻视（今天她们的实际行动已经说明了一切）。以前女人们的最大作用就是生儿育女，传统社会为妇女们设下了重重羁绊，在历史上妇女是没有社会地位的，而这一切今后不会再出现了。

背景与赏析：

1975年清明前夕，陈康白回到了老家长沙麻林桥住进了二弟陈亮之家，从此开始了一段特殊的乡村生活。那年月，中国的广大农村都是在人民公社领导下开展生产经营和各类社会活动,公社领导下还有生产大队和生产小队,每家每户都被编入生产队,每位村民都是公社社员,接受公社和生产队的领导。长沙县自古就是鱼米之乡、富足之地。陈康白的故乡麻林桥那时叫麻林公社麻林大队,麻林大队依山傍水、土地肥沃,自然环境非常好。陈康白回到故乡感到分外亲切,在人民公社的领导下,故乡的一切都有了新面貌。公社社员们不单是日出而作,日落而息,进行农耕生产,平时大家还要听广播,开会,参加学习,从各方面进行社会主义新农村建设,大家过着充实朴素的生活。陈康白居住在这种环境里,心情变得安静了许多,看到农村中各种新的变化,也经常是有感而发。

陈康白虽然是位留过洋的自然科学家,但高雅、深邃的文学气息却与他相伴始终。如同古代的文人墨客喜欢在画作旁题跋一样,陈康白一生中很多的诗词创作都题写在图画旁,有意思的是他绝大部分题跋诗都写在一本微微泛黄的日记本上。这本日记本是人民美术出版社出版的《1957美术日记本》,里面有多幅插图,每隔八篇横格纸就会有两页插图,质地精良,这应该是当时非常高端的一种日记本。晚年的陈康白花费了很多精力在这个日记本上摘抄、评注和创作,上面密密麻麻地写满了各种工整的字体,陈康白常常是因受到日记本中插图的启发,在其上妙笔偶得,创出佳作。

这首《女庄员赞》就是陈康白1975年在麻林大队生活时创作的作品,写在这个日记本中一幅题为"女

庄员"的插图旁。这幅插图记录的是一件著名雕塑家郭振和的雕塑作品，画面上一位朴实而又英姿勃发的农村妇女，手拿谷穗，站在田间，享受丰收的喜悦。因 1957 年人民公社还未成立，但那时国内仿效苏联成立了大量的集体农庄，所以女庄员和 1975 年的女社员是同种形象。

当陈康白看到插图上逼真、鲜活的女社员时，立刻联想起身边那些吃苦耐劳的公社妇女形象。旧社会的妇女没有地位，受尽压迫；新社会的妇女翻身得解放，"妇女能顶半边天"，妇女们成了国家农村建设的重要力量。想到这些，陈康白从心里发出由衷的感叹："庄员多女子，红粉变黄粮"，公社中众多的女社员，本是柔弱、美丽的化身，但在今天却创造了金色的丰收。后两句作者以"我"字来代指集体农庄，紧跟着又写"不费家庭插手"，以高度的豪迈气魄将集体农庄的优越性点明，壮怀辽阔。"愿五亿解放妇女，都随咱来"更是承接前句，将饱满的英雄情怀进一步深化，进而发出号召，是陈康白鲜明豪迈风格的具体体现。

下阕从古代制度对妇女的压迫出发，以今昔对比的形式深情歌颂了作者所处制度的优越性。"受尽几千年压迫，到头觉醒，吐尽满腔苦水，休啰杂"写尽传统制度对妇女的摧残，特别是前后两个"尽"字的使用，一说受尽压迫，一说吐尽苦水，又运用"几千年"和"满腔"极言程度之深的语汇加以修饰，将妇女在中国传统社会之中所受到的压迫与禁锢一展无遗。"儿清女秀，全是镣铐锁链"是专从传统思想将妇女固化为生儿育女工具角度进行批判，与上阕对应来引出今时今日妇女是可以按照自身意志全面发展的主旨与含义。末尾两句"自今而后，不再前来"在写作顺序上虽然是紧接前句，为前句作结语。但就笔者看来，此二句写在全词结尾，有双关意义，一是为前句作出时代对比，二是为全诗所写帝制时代对妇女的剥削与压迫已被推翻作出呼号，英雄豪迈，感人至深。

十三、浣溪沙·过长沙东乡鲁家煆旧居有感

楼台池榭都已失,西风愁起蓝田日。篱落新居百数十,谁曾识。
细雨梦回边塞远,岁月暗消如过隙。多少车尘和海蓆,空吟壁。

1975 年

注释:

蓝田日:指玉山,借指富贵荣华。

篱落:篱笆,屏障。

译文:

旧时(鲁家煆财主家中)的亭台楼阁都已消失不再,萧瑟的西风带来了多少富贵人家的愁苦思绪。谁能想到原本繁华的院落变成了一片片简陋、陌生的房屋,让人不敢相认。淅淅沥沥的雨声带我回到了遥远的边塞生活,可那也是早已如白驹过隙,悄悄溜走了的时间。回顾那些流逝的岁月,油然而生一种徒然感伤之情。

背景与赏析:

这首诗也是陈康白在长沙生活期间写的,他来到鲁家煆旧地重游,睹物思情,感慨万千。陈康白在年幼时曾跟随自己的父亲在鲁家煆生活过一段时间,当时陈淡园在此地一家姓何的财主家中教私塾。这位姓何的财主在当地声名显赫,家境殷实,庭院中有亭台楼阁还有一处小戏台。解放后这位姓何的财主被打倒,院落也被拆除,再也没有了往日的奢华。多年以后陈康白又来到鲁家煆,看到的只是一片片简陋、陌生的房屋,根本没有了往日的模样。由此触景伤情,发出感叹。

词的上阕写陈康白故地重游所见的眼前实景,"楼台池榭都已失""篱落村居百数十"两句将陈康白流转一生、饱经沧桑的世事之感写明,幼时他曾居住、玩耍过的亭台楼阁都已消失不再,反而变成了一片片稍显简陋、陌生的村间小屋。试想一位饱尝人情冷暖的老人,在最需要慰藉的时刻选择回到家乡,结果看到眼前的所有景象都是那么陌生,再也看不出一丝当年模样,该有多深的叹息。所以本阕之中的"都已失""西风愁起""谁曾识"这些意象、动作的运用更加深化了这种熟悉而又陌生的落差感,令人扼腕。

下阕里陈康白虽是看着家乡风物,却也难解内心悲凉。无奈之下,他的思绪又被缓缓拉回到他在陕甘宁边区科技报国的那些日子,不知他想了多少、回忆了多久才幡然发现,那些岁月其实也早已悄悄从自己的身边溜走,只留下一段段回忆让他无限怀念、无限向往。"远""暗消""多少"和"空"这些语汇的运用细腻、精准,将作者内心之中由眼前景物勾起返思的那种感时伤怀,慨叹岁月流逝的无奈之感表达得淋漓尽致,颇具大家风范。

全诗记叙了陈康白在返湘后来到幼年成长、玩耍的地方却发现早已"旧貌换新颜",毫无当年景象。由此又联想到自己在陕甘宁边区和广大军民一起奋斗的日子,颇有一种时间流逝,无可奈何的寂寥之感。

十四、游秀峰

阳春三月茅店月,黄芦苦竹九江船。
闻说香炉殊绝世,我来偏遇雾连天。

1975 年 4 月

注释:

茅店:指农村用茅草搭的简易农舍。"茅店月"的意象也曾出现在唐代温庭筠的《商山早行》一诗中:"鸡声茅店月,人迹板桥霜"。

黄芦苦竹:黄芦,枯黄的芦苇。苦竹,我国南方一种较为常见的竹子。黄芦苦竹描写的是人迹稀少、荒凉萧瑟的景象。

译文:

阳春三月陈康白游览庐山,一路上看到乡村中处处是茅草搭建的简易房屋,九江边满目是枯黄的芦苇和苦竹,一条小船漂泊在九江之上,略显荒凉萧瑟。听说庐山的香炉峰形状尖圆,颇为神奇,而我来之日却是雨雾连天,难见其真实面貌。

背景与赏析:

1975 年 4 月,陈康白在老家麻林桥短暂居住了几天、拜祭过父母后,就去江西九江找自己的儿子陈晓阳,然后去看看当年的老战友。这里提到的这位老战友是胡昌春,原新四军五师军工部的技术协理员,时任国营 441 厂厂长兼党委书记。胡昌春见到老首长来看自己高兴异常,立马就把陈康白接到了自己家中,安排了周到的饮食起居。二人在家中回忆过往的峥嵘岁月,无限唏嘘与感慨。一日,陈康白想要去看看庐山风光,无奈胡昌春公务繁忙，只能安排儿子胡炜同往。这首诗就写于陈康白第一次游览庐山。

前两句开门见山，直接点明来游庐山的时间是在"阳春三月"，正是因为刚初春，绿意尚未装点大地，一路上看到的景物还是枯黄的芦苇和成片的苦竹。仅仅在这两句之中，作者就选用了"茅店月""黄芦"和"苦竹"三个伤情的意象，"茅店月"曾出现在唐代诗人温庭筠的《商山早行》一诗中："鸡声茅店月，人迹板桥霜"，温庭筠作此诗时正久困科场，年近半百却不得不离开久居的杜陵，赴隋县任县尉之时，不免表达了去国怀乡、有志不获骋的忧郁心思。陈康白在自己的诗中借用这一意象，一是写实，描写了江西农村月色，二是借此表达自己同样沦落异乡、有志难骋的无奈。"黄芦""苦竹"则曾作为意象出现在白居易的《琵琶行》中："住近湓江地低湿，黄芦苦竹绕宅生"，也是描写荒凉破败的意境，陈康白把这些苦情意象信手拈来，其心境不言自明。

后两句写来游庐山的原因和所思所感，陈康白可能是想着虽然在这个时节来游庐山看不到什么山花烂漫、绿树垂条的景色，但是看一看耸立在此的庐山群峰应该还是不难。况且庐山素有"匡庐奇秀甲天下"的美誉，古今多少文人墨客在庐山留下了千古传颂的名篇名句，像李白在《望庐山瀑布》中就曾以"日照香炉生紫烟，遥看瀑布挂前川"的诗句来写香炉峰的形态和瀑布倾泻而下水汽升腾的壮美景色。想来陈康白也一定是被此诗中所描绘的景致吸引而来，才有"闻说香炉殊绝世"的感叹，可无奈的是天公并不作美，用漫天的大雾笼罩了香炉峰，将秀美的景色独家珍藏，这也让陈康白发出了"我来偏遇雾连天"的叹息。

全诗表面上看是写来游庐山的一次遗憾经历，用了一系列悲情的意象，像是要烘托一种理想与现实对立的无奈之感。但依笔者的读后感受来说，全诗的深层意蕴应是以悲景写乐情：从诗题来看，陈康白本次游览应是未见香炉峰,但仍以"秀峰"作题,足以看出心情之喜;再看首句"阳春三月"一词的运用,虽然这个时节直接导致游览途中的景色是"黄芦苦竹",但作者仍以"阳春三月"这样饱含生机的时间写法入诗,足见内心的丰饶满足;再说次句"九江船",依笔者来看"九江船"的选用展现了一幅宏大壮阔的场面,颇具陈康白豪迈、奔放的诗作风格;"闻说"句中的"殊绝世",以极富程度的词汇渲染香炉峰的景色,进一步表明他内心对于景色的无限憧憬与向往;末句中直接以"我"字的第一人称入诗,更显陈康白的慷慨豪迈本色。虽然游览事件本身充满诸多遗憾,但综看背景应是此时陈康白见到儿子和老战友,有了心理和精神上的双重陪伴,度过了一段精神充盈、富足的生活,心绪情感仍是较为豁达、乐观的,所以有此一诗以悲景写乐情。

十五、咏庐

庐山好，风景旧曾谙。
竹出香炉偏挺秀，松盘绝顶绿于蓝，莫放酒杯残。

1975 年 4 月

注释：

谙：熟悉。

译文：

庐山真是太秀美了，听过那么多咏庐的诗篇，眼前美丽的风景仿佛是那么的熟悉。香炉峰上翠竹傲立，奇松连天，在蓝天的映衬下显得更加翠绿。喝干杯中美酒，不负此情此景。

背景与赏析：

本诗与前首《游秀峰》都写于陈康白游览庐山之后，但从情感、景物描写与诗句释义来看，应是前后两次甚至数次登临庐山的不同感受。本诗以正、侧面描写相结合的手法，正面写松、竹之秀、绝，侧面写应"把酒当歌"之情，把庐山香炉峰的奇、美完整地展现出来。而作者此时有家人、旧友陪伴的轻松、满足心境也从诗中一览无余。

陈康白毕竟是经历了多年的拘禁岁月，自由对于这个年逾古稀的老人已经是不可多得的幸运了，他自然会分外珍视每一次的出行，将自己的身心完全地融入庐山风光之中。从庐山游览归来后，陈康白在住所与胡昌春、胡炜父子把酒相谈，借着酒劲儿终于得以一吐胸中郁结的愁肠，当那段不堪也不愿再回首的牢狱岁月伴着酒香暂时飘散在陈康白的脑后之际，他的脸上又重新浮现出了往日的光泽。在推杯换盏之间，同老战友畅谈自己再游庐山的内心感受，寄情于景，借物咏志。一时间往日的桀骜不驯和才华横溢再度伴着诗兴涌起，陈康白回想这两次庐山之行一路上的所见所闻、所思所感，与自己内心长期以来的压抑感受融合、升华，和着白居易的《忆江南》，又以庐山风光为题写下了这首《咏庐》词。原词如下：

《忆江南》

白居易

江南好，风景旧曾谙。

日出江花红胜火，春来江水绿如蓝。能不忆江南？

白词创作于公元838年，是白居易《忆江南》组词中的第一首。创作时已是他因病卸任苏州刺史返回洛阳12年后，在家中回忆当年苏杭出仕、闲游时见到的江南盛景，仍沉醉其中，不能自拔，足可见江南春日景致给白居易留下的深刻印象。全词总共五句，仅仅选用了"江花"和"春水"两个意象就将江南的春日图景勾勒出来，加上起首的两句感叹和末尾的反问，将江南图景无限地延展开去，给人以一种读罢不能自已的悠远韵味。

若说白诗是晚年回忆盛景的婉约，那么陈诗则是晚年登临庐山的豪迈。一个人的笔触里能显现出他的性格，陈诗向来如此，颇具乐观豪迈气魄，于这首《咏庐》而言也是一样，这是诗人又一次登临庐山时的感怀。

起首两句直接仿写，点明自己又是来到庐山游览。这一路上的景致我才刚刚见过不久，所以有着"风景旧曾谙"的感叹，只不过上次来时大多景色都被隐于薄雾之中，但这山石、树丛的位置依旧令我那样熟悉。"竹出香炉偏挺秀，松盘绝顶绿于蓝"两句是写再游庐山时所见到的秀美景色，香炉峰之上翠竹傲立，奇松连天，一派苍翠景象，与前首《游秀峰》中无半字形容香炉峰景色相比，这时陈康白终于得见秀峰美景，自是毫不吝惜溢美之词，前句用"挺""秀"二字将翠竹的神态和灵韵完全展现出来，更显香炉峰的挺拔、傲然；后句又用"绝顶"和"绿于蓝"来写苍松映衬于蓝天，似是一抹绿色不畏艰难，在这险峻环境中旺盛生长，终于在蓝色天空之中涂上了属于自己的那一抹绿色。看似写景，实则抒情。末句像是号召"莫放酒杯残"，告诉今日有幸见到如此景色的游客们不要辜负此情此景，珍惜此时此地，拿起酒杯痛快畅饮，足可说是酣畅淋漓、痛快异常，这也从侧面凸显出了庐山香炉峰的绝美景色令人流连忘返，久久萦绕心怀，不能相忘。

十六、题桂林山水图

石林如筍立，秀色真可餐。
山既不可种，水徒绕山行。
猿啼并虎啸，都在绿云间。
掩映西江水，馒头亦汗颜。

1976 年

注释：

筍：即"笋"。

掩映：彼此遮掩而互相衬托。

汗颜：惭愧。

译文：

（图中的）山峰丛立像一棵棵竹笋一样破土而出，景色秀丽，优美异常。但这凭恃景色秀美于世的山峰已经没有办法进行耕种，要那绕山而行的河流也是徒然。险峻的山川在青翠的云幕映衬下像是有猿猴的啼叫和猛虎在咆哮。自西而东的滔滔江水映衬着挺拔耸峻的群山，让其他大大小小的山岭也都黯然失色。

胡若思作：
桂林山水

背景与赏析：

这首诗是陈康白在麻林桥生活期

间，题写在日记本一幅《桂林山水》插图旁的作品。根据陈康白的生平履历来看，他曾在 20 世纪 50 年代中期到访过全国很多地方去筹建科联分会，其中也去过桂林。凭着陈康白的性情，他一定会去游览秀美的桂林山水，并收获满满。现在陈康白闲下来了，老来无事，睹画思情，看着这幅插图，那如诗如画、如梦似幻、令人魂牵梦萦的自然风光又浮现在他的眼前。

  本诗的前四句重在写景，用简练的笔触将插图上的主要意象尽可能地描绘出来，如"山""水"等，写山写到了山的形态"如石林""如笋"，写水的流转是"绕山而行"，描写细致入微，像是将这幅插画直接展现在了人们眼前。借景的目的一定是为了更好地抒情，因而在前四句诗中还夹杂着陈康白浓烈的情感倾向和他鲜明的性格特征。一、二句他将插图上绘着的连片山峰看成是一组耸立的石林，山体本身的白褐色与山上植被的青绿色交相掩映，相得益彰，正好像是一棵棵竹笋从大地上破土萌发，肆意生长，整体画面清新淡雅，不由得勾起了他对于桂林风光的无限回忆，发出了"秀色真可餐"的感叹。这也从正面表现出陈康白对于大自然造物鬼斧神工的无限赞美。三、四句写山写水，但与前两句歌颂美好的自然风光不同，是从反面来描写"山""既不可种"，"水""徒绕山行"。这就要结合陈康白本人的人物经历和性格特征来加以分析，他自始至终都是一位从事自然科学教育与研究的科学工作者，不免会带有物应尽其用的实用思想。他看到眼前秀美的山川却没有从事农桑，那要这绕山而行的水源又有什么用呢？这也从一个侧面体现出了陈康白虽然身在草莽，却仍然心忧天下的济世情思、家国情怀。

  后四句是在写陈康白看见眼前盛景心中联想到的景象。五、六句化用《岳阳楼记》中"薄暮冥冥，虎啸猿啼"，写陈康白自己对于险峻山川走兽出没的尽情畅想，是对这幅静雅画面声效缺失的动态补充，虚写的"虎啸"与"猿啼"在画面中实景"绿云"的映衬下，一动一静，一虚一实，将整幅插画烘托得更加生动形象，营造了一种极尽自然的山野氛围。末尾两句则以杭州钱塘江畔的馒头山作比，写它不如插画上掩映着西江之水的高耸石山，侧面将插画中的山水烘托得愈加钟灵毓秀，无限风光。

十七、从中原会战到台湾负隅

惨淡中原战，乘时各有人。
雷轰虏气绝，师出敌烟清。
解放纡长策，内关乱秋萤。
既输辽海战，又负徐州军。
喧争徒有屁，窜死复何存！
苟延一线水，乾赑儿鱼鳞。
如何对摇落，寂寞泪沾巾。

1976 年 2 月

注释：

负隅：依靠险要的地势或躲避起来抵抗。

乘时：乘机；趁势。

虏：原指对北方外族的贬称，这里应指日本侵略者。

纡：弯曲，曲折。

长策：上策、万全之计，此处指治国安邦的战略。

秋萤：如秋日的萤火虫纷飞，指抗战后的国内局势混乱。

徐州军：解放战争时期国民党在徐州集结的兵力，此处可泛指淮海战役。

乾赑：乾，八卦之一，代表天、阳。赑（bì），传说中的一种动物，像龟。旧时大石碑的石座多雕刻成赑屃形状。乾赑即指巨大的神兽。

窜死：贬逐而死。

摇落：凋残，零落。

泪沾巾：泪水沾湿手巾。形容落泪之多。

译文：

民国初期，各路军阀逐鹿中原，多年征战以后，有人得势、有人衰落。日本侵略者犯我中华以后，国共两党共同努力灭掉了侵略者的嚣张气焰，最终将敌人逐出国土。抗日战争虽然胜利了，但国民党蒋介石并没有趁着胜利在国内实行正确的治国策略，反而倒行逆施、发动内战，使国内形势陷入了异常混乱的局面。想当年，国民党先是输掉了辽沈战役，又在淮海战役中惨败。国民党军队的负隅顽抗有个屁用，你逃到哪里最后的结局都是灭亡。现在国民党蒋介石只能凭借着台湾海峡在台湾孤岛上挣扎，曾经强大的军事实力已所剩无多。如何面对这失败的局面呢？（我想）蒋介石本人也会在孤寂和悔恨之中老泪沾巾吧。

背景与赏析：

1976年年初陈康白离开长沙到哈尔滨的三妹陈秀严家居住，他在这里住了三个多月，这一时期他不仅把外甥女培养成了"小棋友"，还经常与老战友、老同志们叙旧聊天，度过了一段美好的时光。身处故地，陈康白回想起自己刚到东北工作时的情景，那时中华大地还是战火纷飞，蒋介石还在负隅顽抗，在他的头脑中还曾闪现出中原大地几十年来的军阀混战，闪现出艰苦卓绝的抗日战争，显现出势如破竹的解放战争，联想到今日，感慨之余写下了这首《从中原会战到台湾负隅》。

这首诗是一首五言律诗，其中有部分诗句借鉴了杜甫《谒先主庙》一诗，结构规整、夹叙夹议、风格豪放，在历史的背景下抒发着诗人的遐思，更兼有谈古论今的宏大视野，遣词用句直抒胸臆、狷狂不羁，反映着诗人的真实情感与不凡才情。

首先，题目直接点明了诗人写的是自己对国内多年的战争以及国民党败走台湾的遥想。诗的前半段叙写背景，介绍了从民国初期到解放战争之间的国内形势。"惨淡中原战,乘时各有人"这两句仿照杜诗"惨淡风云会,乘时各有人",与杜诗一样,都是在描述混乱的时局,以及不同的利益团体随时势而浮沉。自20世纪30年代,国内经历军阀混战,以蒋介石胜利而告终。中原大战结束后不久,日本侵略者自东北侵略全国,中华民族遭受了前所未有的屈辱。国共两党结成统一战线一致抗日,最终打败了日本侵略者。"雷轰虏气绝,师出敌烟清",这两句诗对仗工整,颇有气势,意即我们终于将敌人彻底逐出国土,获得了抗日战争的伟大胜利。但在此之后,国民党却并没有珍惜难得的和平局面,悍然向共产党领导的根据地发动进攻,使得国内硝烟四起、局势混乱。总而言之就是中原战乱不断,国民党没有把心思放在治理国家、安定民生上,而是在倒行逆施、失去民心的岔路上越走越远。简单六句梳理了几十年的历史背景,足见诗人的文笔功底。

  诗歌后半段夹叙夹议,国民党在解放战争中节节败退,输掉了辽沈战役和淮海战役,败局已定。面对这样的形势,国民党无谓的挣扎都没有意义,诗人以"喧争徒有屁,窜死复何存!"来评价当时国民党负隅顽抗逃到了台湾的情形。在这里,诗人用"徒有屁"这三个看似粗鲁的辞藻,充分表达了诗人对国民党蒋介石的憎恨和轻蔑。国民党凭借着台湾海峡勉强挣扎着,曾经的辉煌不再,只剩下残兵败将,如同"乾䴗"般庞大的神兽失去了昔日威风,伤痕累累、空余几片鱼鳞的样子。面对这潦倒的形势,国民党也只能在台湾海峡对岸暗自神伤。"如何对摇落,寂寞泪沾巾",最后这两句也是借鉴了杜诗,只不过在陈康白这首诗中早已转换了原意,用来表达失败者面对败局枉自叹息的样子,也是从侧面说明了共产党在解放战争中获得了最终的胜利。

  祖国经历了多年战乱,终于获得了解放与和平,陈康白是这段艰难岁月的亲历者。所以他在这首诗里表达着对于和平生活的珍惜,感叹为人民谋福祉的共产党才能真正赢得民心，领导中国人民迎来和平、走向复兴。而蒋介石领导的国民党却一心争夺政权，为了自己的利益残害同胞，早已民心尽失，所以才会落得败走台湾的下场。回望历史，以史为鉴，陈康白诗中的深意直到今天依然发人深省。

十八、汀家港水库即兴赋诗

大风大雨狂,农田一片白,
断桥飞瀑布,小坝变长河。

1976年5月

译文:

狂风暴雨侵袭,将远处的农田变成一片白茫茫的景象,断桥之上的水流倾倒像是一条瀑布飞泻而下,一部分堤坝在这样巨大的雨势之下也淹没在茫茫洪水之中。

背景与赏析:

1976年春,陈康白离开哈尔滨回到长沙麻林桥。那一年春夏之交,麻林桥连降暴雨,使汀家港水库的容量超过了警戒水位,随时都有垮堤的可能。这时陈康白不顾自己年迈,跟着大伙儿冒雨上堤查验。再三观察之后,他根据自己的经验,建议公社采取泄洪措施。当公社和大队领导之间出现不同意见、争执不下时,陈康白出于对家乡人民深厚的情感,用嘶哑的声音对着慌乱的领导们喊道:"这样的雨还有几天,若不泄洪,造成溃坝,整个公社都要遭殃。"最终领导们同意分洪泄流,在渡槽边打开了一个口子,让洪水流向农田。

后来的雨势也证明了陈康白建议的正确,如果不是及时分洪,洪水一定会漫过大堤。当洪水过后大家查验灾情时,看到分洪只是只冲毁了一段小渡槽,农田里虽被灌满了水,但随着水位的下降,积水也会很快排出,没有造成太大损失。大家也都清楚地知道,要是没有陈康白的那一句怒吼,那将付出的就是更为巨大且沉重的代价。这首诗就是创作于这次抗洪抢险之后，大雨刚刚停歇，天空还未放晴，陈康白踏着泥泞登上了汀家港水库大坝，远望白茫茫一片的湖水，看到断槽里那已被驯服的浊浪而写下的。

　　全诗仅四句，虽是记叙暴雨场景，但因作者并没有将个人情感在诗句中加以体现，因而整首诗作读起来稍显平缓，不能让人切身体会那场洪水的严重性和紧迫性，反而似是轻描淡写，不过尔尔。全诗四句皆是写眼前所见之景，前两句先写雨势，用"大"和"狂"这样的形容词从正面将风急雨切的场面生动形象地表现出来，且在这样的雨势之下远处的农田已变成了一片白茫茫的景象，足见风雨之大。后两句通过对断桥和小坝在巨大雨势中的变化描述，用"飞"字和"变"字写出断桥之上的水流倾泻而下，像是一条悬瀑倒挂其间，一部分堤坝也被淹没在了茫茫洪水之中，从侧面将风雨情势之大进一步刻画。再结合全诗背景来看，可以看出此次暴雨导致的洪水事态紧急，严重危及了公社群众的财产安全，因而陈康白作此诗记叙这一事件。

十九、震后花絮　仿雨中花词

　　填街塞巷，毯帐杂沓，看了漫结愁肠。
　　　枕襟上，满存急泪，点点斑斑。
一自梦中惊醒，奈何震后思量，算应亏你，长棚千里，无限风光。

1976年8月

注释：

　　填街塞巷：充塞街巷。极言其多。

　　毯帐杂沓：毯子、帐篷密布且杂乱的样子。

　　急泪：因一时着急而落泪。

　　长棚：词中指唐山家家户户搭建的地震棚。

译文：

　　（陈康白从报纸上看到）唐山震区的大街小巷到处是纷乱的帐篷，看了真是让人愁肠百结，禁不住泪水一片片地浸湿了枕头。以至于夜晚在睡梦中惊醒，想起地震后的那一幅幅悲惨的情景，真是亏欠了唐山人民，百姓们应该有一个更好、设施更完备的抗震救灾环境。

背景与赏析：

　　1976年，中国发生了太多的事，毛泽东、周恩来、朱德三位伟人相继去世，还发生了唐山大地震。当时陈康白住在麻林桥老家，据陈康白的外甥王克用回忆，1976年7月28日唐山大地震以后，陈康白每天一起床就要听广播，了解地震的最新情况。每到下午，陈康白就要去公社等着看当天的报纸，只要报纸一到，他就拿过来仔细阅读，通过报纸来了解唐山的灾情和全国的抗震救灾情况。看着报纸上的照片，看着那一段段触目惊心的文字描写，陈康白不禁泪眼模糊，为唐山人民所遭受的苦难而感到极度的悲伤，为此陈康白留下了一首词来抒发自己的情感。

从标题和内容看，这首词是陈康白在唐山大地震后写的，形式仿照了苏轼的《雨中花慢·嫩脸羞蛾》下半阕，描写了地震后的惨烈场景，表达了陈康白得知唐山人民处于水深火热之中的焦急与痛苦，真实再现了这位几近耄耋之年的老人忧国忧民的情怀。

苏轼《雨中花慢·嫩脸羞蛾》下半阕如下：

丹青入画，无言无笑，看了漫结愁肠。襟袖上，犹存残黛，渐减余香。一自醉中忘了，奈何酒后思量。算应负你，枕前珠泪，万点千行。

苏轼的词为悼念亡妻而作，充满了怀念的悲思。陈康白仿写了这半阕，表达的心情又是如何呢？

我们先从开头看起："填街塞巷、毯帐杂沓"，是描写地震后人们搭地震棚，在街巷上杂乱生活的场景。23秒的地震将整个唐山夷为平地，半个中国都有震感，想来那时的唐山必定是断壁残垣、死伤无数，幸存的人们只能在露天的场地避难，铺盖横七竖八地摆着……陈康白虽然没能到现场，但已经通过报纸联想到当时唐山的情景，不禁悲从中来、心急如焚，"漫结愁肠"。想着唐山人民遭受的苦难，他寝食难安，枕头上、襟袖上点点斑斑，满是泪痕。好不容易能够睡着了，却总是惊醒，想到震后场景，又是一番浮想。恨不能尽自己的一份力量，让地震棚整齐有序地搭建起来，还唐山人民一份美好祥和。

仿照苏轼的悼亡诗，陈康白写出了唐山大地震后自己的真实感受，"满存急泪""梦中惊醒""算应亏你"，这些字眼让我们直观地了解陈康白当时的焦急痛苦，以及渴望为抗震救灾贡献力量的急迫心情。我们可以想象这位两鬓斑白的老人每天冲到公社只为第一时间看到报纸上的救灾信息，有时被唐山惨绝人寰的震后场景急得落泪,连吃饭睡觉都满怀忧虑……

然而他只能干着急,什么也做不了。一生都习惯奉献和实干的陈康白只觉如坐针毡,他多想冲到唐山去,为遭受苦难的人民尽自己的一份力。可是当时他身份未定,并且已经 75 岁高龄,心有余而力不足。他只能在千里之外默默为唐山祈祷,脑海中也不断浮现出"长棚千里"的救灾场景,"无限风光"是他对这充满伤痛的城市最美好的祝愿。这是他从不曾改变的忧国忧民的胸怀,也是他为党为国为人民奉献一生的责任感与使命感。这首并不完整的词作,却是字字千钧。

二十、赋得灌溉无遗亩设想

水库山村里，稻花高下飞。
万家烟冉冉，港口日辉辉。
钓满鱼梁静，忘归步月台。
灌溉无遗亩，农民问不违。

1976年9月

注释：

无遗亩：没有遗漏的土地。灌溉无遗亩，正是陈康白对于农业发展的理想。

鱼梁：筑堰拦水捕鱼的一种设施，用木桩、柴枝或编网等制成篱笆或栅栏，置于河流、潮水河中或出海口处。

月台：在古时建筑上，正房、正殿突出连着前阶的平台叫"月台"，月台是该建筑物的基础，也是它的组成部分。由于此类平台宽敞而通透，一般前无遮拦，故是看月亮的好地方，也就成了赏月之台。

不违：违，远也。不违则意为"不远"。

译文：

美丽的汀家港水库依村落而建，稻田里的稻花上下纷飞。远处万家灯火、炊烟冉冉升起。港口恢复了宁静，落日辉映在水面上。渔民们辛苦劳作一天，收获满满，水库中拦水捕鱼用的篱笆内也安静了许多。看着眼前这些景象，陈康白不知不觉走到了港口的平台上，看到大队里越来越健全的农田水利措施感到无限的欣慰，农民们对所有良田皆得灌溉的愿望将不再遥远。

第一部分　诗词赏析

背景与赏析：

　　1976年9月，发生在汀家港水库的大洪水过去三个多月以后，陈康白还时时回味那个惊心动魄的时刻。每当他利用闲暇时间到四处走走转转的时候，仍会经常去到水库旁边，一边呼吸着田里飘来的阵阵稻香，一边又远远地望着村里升起的袅袅炊烟，此时他眼前的一切景物都显得那么的亲切，那么的令人神往。家乡麻林桥的这片土地给陈康白留下了太多太多的记忆，同时也承载了陈康白的童年时光和少年时代，现在转眼已过古稀之年的老者望着家乡的沃野千里、水田连片，心里不知升腾起多少的喜悦欢愉。他还是选择了用自己最擅长、也是最文雅的方式，将那段岁月的欢乐永久地留在了自己的诗作之中，同时也一并留下自己对于家乡麻林桥美好未来的深切期盼。

　　从诗歌题目来看，"赋得灌溉无遗亩"意即"为土地皆得灌溉而赋"，加上副标题的"设想"，这首诗整体是表达康白对于农业发展的理想。

　　整首诗描绘了汀家港水库宜人的风景，"稻花""炊烟""落日""鱼梁""月台"，这些寻常不过的意象构成了一幅和谐美好的水库图景，表现了陈康白的老家以及汀家港水库生机勃勃、欣欣向荣的生活气息。开头的两句从近景起笔：水库山村里，稻田里的稻花上下纷飞，孕育着丰收的喜悦。第三、四句则拉到远景，远处万家灯火、炊烟冉冉升起，表明此时是黄昏时刻，人们结束了一天的劳作回到家中吃饭。港口恢复了宁静，落日辉映在水面上，一切都是那么的美好。

　　渔民们辛苦劳作一天，收获满满，这也让水库中捕鱼的鱼梁安静了下来，无用武之地。看着眼前这些景象，陈康白不知不觉走到了港口的月台上，一时忘记要回家的事情，看着水库的壮阔静谧和山村生活的安宁祥和，他心中久久不能平静。陈康白经历过战火四起、兵荒马乱的年月，也经历过一穷二白、捉襟见肘的生活，如今国家安定、人民生活祥和，这正是这位老人一生追寻的理想,这美好图景中,有他筚路蓝缕的奋斗身影,有他奉献的青春与热血……

港口的夕阳无限好,往事一番番涌上心头。陈康白盼望着全国农田水利建设全面快速发展——灌溉无遗亩,合理利用水力资源,让家家户户的农田都能得到灌溉,这是陈康白一直以来的宏伟设想。从前在湖南农村,农田的旱涝靠雨水多少来决定,村民们饱受洪水侵袭的困扰,完全是靠天吃饭。但如今这样的日子早已过去,农村的发展日新月异,根据《长沙县志》记载,自1957年到1980年,长沙周边有173座水库都建起来了,密布的水系得到治理,农民们的灌溉用水得到了保证,收成自然也就上来了。灌溉无遗亩,在陈康白的家乡成为现实,"农民问不违",是指农民对于灌溉无遗亩的愿望将不再遥远。

从宏观远景到描写入微,陈康白勾画出了家乡水库山村繁荣祥和的新面貌,融入了对家乡农业水利建设的美好愿景,表达了他对祖国日新月异发展的由衷感慨,以及时刻牵挂着国计民生的拳拳赤子之心。

二十一、西江月·吊棋友袁老太

两过洪山脚下，一生蓬转无踪。半年不见老英雄，门掩菜畦霜重。欲吊手谈旧友，情伤落月西风。休言社燕与秋鸿，对坐棋枰说梦。

1976 年 9 月武昌

注释：

洪山：武昌洪山，中科院湖北物理研究所位丁洪山脚下，也是陈康白当年在武汉的居住地。

蓬转：蓬草随风飞转。比喻人流离转徙，四处飘零。

菜畦：菜地。

手谈：指对弈。

社燕与秋鸿：社燕，燕子春社时来，秋社时去。故有"社燕"之称，多指人漂流宦海，行踪不定。秋鸿是指秋天的大雁，意思是燕子和大雁都是候鸟，但在同一季节里飞的方向不同，注定相遇后就要分别。

棋枰：指棋盘，也可意为棋局。

译文：

（陈康白）在武汉有两段生活经历，自己这大半生都四海为家，行踪无定。这次离开武汉只有半年，自己的棋友袁老太早就去世了，只从门口望进去，那菜地挂了一层白霜，想必是很久无人打理了。他真想到墓地去凭吊一下这位老棋友，悲凉切切之时也感叹自己人生的落月西风。别看我们这一生浪迹天涯、四处漂泊，但有缘千里来相会。我是多么留恋咱二人在一起对弈的情境，可现在只能在梦中实现了。

背景与赏析：

  1976年9月，陈康白得知毛主席去世的噩耗，当即在侄子王克用的陪同下，来到长沙市五一路邮电局给党中央毛主席治丧委员会发了一封饱含怀念的悼念唁电。在此期间陈康白接到通知，需要他去武汉物理研究所办一些手续。陈康白到达武汉之后，看到手续的办理过程还需要时日，便欣然去找当年的棋友袁老太，想要再分高下。但奈何人生如梦，陈康白远远望见袁老太家门虚掩，隐约间看到荒芜的菜畦，几经问询才得知袁老太已经离世，自己再也没有机会和当年的老友一较高下，于是他便在回去的路上，强忍悲伤与落寞，写下了这首悼念词。

  开篇陈康白便说明了自己的状态，"两过洪山脚下"，"洪山"即指今湖北大洪山，位置在武汉市区西北，此处用以代指武汉，意思是自己近期从洪山脚下经过两次，也即路过武汉两次。陈康白自1973年被下放到湖北物理研究所之后，与武汉结下了不解之缘，即使后来被家人接回长沙居住，也曾因物理研究所的工作回到武汉。两过洪山脚下，心情却并非是游山玩水般快意潇洒，而是硬着头皮、拖曳着年迈的身躯四处奔走。"一生蓬转无踪"，这是陈康白对自己人生几十年的真实描述——他就像蓬草随风流转、漂泊不定，或许曾经追寻理想，曾经成就斐然，但在命运的洪流里，也不过是沧海之一粟。妻子儿女不在身边，自己只能辗转寄居在几位亲人家中，更令人无助的是，过去的功绩都已付作笑谈，而前途几何尚不可知，只有在等待中彷徨……开篇两句，就已经写明了陈康白当时的心情，为这首词奠定了悲伤的基调。

  第三、四句开始进入正题，陈康白来到武汉办事，闲暇之余想到自己的棋友袁老太，与这位"老英雄"半年未见，他还想再对弈几盘。然而当他兴致勃勃地来到袁老太家，却发现门口菜地里作物凋零，菜叶上落了一层厚厚的霜，他心中一沉，已经有了不好的预感。经过问询得知，袁老太已是撒手人寰。不过半年时间，竟是天人两隔，陈康白感到无尽的悲凉。五、六句是他当时真实的心情，"欲吊手谈旧友"，手谈是指对弈，整句意为，他想要凭吊这位老棋友，可是想到曾经一起坐在棋盘边对弈、交流棋术，不禁悲从中来。"情伤落月西风"，是在委婉地表达自己的悲伤，"落月"与"西风"都是凄凉的意象，在这首诗的意境中，月西沉、悲风起，这也是在烘托老友离世的离愁别绪。陈康白一生漂泊，晚年时能够在异乡找到一位棋友，下下棋、聊聊天，这是多么难得而珍贵的情谊啊。但现实却是冰冷的，陈康白如今孑然一身，年逾古稀的他，经得起体力上的操劳，也经受住了命运的打磨，但面对这样的噩耗，他还是无法释怀。尤其是十余年来，曾经的老朋友们有的病着，有的也因为动荡的岁月而离散，还有的已离开人世……陈康白与这些老朋友们就像是社燕与秋鸿，燕子春社时来，秋社时去，故有"社燕"之称，秋鸿则是指秋天的大雁，社燕与秋鸿在同一季节里飞的方向不同，所以他们注定是只能相遇片刻，终将分别。"休言社燕与秋鸿，对坐棋枰说梦"，陈康白对于天人永隔的残忍现实感到无力，但心中的失落却难以平复，所以有"休言"一词，他心中还有一丝倔强和幻想，不能接受自己与老友就这么分别。此二句意即：不要说我们就如社燕与秋鸿，无法再相见，这实在让人无法承受。在无尽的悲伤与失落中，我仿佛又和袁老太对坐在棋盘两旁，下着未完的棋局，聊着之前的话题。可这一切只是幻梦罢了。最后这两句看似平平，实则凝聚着陈康白最沉痛的心情，道尽了他心中的不舍。虚实结合之间，陈康白幻想老友仍在身旁，其实只有他一个人孤单地面对着棋盘，倔强地等待着老友的出现，再无人与他对弈……此情此景，令人读来扼腕。

二十二、春暴雨

镇日乡居无所事，杖藤闲步问桑麻。
雷声忽送千山雨，电炬还舒满地花。
学富五车空白首，兵藏十万璨流霞。
四望童山真濯濯，好教村叟种油茶。

1977 年 3 月　于长沙东乡

注释：

镇日：整天，从早到晚。

桑麻：泛指农作物或农事。

四望：远望，环顾，眺望四方。

童山濯濯（zhuó）：意思是光秃秃的山上没有草木。

教：让，使。

油茶：别名茶子树、茶油树、白花茶；油茶属茶科，常绿小乔木。因其种子可榨油（茶油）供食用，故名。

译文：

陈康白住在乡间闲散、没有更多的事可做，平日里经常挂着藤杖到田间与乡亲聊聊家常、问问农事。一日里，突然雷声炸响、大雨倾盆，一道道闪电划过，伴着雨滴落地溅起点点水花。在这闲暇平静与电闪雷鸣的转换之中，陈康白感叹自己这一生虽学富五车却无用武之地，只落得如今的白发苍苍，胸中纵有百万兵却也化作了天边的流霞。眼望四周光秃秃的荒山，陈康白心想正好可以让乡亲们在这秃山之上种植油茶。

背景与赏析：

1976 年 10 月"四人帮"被粉碎，陈康白也开始了对自己未来命运的思索，他时常想自己不能总这样下去，还应该为祖国的"四化"事业做点微薄贡献。但是想归想，现实却是自己头上仍顶着"现行反革命"的帽子，已经很长时间"无人问津"了，倒是只有湖北研究所定期寄来工资，偶尔询问近况。这时公社书记唐明智开始关心起了陈康白的生活状况，看到他的生活实在太过清苦，便在公社之中选了一家生活状况稍好些的家庭，安排陈康白住下。陈康白这一住就是近两年，在这期间他得到了杨建均、黄来强夫妇的悉心照料，日子舒心了很多。平时，陈康白经常约棋友下棋，看报，欣赏欣赏山村的风景。

在平淡的日子里陈康白也时常回想过去，回忆亲历的战争，回忆走过的革命道路，回忆为国家奉献过的青春与热血，而如今他已是白发苍苍的老人，如陶渊明一样在故乡的田园间隐居，可他的内心又真的能平静吗？这首诗就是陈康白在一日闲时，亲身体会滚滚雷声，伴着倾盆大雨，勾起自己心中思绪，提笔写就的。

开头两句是陈康白在家乡的常态：在乡间居住闲来无事，挂着藤杖与老乡闲说说家常、聊聊农事。三、四句是描述这场暴雨，春雷震动、乌云蔽日，大雨忽然倾盆而下，轰隆的雷声伴着闪电，一道火花划过，满地都是雨滴溅起的小水花。这两句诗把暴雨中的雷电写得非常传神，将雷声和闪电拟人化，送来"千山雨"、舒展"满地花"，使人感觉这场暴雨并不是雷电交加的凌厉，而是蕴含着滋润万物的温柔。

看着这场突如其来的雷雨，陈康白心中感慨万千。回望自己的一生，少年立大志，青年苦读书，壮年投身祖国建设，老年却是无所事事的乡居生活。这样的生活波澜不惊，平静安逸到令人厌倦。陈康白看着窗外的狂风呼啸暴雨倾盆，想着自己如今的日子太过安静，曾经学富五车、壮怀天下，如今也是白发苍苍，如天边的流霞，虽然灿烂却转瞬即逝。五、六两句正如宋代诗人刘克逊的两句诗——"撑肠何止五千卷，满腹犹藏十万兵"，这是陈康白壮年时期的真实写照。

  但是陈康白并没有在这种悲伤情绪中继续沦陷，结尾两句画风一转，颇有一种昂扬向上的豪迈情感——他四处远望，看到初春的山都光秃秃的，恰是可以让村里的乡亲们种油茶，让草木不生的山焕发生机。这看似平常的两句也表现出了陈康白不甘于现状、渴望做贡献的心情，哪怕只是种茶这样看似微不足道的事情，对于他来说也是在为家乡做一点实事。而从另一种角度来看，曾经踌躇满志的陈康白，到了老年只能在农桑之事上尽自己的才智与力量，也让人倍感凄凉。

二十三、前题

封建制度一蓬烟,易逝韶光六十年。
一切地富都不在,花园华屋变良田。

1977 年春　长沙

注释:
　　一蓬烟:一团易散的烟雾。比喻极易消逝。

译文:
　　封建帝制像是一团烟雾一样飘散,已经被废除了六十多年(新中国也成立二十多年了)。现在那些地主豪绅都已经消失在历史的长河里,财主们的花园和华屋变成了今日肥沃的良田。

背景与赏析:
　　1977 年 2 月,陈康白住进杨建均、黄来强夫妇家中以后,重新体会到了生活的温暖与闲适,这对一个经历过人生浮沉的老同志来说实在是太难得了。杨建均与黄来强夫妇知道自己是帮公社照顾老革命,所以非常尽心,特意为陈康白打扫、收拾出了一间向阳的房子,并且还将自己结婚时用的床铺、书桌、衣柜拿给陈康白使用,让陈康白感受到了无微不至的照顾。看到公社领导如此关心自己,陈康白心中也甚是感激。在这期间陈康白随性写下这首诗,去感触岁月流逝、沧海桑田的变迁。
　　诗的前两句是平铺直叙,直接说中国的封建帝制已消失了六十多年,也点明了诗歌的背景。由此进入到"一切地富都不在"这句,看似与上文有衔接,其实不然。经历过那个年代的人一提到"地富"两个字,一定会联想到"地富反坏右"这个特殊的政治名词,这里应该指的是地主、富农等剥削阶级都被消灭了。结合到陈康白当时身处农村,看到的都是农村的新气象,体验到了公社领导对自己的关怀,他是发自内心地赞颂人民公社的伟大功绩。只有在消灭了剥削与压迫的新社会,剥削阶级的"花园"和"华屋"才会变成人民群众耕作的"良田"。

  这首简单的小诗并无过多华丽辞藻与氛围渲染,以平实的语句和现实的叙述表现出了当时乡村的真正变化。中国人民终于将土地掌握在了自己手中,这是陈康白多少年来殷切的盼望,也是他毕生奋斗的追求。陈康白亲身经历了这几十年来的岁月变迁,此时身居老家,感受着公社的关怀,心中感慨更是油然而生,他用这首诗记录下这沧海桑田般的改变,以及身处新社会的由衷欣喜。

二十四、吊邓艾

吾爱邓士载，满腹具经纶。
凝眸知地理，仰面识天文。
跋险心何壮，破国立奇勋。
史笔褒忠勇，千秋有令名。

1977 年

注释：

邓艾：即三国时期曹魏名将邓艾（公元 197 年—264 年），字士载，义阳棘阳（今河南省新野县）人。其人文武双全，深谙兵法，对内政也颇有建树。

凝眸：目不转睛，形容高度集中注意力观察、欣赏事物。

奇勋：卓越的功勋。

史笔：历史记载的代称。指史册。

令名：意思是美好的声誉，好名声。出自《左传·襄公二十四年》："侨闻君子长国家者，非无贿之患，而无令名之难。"

译文：

我非常欣赏邓艾这个人，他是个满腹经纶的高才，上知天文，下知地理，具有非凡的洞察力。他以身涉险（率军进入阴平小道），具有何等的气魄和胆识，这为攻破蜀国立下了奇功。历朝历代的史书都在赞颂他的忠诚勇敢，给世人留下了代代相传的美名。

背景与赏析：

这首诗也是写于 1977 年间。陈康白是个十足的"三国迷"，他的诗经常以三国为主题，并且有不少源于三国的典故。这首诗是陈康白为凭吊三国中的曹魏名将邓艾邓士载所作的。

"吾爱邓士载"，开篇第一句便是开门见山、直抒胸臆，陈康白将他对邓艾的由衷景仰直接表达了出来，后面的诗句也都是围绕着这一句铺展开来。为何而爱？则要继续往下读。"满腹俱经纶"，这是说邓艾的才学过人，"凝眸知地理，仰面识天文"，上知天文下知地理，而且对于政治、军事、农业、历史都颇为精通，是名副其实的"满腹经纶"。邓艾出身寒微，但他饱读诗书、心怀抱负，沉寂多年才得到司马懿的赏识。邓艾在做尚书郎的时候，通过对淮河流域的实地考察向司马懿提出了关于水利农桑的重要建议，在淮南、淮北广开河道、屯田生产，几年间淮河流域河道通畅、少有水害，并且土地肥沃、粮食丰产，百姓生活安定，魏国在东南的防御力量也大大加强。每当东南有战事，大军便可乘船而下，直达江淮。这些，都是邓艾的功劳。他在魏国诸将之中崭露头角，官至太守，多次率军有力抵御了蜀汉大军北伐，展现出了不凡的战略头脑和过人的胆识气魄。

陈康白在第五、六句写道"跋险心何壮，破国立奇勋"，跋险，即深入险境，这说的是邓艾偷渡阴平的奇袭之战。景元四年（公元263年），在蜀汉名将姜维北伐失利、元气尚未恢复之时，魏国兵分三路伐蜀，邓艾趁姜维被钟会牵制在剑阁，率军自阴平沿景谷道东向南转进，南出剑阁两百多里。邓艾率军攀登小道，凿山开路，修栈架桥，鱼贯而进，越过七百余里无人烟的险域。山高谷深，至为艰险。途中，粮运不继，曾多次陷入困境。部队走到马阁山，道路断绝，一时进退不得，邓艾身先士卒，用毛毡裹身滚下山坡。邓艾率军出其不意地直抵江油，并一路攻下绵竹、雒县，使得蜀主刘禅闻之丧胆，率众请降。最后邓艾率军入成都，蜀国至此灭亡。偷渡阴平为魏国破蜀打开了有利局面，出其不意天降神兵的奇袭也成为载入史册的著名战例。"蜀道之难，难于上青天"，而邓艾不畏艰险、巧妙迂回，为魏国破蜀立下奇功，这是何等壮阔的胸怀与忠勇！陈康白熟读三国，却唯独对邓艾青眼有加，或许也是在邓公身上看到了自己的影子吧。只恨不能一睹邓公风采，唯有写下此诗凭吊。历史也记录下了他的文韬武略，史笔遒劲，名流千秋！

二十五、过武汉忆抗日战争

岛国军人狡计生，铁骑千万搏边城。
珠江风雨梅花石，黑水烟云草木兵。
多少人头矗峻岭，几许白骨柝柴薪。
而今四海欢腾日，回首当年一泪淋。

1978 年

注释：

柝（tuò）：原意为古代打更用的梆子。诗中意为开拓，同"拓"。

译文：

想当年日本侵略者是那么狡猾凶险，敌人的大批军队从东北进犯祖国内地。战争的阴云笼罩着珠江两岸，侵略者的铁蹄践踏着祖国白山黑水的大好河山。当时不知道有多少军民的人头遍布荒野，又有多少白骨如柴散落。而今中国人民迎来了安稳的幸福生活，回首当年的战争惨景陈康白禁不住泪洒衣衫。

背景与赏析：

1978 年年初，陈康白已在杨建均家住了一年有余，他看着杨建均夫妇像自己的亲生儿女一样细心地照顾自己，心里多少有些过意不去。毕竟自己并不属于那种无家可归的孤寡老人，何况还有那么多的儿女，于是陈康白经过一番考量后决定起程去杭州找大女儿陈爱康。在火车经过武汉时，陈康白或许是看见了什么承载历史记忆的建筑或符号，勾起了自己对于那段战争岁月的清澈回忆，仿佛昔日重来，时空穿梭。于是陈康白带着这份深挚的情感,写下了这首《过武汉忆抗日战争》,抒发自己对于那段岁月和祖国人民的悲悯深情。

  开头两句意即:侵华日军从东北进犯我中原内陆,烧杀抢掠、无恶不作,中华儿女奋起反抗,以血肉之躯保卫家园。三、四句中的"珠江"就是指我国两广地区的水系,"黑水"应为"白山黑水"之中的黑龙江,总之这两句诗就是以南北这两条江代指全国的抗战局势。"梅花石""草木兵"是指梅花如石、草木像兵,整句的意思是珠江的梅花经历了战争的洗礼,如同石头般失去了生机,不再摇曳生姿;黑龙江上烟云四起,那不是朦胧梦幻的水雾,而是令人窒息的炮火与硝烟,百姓流离失所,黑土地无人耕种,唯有枯草与老树伫立,却也是草木皆兵。两句诗联想到珠江、黑水,以梅花和草木作比喻,表现了日本入侵时祖国被战争的乌云笼罩,使人如置其境。

  四、五句令人不忍卒读,人头堆成了峻岭,白骨沦为烧火的柴薪,这是多么触目惊心的画面啊。然而,这只是冰山一角。抗战期间,中国人口损失数以千万,城市被夷为平地,大江南北满目疮痍,造成的经济损失不可估量……这场战争给中华民族带来了不可磨灭的伤痛,陈康白这一代人亲身经历过战争更加懂得战争的残酷,也更加珍惜如今的和平年代。末尾两句就是陈康白最真实的感受:如今党领导人民打赢了日本,从此建立起了新中国,人民当家作主,生活幸福安康,每一天都是"四海欢腾日",但陈康白这一代人也永远不会忘记受过的苦难。"回首当年一泪淋",这眼泪是复杂的,是百感交集的,那是经历过战争、劫后余生的泪,也是看到祖国解放、人民安康的幸福的泪,还是经历了人生跌宕后酸楚的泪……个中滋味,如人饮水,或许只有陈康白自己最懂得这眼泪的意义。

二十六、咏刘备伐吴兵败，一蹶不振

与贼久持一州地，曹丕竟称帝。长策不长败几死，战争固如此。跋险被创计已失，秭归蹉跌日。鞠躬尽瘁事难平，名随羯鼓成。盟弟虽殒丞相在，孤注何至轻一掷。

1978 年春

注释：

长策：指良策。

秭归蹉跌：指刘备在夷陵之战中遭遇惨败。刘备亲率蜀军伐吴，但不敌陆逊领导的吴军，最后在夷陵之战中惨遭火烧连营，因此落得惨败。夷陵的位置即在如今湖北省秭归县。蹉跌，即是指意外失败。

羯鼓：一种从西域传入我国的打击乐器。

译文：

自孙权用计杀关羽、夺荆州之后，蜀国失了一直以来对荆州的掌控之权，刘备失去了义弟关羽，（正在此时）曹丕做了皇帝。刘备谋略不足，兵败夷陵，几次险些丢掉性命，战争就是这样残酷。刘备自己身涉险境、连番兵败、计谋用尽，才走到了最后的夷陵惨败。诸葛亮苦心孤诣、鞠躬尽瘁也未能辅佐刘备走向最后的成功，但名声却早已传遍天下。盟弟关羽虽然死了，但诸葛丞相还在，何至于要走到这一步，孤注一掷以致惨败呢。

背景与赏析：

这首诗写在去杭州的路上。火车路过湖北，陈康白或许是看着眼前这片吴蜀故土、荆楚大地时心有所感，回想起了 1700 多年前汉末三国时的那场夷陵大火。东吴都督陆逊用冲天的火光，烧灼了蜀兵七百里连营。刘备的必胜信念连同破秭归时的势如破竹，顷刻间被这场大火化为灰烬。陈康白触景生情，慨叹刘备英雄一世，艰苦创业，得以成就三足鼎立之局面。但迟至暮年，还是硬逞一腔孤勇决意为弟报仇，不听丞相忠言相告，招致惨败。最终心怀忧懑、郁郁而终，落得"白帝城托孤"的悲怆局面。更是感慨诸葛丞相二十余年的鞠躬尽瘁，效力鞍前马后任刘备驱使，为蜀汉积攒下的殷实"家底"，被强逞匹夫之勇而一朝丧尽，空留下"六出祁山路，身死五丈原"的嗟叹。

开头第一句交代了历史背景：十余年来，刘备一直占据着荆州，孙吴在旁虎视眈眈。这是因为荆州古城地处连东西贯南北的交通要塞，北据汉陔，利尽南海，东连吴会，西通巴蜀，占据天时地利，历来均为兵家必争之地。并且孙权认为荆州一直以来属于吴国，刘备是强行占据，因此一直怀恨在心，意欲夺回。公元219年，孙权命陆逊率军用计袭取荆州，关羽不幸中计，败走麦城，最后为吴军所俘杀，从此吴、蜀两国结下深仇。220年，曹丕继承了曹操开创的基业正式称帝。221年，刘备于益州称帝，称帝不久之后，为了夺回荆州替弟报仇，刘备不顾丞相诸葛亮的阻拦亲率大军攻打吴国。三分的天下进入了新的剑拔弩张的局面。

在这样的局势下，蜀国绝不可能偏安一隅，一心想要复兴汉室的刘备自然想要灭曹丕，但当时自己刚刚称帝，还没有坐稳西川，因此他心中对于东吴背弃盟约、残忍杀害关羽的仇恨占据了上风。刘备东进吴国时，不仅被愤怒迷失了自我，更认为自己的兵力足够强大，因此拒绝了诸葛亮的劝阻，更是拒绝了吴国请和的提议，坚持着自己的战略向东进发。然而他对于军事知识的了解不足，在实战中的谋略更是逊于东吴都督陆逊，从而导致大败，多名将领阵亡。刘备趁乱逃脱，绕道山路才躲过了吴军的追击，逃到了白帝城。一场失败的战争让蜀军元气大伤，也让刘备在愤恨与痛悔之中一病不起。

  "长策不长败几死"，意即刘备的军事谋略并不足，所以才经历了惨败，几乎全军覆没，刘备自己也差点丧命。然而胜败乃兵家常事，这也就是下一句"战争固如此"的意思。"跋险被创计已失，秭归蹉跌日"，是说刘备自己身涉险境、连番兵败、计谋用尽，才走到了最后的夷陵惨败。"鞠躬尽瘁事难平"，可叹诸葛亮在刘备东征前百般劝阻也未能改变刘备的心意，多年鞠躬尽瘁、苦心孤诣开创的局势，就这么被这一场败仗所撼动，更要面对壮志未酬、白帝托孤的悲伤，从此也失去了一位可以托付的明主。"名随羯鼓成"，也就是说在敲击羯鼓的时间里，名声就已经远播四海，形容名声传播的速度之快。这两句整体的意思就是即使诸葛亮为复兴汉室鞠躬尽瘁，声名在外，也难以改变颓局。这也是在从另一个角度看这场战争对于蜀汉的影响，可见陈康白是多么为刘备、为蜀汉感到惋惜。最后他更是抒发了自己的感慨："盟弟虽陨丞相在，孤注何至轻一掷。"意即关羽虽然惨遭俘杀，刘备心中固然悲痛愤恨，但是为了蜀汉的基业，为了复兴汉室的大计，也应该从长远计、慎重出兵。更何况刘备身边还有一个运筹帷幄的奇才——千古名相诸葛亮，何愁没有机会报关羽的仇，刘备怎么就非要孤注一掷、以身涉险呢？尤其最后一句里的"轻"，更显示出刘备出兵东征的轻率，表达了陈康白对于刘备兵败夷陵的扼腕之情。

二十七、西湖踏春词

西湖春色早，初坼桃花小。
江照绿云堆，山衬红妆好。
亭影鲤鱼欢，枝头春意闹。
步绕六桥回，却笑游人倒。

1978 年 3 月

注释：

坼（chè）：意为裂开，此处是指桃花开放。

六桥：指杭州西湖外湖苏堤上的六座桥，即映波、锁澜、望山、压堤、东浦、跨虹。

译文：

西湖的春色来得很早，满眼的桃花刚刚裂开花瓣。平静的湖面上倒映着翠绿的垂柳，女子的倩影镶嵌在秀丽的山景之中。亭边的水中红鲤欢游，鸟儿在枝头叽叽喳喳欢唱着春天的到来。陈康白置身其中，倍感生机与活力，不顾自己年迈绕着西湖边徒步行走，经过六座桥走了一圈，看到游客们累得瘫坐在地上的样子，不禁暗自发笑。

背景与赏析：

1978 年的 2 月下旬，陈康白来到了杭州在大女儿陈爱康家中住下。对于陈康白的到来，陈爱康一家大喜过望。陈爱康爱人郑胜天是第一次见到岳父，他以前经常听爱人讲陈康白的传奇经历，知道老丈人近些年屡遭磨难，现在看到陈康白虽年过古稀，但身体尚好，一家人都为陈康白感到高兴。特别是五岁多的外孙女武林（郑凌）正是顽皮、淘气的年纪，总喜欢围着姥爷蹦蹦跳跳，缠着姥爷要好吃的、好玩的。陈康白看着眼前的外孙女脸上乐开了花，像个老顽童一样经常陪孩子玩耍，陈康白在这一段日子里真正享受到了天伦之乐。

陈康白在"文革"中遭受了多年的牢狱之苦和漂泊之伤，岁月在这个须发皆白的老人身上留下的痕迹略显深刻。现在他来到杭州，终于能够在亲人的陪伴下找到些许心灵的慰藉。此时的陈康白再不用去理会世俗的纷纷扰扰，可以纵情于祖国的山川盛景之中。说起杭州，这是陈康白再熟悉不过的地方，更承载着陈康白终生难忘的记忆。四十六年前，陈康白与杨慎宜在西湖的俞楼举办了婚礼，在西子湖畔曾留下二人太多甜蜜。他们曾在苏堤上手挽手漫步，曾在断桥边嬉戏赏鱼，到了夜晚还曾在俞楼中推窗望月……但今日看来，这些过往无不是刺痛陈康白内心的点点滴滴。现在陈康白回到杭州，徜徉在西湖边，真是别有一番滋味在心头……也正是由此，陈康白在杭州小住的这段时间成为他诗歌创作上的一个高峰时期，留下了许许多多的佳作。

这首诗就是这一时期陈康白在西湖畔踏春写下的即景诗，整首诗生动地描写了西湖春景，风格清新明快，饶有趣味。

开头第一句点题，"西湖春色早"，在乍暖还寒之际，西湖的桃花便已初绽，"初坼桃花小"出自北宋诗人寇准《甘春子·春早》，生动地写出了桃花刚刚开放的画面，颇有动感。后四句都是写春景，"江照绿云堆，山衬红妆好"这两句对仗工整，从上句桃花初绽这一近景拉到远景，将整个西湖，还有周边的江、树、山、花都囊括在内，绘就了一幅春意盎然的山水画——钱塘江从西湖边汩汩流过，葱郁的树景映在江上，好像江面上堆着一片绿云，西湖周围的山秀丽多姿，但又不喧宾夺主，幽幽地静卧一旁，将盛放的繁花衬得更加美妙。陈康白用这寥寥十字将西湖宏观的景致尽数描绘，壮阔的钱塘江、秀美的群山都成为映衬西湖的背景，更突出显示了西湖的清幽与精致。

宏观描写之后，第六、七句又转回了近景。亭子在湖面上倒映的影子里，鲤鱼游得欢畅，湖边的花树盛开，萌动着热闹的春意。这是多么和谐美好的画面。或许是与家人同游，或许是独自踏春，无论如何，陈康白当时的心情都是非常舒畅的。在大女儿陈爱康家居住期间，陈康白被女儿女婿悉心照料着，外孙女也陪伴在侧，他得以享受天伦之乐，心情自然也是好的。再加上西湖的春景盎然，让陈康白置身其中，倍感生机与活力，于是他绕着西湖走了一圈，"步绕六桥回"，六桥是指苏堤上的六座桥，可见他是绕着西湖走，又从苏堤上穿到对岸，走了一整圈，对于七十多岁的老人来说，走上这一圈相当不简单，可见陈康白的身体和精神状态都非常好，并且他的兴致也依然没有减退，可见天伦之乐和大好春光让他多么欣慰。陈康白"步绕六桥回"，看到自己精神焕发，而别的游人累倒的样子，不禁暗自笑着。"却笑游人倒"，将陈康白的孩子气和踏春的好心情描写得淋漓尽致。

二十八、登越王台怀鸱夷子皮

越台丛竹仍如旧,鸱夷谁识沼吴谋。
响屧廊随荷迳没,吴关空挂子胥头。
一时人物成何事,千载雄图余古邱。
莫怪寒酸怨杨柳,烟波湖上使人愁。

1978年3月　于西湖

注释:

越王台:国内江浙一带有几个地方都叫越王台,但根据陈康白成诗的时间与地点来看,他所游览的是位于杭州市萧山区的越王城遗址,是越王勾践屯兵抗吴的重要军事城堡,素有"周朝胜迹,越代名山"之称。

鸱(chī)夷子皮:指范蠡(公元前356年—公元前448年),字少伯,春秋时期越王谋臣,曾位列相国,同时也是政治家、经济学家。鸱夷子皮是他功成身退从商之后给自己起的号。

丛:即"丛"。

沼吴:灭吴。

响屧(xiǎng xiè)廊:即响屟(xiè)廊,春秋时吴王宫中的廊名,遗址在今江苏省苏州市西灵岩山,亦称屟廊,相传以梓板铺地,让西施穿屟走过时发出响声,故名。響,即"响"。

迳:即"径"。

古邱:过去的城丘。这里指陈康白来到的越王城遗址。

寒酸:形容贫苦读书人的穷困、窘态。

译文：

　　陈康白登上越王城遗址，眼前翠竹丛生一如往昔，谁还能想起春秋时期的范蠡当时辅佐越王勾践灭吴国的雄才大略呢？陈康白的内心深处仿佛看到西施走过的响屧廊掩映在绿荷小径的深处，伍子胥忠贞为吴但反遭迫害而自杀，临死前还说即使自己牺牲了也希望头悬国门亲眼见证吴国被越国灭。曾经的风流人物无论创下了多少丰功伟业，留下了多少传颂千年的壮志宏图，今日也都化作了历史的残垣断壁。在西湖边的垂柳之下，陈康白不禁感叹：自己今天的境遇又怨得了谁呢？望着薄雾中的湘湖，陈康白陷入了深深的惆怅之中……

背景与赏析：

　　这首诗也是陈康白在杭州居住时写的，那段时间他四处游玩、放松身心，很是惬意。在一次游览之中，陈康白来到越王城遗址，望着这些残垣，他的思绪神游于两千多年前的春秋时期，感慨曾经的风流人物随历史的云烟慢慢消散。

　　这首诗是一首七言律诗，从题目来看，这是陈康白登上越王台想起了范蠡以及两千年前的吴越争霸而生发的感悟。诗歌寓情于景、虚实结合，整体风格雄浑中不失细腻，苍凉中蕴含着哀婉，抚今追昔之余，更饱含对自身境遇的嗟叹。历史的恢宏增添了诗歌的维度，与眼前风景交融更加深了意蕴。言语未尽之处，愁绪却在不断回环，是一首值得反复品读的怀古诗。

　　越王台即今越王城遗址，位于杭州市萧山区，坐拥城山、东临湘湖，是越王勾践屯兵抗吴的重要军事城堡，素有"周朝胜迹，越代名山"之称，并且是迄今为止国内保存最好的古城墙遗址。陈康白当时来到这里，不禁遥想起两千年前的"鸱夷子皮"范蠡。范蠡是春秋时期越王勾践的谋臣，虽出身贫贱，但博学多才、文武双全，与文种一道得到勾践的重用。勾践入吴为奴三年，范蠡和文种舍身相伴，与勾践一起卧薪尝胆。回到越国之后，范蠡时刻提醒勾践不忘当日耻辱，劝农桑、抓经济，内亲群臣、下义百姓，使国家逐渐安定。同时，范蠡加强了军队的训练，并给吴王夫差制造了越国国力衰微的假象，并派人给夫差送去珍宝和美女，令他不思伐越。在范蠡的一系列举措之下，越国找到了合适的时机向吴国起兵，不到十年时间，就大破吴国、一雪前耻、终成霸业。我们的诗人站在越王台，看着眼前丛生的翠竹仿佛一如往昔，而当年种种早已不复，除了此时的自己，谁还会想起范蠡？谁还会记得范蠡昔日协助勾践兴越伐吴的文韬武略呢？诗人的话外之音是：时过境迁之后，又有谁会想起我呢？这里也为后面诗人联想到自身境遇埋下了伏笔。

诗歌前两句是怀想范蠡，在三、四两句，诗人的遥想有了进一步的延伸。他先是想到了被范蠡送给吴王夫差的西施，千百年来民间传说都是范蠡与西施的爱情故事，范蠡是为了家国大义才将西施赠予吴王。但无论传说几何，西施这样的一代佳人还是沦为了政治的牺牲品。想当年西施穿着木屐走在吴王宫中以梓木铺地的回廊，发出阵阵清脆声响，这个回廊由此名为"响屟廊"。西施和她的愁怨隐没在吴越争霸的战尘之中，响屟廊也掩映在绿荷小径的深处，吴国覆灭之后便已荒凉。由此，诗人又联想到伍子胥当年的悲惨命运。伍子胥是夫差的谋臣，官至相国公，在当年勾践投降吴国之时，伍子胥便认为应一鼓作气消灭越国。但当时夫差被勾践假装的投诚表象迷惑，又听了伯嚭的谗言，所以并没有采纳伍子胥的苦谏，反而被谗言所惑，认为伍子胥有谋反之心，赠剑赐死。伍子胥辅佐吴国两代国君，一片忠肝义胆，没想到自己会落到这样的下场，于是悲愤不已，举剑自刎。死前他命家人将自己的眼睛挖出，挂于城门之上，他要亲眼看着越国的军队攻破吴国。尽管夫差闻之怒极，令人将伍子胥的尸首抛于钱塘江中,也没能改变伍子胥的预言。吴国确实如伍子胥所料被越国攻陷,夫差知道无力回天也决定自杀。他因羞于在阴间见到伍子胥,最后用白布蒙住双眼才举剑自刎。有感于这段令人悲悯扼腕的历史,诗人写下了"吴关空挂子胥头",即使伍子胥最后用这样的方式来表达自己的忠诚与羞愤,也没能劝谏到夫差那早已麻痹的心。夫差最后用白布蒙住双眼,到了阴间依然无法面对伍子胥那挖空的双眼。可悲,可叹!

  登上越王城山,诗人独立风中,四顾着湘湖的烟波,他回想着两千多年前的这些风流人物、浩渺往事,心中感慨无限。"一时人物成何事,千载雄图余古邱",这对仗工整、气象恢宏的诗句道尽了诗人彼时彼刻的心绪:吴越争霸已成为历史,亭台楼阁也被雨打风吹去,曾经几何都已成为过去,就像这古城遗迹的断壁残垣,再不复当年辉煌。诗人抚今追昔,亦是在感叹自己的人生经历。韶华易逝、壮志未酬,曾经的贡献也好,成就也罢,都已经淹没在时间的洪流之中。或许是眼前的早春杨柳初绿触动了诗人,或许是联想起了王之涣《凉州词》中的那句"羌笛何须怨杨柳",诗人写下了"莫怪寒酸怨杨柳,烟波湖上使人愁","寒酸"就是一介布衣、老年无改书生意气的自己,而后句则仿照崔颢《黄鹤楼》中的"烟波江上使人愁",诗人眼前的湘湖也是一片云雾缭绕,正应和了他当时心境。意即:就不要怪我此刻心中愁怨,是那湘湖的云雾渺茫让我触动了心怀。诗人将自己的情绪假托于湖上烟波,突显出他心中积蓄的"愁",而委婉的表达更说明了他的无奈。欲言又止之中,更添一分愁绪。整首诗的意境也好似在这云雾之中升隐缭绕,如余音绕梁不绝。

二十九、咏红白杂色桃花

买得春酿酒一壶,花前凝睇雪肌肤。
莫教画师空着笔,武陵惆怅旧西湖。

1978年4月 于西湖

注释：

凝（níng）睇（dì）：意思为凝视，注视。

武陵：古时郡名，汉高帝置。治所在义陵（今湖南溆浦）。

译文：

陈康白带着一壶春酿之酒来到西湖边，凝望着眼前洁白的桃花就像美人的肌肤。西湖边写生的画家，你们一定要画出这西湖的美景呀，别像我这个湖南来的忧愁客在西湖边惆怅往事呀。

背景与赏析：

这首诗是陈康白在游览西湖时，望见春天湖岸边一株株盛放的桃花，红白杂色，装点其间，伴着和煦的微风摇曳摆动，一派温柔、美好的春日画卷在眼前徐徐展开。

前两句写陈康白手提春酿之酒来到西湖之畔，欣赏湖岸边盛放的红白杂色桃花，忽然被眼前一株白色桃花树吸引，专注地驻足凝视。"买得春酿酒一壶"一句妙也，颇有仿效唐代诗人李贤用《公无渡河》中"有叟有叟何清狂，行搔短发提壶浆"句，同样是写两个有些清狂性格的老叟提着一壶水酒在赶路，在人物性格和场景刻画上有着高度契合。不过李诗中是将这种清狂性格直接点明，而陈诗则是写买酒一壶却又刻意省略主语，将原本应有"我""吾"等主语入句的狂放豪迈之感消减不少。这也正合上了陈诗前两句主写风景，细腻婉约、不须豪迈的感情色彩，足见作者功力。后句"花前凝睇雪肌肤"将作者驻足观赏的白色桃花比作美人肌肤，这一拟人化的表达直接将桃花的状态写活，特别是花瓣上的那种细腻纹理和整体颜色的纯净，让人闭上眼睛就足以想象。这也看出陈康白本人对于西湖岸边桃花的喜爱之情。

后两句应是陈康白站在湖岸边看着这满目桃花，回想起自己当年与杨慎宜在西湖边的往事，那时二人新婚燕尔、如胶似漆，幸福甜蜜。可岁月无情，而今早已物是人非，天各一方，这令陈康白无限唏嘘和感怀，一种失落和寂寥油然而生……他看到西湖边有很多写生的画家，真是希望他们不要辜负西湖的胜景，画出西湖的美，更要画出西湖独有的意境，故而发出了"莫教画师空着笔"的感叹。后句陈康白以"武陵"代指湘人自己，写自己站在西湖边，望着眼前西湖不由自主地回忆起往事，引起万般惆怅。"旧西湖"三字用得很奇特，查遍典籍，也未见有相同用法，一时不知如何理解。通过联想陈康白的独特经历，笔者只能从字面上去揣测，指的就是当年与杨慎宜挽手西湖边的场景。一个"旧"字，既在常规之外，又在合理之中，把过去的场景拟物化，把过去的感情定格。这里也反映出陈康白在情感方面的理智与无奈，去者不可追，往事如烟，一缕惆怅随一壶春酒散尽，空留"旧西湖"。

三十、看画师写桃花（湖滨）

写得桃花三两只，湖边游女最神驰。
绿茵如锦骄阳嫩，正是诗翁散步时。

1978 年 4 月

译文：

在西湖边，画家们在画板上画出了朵朵娇艳的桃花，美女的倩影映在西湖的美景中。朝阳照耀着锦缎般的嫩草地，诗人漫步在这美好的情境之中。

背景与赏析：

在杭州小住的这段时间里，陈康白进入了文学创作上的高产期，亲人的陪伴疗愈了他多年的漂泊之伤，杭州秀丽婉约的风景更勾起了陈康白的诗情雅兴。几个月里他时常漫步在杭州的山水与名胜之间，将自己的身心融进春日的景致之中，由此诗兴大发，在三个月左右的时间里写就了十余篇诗词。这首诗就是陈康白在西湖边闲步，偶遇画师正在湖边作画写生，他心生好奇，驻足观看时写就的。

题目寥寥数字即点明了时间（桃花盛开的春天）、地点（湖滨）、人物（画师）以及事件（写桃花）。整首诗风格类似于苏轼的《惠崇春江晚景二首》中的第一首："竹外桃花三两枝，春江水暖鸭先知。蒌蒿满地芦芽短，正是河豚欲上时。"与苏诗情致相同，陈康白这首诗以描绘湖边春景为主，寓情于景色之中，风格闲逸如春风拂面，令读者与诗人一道置身于春日的美好情境之中。

诗歌前三句都是在写景，第一句写的是画师正在画湖边的桃花，画板上也绽放着桃花朵朵，鲜艳动人、栩栩如生，与枝上桃花一动一静，令诗歌一下子生动了起来。其中"三两只"仿照苏诗"三两枝",同是写桃花,一个是三两枝摇曳生姿,一个是在画板上与真实的情景相得益彰,各有各的意境与韵味,可以说陈康白的这句仿写不输苏诗。诗歌第二句写的是湖边来来往往的美女如云,与西湖美景相映成趣,令人心驰神往。佳人与美景总是绝配,有了往来游玩的美女相衬,美景更富有韵味,诗句也增添了画面感。第三句写的是朝阳洒在湖边锦缎般的草地上,朝阳与春草都是新生而柔和的,它们融合在一起更突出了"嫩"这一字,让我们身临其境般感受到了阳光的温度,闻到了青草的清新,有通感之妙。

在这一步一景之中,我们的诗人漫步其间,感受着春意的萌动,闻听着游人的嬉笑,观赏着画师的妙笔,他的心情一定是轻松舒畅的,脚步也一定是轻快闲适的。"正是诗翁散步时",陈康白自称"诗翁",在这细腻婉约的景色之中散步,颇有一种不羁之感。诗句中一字未写"春",但我们已从字里行间感受到了春日氛围,感受到了诗人对于万物勃发的赞颂,也仿佛看到一位鹤发白髯的老人时而散步、时而驻足,用心感受美景的样子。陈康白这位"诗翁"也成为湖边的一景,与桃花、画师、游女、春草、骄阳一道,绘就了一幅独特而美好的湖滨风景画。诗情画意,大抵如此。

三十一、出水芙蓉图

出水芙蓉意态闲，奈何图画扇团团。
宋人不解晋人意，枉使陶翁带醉看。

1978 年春

注释：

芙蓉：即荷花。周敦颐所说的"莲花"也是荷花。

意态：神情姿态。

团团：形容圆的样子。

宋人、晋人：此处指北宋周敦颐和东晋陶渊明。

译文：

画中的荷花静静地开放着，只可惜这一美景只能画在圆圆的团扇上。宋人周敦颐只知陶渊明爱菊，不知道陶渊明也喜爱荷花，枉费了陶渊明当年醉赏莲花的美好情境。

背景与赏析：

这首诗写于陈康白在杭州居住期间，题于日记本中一幅名为《宋人出水芙蓉图》的插图旁。图画本身的形态是圆角矩形，应当是一幅画于团扇扇面上的作品，当中一株粉白相间、娇嫩欲滴的荷花在翠绿色的荷叶和泛黄纸张的映衬下，显得纯洁无瑕，闲适静雅。陈康白一翻书页，这样一幅扇面荷花映入眼帘，同时他又联想到陶渊明独爱菊花的轶事典故，配着这幅图在书页的最上面写下了这首《出水芙蓉图》诗。

在这首诗的开篇，陈康白就表达着对这幅芙蓉图的喜爱，认为这圆形扇面的画幅不足以欣赏全貌，芙蓉的娴静舒展的意态没有完全展示出来，言外之意还是在说自己看芙蓉看不够。陈康白素爱芙蓉，曾在自己的其他诗词中表达过对芙蓉的偏爱，他认为芙蓉是安静且有情韵的，既不妖艳也不孤芳自赏，不仅绽放出了自己的天性，而且它的美能够为寻常百姓所欣赏。陈康白不禁联想到了北宋周敦颐的《爱莲说》:"水陆草木

之花，可爱者甚蕃。晋陶渊明独爱菊。自李唐来，世人盛爱牡丹。予独爱莲之出淤泥而不染，濯清涟而不妖……"周敦颐分明地表达着自己对莲花（也即芙蓉）的喜爱，但他认为陶渊明只爱菊花，陈康白在第三句诗中以"宋人不解晋人意"对此观点表示了质疑。陈康白认为，陶渊明固然曾写下"采菊东篱下，悠然见南山"的千古佳句，但也不代表他只喜欢菊花，而对芙蓉没有喜爱之情。陶渊明前半生致仕不得志，后半生归隐田园，在山水田园之间放浪形骸，留下了太多清逸脱俗的诗词文赋，开启了田园诗派，对后世产生了深远影响。在陈康白的诗词中就流露着陶渊明的田园诗风，他也曾直接在诗句中提到过陶渊明。陈康白有过与陶渊明相似的致仕失意、归隐田园的经历，所以他觉得自己与陶渊明有着近似的心境。虽然陶渊明未曾着意写过芙蓉，但相信以陶渊明的心境，一定也曾经像自己一样喜欢芙蓉的清静淡雅吧。因此在这首诗中，对于周敦颐的那段文字，陈康白以"枉使陶翁带醉看"来评价：周敦颐不应断定只有自己"独爱莲"，其实陶渊明也应该是喜爱芙蓉的，他或许曾经在微醺之中沉醉于水中芙蓉的"出

淤泥而不染，濯清涟而不妖"。

在这首诗中，陈康白以多重视角表达着自己对芙蓉的热爱，直言对其欣赏不够，又引两位古人对芙蓉的看法来佐证自己的观点，既以芙蓉之清雅自得来自比，也是在说明自己与陶渊明有着相同的心境。跨越一千五百年的时空，陈康白似乎看到了陶渊明与自己一样隐居田园、吟诗作赋、饮酒自乐的画面，感受到了与这位田园诗人的心境契合。在这样的畅想之中，芙蓉只是个纽带，连接了跨越古今的两个人，这样一首诗呼之欲出，也让陈康白的遥想定格在了诗句之中。

三十二、渔歌子·木兰

浣纱溪上晓光迟，一沽兰林花满枝，枝枝花映艳春词。
西子何尝生富贵，自然明媚出天资！姿容绝代沼吴时！

1978年春　于杭州西湖　柳浪闻莺

注释：

沽（gū）：古时河流名。

沼吴：灭吴。

译文：

陈康白来到西湖边的柳浪闻莺处，晨光洒落在湖边蜿蜒的小溪上，仿佛看见西施浣纱的曼妙身姿。水边的木兰正是花开茂盛的时节，眼前绽放的朵朵鲜花更是触动了陈康白，让他写出了如此多、如此美妙的诗句。西施本不是生在什么富贵人家，但她出落得美丽、自然、清新脱俗！她有绝代的美貌，但这份美貌却也是导致吴国灭国的重要因素之一。

背景与赏析：

这首词是陈康白在游览西湖盛景"柳浪闻莺"时所创作的。"柳浪闻莺"是著名的"西湖十景"之一，位于西湖的东南岸边，整体占地面积大约20万平方米，曾在南宋时成为皇家御花园，旧称聚景园，后因朝代更迭，动荡不安，不复当年盛景，一派破败不堪。到了清代中期，才逐渐恢复"柳浪闻莺"旧景。"柳浪闻莺"作为"西湖十景"之一而得名是因为在此地生长着茂密的柳丛，常有黄莺穿行其间，自在飞舞，竞相啼鸣，故此有了"柳浪闻莺"的美称。想来陈康白也一定是在游览之中，被清脆婉转的莺啼和随风摇摆的柳枝撩动了心弦，所以才在此地写下了如此美妙的词章。

词的上半阕写赏景的经过，陈康白来到西湖岸边看到晨光洒落在湖边蜿蜒的小溪上，像是看见了西施浣纱的曼妙身姿，用一个"迟"字将画面塑造得生动形象，好像是这晨光还没来得及溜走就映入了作者的眼帘，更显俏皮可爱；又看到眼前绽放的朵朵木兰花，交相掩映，促使陈康白写下如此美妙的词句。"满"字写出枝头的木兰花盛放，朵朵相拥布满枝头，"艳"字写出这朵朵鲜花激发了作者文思泉涌，脑中想到的都是极尽华丽的辞藻，将它们集萃于歌咏春日图景的词篇之中，一派华丽明艳的景象。

下半阕又写到古越国与古吴国的恩怨往事，先写西施也根本不是出生在什么富贵人家，是凭借着自然天成的美貌而出落得清新脱俗。这两句中用"何尝"二字反倒是体现出作者那种愤世嫉俗的豪迈气概，令人读来颇有一种"王侯将相宁有种乎"之感；"自然明媚"和"天资"这些词汇的运用，将作者崇尚自然之美的审美趣味加以展现，颇有"清水出芙蓉，天然去雕饰"的清新之感。后句写西施正是运用自己倾国倾城的容貌帮助勾践达成了灭吴的功业，成就了卧薪尝胆的历史佳话。连用两个感叹句足可以见出作者对于这段历史故事的赞赏与青睐。

全词从作者游览西湖"柳浪闻莺"景致出发，联想到在这吴越之地曾经发生的历史故事，借由西施助勾践灭吴的历史故事来表达作者对富贵出身的鄙弃和对自然之美的推崇。

三十三、咏红桃和樱桃

湖边春色好，樱桃次第开。
朱唇真得酒，翠袖不沾埃。
怎知妃子笑，林下美人来。
试问天资谁艳绝，粉樱不及红桃哉！

1978 年春　于杭州西湖　柳浪闻莺

译文：

西湖的春天是如此的美好，作为春天第一果的樱桃已逐渐挂满枝头。红色的樱桃像美人喝了美酒的红唇，翠绿的叶子是那么的明亮干净，不沾一丝尘埃。你可知西湖边的鲜桃成熟以后像妃子笑荔枝那样鲜美无比，总能引得众多美女在此流连忘返。如果你问两种鲜果哪一种更好一些，我觉得樱桃还是不如西湖的鲜桃更美味。

背景与赏析：

本诗与前首《渔歌子·木兰》同样是写作于西湖的柳浪闻莺公园内。陈康白在公园之中漫步，看到了春日的满园樱花后，写下了这首长短不一、体裁"奇特"的诗，风格随性，没有受古体诗格律的限制，随性而至，记叙作者在西湖柳浪闻莺公园内赏樱观桃的闲游趣味，颇有活泼俏皮的灵动之感。

一、二句写眼前亲见之景，"湖边春色好"一句直接点名本诗的时节和地点，将读者带入到场景和情境之中，且这一句所蕴含的感情与诗题照对，明确这是一首咏物之诗，情感饱满。"樱桃次第开"交代了作为春天第一果的樱桃已逐渐挂满了枝头。特别是"次第"一词的运用，既可以凸显出樱桃之多，又可以显现出结果的过程和秩序，颇为精妙。

三、四句中"朱唇真得酒"写红色樱桃像是美人饮过美酒后的红唇，用拟人化的手法抓取樱桃的颜色细节，把它比作美人朱唇，一下就能让读者感受樱桃的成熟程度所带出的颜色变化；后句"翠袖不沾埃"又运用比喻的手法，将映衬着红樱桃的绿叶比作是美人绿袖，没沾染半点尘埃。两句结合起来看，红樱桃被拟为朱唇，绿叶被比作翠袖，像是将这一株樱桃树本身比作正在用翠袖掩面的美人，颇有几分"犹抱琵琶半遮面"之感。

五、六句运用典故，将昔日因杨贵妃而得名的荔枝品种妃子笑与湖边红桃作比，写这红桃成熟以后的口感足像是妃子笑荔枝那样鲜美，引得众多女游客在这里流连忘返。前句以妃子笑荔枝作比正面描写鲜桃的口感，后句用女游客流连侧面描写这红桃的吸引力，正侧结合将红桃的可口味道完全展现出来，使读者尚未品尝就已有饱腹之感。

末尾两句是全诗主旨句，前面既赞美了樱桃，也赞美了红桃。那么到底作者本人更青睐于哪一种，在本句中就给出了答案。"试问天资谁艳绝"一句中又选用了"天资"这样的词汇，再度将作者崇尚自然之美的审美趣味加以展现。且本句是设问句，后句紧接着就给出了答案说"粉樱不及红桃哉"，自问自答，将全诗所赏景物加以总结，结构完整，情感饱满，是一首清新活泼的咏景诗。

三十四、谁先到校

谁先到校小孩心，人生一世几峥嵘。
凌云但保孩提志，不怕前途路不平！

1978年5月1日

注释：

峥（zhēng）嵘（róng）：形容山的高峻突兀或建筑物的高大耸立，也指高峻的山峰。此处借指人生的起起伏伏。

凌云：意思是直上云霄。多形容志向崇高或意气高超。

但：只要。

译文：

（陈康白看到插画里的几个学生发出感慨）孩子们比赛着看谁先到学校，这是孩子们幼稚的童心。人生在世，岁月峥嵘，孩子们在成长的过程中将会遇到多少事情啊。人如果从小立下一个崇高远大的志向，并始终坚守，那么就不会怕成长过程当中的艰难险阻。

背景与赏析：

在女儿家一住就是将近三个月，陈康白自然是详尽地感受了这一家三口的日常生活情况。在这期间，女婿曾专门给自己画过油画肖像，虽然长期的羁押与闲不下来的习惯，让陈康白根本没有办法安静坐在那儿当"模特"，但这份难得的日常生活图景，还是让他饱经沧桑的内心再度被幸福充盈。正巧这时陈康白在日记本上看到了一幅《谁先到校》的插图，结合女儿一家的生活图景，激发了陈康白的创作欲望，或许也一并勾起了陈康白对于自己年少时相似场景的回忆，引发了关于"少时凌云志，人间第一流"的遐思。

在前两句中，陈康白从插图上几个小孩儿关于谁先到校的比赛出发，引出了一个关于人生的宏大命题。前句写谁先到校是一种小孩儿间懵懂攀比的心思，紧接着后句就用"人生"和"峥嵘"这样的词汇把诗句的立意变得深刻，瞬间就将一幅普普通通的插图提升到人生哲理的高度来加以思考、审视，足可看出作者思绪的开放和思维的活力。

后两句为主旨句，"凌云但保孩提志，不怕前途路不平！"中用"凌云"来代指人的成长过程，联系前句写人如果能在成长的过程之中还保持着孩提时代的志向和劲头儿，就不用担心前路会有艰难险阻。后句中连用两个"不"字，以双重否定的态度来表示肯定，具有高度的乐观主义精神和豪迈气魄，阐述了一个关于个人成长的道理，蕴含丰富哲理。

全诗仅仅四句，同古今多少哲理诗一样，篇幅短小但思想深邃。作者由一幅插画起兴，思考了人生不同阶段为人做事态度上的变化，得出了"凌云但保孩提志，不怕前途路不平"的深刻道理，不失为一首哲理诗佳作。

三十五、咏红白月季和十姊妹

花前凝睇，缕缕清香细，红白娇姿多美丽，真恰诗翁意。
碧云无际，梦随风万里，何限才思陋天地，从不教人惜。

1978 年 5 月

注释：

十姊妹：即十姐妹，是一种月季栽培品种。

凝睇：凝视、注视。

何限：多少；无边。

陋：此处为动词，意为"使 / 被……轻视"。

译文：

伫立于盛开的鲜花前久久凝望，细嗅着花儿吐露的浅淡清香，红月季与白月季绽放得如此娇艳，实在美丽，正契合此时陈康白这个诗翁的诗意。抬头望着湛蓝的天空、无边的白云，自己思绪万千，自己的追求和梦想曾经像自由的风一样纵横万里。但回想这一生走过的道路，自己的多少才华和闪光的思想总是被有些人轻视，从来不被他们重视。

背景与赏析：

这首词也是创作于陈康白在杭州生活的日子里。上半片咏花，写作者站在一片花海前，看着红白相间、品种各异的月季花被深深吸引，词句中以"凝睇"二字描写诗人赏花的状态已近于痴迷，足可看出他对于月季花海的喜爱。"缕缕"二字有阵阵飘香之意，可见此地月季花繁多，如海一般广阔。"清香细"颇有"心有猛虎，细嗅蔷薇"之感，就像是陈康白在一旁本是静静欣赏，忽而香气满溢，引得他细细品味。"红白娇姿多美丽"则是从颜色着眼，直接描绘了眼前这片盛放的月季花红白各异、娇艳美丽的姿态。最后一句既为上片定下基调，又为全词明确了写作的原因和动机——"真恰诗翁意"。陈康白以诗翁自喻，彰显了他典型的豪迈人格和豪放词风，充满了理想主义者高度的浪漫情怀。

下半片咏情，终究是触景伤情。虽然上半片所咏景物尽是乐景，但也难免触到了陈康白的伤心之处，勾起关于过往的回忆。"碧云无际，梦随风万里"，写作者此时抬头眼望的实景，但其实内心之中已经有了自己曾经追求过的梦想，故而引出后两句的感叹——"何限才思陋天地，从不教人惜"。我此时此刻回想这一生走过的道路，多少的才华和思想总是不被重视，令人读来深感惋惜。"何限"与"从不"以高度的褒扬对上决绝的否定，让笔者的情感在高与低之间反复激荡，为本首词延展出丰富的情感空间，堪称绝妙。

全词以乐景写哀情，带有陈康白个人鲜明的豪放风格，以高度的浪漫情怀将其自身的经历融入情景之中，营造出广阔的情感空间，读来令人感同身受。

三十六、劳动后的休息

下田难兮，劳动不易，山如画眉兮，沟如锦带。蛮牛挨水兮人吐气，靠彼烟柳兮歇一憩。吸烟一袋兮透胸臆，心旷而神怡兮真如醉。

1978 年春作

注释：

沟：山下的流水。

烟柳：柳絮如烟状的柳林。亦泛指柳林、柳树。炊烟的颜色和膨胀感与柳絮极像，故诗中有此名。

译文：

农民们下田干活是多么劳累啊，劳动实在是不容易，遥望远方绵延的山峰犹如女子勾画的眉，山脚下萦绕的河水像一条条锦带。休息时，耕牛到水边饮水，农民们也得以短暂喘口气，靠在柳树旁歇憩一阵。有的人拿出水烟来深深地抽了起来，霎时觉得舒适无比、烦恼尽失，这心旷神怡的感觉真让人沉醉其中。

背景与赏析：

这首作品从文体上来看偏于辞赋，是陈康白留存下来的唯一一首赋体作品。从传统意义上来看，辞赋多为长篇大段式歌咏景物、抒发情感，很少有极短篇的作品传世，故而在此我们只把这篇作品当作一篇短叙。作者以这篇短叙题在阎松父画作《劳动后的休息》旁，观察细致入微，文采飘逸飞扬且趣味十足。

起首两句开门见山，直接点明画中的场景和事件，"下田难兮，劳动不易"，既结合其自身经历写出了田间劳动的体力消耗之大，又以如此富有浪漫气息的赋体短句将原本是带些轻叹的语句都渲染出浪漫情怀，颇具趣味。"山如画眉兮，

沟如锦带"，写出画中农民坐在田间看着远处连绵的山峰和水流，以连续的比喻将画面渲染得生动形象，将"山"比作"画眉"，将"沟"喻作"锦带"，足可以见出作者对于画中景色的喜爱。与前句联系起来看，也是在表达对于体力劳动之后，能够坐下来欣赏一下山间景色的欣慰与满足之感。

"蛮牛挨水兮人吐气，靠彼烟柳兮歇一憩"，不仅写人在劳动后的疲惫状态，更是将耕田的水牛在耕作之后的口渴状态渲染得活灵活现，紧扣主题，从人和耕畜两个角度来突出全诗主旨。前句的"挨"字和后句的"靠"字，从细微的动作着眼，将耕畜和人渴望在劳动后能获得半刻休息的心情完全展现出来。"吸烟一袋兮透胸臆，心旷而神怡兮真如醉"，写农民们靠在树边休息的过程中，有人拿出水烟抽了起来，作者用"透胸臆"来形容感觉，或许他也曾有过这劳动后"吸烟一袋"的体会，获得了直接的体验。所以才有后句的心旷神怡，用"真如醉"形容下田干农活儿获得的劳动感受，让人读来顿时感到一种闲适惬意的山村生活图景呈现在眼前。

这篇作品从山村生活中的小事着眼，从笔记本中的一幅图画入手，写农民下田劳动后的休息，却采用了辞赋体裁，颇为新颖。虽然篇幅较短，但仍将作者想要表达的愉悦之情在作品中完全展现，看似写休息，实则是写宁静、闲适的生活，趣味十足。

三十七、春江水暖（五、七言组诗）

（一）

莺飞杨花落，河豚向人跃。

脍鱼领好春，宾叟争一酌。

（二）

多情无奈几桃花，柳条深处鸭群话。

劝君更尽一杯酒，直钩谁识丝纶乐。

（写在春江水暖插图旁）1978 年 5 月 13 日

注释：

杨花：杨柳絮。

河豚：指江豚，生活于长江洞庭湖水域，时常成群结队跃出水面。

脍鱼：生鱼。脍即生肉，此处指鱼宴。

直钩：意为姜太公钓鱼，此处借指隐居生活。

丝纶：意为帝王诏书，此处借指入仕为官。

译文：

（一）正是暮春时节，莺燕飞舞，杨絮飘落，眼见水中的河豚不时地跃出水面。春天的鱼儿异常肥美，做成生鱼片让宾客们尽情享用，大家竞相喝着美酒，品尝着这一美味。

（二）多思多愁的自己，多少往事化作了片片凋零的桃花，孤寂的自己只能与柳下叽叽喳喳的鸭群为伴。借酒消愁，借酒抒意，借酒品人生，作为一个被人遗忘在村野之中的隐居者，（陈康白）再也体会不到想当年那意气风发、奋发有为的快乐了。

背景与赏析：

陈康白带着女儿陈爱康回到麻林桥，头几日是非常快乐的，有女儿相伴，有亲戚来访，很是热闹。但热闹之后，终究要归于平静。陈爱康在老家住了不到一周就返回了杭州，接下来陈康白的日子很快又回到了老样子。如果没有这三个来月的喧嚣，陈康白可能会更平静一些。但是在经历了这一段充实和亲情以后，陈康白一时还难以适应，更加重了他的孤寂感，"一茶一饭一壶酒，空留老翁对空壁。"寂寥之中，陈康白又拿出了那本常用的日记本，看着上面那一幅幅插图沉思。当他看到日记本上江寒汀创作的《春江水暖》插图时，看着图里的江南春色，不禁才思泉涌，提笔写下了这首五、七言组诗。

（一）全诗共四句，寥寥数语便勾勒出一幅春日宴饮图景。前两句"莺飞杨花落，河豚向人跃"，直接将季节场面勾勒出来，写此时正是莺燕飞舞、杨絮飘落的暮春时节。作者和客人们像是正在湖边集会，不时有河豚跃出水面，令人读来颇有一种"暮春之初，会于会稽山阴之兰亭"之感。又是一次暮春之会，虽无法比拟当初的那场兰亭集会，但作者用深湛的文字功底，给予了我们无法直接领会的延展意义，跨越千年将两次集会糅杂在一起，应是想要标榜昔人表明自己此时的诗风词骨。"脍鱼领好春，宾叟争一酌"两句则是直接描绘宴饮场面，写宾客们吃着生鱼片，竞相举杯进酒，一派文人雅士集会的生动场面。"领"字十分精妙，它将被用来做餐食的鱼儿作为"好春"的见证，以鱼儿鲜美的味道来衬托出今年春天的美好，既将生鱼片的味道高度赞扬，又将春日的美好尽情歌颂，以巧妙地方式将鱼肉和春天做上了意义连接，构思精巧，结构细致，趣味丰富。

（二）这首诗是陈康白对日记本上那幅插图的描绘，并以此出发抒发了自己怀念往昔的追忆之情。"多情无奈"直接奠定了全诗的情感基调，也写明了作者此时正是在回忆往事，有些许愁绪涌上心头，看着这幅图画中的鸭群，似是自己今后的时间只能与它们为伴，更为全诗平添了几分悲凉。后句表面上看是写"劝君更尽一杯酒"，但实则是劝自己，劝自己用杯酒将所有的烦恼愁绪都抛到九霄云外。但显然作者经历过人生的大起大落，他充分理解"举杯消愁愁更愁"的道理，因而他在末句中仍旧在问："直钩谁识思纶乐"，隐士怎么能够理解入世的乐趣呢。更何况陈康白还曾有过那么多辉煌的履历与过往，这样隐逸的生活让他忍受一天、两天或许可以，但日复一日，年复一年，对他这样一个科技报国的实干者都是无论如何也忍受不了的。

两首诗作都题写于《春江水暖》的插图旁，但二者的情绪意义明显不同，一首轻快，表达的是对春日的喜爱；一首悲凉，抒发的是对往昔的追忆。两首诗结合起来看，正是对作者此时生活的真实写照。一方面对赏花游景的闲居生活感到满足和欣慰，一方面又对自己不能发挥才学报效国家、服务人民而深感叹息。因而这两首诗实是对于其内心矛盾的真实反映。

三十八、无题

（写在韶山风景画旁）

睹园林万花如绣，翠峰如簇，人杰地灵。改尽河山旧。
念世界霸权竞逐，斗胜争奇，异帜高矗。只乱鸦凝绿。

1978 年 5 月 15 日

注释：

翠峰如簇：语出王安石《桂枝香·金陵怀古》："千里澄江似练，翠峰如簇。"意指青翠的山峰聚在一起。簇：丛聚。

乱鸦：乌鸦乱飞的样子。作为宋词中较为常见的意象。

凝绿：草木的绿色凝聚在一起的样子。

译文：

远望韶山冲繁花似锦，万花争艳，青翠的山峦层叠丛聚，雄奇峻美。如此人杰地灵之处（才会走出伟人毛泽东），是他彻底改变了旧河山，建立了新中国。当今世界苏美两霸竞相争夺世界霸权，在冷战中手段频出、此起彼伏，为这个世界制造了太多的矛盾，像漫天乌鸦笼罩下的昏暗世界。

背景与赏析：

这首词也是写在日记本中的一幅插画旁，插图上画的是韶山风景，作者是胡佩衡。陈康白这首词作于 1978 年 5 月，那时毛主席已去世一年有余，毛主席去世后国内形势发生了巨大变化，国际局势也是风云变幻。陈康白看着画中的韶山风景，不禁浮想联翩，故有感而作此词。

开头两句是形容画中风景，看那山水园林中，繁花盛开绚丽多姿，如一片锦绣,青翠的山峦层叠丛聚,雄奇峻美。"睹园林万花如绣",出自宋代词人宋祁《锦缠道·燕子呢喃》,"翠峰如簇"出自王安石《桂枝香·金陵怀古》:"千里澄江似练,翠峰如簇。"陈康白的一生经历了太多,他唯一不变的就是对祖国的赤子之心,他像热爱生命一样热爱着祖国的大好山河。看着画中的韶山风景,陈康白自然想起了从韶山走出来的毛泽东,感慨"人杰地灵",壮丽秀美的山水孕育了改变中国历史的一代伟人。毛泽东领导

中国人民站了起来、抵抗外侮,赢得了中华民族的解放。"改尽河山旧",旧日山河换了模样,这是毛主席带领中华儿女改天换地写下的壮丽篇章。

第二段话锋一转,多思多虑的陈康白马上就联想起当今的国际形势。毛主席不在了,人们仿佛失去了主心骨,国家的前途命运面临着多种挑战。纵观当时的世界形势,"霸权竞逐、斗胜争奇",当时美国和苏联正是处于争夺世界霸权的冷战阶段,美苏两霸对抗的同时,世界各国秩序风云变幻,"异帜高矗",看似平静,实则"乱鸦凝绿",像是林中鸟雀四起、各自乱飞的场景。

一幅韶山风景画引发了陈康白的无限遐想,他怀念伟大领袖毛泽东,感谢他带领人民改变了山河。想到如今祖国翻天覆地的变化,又想到未来国家将面对的多种挑战,种种情怀跃然纸上。这位年近八旬的老人时刻牵挂着的是祖国的发展,两段词句里,装满了他先天下之忧而忧的赤子心肠。

三十九、咏春园煮酒看龙挂

花满林园着色浓,二人对坐论英雄。
青梅色浅金盘满,绿酒香凝玉斗空。
闯入关张何孟浪,匙筋尽落巧弥缝。
妙契天成吾可笑,龙蛇变化信无穷。

1978 年

注释:

龙挂:一种奇异的龙形状的云彩,就像是一条横贯天际的蛟龙,人们把它叫作龙挂。

绿酒:指青梅酒。

孟浪:鲁莽、放浪。

匙筋:匙指勺,筋指筷子,匙筋合指进食的餐具。

妙契:神妙的契合。

龙蛇变化:指曹操与刘备煮酒论英雄时所说的"龙之为物,可比世之英雄"。

译文:

鲜花开满林间的园子,将园子装点得格外鲜艳,陈康白与棋友对弈,就像当年的曹操和刘备一样,在园中对坐煮酒论英雄。陈康白准备好了青梅来招待棋友和看客们,半青半红的梅子装满盘,有时陈康白还会准备一些青梅酒,大家一边下棋一边喝酒,很快酒杯就见底了,但余香四溢。遥想当年,关羽和张飞听说刘备被曹操请走了,生怕这是害刘备的鸿门宴,所以惊慌地闯入曹操相府后园,这是何等的鲁莽。而就在他们闯进后园之前不久，刘备与曹操对坐，刘备听着曹操说"今天下英雄，唯使君与操耳"，竟吓得勺子筷子都掉在了地上，但刘备还是机智地借雷声将自己的惊恐巧妙地掩饰了过去。在刘备惊恐之时，正好响起一阵雷声，这真是绝妙的契合，曹操所言"龙之为物，可比世之英雄"，果然是大有道理呀。

背景与赏析：

　　这首诗成稿于 1978 年春天，当时陈康白从杭州回到麻林桥，平日里并没有什么事情做，倒是经常与棋友下棋、闲谈。那时候的条件还很艰苦，平时干活儿只能挣工分，要到年终结算时才会有一点点收入，所以乡亲们都没什么余钱。陈康白看在眼里，有时就以下棋为名请他们过来，自掏腰包让黄来强到肉铺买点肉，还买几瓶（一毛三分钱一瓶）青梅酒，下完棋顺便留他们吃饭。陈康白看着老伙计们那蜡黄菜色的脸和布满老茧的手，经常暗自神伤，怕他们会吃不饱，陈康白就让黄来强多买点豆腐，多做几个小菜。每到此时，大家都能从中体会到少有的欢乐和惬意。再加上陈康白是个十足的三国迷，与棋友对坐园中，喝着青梅酒，看着天上形态各异的云朵，他不自觉地联想到了《三国演义》中青梅煮酒论英雄的画面，这首《咏春园煮酒看龙挂》就在亦虚亦实间写就。

　　首先我们先来看这首诗的题目：咏春园煮酒看龙挂，咏即歌咏，歌咏的内容是在春日的园子里煮酒闲谈，远看天边的龙挂。题目这八个字就直接点明了时间（春日）、地点（园子）、事件（煮酒），甚至还有当时的天气（龙挂）。当看到"煮酒"和"龙挂"，熟悉三国的读者自然会想到青梅煮酒论英雄这个故事片段，诗人在前四句之中，便将这故事的场景慢慢铺展开："花满林园着色浓，二人对坐论英雄"，意即鲜花在林间的园子里盛放，将园子装点得格外鲜艳，陈康白与棋友在园中对坐，一边下棋一边谈天说地，就像当年的曹操和刘备一样，在园中对坐煮酒论英雄。"青梅色浅金盘满,绿酒香凝玉斗空"是在描写二人对坐的桌榻上不仅有棋盘,还有满满一盘青梅和刚刚饮尽的美酒。可以想象两个人喝着酒、吃着梅子,悠闲地下着棋、聊着天,或许天边也出现了奇异形状的云,如龙挂一般,两个人远望着,既是在欣赏景致,也是遥想着古人的心境。在这四句诗中,诗人的视角从整个园子拉近到桌榻,由远及近,生动地勾勒出自己与棋友对弈畅谈的快意,也将读者的思绪引到了曹操刘备二人青梅煮酒论英雄的故事中……

想当年,曹操与刘备二人也是在这样的景色里煮酒论英雄,只不过他们当时的氛围并没有诗人这么轻松闲适。一日刘备被突然到访的张辽、许褚二人带兵"请"到了曹操的相府之中,曹操在相府后园笑脸相迎,刘备故作平静地寒暄着,心中早已是惴惴不安,但二人表面和平地在园中亭子里喝着青梅酒,看着远处的龙挂。当时的场景和二人的心境就隐藏在陈康白的诗句之中,陈康白与棋友喝酒下棋看云的安逸更衬托了曹操与刘备心中的剑拔弩张,如同一场鸿门宴再现在我们眼前。曹操与刘备在看龙挂之时,谈论着龙的变化,"龙能大能小,能升能隐;大则兴云吐雾,小则隐介藏形;升则飞腾于宇宙之间,隐则潜伏于波涛之内",又引申到天下的英雄:"龙乘时变化,犹人得志而纵横四海。龙之为物,可比世之英雄。"然后曹操问刘备觉得当世英雄都有谁,刘备提到袁术、袁绍、刘表、孙策、刘璋等人,曹操都逐个否认,然后对着刘备说:"今天下英雄,惟使君与操耳!"吓得刘备一下子把手中的筷子和勺子掉到了地上。因为当时刘备正韬光养晦,唯恐被有心之人发现自己的宏图远志,更害怕曹操这次找自己来是要兴师问罪,所以在曹操论英雄之时,一直说的都是袁术、刘表这些人,但没想到曹操似乎看透了他的心思,一下子将英雄指向了自己,一向稳重谨慎的他才会一时心惊,险些失态。幸好当时天正要下雨,所以突然雷声大作,刘备便借雷声将自己的惊恐巧妙地掩饰了过去,说道:"一震之威,乃至于此。"这才并未引起曹操过多的怀疑。这便是陈康白诗中的"匙筋尽落巧弥缝"。刘备的随机应变为自己巧妙地躲过了一劫，雷声更是有如神助，这也是诗中的"妙契天成吾可笑"所表达的意思。而前边的那句"闯入关张何孟浪"，是指在曹操和刘备煮酒论英雄之后，关羽和张飞二人气势汹汹地闯进了相府后园，他们以为刘备是来赴鸿门宴，怕他遭遇曹操暗算，所以手持宝剑、横冲直撞地闯到了曹、刘二人面前。这是何等鲁莽呀！"何孟浪"和"巧弥缝"也将关、张的莽撞与刘备的机智形成了鲜明对比，突出了刘备的临危不乱，"妙契天成"更是表达了刘备借雷声掩饰心虚的巧合，如同是天意指引，将《三国演义》中这一精彩片段中流露的传奇色彩表现了出来。

青梅煮酒论英雄这一桥段并不见于三国正史，或为《三国演义》的虚构，却成为一段经典。不仅精彩描画了这两位当世英雄的心理博弈，更给之后的三国鼎立一个情节上的铺垫，所以陈康白有"龙蛇变化信无穷"这样的感叹，这或许也是他自己坐在园中、煮酒看云的心境吧。

四十、无题

（写在杜牧赤壁怀古诗后）
赤壁遗雄烈，人生几战场？
周郎与魏武，一怒为双乔！

1978年端午

注释：

周郎：即三国时期赤壁之战中孙、刘联军的统帅，吴国水军都督周瑜。

魏武：即三国时期东汉的权臣、曹魏的奠基者曹操，"武皇帝"是曹操的儿子曹丕称帝后给他的谥号，故历史上多以"魏武"代指曹操。

双乔：三国时期著名的美人大乔、小乔姐妹俩，大乔为孙策之妻，小乔为周瑜之妻，并称为"二乔"或"双乔"。

译文：

一场赤壁之战遗留下多少英雄传奇，人的一生又能够经历多少次足以改变历史的重大事件呢？可叹当时的周瑜和曹操啊，他们之间的战争竟是因为大乔和小乔所致。

背景与赏析：

陈康白的这首诗写在日记本上他抄录的杜牧《赤壁》一诗后面，或为即兴而作。按照落款上的成诗时间来看，1978年6月端午节正是陈康白在麻林桥等待平反结果的日子里。无所事事的闲散生活让陈康白渐渐感受到了乏味与无趣，他迫切需要给自己找些事情来做，打发一下陷入漫长等待的时间。此时，阅读大量的历史相关书籍和文学作品就占据了他的生活。

他所抄写的这首杜牧的《赤壁》是众多赤壁怀古诗中较为独特的一首,从"二乔"的角度重新解读赤壁之战,精巧且耐人寻味。原诗如下:

折戟沉沙铁未销,自将磨洗认前朝。

东风不与周郎便,铜雀春深锁二乔。

陈康白素来对三国历史感兴趣,不仅抄录了许多三国相关的诗词,并且他自己也常常有感而发,赋诗写词。这首小诗的灵感或许来自杜牧的《赤壁》,但并无更多的铺垫与转折,短小精悍,直抒胸臆,由赤壁怀古感叹人生,并表达了对赤壁之战原因的看法——为了争夺"二乔"。前两句以问号结束,最后以感叹号结束全诗,短短二十字,感情充沛,豪放自如。

首先第一句,"赤壁遗雄烈",出自《三国演义》"赤壁遗雄烈,青年有俊声。弦歌知雅意,杯酒谢良朋。"这是对周瑜的评价。周瑜是三国时期著名的英雄人物,不仅文才武略兼备,并且一表人才、精通音律。赤壁一战突显出周瑜运筹帷幄的才略,在指挥破曹的整个战争过程中,周瑜从战略到战术都做了精心的筹划。最后孙刘联军大破曹军,形成了三国鼎立的局势。这场战争的重要意义不言而喻,千百年来,引得无数文人墨客赋诗怀古,也让周瑜当年的"雄姿英发"流传千古。"赤壁遗雄烈",便是指赤壁之战让周瑜的雄才大略得以流传,放到陈康白这首诗中,或许不止说周瑜一人,应是借这句诗表达"一场赤壁之战流传下来多少英雄故事"之感叹。后面一句"人生几战场?",是由赤壁之战联想到人生,人的一生又有多少次这样惊心动魄的战役呢?陈康白虽然是个科学家,但他也亲自参与过战争,曾随王震南下,并就任于新四军五师。亲历过战争的他,更懂得那种满腔热血、浴血杀敌的英雄气概,也更了解战争中谋略的重要性。他崇敬周瑜、诸葛亮这些英雄人物,不止是因为赤壁之战的场面宏大,更是佩服他们的雄才大略,羡慕他们有能够施展才华的一方天地。"人生几战场"的这句感慨,实则是怀念自己曾经奋斗过、拼搏过的"战场",怀念那份青春的热血，怀念曾经闯出过一番事业的成就感……而如今自己已是两鬓斑白的老人，多想再上"战场"，再为祖国奉献自己的一份力量啊！这句诗以问号结尾，多种滋味回环其中。

后两句回到赤壁之战，"周郎与魏武"即周瑜和曹操，"一怒为双乔"是说赤壁之战是曹操想要占领孙吴、抢夺大乔和小乔而发起的。在《三国演义》第四十四回"孔明用智激周瑜"一章中曾提及，诸葛亮这样对周瑜说，曹操曾经发誓："吾一愿扫平四海，以成帝业；一愿得江东二乔，置之铜雀台，以乐晚年，虽死无恨！"诸葛亮假装不知道小乔是周瑜的夫人，还随口朗诵了曹植写的《铜雀台赋》，其中有这么两句："揽二乔于东南兮，乐朝夕之与共"，诸葛亮的暗示是曹操打仗是为了来东吴抢走这两个女人，并将她们安置于铜雀台，供自己玩乐。几句话便引得周瑜暴怒，大骂道"与曹贼势不两立"，最终同意联刘抗曹。而事实上，这都是诸葛亮的计谋，他将曹植的《铜雀台赋》里的"连二桥于东西兮，若长空之虾蝶"一句改成了"揽二乔于东南兮，乐朝夕之与共"，故意激起周瑜的怒火，令人感叹诸葛亮的足智多谋。只不过这是罗贯中在《三国演义》中虚构的情节，《铜雀台赋》的成文时间也晚于赤壁之战的时间，这段故事只是为增强赤壁之战的戏剧性，将"二乔"放到了战争起源之中。不过，无论史实如何，能够让杜牧写下千古名句"东风不与周郎便，铜雀春深锁二乔"，以及让陈康白有"一怒为双乔"这样一句感叹，足够说明《三国演义》的成功之处了。本就在三国历史乃至中国古代史中占有重要地位的赤壁之战，因为大乔和小乔而成为一场传奇之战。陈康白用一个叹号结束了这首诗，也是留下了自己对于赤壁之战的深深致敬与无限遐思。

四十一、观宋人出水芙蓉图

谁说芙蓉静少情,容光偏照老年人。
牡丹枉叫花枝艳,不爱穷人爱阔人。

（题于芙蓉图旁）1978年端午

注释:

　　静少情:静雅,然缺少情韵。刘禹锡原句为"净少情"。

　　容光:风采。

　　偏照:特地照耀。

译文:

　　唐代诗人刘禹锡曾说过"池上芙蕖净少情",我觉得并不尽然,芙蓉花开的风采与情韵却偏偏吸引着我这个老年人。牡丹虽然是天香国色,但过于娇艳,仿佛给了牡丹一种特殊的性质:只适合于荣华富贵,不屑于清苦平凡。

背景与赏析:

　　这首诗也是写于1978年6月端午节,是陈康白题在日记本插图《宋人出水芙蓉图》下方,是他看这幅图有感而作。图上的一支芙蓉静立水中、粉嫩淡雅,在一片碧绿的荷叶衬托下,显得悠然自得、遗世独立。陈康白静静地看着这幅图,不由得想起了唐代诗人刘禹锡的那首《赏牡丹》:"庭前芍药

宋人出水芙蓉图

妖无格，池上芙蕖净少情。唯有牡丹真国色，花开时节动京城。"刘禹锡认为，池中的荷花（也即芙蓉）清雅洁净却缺少情韵，他更偏爱天姿国色的牡丹。但陈康白觉得并不尽然，芙蓉花开清静淡雅，在荷叶的衬托下摇曳生姿，自有一番情致韵味。这种情致韵味只有心境如芙蓉般淡然的人才能感受到，陈康白这位老年人更是自觉被芙蓉花开的风采所吸引。因此，他在诗歌开篇即以"谁说芙蓉静少情"来设问，由刘禹锡的诗句作引，表达了自己的不同观点，也即对芙蓉的欣赏。第二句中的"偏照"一词将芙蓉拟人化，仿佛芙蓉也有自己的思想，格外照耀着陈康白这样的老年人，令诗句一下子生动起来。

经历了人生的波澜起伏，看尽了花开花谢，陈康白对于芙蓉的淡然有了更深的体会。他曾经踌躇满志、满怀豪情，为了祖国的科技工业发展建设鞠躬尽瘁，心中仿佛有一团火永不熄灭，渴望建功立业、为国家和人民所认可。那时的陈康白一定是欣赏如牡丹一般天香国色的花朵，花枝招展、热烈锦簇，盛开时节引人围观、令人动容。赏花如观人生，陈康白早已离开自己所热爱的事业，尽管心中还是时刻牵挂着祖国各项事业的发展，但他身居乡野、无人问津，理想无从付诸实践，抱负也无处施展，他不得不选择淡然处世，因此他的心境也随之转变。陈康白无法欣赏牡丹，认为"牡丹枉叫花枝艳，不爱穷人爱阔人"，意即牡丹盛开虽然国色天香，但它的雍容华贵仿佛给了它一种设定，那就是只适合于高官显赫、富贵人家，而不屑于清苦平凡。这当然也是陈康白的一种拟人手法，赋予了牡丹以生命力，配合着上面对芙蓉的拟人化，令诗歌完整而有深度。

四十二、咏牧场联想古战场

冉冉坨甸起黄云，日暮天阴角不闻。
戈壁砂侵星宿海，祁连山接青山云。
落霞雁阵殁荒草，湖尾惊鸿百不生。
汉晋以来常索寞，箭头丘积隘行人。
极望黄砂迷塞草，天阴鬼哭失青墩。
汉祖雄才困白登，飞将尝失李将军。
琵琶出塞昭君怨，元帝长驱陷两京。
劝君莫羡封侯事，一战成功尸作屯。

1978 年 6 月 13 日

注释：

坨甸：沙漠中的一种地貌，最显著的特点是沙层有广泛的覆盖，丘间平地开阔，形成了坨甸相间的地形组合。

索寞：萧索荒凉的样子。

青墩：长满青草的土堆，常借指坟墓。

白登：指古代的白登山，现为山西省大同市东北部的马铺山。此处指白登之围，即公元前 200 年汉高祖刘邦被匈奴围困于白登山的历史事件。

元帝：指汉元帝。

两京：指南北匈奴的首都，此处代指整个匈奴。

译文：

陈康白眼望着一幅牧场的插图，他的思绪不禁飘向了遥远的古战场：沙漠中延绵的沙丘无边无际，风卷黄沙满天，暮色沉沉、阴云密布，再也听不到那连天的号角声。戈壁沙漠浩渺无际，好像吞没了天上的群星，祁连山雄壮巍峨，万山之巅与天边的白云连成一片。晚霞西坠，一群大雁飞过，消失在无际的荒草之中。沙漠的湖水中除了偶尔能看到几只惊飞的大雁外，再也见不到其他生命的迹象。自从汉晋以来，这片戈壁荒漠经常是萧索悲凉、荒无人烟，古时征战遗留的箭头堆积成丘，行人们在战场的遗迹之中绕路而行。极目远望，漫天的黄沙淹没了边塞无际的荒草，黑云压顶隐去了战场上的座座坟茔，让那些孤魂野鬼无处哭泣。汉高祖刘邦极富雄才伟略也曾陷于匈奴的白登之围，飞将军李广也曾在漠北之战中迷失方向而未能与卫青大军会合，愤而自刎。昭君当年出塞远嫁匈奴，在漫天黄沙之中用琵琶弹奏一首《出塞曲》，诉说着心中的哀怨，但是为了稳定当年汉元帝派兵平定西域的局势，昭君也只能忍耐。不要羡慕古往今来那些征战沙场、裂土封侯的盖世英雄们，一场战争胜利的背后是无数百姓的生灵涂炭，是用多少尸骨堆砌起来的啊！

背景与赏析：

陈康白从杭州回到长沙麻林桥的这段时间，对他而言既是轻松的也是苦闷的。这一时期里让陈康白最念念不忘的还是他的平反问题，虽然自己在杭州时面对女儿的追问和劝告，表面上有些逃避这个话题，但内心深处还是蕴藏着深深的期盼，希望能够早日等到好的结果。现在《申诉书》也已经写完发出，但长时间杳无音信，仍旧在反复击打着他的意志。等待最是难熬，人生亦是如是。对于陈康白这样的诗人而言，越是苦闷惆怅，他内心积郁的情思越是充沛，成为他诗歌创作的动力，也给他带来了许多想象与灵感。正是在这样的心情下，他写下了许多精彩的诗篇。这首《咏牧场联想古战场》就是这一时期的杰作。

陈康白这次的灵感又是来源于日记本中的一幅名为《牧驼》的插画。

第一部分　诗词赏析

之前他也有很多次"看图写诗",可见他的想象力是多么丰富、内心是多么细腻、思维是多么发散,能够因一幅图画而产生灵感、展开想象,并结合自己的人生经历创作出一首完整的诗作,不得不令人佩服他的才情。

我们先来看一下这幅《牧驼》,这是中国著名美术家,原中央美术学院教授、名誉院长,中国美术家协会主席吴作人所创作。画中描绘了骆驼三三两两在牧场之中休憩的画面,远处的蒙古包和骆驼各异的姿态代表了这里并非大漠,而是一片沙漠中的绿洲。陈康白在这首诗的题目《咏牧场联想古战场》中就已点明,令他产生联想的是画中的这片牧场和骆驼,所想象的画面是古战场的场景。整首诗风格粗犷中不乏细腻,寓情于景、

吴作人作:牧驼

情景交融,将字里行间勾勒出的荒凉空间之感融入漫长的时间背景,令人倍感凄怆,又饱含历史沉淀之感,极富边塞诗的沧桑沉郁,更蕴含着怀古诗的想象与思索,抚今追昔,令人回味。

诗歌从一片广袤大漠开始:延绵的沙丘无边无际,风卷黄沙满天,到了日暮时分,天地格外阴沉,在这片几千年前的古战场,如今再也听不到曾经响彻大漠的号角声。接下来的几句都是在描述大漠之荒芜萧索、杳无人烟,这里自从"汉晋以来"就不再作为战场,因此"常索寞",只偶尔有商旅经过穿行。"极望黄砂迷塞草,天阴鬼哭失青墩"这两句妙极,意为:那些在战争中失去生命的军士亡魂还依然在沙漠中游荡,只是这漫天黄沙掩埋了曾经的一切,包括这些军士的坟茔,所以他们成了孤魂野鬼,为找不到自己的坟墓而哭泣。简单两句诗写尽了战争的残酷、沙漠的荒芜和历史的变迁,更引人无尽联想与哀叹。多少鲜活的生命被时间与黄沙共同掩

埋，多少往事也成了历史的尘埃，无论当年是辉煌还是倾覆，如今只有眼前的连天大漠，沉默无言地将一切消解，只剩黄沙一片。

在后面四句之中，诗人引用了三个历史典故：汉高祖的白登之围、李广败北的漠北之战以及王昭君远嫁匈奴哀怨的出塞曲。两千年前，这片古战场见证了雄才大略的汉高祖刘邦被困白登；见证了李广在沙漠中的迷失，在漠北之战中，战无不胜、有飞将军之称的李广将军虽年老却依然请战，但却被大漠迷失了方向因而未能与卫青大军会合参与作战，回朝之后他悲愤交加、拔刀自刎；也见证了王昭君被汉元帝远嫁匈奴，她写下了一首琵琶曲《出塞曲》，悲凉婉转，道尽了她心中的伤感，也诉说着自己的期待。当时汉元帝当年扶持南匈奴的呼韩邪单于，并且出兵平定了北匈奴，消灭了虎视西域的敌对势力。以后近四十年，西域维持着和平状态，丝绸之路也畅通无阻。呼韩邪单于畏惧汉朝，因此自请为婿，请汉元帝嫁女和亲，这才有了王昭君出塞的故事。为了汉朝和西域的稳定局势，昭君作为其中的关键一环，只能听任命运的摆布，将心声付诸指尖，弹奏一首《出塞曲》，更将一生都奉献给了西域，换取了汉家政权的几十年稳定……这些往事随着黄沙成为历史的尘烟，曾经的古战场早已是一片荒凉的沙漠。

在结尾两句，诗人写下了"劝君莫羡封侯事，一战成功尸作屯"，意为：请不要羡慕古往今来那些征战沙场、裂土封侯的盖世英雄们，一场战争胜利的背后是无数百姓的生灵涂炭，是用多少尸骨堆砌起来的啊！千百年来，兴衰更迭，战争从未停止，而对于普通百姓来说，天下兴亡从由不得自己做主。"兴，百姓苦。亡，百姓苦"，元代散曲家张养浩在《潼关怀古》中写下的这行曲词也与陈康白的这两句诗意境相合。而整首诗一直在积蓄的荒凉萧索之感也仿佛在这结尾处迸发出来，看这漫天的大漠掩盖了多少往事，它见证了繁华与寂寥，见证了人们为了各自的利益搏杀，无论是盛极一时还是一败涂地，最终都融入这沙漠，一切归于平静。陈康白的这首诗停留在了这悲凉的意境之中，留给了读者关于历史与战争的无限遐思。

四十三、昭君墓

荒漠无垠尽骆驼,风砂壁立漫长坡。
毡帐不移星点布,蒙民初识汉人婆。

1978 年 6 月 13 日

注释:

毡帐:蒙古族牧民对蒙古包的称呼。

译文:

  陈康白的思绪从荒芜的古战场又联想到大漠中的昭君墓:荒芜的沙漠广袤无垠,天地间只有驼群在其间穿行。风沙漫卷,形成了如同壁立的长坡。蒙古包如星宿散布在塞外草原上,王昭君出塞到达匈奴后,蒙古牧民才第一次看见了汉族的美女。

背景与赏析：

  这首诗写在日记本《咏牧场联想古战场》之后，因其中写到了"琵琶出塞昭君怨"，所以引发了陈康白的进一步联想，看着旁边页面上的那幅《牧驼》插画，他诗意泉涌，因而又提笔写下了这首诗。

  王昭君原名王嫱，是中国古代四大美人之一，有着出众的美貌与才华。自古以来民间有许多关于她的传说，其中最有名的就是她当年入宫侍御，但因为鄙夷画师收受礼物的行径，而被画师毛延寿故意丑化，入宫多年不得汉元帝召见。直到呼韩邪单于为统一匈奴各部向元帝借兵，并自请为婿，元帝才将王昭君许给呼韩邪为妻，而他自己也是第一次真正得见王昭君的美貌，想把昭君留下，可是后悔已经来不及了。昭君只能怀着满腔悲怨出塞西行，而汉元帝也只能独自抱憾。这段故事也给后人留下了无尽的想象与猜测，民间流传着许多关于昭君的动人故事。陈康白在联想之中写下这首诗，他脑海中浮现出了遥远塞外的昭君墓，思绪却飞溯回到两千年前的东汉时期……

  在诗歌上半部分，诗人描绘了一片苍茫大漠之景：在一片无垠的沙漠之中只有驼群穿行，狂风漫卷起沙粒，逐渐堆积成如同壁立般的沙坡。这景象与两千年前似乎没有什么分别，昭君当年就是从这里经过远嫁匈奴，在大漠之中回荡着她哀怨的《出塞曲》。穿越沙漠，日夜兼程，昭君一行到达了匈奴。

  随着诗人的联想，诗的下半部分切换了场景：在塞外草原上，蒙古包如星宿般散布其中，这就是昭君后半生将要生活的地方。昭君第一次见到了塞外风光，蒙古牧民们也是第一次见到了远道而来的汉族美女，被她的美貌所惊艳。王昭君不仅是传统意义上的美女，她极富才情与胸怀，她带给了匈奴以汉朝的先进农耕纺织技术,使荒蛮的西域游牧民族习得了中原礼仪制度,更促进了中原和西域的贸易与文化交流。尽管昭君心中有万千悲苦,但她依然将自己的一生奉献给了这片塞外草原,在这数十年中,中原和西域再无战事,迎来了难得的和平稳定。陈康白写到此处即收笔,不知他是在感慨昭君的悲凉命运,还是想到了自己曾经的壮志未酬。凝视着插画中的骆驼和蒙古包,他的思绪久久不能平静……

四十四、观鲤有感

鲤鱼活跃芙蓉静,各自全天性。兵严似水春帐寒,一切施为难。青草绿鬓林塘空,延缘殊未终。花不迷人人自迷,莫信刘伶悲。壮哉非貙亦非罴,目光如镜当路隅。横行妥尾皆自我,顾盼去住仍踌躇。若当磐礴欲起时,睥睨天地谁能知。

1978 年 6 月 15 日

注释:

兵严似水:指练兵有素、以柔克刚之势。出自《孙子兵法·常势篇》,"水因地而制流,兵因敌而制胜。兵无常势,水无常形,能因敌变化而取胜者,谓之神。"

一切施:佛教用语。指以清净的心境去布施。

绿鬓:意为乌黑而有光泽的鬓发。形容年轻美貌。

延缘:徘徊流连。"延缘殊未终"此句灵感源于王安石《岁晚携幼游船》一诗中的"延缘殊未已"。

刘伶:西晋著名文人,魏晋名士,"竹林七贤"之一。向来嗜酒不羁,被称为"醉侯"。

貙(chū):古书中对云豹的称呼。

罴(pí):熊的一种。

横行妥尾:横着行走、垂着尾巴。

踌躇:此处指得意的样子。

磐礴:即磅礴。

睥(pì)睨(nì):意为斜着眼看,多有傲视之意。

译文：

  看着眼前鲤鱼在水中欢快游动，芙蓉自处一隅安静绽放，它们各自舒展着自己的天性。遥想着旧时战场上士兵训练严格有素，如水无常形不可轻破，而在他们的故乡，他们的妻子爱人却空守着春帐，翘首盼着他们归来，令人心生凄凉。想要保持着佛家"一切施"的清净心境实在是为难之事。满眼的青草生机勃勃，像年轻人充满希望，而树林中的水塘却空空荡荡，像当下的自己颓然老矣。久久徘徊流连在此地不愿离开，美丽的花儿从不主动去迷人，而是人们被花儿触动而感到迷醉。魏晋名士刘伶怀才不遇、借酒消愁，"酒不醉人人自醉"，不要认为他是因为悲凉际遇而醉，而是自我麻醉。若论百兽谁最威猛，既不是云豹也不是熊，而是老虎。平常老虎庞大的身躯休闲地盘踞路旁，但它的目光如镜，随时警惕四周。老虎垂着尾巴横行四方，我行我素，行走坐卧之间都透着一番闲散得意的样子。但它一旦有了目标，想要奋起一击时，一定会让天下人看到它傲视群雄，称霸四方！

背景与赏析：

  这首诗歌依然是陈康白看到日记本中的插图有感而写的。这幅插画名为《芙蓉鲤鱼》，由四川著名国画专家朱佩君创作，在细长的画幅中，上面是绿叶衬着粉红的芙蓉花，下面是三条自由游动的鲤鱼。有趣的是，陈康白在这幅插画的旁边抄写了两汉时期的长诗《饮马长城窟行》中的几句："客从远方来，遗我双鲤鱼。呼儿烹鲤鱼，中有尺素书。上有加餐食，下有长相忆。"这应该是陈康白看到鲤鱼所想到的，所以抄录在此。

  抄录古诗句之后，陈康白又仔细观赏着《芙蓉鲤鱼》图，继续着自己的联想，写下了这首诗。其体裁应是仿照古诗，并无固定的诗或词的结构，诗人随思绪的游走而落笔，不被格律和韵脚束缚，所以整首诗的风格是自由奔放、不拘一格的,从"鲤鱼芙蓉"联想到古战场,又从"青草林塘"写到了老虎。诗人的思绪天马行空,读者的情绪也随之浮动,从不同的角度充分感受到诗人内心对自由的向往,以及字里行间所蕴藏的壮志豪情。

这首诗歌大概可以分为两个部分,从开头到"莫信刘伶悲"是上半部分,这部分的诗歌都是前半句七字,主要写景,后半句五字,主要是议论及抒情。下半部分的几句都是七言诗句,内容围绕着老虎而展开。在上半部分里,诗人分别描写了插画中的芙蓉鲤鱼、联想之中的古战场兵营、远景之中的青草林塘,然后视角又回到了眼前的芙蓉花,移步换景,表达的感情也在层层递进。诗人的思绪变幻,自己心中无法保持平静,时而想到自己颓然老矣,时而感慨刘伶借酒消愁。在诗人脑海中游走的几个画面里,只有芙蓉和鲤鱼安静地各自舒展着天性,它们的自由映衬着诗人的踌躇;它们能够舒展天性,但诗人在现实生活中却步步掣肘;它们没有烦恼,诗人却心绪迷乱,"花不自迷人自迷"……

在一番反复纠缠之后,诗人联想起了王安石的《虎图》一诗,并由此让内心平静了下来。诗人知道自己不应该看着芙蓉鲤鱼黯然神伤,尽管它们是自由的、没有忧愁的,但自己终究不是那样的性格。他的内心装着家国天下,藏着智慧与才情,渴望被世人所认同,渴望成就一番事业,犹如住着一头老虎,我行我素,时刻等待着奋起一搏、傲视天下。虽然此刻陈康白是"顾盼去住仍踌躇",但他依然怀抱热望,等待着能有机会"睥睨天下"。

　　从内心纠缠、思绪无定，到直面自我、满怀期待，这首诗是陈康白这一时期心理变化的真实写照。因为经历了多年的曲折，陈康白总是觉得自己被世人所抛弃、否定，但是他初心难改，即使年逾古稀依然不舍那份报国赤诚，所以他在自我怀疑与自我认同之间游移，正如诗歌上半部分所表现的那样思虑重重，以及下半部分所表现的那样踌躇满志。陈康白写下这首诗，也记录下了自己的心境，让我们看到了一个复杂、多面，而又真实的陈康白。

四十五、无题

门前禾黍几亩田，青山绕屋花连天。
高卧隆中呼不起，六出何如漫步闲。
偶然相值林叟言，倚杖且看飞鸟旋。
万里羁危何所寓，置子踌躇难得先。

1978年6月19日　在麻林桥

注释：

禾黍：禾与黍。泛指黍稷稻麦等粮食作物。

隆中：三国时期诸葛亮青年时代（7~27岁）和其叔父躬耕隐居之地，诸葛亮在此地抱膝高吟躬耕陇亩隐居长达10年之久，后刘备三顾茅庐请诸葛亮出山。公元207年冬至208年春，当时驻军新野的刘备在徐庶建议下，三次到南阳郡隆中拜访诸葛亮但直到第三次方得见，诸葛亮为刘备分析了天下形势提出先取荆州为家，再取益州成鼎足之势继而图取中原的战略构想。可以说，隆中就是三国文化的源头。

六出：指六出祁山，通常指三国时期蜀汉丞相诸葛亮出兵北伐曹魏的军事行动。史书记载诸葛亮从祁山出兵伐魏仅有两次，而"六出祁山"的说法出现于小说《三国演义》，由于《三国演义》在民间的影响力较大，因此"六出祁山"也渐渐成为诸葛亮北伐的代名词。

相值：相遇。值：遇到。

林叟：居住在山林里的老人。

羁危：在艰险中羁旅漂泊。羁：寄寓异乡；危：艰危困苦。

寓：居住、寄托。

置子：指与人下围棋。

译文：

　　陈康白晚年闲居在家乡麻林桥，门前几亩田里种着庄稼，背靠着连绵青山，屋外可以看到遍地鲜花。如果当时诸葛亮一直高卧隆中，不理会刘备三顾茅庐，六出祁山怎么会像闲庭信步一样顺利呢？陈康白在这青山绿水间散步，偶然在林间遇到了一位老者，与之闲谈起来，聊累了就拄着竹杖休息一会儿，抬头仰望天空看飞鸟正在盘旋。陈康白想到自己在艰难当中漂泊四方，哪里才会是自己的归宿呀？这就好像在围棋对弈中犹犹豫豫总是难以争到先手。

背景与赏析：

　　这首诗记录在陈康白的笔记本上，并没有题写题目，只注明了写于1978年的6月19日。根据诗文所展现的大意来推断，这首诗作或许是陈康白在某天心绪杂乱，看到山村熟悉的景物后，又思索起那封已经发出的《申诉书》而作的。

　　这是陈康白创作的一首七言律诗。从诗中我们可以看到，在家乡的日子，陈康白的生活环境朴实美好，但这只是表面的闲适，内心还是思绪良多。在诗中陈康白引用了《三国演义》中诸葛亮高卧隆中、六出祁山等典故，又借用了王维《终南别业》一诗中"偶然值林叟"的诗句，将自己的内心世界剖析得淋漓尽致，将这位老人在面对为自身平反这件事上的所思所想全面地展现出来。陈康白回到家乡，却并无心情颐养天年，那是因为自1975年陈康白被家人从湖北物理研究所接回湖南后，无所事事的生活令他十分不适应，失去了人生的方向，再加上他并无自己的住处，而是每隔一段时间被接到长沙、麻林桥、杭州、哈尔滨等地的亲人家中暂住，常年处于居无定所的状态，这对于一个上了年纪且经历了人生转折的老人来说，自然会深觉举步维艰、漂泊无依，哪里还有心情安度晚年呢。

开头两句最为轻松，描写了陈康白在家乡居住的环境：门前几亩田里种着庄稼，背靠着连绵青山，眼望着遍地鲜花，天高云淡、生活安逸，好似陶渊明隐居般的田园景象。这样的生活或许让很多人向往，但陈康白写下这两句却并不是要表达自己安逸的晚年生活，而是身处安逸之中却度日如年。他自小发奋读书，青年时期在国内外顶尖大学求学深造，在抗战之际毅然回国，经徐老指引奔赴延安参加革命，多年来为党和国家奉献了自己的青春和热血，投身于陕甘宁边区的经济生产、新四军五师的兵工事业、山东的农林牧渔冶金开发、东北工业发展建设，并为哈工大的高等教育发展奠定了基础……无论是求学还是参加革命，陈康白从未停歇脚步，努力发挥自己的每一分光热，去照亮一个前进中的中国。让这样一个毕生求索、兢兢业业的老革命停止工作，简直比剥夺他的自由更残忍。在家乡的几年，他始终关心国家大事，致力家乡建设，虽然做出了不少贡献，但是大多数时间，他只有面朝青山背朝天，回忆曾经的戎马倥偬，畅想祖国的发展前景，却再无法投身于国家的现代化建设……

于是在第三、四句，陈康白笔锋一转，写如果当时诸葛亮一直高卧隆中，不理会刘备三顾茅庐，也不闻窗外事，那六出祁山怎么会像闲庭信步一样顺利呢？答案当然是否定的，因为诸葛亮自隆中隐居之时就已开始勘察天下大事，不然也不会有未出隆中便定三分天下的千古佳话。此处足可以见出，诸葛亮隐世是为了入世，他抓住了刘备三顾茅庐的机遇，主动求变，为自己寻到了一个足以施展才能抱负的雄主，赢得生前身后名。

颈联两句，陈康白继续在这青山绿水间闲步，偶然遇到了林间的一位老者，与之闲谈几句，与王维《终南别业》中的"偶然值林叟，谈笑无还期"意境相合，表现出诗人的悠闲恬淡。但"倚杖且看飞鸟旋"一句恰又将陈康白内心的苦闷、踌躇之感表现得淋漓尽致。他挂着竹杖静静地伫立，仰望天上的飞鸟盘旋，不知何处是它（他）的方向，心中那份隐隐的不安与遗憾深藏在这字里行间。

最后两句与顺承前文,"万里羁危"是指远走万里、艰难困苦的漂泊羁旅生活,指的是自己的坎坷境遇,陈康白被迫离开在北京的家还有妻子儿女,在湖南老家像异乡人一样辗转寄宿……他在此设问"万里羁危何所寓",即远涉万里困苦漂泊之时,哪里才能容身,才能寄托心怀呢?这正是陈康白彼时彼刻的心情。他一生相信科学、追求真理,为国家、为人民不辞辛苦搞研究、做贡献,在延安,生活艰辛、条件拮据,但陈康白从未觉得苦;解放前,他带着家小躲过国民党的监控,乔装从山东坐船到东北赴任,情势危急、命悬一线,陈康白也没有"羁危"之感;在中央党校开哲学班,在当时国内还没有过先例,他摸着石头过河,也闯出了国内自然辩证法教育的一条新路。他必然吃了不少苦,但他甘之如饴……为了党的事业、为了人民的解放,陈康白像是有一身使不完的劲儿,想以自己的能力做出更多贡献,即使多次面临我们如今看来觉得无比困难的境地,他都以超凡的意志扛了过来!这一桩桩一件件的经历也正让陈康白反复思量,自己这坎坷漂泊的一生所困的正像是在这棋盘博弈之间,犹犹豫豫,不能争到先手,失了先机,才落得"万里羁危"的局面,末尾两句将全诗主旨完全点明。

全诗从作者眼前闲淡生活着眼,联系古今,推及自身,将事事争先,不可"置子踌躇"的所思所感融汇其中,高屋建瓴,思想幽邃深远,特别是结合陈康白个人的人生经历,将道理阐述得极具说服力,感人至深。

四十六、春野秧歌

春野朝阳红似血，插秧小队鱼贯列。
村农意气壮河山，歌声四起行云歇。
茁壮禾苗锦绣图，水满蛙声更清绝。

1978 年

注释：

秧歌：即插秧时唱的歌。并非我们所熟悉的北方民间舞蹈"秧歌儿"。
鱼贯列：有次序地排列着。
清绝：美妙至极。

译文：

远望一轮朝阳在春天的田野上升起，鲜艳的朝霞绯红如血。插秧的小队整齐地走在田野上，沐浴着朝阳早早地开始了劳作。农民们一边插秧一边唱起了山歌，那欢快的歌声颇有气势，歌声此起彼伏，仿佛让行云也停下来静静地驻足倾听。茁壮的禾苗、劳作的身影、优美的歌声共同绘制出了一幅锦绣图画，稻田里、池塘中传来蛙声一片，和着人们的歌声，为这幅锦绣图画增添了一曲美妙的背景音乐。

背景与赏析：

陈康白作为一名在科技、教育领域耕耘了几十年的大科学家，逻辑思维能力的培养贯穿着他的整个科教人生，也使得他观察生活总是细致入微。无论多么平淡的农家生活，都能在陈康白的观察、思考、创作下，变得鲜活生动，栩栩如生。正如这首诗中所描写的春日图景，是那样的火红且炽热，一派生机勃勃的景象。这是一首简单明快的七言六句诗，是陈康白1978年在麻林桥居住时所作，描绘了麻林桥的人们在春天的田野上边插秧边歌唱的欢快劳作场景，题目春野秧歌是这首诗的意旨所在。

首联交代了时间、场景与人物，仿佛描绘出了一幅劳作图：清晨，太阳刚刚跃过地平线，漫天的朝霞绯红、鲜艳如血，一切充满了希望。在春天的田野上，插秧小队早早地开始了劳作，他们彼此间隔开来，有顺序地排列在稻田中，在晨光的照耀下重复着弯腰、插秧、直立的动作，春日劳作虽辛苦，却是播种下收获的希望。陈康白是一个闲来无事的旁观者，在早早起床后便看着充满朝气的劳动者们下田插秧，感受到了他们的十足干劲，他虽然年岁已高不能参与其中，但他可以用自己的笔写下这平凡而动人的一幕。

四句主要写的是"歌"。人们在农耕劳动中经常会唱歌，插秧时也不例外。插秧是一项辛苦的工作，人们在插秧时唱歌一为解乏，二也排解了重复性劳动带来的枯燥，三也能表达心中对丰收的向往，大家一起唱歌，插秧的辛苦也就能消减不少。在插秧时唱的歌曲也一定是热烈悠扬的，所以陈康白颔联的两句，意即：村农们欢快的歌声颇有气势，从田间传来的一阵阵歌声此起彼伏、响遏行云，令人闻之振奋。茁壮的禾苗、人们劳作的身影、雄壮的歌声共同绘制出了一幅锦绣图画，这是春天的希望，更是人们美好生活的缩影。从这看似平常的劳作场景中，陈康白感受到的是国家富强、百姓安定，这是他奋斗一生的梦想。此时稻田里、池塘中传来蛙声一片，和着人们的歌声，为这幅锦绣图画增添了一曲动听的背景音乐，实在美妙！

四十七、咏雨暴

五月江南好,花香乱鸟啼。
忽然来朔暴,云压万山低。
雨急矮墙塌,风狂高树飞。
白云何处是,儿曹归未归?

1978 年

注释:

朔:朔字有多义,结合诗句,此处的意思或为"北方的",或为"幽暗的"。

儿曹:晚辈的孩子们。

译文:

五月的江南风景美好、气候宜人,漫山遍野的鲜花香气扑鼻,引得鸟儿在花香之中徜徉啼鸣。突然间天空一阵风起云涌,暴雨就要来了,乌云低垂密布,仿佛将群山压了下去。一时间暴雨倾盆,将矮墙冲倒,狂风大作之中,高大的树木也在风中摇曳。突如其来的暴雨打破了刚才的美好,白云不知去了哪里,孩子们躲过暴雨了吗?平安到家了吗?

背景与赏析:

陈康白这首诗写于 1978 年初夏,比上一首诗稍晚,是一首写景为主的五言律诗。在陈康白闲居于家乡写的诗中,"雨"是经常出现的意象,更是经常随着诗歌内容的表达而有着引申含义。在不同的诗中,"雨"的意义也不尽相同。在这首诗里,围绕着"雨暴"这个主题,陈康白描写了从晴天到暴雨的过程，并没有过多的渲染和引申，诗句朴素简洁、清新自然，平铺直叙地叙写着生活日常。

  诗的题目是歌咏一场雨暴，在开头首句，诗人点明了背景，即五月的江南，后句则描写了一个鸟语花香的晴朗夏日。在湖南的夏日里，暴雨经常是没有预兆地突然来袭，以这样宁静美好的天气作为铺垫，更凸显了后续的转折，说明了这场暴雨来之迅猛。随着第三句的"忽然"一词，一场雨暴在转瞬之间拉开了序幕。第四句诗人将视角拉向远景，天边乌云滚滚，压向了连绵的远山。五、六句将视角拉回了近景，"雨急"对"风狂"，"矮墙塌"对"高树飞"，连同前面两句一起，生动还原了诗人眼前这场暴雨的画面。

  诗人望着窗外的狂风暴雨，还没有从刚才的美好夏日场景中醒过神来。这场暴雨来得太突然了，看着刚才还在天空中的白云此刻已不知去处，不禁担心起了还在外面的孩子们。因此在最后两句他接连设问：白云去了哪里？孩子们有没有平安到家？这是诗人看到暴雨后的真实想法，也让读者眼前浮现出了一位老人在窗前坐立难安、担忧的样子。一场暴雨对于夏日的湖南来说很平常，诗人也并未用过多的笔墨渲染，也没有联想或引申。但在他平实的叙述之中，我们可以感受到他在家乡闲居时期难得的平静和淡然，感受到一个寻常老人的担忧，如同讲故事一般还原了乡村生活形象、真实的一幕。

四十八、咏构巢燕子

　　昨夜雨滂沱,水漫青禾。渡槽飞瀑布,小坝变长河。鱼龙杂戏花样多,脚盆接漏,菜子生莪。老农埋头睡,大孃拿起擂槌敲铁锅。虾蟆藏在肚里叫,燕子衔泥,穿沟掠水,找不到下嘴处。雌雄呢喃对语,徒唤莫奈何,莫奈何。

1978年

注释:

　　渡槽:指输送渠道水流跨越河渠、溪谷、洼地和道路的架空水槽。

　　鱼龙杂戏:也叫鱼龙百戏。是古代民间的一种杂耍节目。

　　莪(é):为水边生的草本植物。

　　擂槌:研磨用的槌子。

　　虾(há)蟆(má):一种蛙类,体型类似蟾蜍而较小,色呈暗褐,背有黑点。

　　莫奈何:无可奈何。

译文:

　　昨晚下了一夜的滂沱大雨,雨水漫灌过青青的禾苗。雨水从飞架的渡槽上倾泻而下,仿佛是一条条瀑布,小水坝因为雨水暴涨而成了一条长河。一场大雨让人们都忙乱了起来,像在表演杂耍节目各自忙碌,有的人忙乱着拿洗脚盆在屋中接漏雨,有的人赶快去清理油菜田里的杂草。一些还在埋头酣睡的老农,也被大娘用擂槌敲着铁锅惊醒,和大家一起干活儿。蛤蟆鼓着肚子呱呱叫着,燕子为了筑巢衔泥而来,在水沟边低飞穿梭,总是找不到筑巢的地方。雌雄燕子呢喃地喳喳叫,像是在彼此说着:怎么办呀?

怎么办呀!

背景与赏析:

在家乡麻林桥闲居的日子里,陈康白除了读书看报、下棋闲聊,每天并没有固定要做的事情,他心中虽牵挂着家乡的基础建设和祖国的科技工业发展,但现实之中却并无他的用武之地。因此陈康白时常在田间地头走走看看、观察乡村生活,一来消磨时光,二来也能让心静下来,不去想那些一直困扰着他的烦心事。

这首在严格意义上不属于诗,也对不上辞牌,姑且可以看作陈康白即兴写就的杂体诗。这首诗虽不成格律,但读来颇有韵律,内容也饶有趣味,类似汉代乐府诗的风格。在一整夜的雨后,陈康白看到了乡间清晨的景象:田地里充满生机,农民们各自忙碌,他不禁诗兴大发,即兴写下了这首诗。描绘出一幅生动繁荣的农村清晨图景。

诗歌开篇即介绍了整首诗的背景:昨夜下了一场雨,雨势滂沱,漫过了田地里青青的禾苗。此时天光大亮、风去雨住,村子里的人们开始忙碌了起来,陈康白也走出家门、四处转转,看看经过一夜大雨的洗礼,村子里有什么变化。于是在诗人轻松、颇具韵律的歌咏中,一场雨后乡村的晨间剧正在徐徐拉开序幕……在田间,禾苗等农作物被雨水冲洗灌溉,飞架的渡槽里满溢的雨水倾泻而下,像一条条瀑布,小水坝也因水势暴涨形成了一条长河。这场雨虽然滋润了庄稼,但却给住在平房的村民们添了不少麻烦。诗人走到村中,看到大家忙着接雨水、清杂草、做早饭,各自如同表演杂耍节目一般热火朝天地忙碌着。这字里行间充满了人间烟火气,让我们身临其境般地感受着诗歌中的氛围。

在诗歌的最后,诗人将视角落到了梁间的燕子上,两只燕子从远处衔泥而来,叽叽喳喳叫个不停。诗人在此以拟人的手法,描写了雌雄两只燕子正在为筑巢而发愁，它们的呢喃仿佛是在感叹这场雨为筑巢增添的困难，像是在念叨着：莫奈何，莫奈何，这神来之笔为整首诗更添一分动感与诗意。将雨水从渡槽倾泻而下的哗哗声，人们忙碌的脚步声、说话声、做饭声，蛤蟆的咕咕叫，燕子的呢喃汇聚成了一首曲子，这是人间烟火的背景音，是最寻常也最美好的动人音乐。

  这晨间的种种画面和声音，只有心静如水的人才能捕捉并记录下来。有时寻常生活难于书写，是因为人们总是忙着向前走、向高处看，能够静下心来，细细观赏生活百态并落诸笔尖，最是难得。陈康白身居乡野，虽然心中有太多对于国家建设的牵挂，但彼时彼刻也只能暂时抛却。他不得不静下心来去感受、去思考、去书写，所以我们也能透过他的笔触感受到那份平静，以及这份平静背后陈康白的真实心境。这让我们看到了一个更完整、立体的陈康白，见证了他所经历的岁月变迁。

四十九、咏梅雨

细雨烟村迷古道，小桥流水绕山坡。
蹒跚欲渡喧童稚，慷慨题诗璨玉戈。
一嗅稚鸡川垄绿，几跃鱼龙变化多。
青梅煮酒从头数，万里长风逐逝波。

1978 年

注释：

烟村：烟雾缭绕的村落。

迷：沉醉。

蹒跚：形容步伐不稳，歪歪斜斜的样子。

璨：美玉；鲜明光亮的样子。

逝波：指一去不返的流水。比喻流逝的光阴。

译文：

烟雨朦胧，薄雾笼罩着古老的村庄，陈康白沉醉在这山村古道间，流水从身边的小桥下穿过，蜿蜒地流向远方消失在远山之中。本想到河对面看一看，但孩子们的喧闹又阻止了陈康白蹒跚的脚步，也罢，正好可以停下来，一边观景，一边题诗，尽抒胸臆。扭头望去，发现一只野鸡扑棱棱地消失在碧绿的田野间，身边的小河里鱼儿不时地跃出水面，游来游去变化多姿。煮上一壶青梅酒，陈康白自斟自饮自神伤，回忆这一生的风风雨雨，多少惊心动魄，多少雄才大略，多少意气风发，都化作了流水般的记忆……

笔墨丹心

背景与赏析：

　　这首诗写在日记本中《雨后渔村》的插图旁，是陈康白1978年在梅雨季节创作的。插图《雨后渔村》是国画大师李可染的山水佳作，画面既雄浑又自然，山川、草房、孤舟与小桥流水相伴，别有一番意境，渲染出一幅美丽恬静的乡村画面。陈康白品味着这页插图，画中的景象是那么的熟悉，仿佛就是在描写自己居住的村庄，绿树、民屋、远山，一道清流穿村而过流向远方，简直和这里别无二致。看着这幅插图，环顾四周，望着田间青禾，听着潺潺流水，回味着在村中的过往，陈康白诗兴大发，一首七言律诗就此诞生。

李可染作：雨后渔村

　　全诗记叙了作者在梅雨天外出时的种种见闻，以细腻的笔触勾勒了眼前所见的景象，具有诗性的美感。也只有陈康白这样的诗人才能在平淡的山村之中获得如此美妙的感受，他凭借细致入微的观察，运用诗般的语言，将一幅雨后山村图景描绘的细腻生动，极具画面感。诗作之中既有"古道""小桥"和"流水"这样的静态景物，又有"童稚""稚鸡"和"鱼龙"这样的动态意象，动静结合，将梅雨季节的山村景象渲染的生动鲜活，引人入胜。末尾两句是全诗主旨，陈康白写"青梅煮酒"，不知他此时是否是在仿效当年曹刘青梅煮酒论英雄的历史场面。但可叹的是，他此刻只是自斟自饮，那种人到晚年的落寞与凄凉，夹杂在这淅沥的雨中向他袭去。"从头数"三字的运用不仅将作者独坐饮酒回忆过往的场面点明，而且将其思绪之繁、执念之深表达得淋漓尽致。一桩桩、一件件往事趁着酒意涌入脑海被他反复思量，今昔对比之下该是多么寂寥。过去的陈康白，可以用自身所学去实践他科技报国的理想，今时的他空有大把时间只能在山村之中荒度晚年，因而有了后句"万里长风逐逝波"的感叹。此句写道只愿送他一阵长风去追回那段已随流水逝去的岁月，足可见出陈康白此时仍旧不甘于寂寞，想要像以前一样去做些具体实际的工作，践行他追寻了一生的理想，读来真令人有"老骥伏枥，志在千里。烈士暮年，壮心不已"之感。可岁月毕竟是岁月，那些过往已随流水消逝，不再复返，他还是只能在这家乡的烟雨中借酒消愁，将自己的理想寄托在青梅酒之中一饮而尽，徒留孤寂愁苦在心中回旋。

五十、赏野花忽闻边警

昨宵小雨润山林，满地碎金鲜又美。
非关天女散花枝，倒是村姑倦梳洗。
庄生蝴蝶自风流，老子青牛懒著史。
寄语将军莫用兵，辜负斗酒召知己。

1979年2月

注释：

边警：指1979年2月对越自卫反击战前的紧张局势。

非关：无关。

风流：指有才学而不受礼法拘束的。

庄生蝴蝶：指庄子梦蝶典故。

老子青牛：指神话传说中老子降青牛典故。

译文：

昨夜的细雨滋润了整片山林，带落了一地的黄色花瓣，那些雨水浸入花瓣，将它们衬得鲜嫩又艳丽。这不是天上的仙女抛洒下来的花枝，倒像是村姑还未梳洗的凌乱样子。古时庄子梦蝶自有他那种独特的人生态度，老子驭青牛专注教化天下，而无心去关注世代更迭（当时正是中越冲突即将发生之时）。陈康白以他那丰富的历史经验感慨到：千万不要轻易发生战争呀……（但凭着他的直觉，他也知道战争不可避免，这是自己作为一个闲居的老叟无法左右的，无奈）只得找来知己一醉方休。

背景与赏析：

　　这首诗的时间点标注非常清晰——1979年2月。再看诗的题目中出现了和平时期很难见到的"闻边警"三字，直译就是：听到边境有警报。这就很清晰地显示出，是在说1979年2月17日发生的震惊中外的对越反击战。从诗的题目中笔者推断，这一定是陈康白在村中闲游、自我消遣时听到了村中大喇叭播放的新闻报道：在中越边境线上发生了严重事端，越南当局背信弃义，强行驱赶大批中国侨民出境，造成极其恶劣的影响。陈康白是历经战争风雨的人，一听新闻广播中的语气和措辞，就立刻清楚一场大战即将来临。看着眼前平静、祥和的生活，思考着古往今来各种战争给普通民众带来的伤害，心中不禁感慨万千。

　　首联写作者在村中遇到的雨后景象，鲜活生动。用"小雨""润""鲜""美"这样的语汇将作者在村中闲游时看到的满地黄花景象，以如此诗意化的方式加以表达，足见诗人此时心情之愉悦。诗句中"满地"一词既是写眼前实景，衬托出场面之壮观，更是作者豪迈诗风的侧面体现，令人读来，有一种宋代词人周晋《点绛唇·访牟存叟南漪钓隐》中写到的"一砚梨花雨"的意境。

　　颔联写"非关天女散花枝，倒是村姑倦梳洗"，表面上看来诗句情感似是有所转折。按照首联的描写，这样美好的场面应该是像"天女散花枝"的，但本句中却说"非关"，反倒是把如此鲜活生动的场面说成是像"村姑倦梳洗"。这恰是对于作者本人审美意趣的有力表达，在陈康白的其他诗作之中，我们已可看出他是十分崇尚天然之美的，未加梳洗的村姑模样正是最自然、最本真的。因而本句并不是对前句的情感转折，反而是对前句情感的完美承接。

　　颈联用典。笔者认为，此时陈康白已经得知中越边境冲突局势吃紧，故而举出庄生梦蝶和老子青牛的典故，略抒胸臆。庄周梦蝶是他自己独特的人生态度，老子放弃世代相袭的史官职务专注教化天下，不去关心世代更迭。此处诗人应是以二位古之先贤自比，将自己醉心村居生活的心思通过典故加以表达，含蓄委婉。

尾联则是陈康白结合自身的经历，抒发的对于战争的看法。他此时已是一位垂垂老者，历经风雨，少了些冲动，多了些谨慎，故而"寄语将军莫用兵"，希望不要轻易发生战争。由此可见，陈康白对于生命是有敬重与惋惜的，他不希望战争再带走更多人的生命。但陈康白清楚，现实往往是不以人的意志为转移的，自己只是一名赋闲之人，无法左右大局，最终只能是"辜负斗酒召知己"而已。

全诗从作者一次闲游出发，结合宏大的时代背景，记叙了作者本人的心绪过程，将他对于战争的厌恶和村居生活的喜爱糅杂其中，带有其鲜明的人物性格和主观看法。

五十一、咏电子姑娘绕人魂梦

春风花雨满亭园，襆被生涯亦可怜。
谁信昂藏八十叟，日同电子作姻缘。

1979 年 3 月 7 日

注释：

电子姑娘：此处特指电力事业。

襆（fú）被：指用包袱裹束衣被，意为铺盖卷，或者整理行装。

可怜：可爱，可喜。

昂藏：仪表雄伟、气宇不凡的样子。

译文：

亭园里春风和煦、花开如雨，一片生机盎然的景色，在这美景的映衬下，我那四处漂泊的经历倒也显得别有一番滋味。谁能想到我这个年过八十但还浑身硬朗的老人，依然天天想着国家的电力建设，让这件事陪伴着自己的晚年生活。

背景与赏析：

1978 年年底，北京市公安局给陈康白作出了平反复查结论，并通过相关部门予以落实。这个平反通知在一级一级的传达和落实中耽搁了不少时间，所以陈康白在 1979 年年初才接到消息，并通知他尽快返京办理手续。陈康白听到自己被平反，并没有表现出过多的激动。虽然说自己一直等待这个结果，但随着周边环境的变化，随着国内形势的转变，陈康白明白，这一天是早晚的事。陈康白虽然接到了平反的通知，但下一步怎么走？还一头雾水。到北京找谁？自己在哪里安身？这些都很茫然。但好在终于有了结果了，总是该向好的方向发展了……陈康白又开始收拾行囊，又要开始一段新的征程了。

这首诗就是陈康白创作于离开麻林桥之前的日子里。大地回春，自己已经平反，陈康白的心情自然好了许多。但陈康白天生就是一个闲不住的人，还没有离开家乡，还没有迈进新的生活，陈康白就为自己谋划好了未来的奋斗方向，他要用自己的余生为国家的电力事业服务，要在四化建设中贡献出自己的力量。晚年的陈康白尤为关心国家的电力工业，他清醒地看到能源电力牢牢扼守着国民经济的命脉。但就陈康白看来，当前的电力建设还存在许多的问题，这不得不让他经常辗转反侧、彻夜难眠。这首诗则正是在用拟人的手法形容陈康白自己与电力问题之间的纠纠缠缠，牵牵绊绊。

在标题上，诗人首先点出了诗的主题，"电子姑娘"明显是拟人手法，将电力工业比作姑娘，既说明"电子"对于诗人来说是"绕人魂梦"般重要，又表现了祖国的电力事业充满朝气，年轻有为，自有一番广阔天地可以去发展创新。

通过标题点明诗歌主题后，诗人并没有下笔即谈"电子"，而是在诗歌的前两句开始了对整首诗的背景铺垫。春风和煦、花开如雨，好一派生机盎然的春日景致，诗人独立于春风花雨之中，望着眼前万物的美好，倒也觉得四处漂泊的经历很值得回味。接下来在诗歌后半段，诗人以"谁信"设问，点明了诗歌的主题：自己已是年过八十的老人，身体依然硬朗，但整日里过着清闲、单调、看似逍遥的生活，只是身边的人都无法理解自己的心志，谁能想到：我此时心中日夜牵挂的是国家的电力建设，把这件事作为自己的精神寄托呢？诗人以"作姻缘"三个字形象地显露出他对电力事业钟情的程度，那是他日日夜夜的陪伴。这三个字为整首诗更增添了一份特殊的意境。

五十二、咏下放青年

二八娇娃不解愁，捋茶何处学耕锄。
锦被对眠群笑乐，柳筐争摘绿花洲。
情丝不入凤凰网，野鸟家鸡总是愁！

1979 年 5 月

注释：

二八娇娃：指年轻女孩子，也就是指十六岁左右正值青春年华的女子。此处指年轻的下乡女知青。

捋（lǚ）茶：采茶。

耕锄：耕田除草，泛指农作。

锦被：指以锦缎为面的被子。

情丝：男女之间的感情，或指缠绵的情意。

凤凰：此处代指下乡女知青。

野鸟家鸡：代指农村小伙子。

译文：

年轻的知青女孩们还体会不到生活的艰辛，平时她们高兴地采茶、耕作、干农活儿。晚上该睡了，她们还叽叽喳喳地谈笑着白天的趣事，回味着一整天在茶山上争相采茶的情景。农村里虽然也有很多小伙子向她们表达爱慕之情，但是很难让这些城里来的女知青们动心，这可愁坏了这些农村娃。

背景与赏析：

　　1979年3月中旬，陈康白恋恋不舍地告别了故乡回到北京。回京后，因无处安身，陈康白暂时住在儿媳蔡淑君的姨夫傅清波家。在这期间，两个须发皆白的老头儿每天一起喝喝茶，下下棋，遛遛弯儿，倒也其乐融融。正巧傅清波的孙子傅承民下乡插队归来，平时他闲着的时候，就陪两位爷爷唠唠嗑儿、下下棋，聊聊自己在下乡过程中的所见所闻、所思所感。陈康白听得津津有味，也随之产生了一些感想。陈康白自己记录下这首诗的时间为1979年5月，那时他已不住在傅清波家，在女儿陈爱莲家住了一段时间后，他就因病住进了北京医院。在住院期间，陈康白精神好，时常写诗解闷，看到笔记本上的《采茶女》插图，他想到了两个月前与傅承民的闲谈，因而产生灵感写下此诗。

　　这幅名为《采茶女》的插图其实是一尊雕像的照片，是专业雕塑家卢琪辉的作品。照片中，这尊采茶女形象栩栩如生，她穿着薄布衫，扎着双马尾麻花辫，右手叉腰，左臂挎着柳筐，左手端着茶碗，目光遥望远方，姿态悠闲，仿佛是在采茶时休息片刻的样子。陈康白看到采茶女的雕像，联想到了傅承民当时讲起的下乡插队经历，一时间有所感慨，想象出了像这个采茶女一般的青年人在农村当知青、干农活的场景。这首诗有六句，其中四句仿照《东周列国志》第九回中的诗句而写："二八深闺不解羞，一桩情事锁眉头。鸾凤不入情丝网，野鸟家鸡总是愁。"这是描写齐僖公的次女文姜与世子诸儿年少时互生情愫之诗，陈康白曾摘抄于笔记本中，并在这首诗中仿写出了其中精髓。

　　对于很多下乡知青来说，在十几岁的年纪从城市来到农村，可能大多数人刚开始都是觉得兴奋、自由，还不觉得有什么苦处。所以诗人在第一句就写下了"二八娇娃不解愁"，"二八"即十六，"二八娇娃"就是代指年轻的下乡女知青们，她们来到乡下，把干农活当成了一件快乐的事，不用为生计发愁，也不用每天埋头苦读，更少有像文姜一样的感情烦恼，所以是"不解愁"。接下来两句意即：她们白天干一些采茶一类的基础的农活儿，晚上就凑在一块叽叽喳喳地嬉闹着。这些十来岁的城市女孩子们到了乡下反倒觉得无忧无虑，而乡下与她们差不多大的女孩子们早早地就要扛起生活的重担，所以才总是忧愁。

　　在咏文姜和诸儿的那首诗中，"鸾凰不入情丝网，野鸟家鸡总是愁"指的是真正的绅士淑女是不会让自己轻易踏入情网、为之烦心的，而像文姜和诸儿这样的凡夫俗子才会为了所谓的爱情而愁肠百结、枉自神伤。陈康白在自己的诗中有所改动，结合诗歌大意，便将原意完全改变了。下乡女知青成了"凤凰"，农村的小伙子们成了"野鸟家鸡"，全句指的是情窦初开的农村男孩儿爱慕上了下乡的女知青，但女知青们面对他们的追求不为所动的爱而不得的小插曲。这也给那些农村男娃们带来了忧愁和烦恼。陈康白寥寥数笔的改动，便产生了不同的意义，描写了下乡青年们在青春岁月里对于在农村务农这件事本身并没有太多的深远认识，只是随着时代的浪潮参与其中。当然，随着时间的推移，有很多知青遭遇了返乡难、进城难等问题，但是陈康白在他的视角里为我们呈现了知青们的其中一面，这是属于那个时代特有的记忆。

五十三、久病新疗

微风细雨满京城，病榻新疗百事艰。
清词丽句知何用？恐与陶潜作后尘。

1979年5月14日　北京

注释：

　　清词丽句：清新美丽的诗句。

　　陶潜：即东晋文学家、田园派诗人陶渊明。陶潜是陶渊明的本名，渊明实为其字。

译文：

　　今日的北京下起了绵绵细雨，微风吹过带来春日的凉意，（陈康白回京后不久就因病住院）人老病多，还要配合医生做多种检查和治疗，让陈康白感到处处艰难。（陈康白感叹道）自己曾写下那么多优美豪放的诗句、拥有那么高的才华，这又有什么用呢？恐怕自己只能步陶渊明的后尘，隐居山林、孤独终老罢了。

背景与赏析：

　　1979年5月陈康白住进了北京医院。这么多年来，即便是在监狱那么艰苦的环境中，陈康白也很少生病。但这一次，可能是长年的积劳成疾，击垮了他的身体，也可能是长时间地为平反而

奔波，所以一时支撑不住。在医院里，陈康白虽然不为衣食和医疗条件所忧，但因子女们都忙得无法分身，不能常在病床前照料。陈康白经常一个人发呆，要么就阅读、摘抄诗词解闷，看着自己多年来写下的诗词，他不禁陷入了深深的沉思，写下了这首诗。

诗歌的题目是《久病新疗》，是说诗人步入了老年，让他渐渐觉得力不从心、积劳成疾。诗歌前半段介绍了成诗的背景，当时正值北京的暮春时节，窗外微风阵阵、细雨绵绵，滋润着北京城，也打湿了诗人的心绪。在美好的季节里，诗人却身在医院，时常无人陪伴，心中的牵挂也不知对谁说，只能独自消解这愁肠百结。身体早已不如以前硬朗，多年的劳累加上新添的病痛，让诗人感觉事事不顺、处处艰难，因而有了"微风细雨满京城，病榻新疗百事艰"的感叹。

他在诗词中诉说着自己无处言说的心事，抒发对家国天下的无尽眷恋。但可叹的是这一字一句之中未竟的心愿和未酬的壮志，也不过能解一时愁绪，对于现实并没有什么改变，因而有了最后两句的感慨："清词丽句知何用？恐与陶潜作后尘。"写出这些才华横溢的诗词有什么用呢，自己还是改变不了现实，也无法真正排解内心的忧愁，只恐怕自己要像陶渊明那样隐居山林、孤独终老了。这是陈康白在病榻上的消沉，也是在盼到平反之后的失落，也是他一直以来对于晚年的隐忧，但也蕴藏着一丝绝望中的执拗。虽然陈康白写着"清词丽句知何用"，但他依然还是寄情于诗词，这是他在现实之中的一隅安心之处，也是默默与现实抗争的证据。就算像陶渊明一样，陈康白也无悔这样活过一生；就算孤独终老，自己也不愿随波逐流，去换取表面的热闹与认同。看似消沉之语，实则在表达自己不愿消沉、不愿就这样老去的心思。

这样一首短诗，却藏着陈康白太多的情绪，每每读来，都令人随着陈康白的情绪而深入，阐发对这首诗的不同层次的解读。

五十四、欣闻治血吸虫专家同学徐君应召回国

初夏闲居百事乖，书窗寄在西城隈。
墙边谢却牡丹蕊，檐下敲残白兽杯。
疗国友生来北美，匡时贤俊骋多才。
不辞白发回乡里，怀抱而今应好开。

1979 年 7 月

注释：

百事乖：百无聊赖，无所事事。

书窗：读书人的窗子。借指自己的住处。

隈（wēi）：指山或水弯曲之处。陈康白当时所居住的国务院二招就是在西二环的拐角处，也是西城区界的拐角处，故称为西城隈。

谢却：此处指凋谢。

白兽杯：白色兽形杯子。

疗国：疗愈祖国的伤痛，结合诗句意为治疗当时国内的血吸虫病。对应下句的"匡时"。

匡时：匡正时事、挽救时局。

译文：

1979 年初夏时节，独自居住在二招，无所事事。在西城区二招的一个普通的房间里，留下了陈康白读书的身影。正是天气炎热的季节，二招院里种的牡丹已纷纷凋谢，平日里陈康白和一些友邻在屋檐下饮酒畅谈，说到激动处敲得酒杯啪啪响。恰逢此时，为了响应国家号召，自己的同学、血吸虫病治疗专家徐君从北美回到国内，国之所需，正是这贤俊施展才华

之时。自己的这位老同学不顾年事已高、满头白发，毅然回到祖国，祖国的怀抱应该永远向这样的人才敞开！

背景与赏析：

  1979年6月，陈康白再一次病愈出院，在王震等领导的关心下，他被任命为国务院参事，恢复了相关级别和待遇。国务院参事室是国务院的一个直属机构，是在毛泽东、周恩来等老一辈无产阶级革命家亲自倡议下于1949年11月设立的，具有统战性和咨询性，主要的职责是调查研究、建言献策、咨询国事。能在晚年继续为党和人民的工作发挥余热、播洒汗水，陈康白自然喜不自胜。但他年事已高，所以参事室也并未安排他做实质性工作。所以陈康白身上挂着虚职，依然闲居在国二招，这让他感觉更加苦闷。

  在当时的国内，血吸虫病依然没有被完全根治。血吸虫是一种肉眼看不见的灰白色线状小虫，体内感染了这种虫就算是患了血吸虫病，是一种人畜共患的寄生虫疾病。其实血吸虫病在我国传播的历史已经有数千年，这种病在临床上会使病患发热、呕吐、腹泻并且腹部肿大，所以又被称为"大肚子病"。在20世纪50年代，血吸虫病在我国南方肆虐，感染人数逾千万。自然灾害遭逢这一瘟疫，新中国遇到了前所未有的挑战。在中央统一部署、毛主席的亲自指示下，全国开展了大规模的血吸虫病救治工作，万众一心消灭血吸虫病的宿主钉螺，全国的医学人才都被调动起来支援疫区，仅用了三年不到的时间就取得了丰硕的抗疫成果。毛主席在1958年欣然执笔写下的《送瘟神》就是在这一背景下诞生的。70年代中期，全国的血吸虫病终于得到了有效的控制，患病率显著下降，大量的晚期病患都得到了救治。虽然局面有所好转，但国内依然急缺相关医学人才，正好在这时，陈康白听闻自己的同学、老友徐君从美国归来，他是研究血吸虫病治疗的专家，此时回国正好能够为国家的防疫研究贡献积极力量。陈康白由衷欣喜，一扫心中苦闷，写下了这首《欣闻治血吸虫专家同学徐君应召回国》。

这首诗从内容和情绪上很明显地分为上下两段。前半段是一至四句，既是描述背景，也是说明诗人当时的心态。当时陈康白在国务院参事室没有实质工作，每天还是闲居在国二招，像他这样一生孜孜不倦的老一辈科学家是不能闲下来的，一闲下来就心情低落，觉得自己无用武之地。所以诗人当时的心情是"百事乖"，觉得做什么都不顺。在此境遇下，读书成了陈康白最大的享受，除了吃饭睡觉，他绝大部分时间都坐在书窗下读书写字，虽暂排愁绪，却难解心结。接下来的两句对仗工整、借景抒情，"墙边"对"檐下"，"谢却"对"敲残"，"牡丹蕊"对"白兽杯"，字字未提自己的心情，却满溢着诗人百无聊赖的痛苦。

正是在这样的状态下，陈康白得知了徐君回国的消息，所以诗歌的情绪陡然一转，进入了下半段。徐君这位"疗国友生、匡时贤俊"能够在祖国需要的时候"不辞白发"毅然回国，致力于血吸虫病的防治和相关研究，这让陈康白激动不已，他一扫之前的郁结心情，写下了"怀抱而今应好开"。此句改写自杜甫《秋尽》一诗中的"怀抱何时得好开"，将杜诗怀才不遇的伤怀改写，表达了徐君应国家需要归国，国家也敞开怀抱欣然接纳的状态。十一届三中全会之后，国家出台了一系列人才政策，积极吸引在海外留学、工作的优秀人才归国。徐君在此时回来，一是应国家之所需，二是被一系列政策感召。陈康白内心既替徐君高兴，又为国家又添一人才而欣喜，抵消了诗歌前半段的忧愁，表达着陈康白心中的真正关切的永远是国家。所以在面对徐君回国这件事时，他可以忘却一己之身的烦恼，真正为老友和国家而高兴。当然，正因为诗歌前半段的悲苦，衬托了后半段的欣喜，也隐隐地表露出陈康白心中的羡慕之情，羡慕徐君被国家所需要，羡慕国家能够重用徐君，而自己只能在旁默默地鼓掌旁观，等待着自己的用武之地，等待国家的"怀抱"真正向自己敞开。

五十五、重游后海（颐和园）偶得

肯信隐于市，着意即为家。
学问惭无地，吾生亦有涯。
携孙游后海，倾壶就野槎。
此身宁复醉，草帽受风斜。

1979 年 9 月

注释：

肯信：确信。

着意：在意、留心。

就：靠近；依靠。

槎：树木的枝丫。

译文：

在嘈杂的城市中隐居也很好，只要心安哪里都是家。很惭愧，我这一生积累的学问和才华还不够，想到此总是令我惭愧无地，但我的生命终归有尽头呀。（一日，陈康白又）带着孩子们去颐和园游玩散心，野炊时陈康白（看着孩子们一边吃一边欢笑），而自己却靠在树边喝着闷酒，（回想自己此生的挫折境遇）真是但愿长醉不愿醒呀！一阵秋风袭来吹歪了陈康白头上戴的草帽，（陈康白无动于衷，仍沉浸在对往事的回味中……）

背景与赏析：

陈康白经历了人生百态，白发苍苍之时回到北京被任命为国务院参事，但基本上没有什么实际工作可做，仍是赋闲在家。闲来无事，他就经常四处走走，调养调养身体。对于北京而言，常看的风景就是那些，但陈康白每一次看都会有些不同的感受。这首诗就写于这一时期，他带着自己的孙儿游览后海（颐和园）的初秋风光，临风而立、秋意袭来，他不禁产生了怅惘思绪，想到了杜甫《春归》一诗，于是通过改写杜诗中的部分语句，写就了这首《重游后海偶得》。

  诗的上半部分写的是自己的现状。"肯信隐于市，着意即为家"，此时的陈康白真正体验了什么是大隐于市。隐居山林者若为逃离人群，这是物质与形式上的"隐"；真正的"隐"在于心境澄明，居于闹市亦能泰然自若，不以身为行役，则能获得真正的安宁。不管在哪里，只要有自我的归属感，就可以四海为家。陈康白的晚年是漂泊无依的，先是身陷囹圄，后来又四处暂住，始终没有可以安心长住的家。虽然他说着"着意即为家"，但他毕竟是须发皆白的老人，独住在国务院二招，身旁没有妻子儿女陪伴，怎会不孤独呢？

  三、四句更添凄凉。陈康白知道自己的生命已近黄昏，但是学海无涯，自己的学问不过是沧海一粟，他还想要继续学习，继续施展未竟的抱负。但是"吾生亦有涯"，留给自己的时间不多了，这怎能不让人伤怀呢？带着这样无奈而忧愁的情绪，陈康白领着孩子在颐和园游玩，但却无心赏景。在后一句，诗人将杜诗的"倾壶就浅沙"改写为"倾壶就野槎"：还好随身带着小酒壶，靠在横斜的树丛旁一饮而尽，仿佛这样就可以消除所有的愁绪。末尾两句写到诗人已微醺，只能在醉酒之后感受到片刻的舒坦，"此身宁复醉"，不用去想现实中的这些伤心事。风吹歪了陈康白的草帽，似乎也吹透了他年迈的身体，虽然此刻有儿孙暂时陪伴，但他还是孑然一身、垂然老矣……此情此景，令人唏嘘不已。

五十六、游吉林长白山林区偶得

（一）

平生祖国念，宿昔豪杰情。
岂特森林里，驰逐长白阴。
堂皇访亲故，旦夕接工农。
旧交亦已非，松柏独青人。
败轮不复转，倾覆已经春。
仰视浮云驰，俛叹宿鸟飞。
逝者固已矣，来者犹可追。
所望能协作，兴安待指挥。

（二）

雪地驰驱好，云林碧浪滋。
部曲屯田处，将军卸甲时。
静绿延新赏，深山足雨丝。
白云头上过，应是景催诗。

1980 年元旦

注释：

宿昔：往常；向来的意思。

岂特：难道只是；何止。

堂皇：匆忙，仓促。

败轮：指废弃卡车破败的车轮（陈康白本人特别标注）。

俛（fǔ）：同"俯"。

滋：繁盛；茂盛。

驰驱：奔驰；策马疾驰。

部曲：军队。

译文：

（一）我毕生心系祖国，一如既往地为国家贡献着自己的才华。我穿梭在东北茂密的森林里，还奔走忙碌在长白山下广袤的山林中。时间仓促，匆匆见了见当年自己在东北工作时的老部下，平日里也会来到林场向工人和农民们了解情况，调查研究。时过境迁，很多故友在多方面都发生了变化，唯独松柏万年青。（陈康白看到森林路边倾覆废弃的卡车，车轮已严重腐蚀）损坏的车轮再也无法转动了，倾覆的汽车不知废弃了有多久。陈康白抬头望浮云飞过，看鸟儿在林间飞舞，不禁感慨万千：过去的都已成为历史，眼望未来才是希望。希望国家有关方面发扬协作精神，统一指挥，搞好大小兴安岭的经济建设。

（二）在林区的雪地里驱车前行，路两边是茂盛起伏的森林，飞溅起路边的积雪，仿佛在水中踏浪。这里曾是东北生产建设兵团农垦的地方，当年的部队放下武器拿起锄头开始了大规模的边疆建设。当春回大地、万物复苏之时，这森林一定会铺就一幅美丽的画卷，林木茂盛、雨润山青，一片片白云从头顶飞过，那时一定是触景生情、迸发诗意的美好情境啊！

背景与赏析：

1979年全国的老干部平反昭雪工作有了实质性进展，中央非常重视这些老同志的政治生活，尽量给他们提供参政机会，让他们到全国各地走走，做些调查研究，帮助中央提出些好的意见和建议。1979年11月以后，国务院参事室安排陈康白等老同志到黑龙江、吉林、内蒙古等地的国防工办系统和林业、农机系统进行考察和调研，希望这些老同志针对东北地区工农业的特点，帮助相关企业搞强强联合、取长补短，进行跨系统、跨地域的多方面生产协作，以加快东北地区工农业的恢复生产工作。接到通知后，陈康白当年的那种热血和劲头儿又涌了上来，他收拾好行装，抖擞精神，以饱满的热情投入到这项工作中。

这次陈康白踏上了三十年前曾战斗过的土地。回想当年的自己意气风发、斗志昂扬，浑身总有使不完的劲儿，在军工生产和重工业生产方面屡建奇功。三十年过去了，这之中发生了这么多的变故，白白浪费了那么多宝贵的时光……现在自己终于又得到了解放，一定要把中央交给的任务完成好，为东北的经济建设出力。看着这片熟悉的土地，陈康白的心情既复杂又激动，他要用自己的心血再为国家多做一些贡献。就在这考察的路上，陈康白把自己的所见所闻、所情所感用一组诗词表达出来。

（一）第一首是五言长诗，仿照杜甫的《破船》一诗而作，其中语句有相似之处，但所表达的感情还是与杜诗不尽相同。这首诗主要表达了陈康白在长白山林区的诗意感触、所思所想，风格恣意不羁、洋洋洒洒、大气恢宏，视角由景及人、情景交融，诗意之中蕴藏着诗人的哲思，以及对东北未来发展的远大构想。

开篇前两句即奠定了诗歌的豪迈气势，表现了诗人一如既往心系祖国、渴望奉献的赤子之心。接下来的四句介绍了成诗背景和诗人此次来到长白山林区的工作内容，在"森林里""长白阴"都留下了诗人的身影，他不顾年迈和苦寒来到这里，与自己当年的老部下见了面谈了心，更多的时间是在与林区的广大群众交流。陈康白一心只想尽自己所能考察探索，发掘这片土地的潜能，为自己曾经奉献过青春的大东北贡献更多的力量。

接下来的四句是诗人根据自己的所见所闻生发的感想，"旧交亦已非，松柏独青人",仿照杜诗"邻人亦已非,野竹独修修",与杜诗所表达的情绪相近,都是在表达物是而人非的感叹。几十年过去了,陈康白当年的故交和老部下大多老去,有的已经离世,这让陈康白不得不感慨人生短暂、时移世易,只有松柏常青,而看着松柏,站在曾经奋斗过的黑土地上,恍惚之间还觉得自己依然青春。在路边看到的废弃卡车,更勾起了诗人对于春去秋来、时间流逝的复杂情绪。他特地在"败轮不复转,倾覆已经春"两句旁注解到:"林区路侧有倾覆卡车两台,车轮已腐蚀,四野无人烟。触景有所感触。"卡车的轮子不再旋转,卡车保持倾覆的姿态,在一片废弃之中经历了一个又一个春天。这两句诗描绘出了一幅荒凉的画面,既有时间逝去的伤感,一个"春"字又令人感觉荒芜之中有一丝希望,结合上下文妙契天成,实属神来之笔。

后面四句与杜诗结构相似,读来也有陶渊明《归去来兮辞》之感:俯仰天地之间,不禁回望过去、遥想未来。逝者如斯,不舍昼夜,过去的都成为了历史,而未来的尚可追寻,这给诗歌的情绪更添了一分希望。从前句的物是人非之感逐渐过渡到了面对过去、憧憬未来的积极情绪,也为最后的两句进行了铺垫。正因为往事难追,所以就不再沉湎于过去,应该继续向前看。"所望能协作,兴安待指挥"这一句中的豪气呼之欲出,让我们感受到了诗人老骥伏枥,渴望为长白山林区和整个东北的发展作出积极贡献的壮志胸怀。这与诗歌开头两句"平生祖国念,素昔豪杰情"对应,只要祖国需要,不管自己是否年老,都有着一身的干劲儿,更加突出了诗人时刻心系祖国发展和建设的赤子心肠。整首诗在写事与写景中不断酝酿着情绪,蕴含着对于时间流逝的怅惘和对人生的思索,几番感慨之中,仿佛经历了一生般的彻悟:"逝者固已矣,来者犹可追。"而最后两句更使整首诗得到了升华,诗人始终挂怀的依然是自己身上的责任,是东北的发展和祖国的建设。诗歌虽已结尾,但犹如余音绕梁,我们仿佛看到了这位老人伫立于雪地松林之间，回望过去、畅想未来，不禁心怀开阔、充满希望，感觉浩瀚林场、广阔天地，都值得被重视和开发，自己壮心不已，依然渴望为祖国的建设与发展贡献力量……

（二）这首诗也是在长白山林区而作，与上一首不同，这首诗着重于对山林景物的描写，借广阔无垠的雪山林海抒发诗人胸中豪迈气魄。诗的整体结构仿杜甫《陪诸贵公子丈八沟携妓纳凉晚际遇雨二首》中的第一首而作，但内容上并无相同之处。杜诗主要写的是公子佳人出游的惬意，是杜甫诗中较少的婉约风格。陈康白这首诗则属豪放派，整体气势不凡。

首句"雪地驰驱好"，为诗歌奠定了昂扬的气势，也说明了诗人在考察之中不顾年迈、不畏艰辛的精神和充满干劲儿的状态。陈康白此次考察东北的工农业建设，定然是没少在长白山林区中四处奔走辗转。虽然都是驱车前往，但在雪地中行车还是不比在平常的路面上，一是路滑，二是积雪深厚，所以陈康白坐在飞驰的汽车上，看到窗外被轮胎卷起的雪浪，会有"碧浪滋"之感。极目远望，层峦叠嶂都被积雪覆盖，与低垂的白云相连；一望无际的森林绵延着松柏沉郁的绿色，除松柏之外的树木叶子早已凋零，但积雪在枝头形成了树挂。整体望去，雪山林海的白色、绿色和黄色交织，在蓝天的映衬下，绘就了广阔壮美的画卷。诗人沉浸在这样的寒冷却美好的景色中，心中更加清朗畅快，也对自己的工作有了更明确的建构。

三、四句是对过去的回望。当年的东北生产建设兵团驻扎在这片山林之中，曾经的行伍之人纷纷"卸甲"来到田间地头，曾经以刀枪为伴的战士们手中都握紧了锄头。十余年间，他们为长白山的边境地带奠定了农垦成边的基础。后来的长白山林区管理逐步趋向系统化，不仅有农垦成边的功能，还涉及林业保护、旅游开发、野生资源保护、气象监测等领域，前人栽下的树苗已然在蓬勃生长，陈康白感慨自己奋斗过的东北如今已是不同的面貌，更加渴望为这其中的工农业建设贡献自己的力量。我们的诗人遥望着眼前的雪山林海，不禁畅想着这里到了春天的样子。那时山林将会焕然一新，一片静绿，春雨滋润着林间万物，和谐静谧，这将是多么美好的画面！在五、六这两句中，不仅有对仗之工整，还有用字之妙，"延""足"两字将诗人对风景焕然一新的感受和春雨的润物细无声都表现得淋漓尽致，丰富了诗句的画面感。最后一句的"景催诗"更是妙极，意为是景色推动诗人写下这首诗，也是在表达景色美好至极，诗句也就自然地流露了出来，颇有陆游"文章本天成，妙手偶得之"的同感。诗意之中，也饱含了诗人对于这大好河山的由衷热爱，以及渴望为之奉献的满腔热血。

五十七、菩萨蛮·林雪

瑞雪纷纷飘彩岫,怒马奔涛看不足!何处见嶙峋?将军抱负深。赤憎松柏青,故下封枝雪。深林拭目看,应怜山下寒。

1980 年

注释:

岫(xiù):意为山洞或者泛指山峰。

怒马:策马而行,结合词义为驱车。

嶙峋:形容气节高尚,气概不凡。

赤憎:犹言可恶、讨厌。

拭目:擦亮眼睛。形容殷切期待或注视。

译文:

大雪纷飞装点着美丽的群山,哪怕是骑上奔驰的骏马去欣赏那连绵不断的林涛,也看不够。怎样才能真正体现自己的傲骨和气节呢?我心中拥有何其远大的抱负!上天嫉妒苍松翠柏过于茂盛,飘来皑皑白雪盖住它苍绿的枝头。我在这深山之中冷静地思考和观察,应该考虑到现在的百姓日子过得还是非常的清苦呀!

背景与赏析:

这首词也是陈康白写于在东北考察的日子里。在这一众老年干部考察团的队伍里,陈康白肯定是最特殊的一个,虽耄耋之年,但身体健爽、精力充沛,所到之处引经据典、谈古论今,直抒胸臆、切中时弊。陈康白非常珍视这次考察之旅,把这次考察当作组织上对老干部们的最大鼓励和信任,所以绝不能走马观花、敷衍塞责,走形式、走过场,要让这次考察起到真正的作用。考察过程中,陈康白收集了大量原始数据,重点调查了很多情况,为日后的考察报告做了认真的准备。从后来的结果来看,这个考察团把考察结果向国务院有关部门作了详细汇报,得到了有关部门的充分肯定。在考察过程中,陈康白因看到自己有了用武之地而精神飞扬,从而创作出一首首充满激情和浪漫主义色彩的佳作。从这些作品中人们可以看到陈康白那种文人与武将相结合的豪爽气质,看到他现实与未来相联系的家国情怀,看到他借景抒怀、青春永驻的革命者不灭的斗志。

这首词与上一组诗的情感和表达都不尽相同,虽同是大气之作,但这首词在气势之中更显细腻,着重于借景抒怀、托物言志,别有一番诗心。词中部分词句仿照了周邦彦《菩萨蛮·梅雪》而作,陈康白巧妙地转换了原作风格,将周词所表达的羁旅别情转化为对山下民众生活的殷殷关切,饱含着陈康白始终心系祖国与人民的赤诚情怀。

词的开头两句就有着波澜壮阔之感,深山之中瑞雪飘洒,诗人驱车奔驰其间,心情淋漓畅快,渴望着扬鞭策马踏雪飞奔而行,将这壮美景致一一看遍。"怒马奔涛"描绘了诗人渴望在山中林雪间流连徜徉的激动心情,"看不足!"更是强烈地表达着景色之美,以及诗人对这片山林由衷的热爱。诗人望着远处山峰都已被积雪覆盖,白雪勾勒出了嶙峋的线条,更显得山势奇兀雄伟。但他并没有完全沉醉于欣赏风景之中,他没有忘记自己身上的责任,广阔的雪山林海勾起了陈康白对于自己和家国天下的思考。因而诗人自问道:"何处见嶙峋?"然后自答道:"将军抱负深。"真正峻峭的不止远山,还有自己的抱负与气节。此处"嶙峋"一语双关,托物言志,自问自答的形式生动表达出了诗人的真实心境,比平铺直叙说明更令人反复回味。

下阕与周邦彦《梅雪》下阕词句相近:"天憎梅浪发,故下封枝雪。深院卷帘看，应怜江上寒。"在陈康白的词中，"赤憎松柏青，故下封枝雪"表达了与周词相同的意思，即上天嫉妒松柏的苍翠，飘来皑皑白雪盖住它的枝叶。这是对眼前松柏之景的写实，也是借指长白山林区蕴藏着巨大的潜力，只是目前如同被大雪封藏一般无法完全展现出来。在今后的开发之中，这片林区连同长白山区域整体都将被调动发展起来，绽放更多的魅力，如同松柏屹立常青。最后两句则表达了与周词完全不同的意境。陈康白在山间冰雪之中四处考察，不仅诗兴大发，脑海中也迸发出许多关于未来发展建设的想法。陈康白这样的老一辈科学家和祖国工业建设的亲身实践者，无论身在何处都始终不忘己任，时刻牵挂着国家与人民，想要用自己多年的生产建设经验为东北的发展多提一些可行性建议。通过多番考察，陈康白看到了林区的潜力，也清楚认识到其中的短板与不足，在这样的边境苦寒之地，这片待开发的林区还没有产生应有的价值，无法惠及周边百姓。所以在这首词的最后，陈康白用"应怜山下寒"作为收尾，他身在山上考察，想的是未来发展建设，想的是周边的人民现在还过着清苦的生活。陈康白奔波于各个林场之间时，忘记了自己已是古稀老人，更忘记了身处寒冷之地，心中始终燃烧着一团火，渴望多做一些实事，让百姓过上安定富足的生活。这个结尾顿时撑起了词作的格局，陈康白后天下之乐而乐、先天下之忧而忧的形象也呼之欲出。

五十八、水调歌头·一九八○年宵夜咏国际风波

（既创阿富汗，又劫小波兰。矛头东西乱刺，真醉翁之意不在狗也。）

国际占形势，先数咱中州。天山喜马如画，峭壁走铅球。重炮齐头轰放，烽火接天烧澈，往事忆元酋，万里驱双驷，乌拉宿黄丘。

势迁移，情转变，事方休。诸君豪杰，谈笑间，鸡肋近东小国，消灭邦州无数，不费国联登录，遗恨敢传流？老子独千秋，名列万邦头！

1980 年

注释：

狗：此处"酒"被陈康白戏称为"狗"。

小波兰：今日波兰。

中州：中华民族

元酋：元朝首领。

乌拉：代指斯拉夫民族。

近东小国：这里指近东（含中东）历史上的一些国家。

国联：国际联盟（1920－1946）。

译文：

（苏联刚刚侵略了阿富汗，又开始胁迫波兰。苏联四处挑拨矛盾，真是醉翁之意不在酒啊！）纵观古往今来的国际形势，咱们中华民族的发展独占鳌头。我们拥有了如画的天山山脉，有高耸入云的喜马拉雅山，千难

万险都被我们征服了。想当年蒙古军队万里西征，重炮灭敌，把战火延伸到了今俄罗斯、波兰、匈牙利、土耳其、伊拉克、埃及等地，蒙古战车所到之处所向披靡，把斯拉夫人赶到了荒漠之隅。

时过境迁，万事皆变，成为现在的局势。当今列强左右着整个世界，一战前中东地区曾有那么多的小国家，但经过一场世界大战都消亡了，没能载入国际联盟的名册，这些历史中消亡的国家再去抒发它们的怨恨还有什么用呢？唯独我们中华民族所创造的灿烂文明，世代相传，历史悠久，屹立于世界民族之巅。

背景与赏析：

东北考察之行一跑就是一个多月，回到北京已是 1980 年春节前夕。陈康白把相关的考察报告和有关东北地区的协作情况向国务院有关部门作出了详细汇报，这期间陈康白经常是夜以继日地写东西、画表格、统计数据，又拿出了他当年的干劲。那时，陈康白不觉得自己已是年近八十的老人，一有工作就干劲倍增，一有事儿就兴奋，多年养成的习惯使他成了一个不由自主的工作狂。东北的考察报告交上去了，自己又没事儿干了，一时间好像浑身哪儿都不舒服。于是他就开始把精力放在关心当下时局，研判国家形势上来。这首《水调歌头》写于 1980 年冬天的一个晚上，词中深刻地反映了当时的国际政治背景。

上阕起首两句以"中州"指代我们的多民族国家，用"国际占形势"来歌咏中华民族五千年来的永续发展，更是用"先"字突出了中国的综合国力和国际地位较之前已有大幅提升，正昂首阔步走向经济建设的康庄大道，读来令人顿时产生一种充分的民族自信心和民族认同感。后句描绘祖国的壮美山川，选用"天山""喜马拉雅山脉"这样壮观瑰伟的自然风物，更为全词增添了诸多豪迈气息，特别是在景物选取中选用山景，更加呼应前句中"先"字所展现的气魄。"峭壁走铅球"句，颇像《七律·长征》中"五岭逶迤腾细浪，乌蒙磅礴走泥丸"一句所表达的意旨，气势雄浑，有容纳万里河山的广阔。后面五句，以中国历史上的元朝为例，将蒙古大军万里西征的壮阔场面加以渲染描写，继而结合诗作的政治背景，以"乌拉宿黄丘"这样戏谑的手法来讽刺正在入侵阿富汗的苏联，它的前身斯拉夫民族在历史上曾经被蒙古大军驱赶到荒漠之上。上阕可说是夹叙夹议联系古今，以中华民族五千年的辉煌历史作为例证，讽刺批判了苏联的侵略行径，同时证明它们的霸权行径一定会失败。

下阕用"势迁移，情转变，事方休"来描述历史形势变化，展示时代变迁。紧接着又对当前的国际局势加以评述，用"诸君豪杰"这样雄阔的词语来反衬今天支配世界的一众列强，充满了讽刺意味。后面三句与上阕呼应，写一战时中东地区的很多小国都在战争中消亡，不被战后成立的国际联盟登记。"遗恨敢传流？"一句以反问的语气，在问这些国家的人民，你们的国家已经被消灭，像这种亡国的怨恨再去抒发出来还有什么用处吗？看似委婉，实际上暗含着你们已经成为亡国遗民，根本不敢再去表达怨恨之意。将直接意义在行文语气上加以构思，把深刻的道理以反问句的形式藏于句中，在构思上颇为巧妙。末尾两句回扣主题，将中华民族所创造的灿烂文明称作是屹立于世界民族之巅，以高度豪迈的民族自信心和民族认同感歌颂了伟大民族的伟大创造，抒发了对国家、对民族的无限热忱。

整首诗可说是陈康白豪放诗风的集中体现，大开大合，气势雄浑，虽然他运用了很多如"狗""鸡肋""老子"等看似粗鄙的语汇，但实际上是一种轻蔑、戏谑的情感表达，反衬出陈康白鲜明的政治立场，表达对苏修帝国主义霸权行为的极度愤慨，使读者耳目一新。

五十九、赏绿牡丹

当年未解惜菲芳,今赏先春绿牡丹。
纵有夜光能送酒,容华只作醉中看。

1980年　颐和园前院

注释:
夜光: 指夜光杯。

译文:
　　过去不了解绿牡丹的珍贵和稀有,可惜了她那醉人的芳香,在今春的花开盛季,我专门去颐和园欣赏绿牡丹的风采(感慨颇多)。纵然夜光杯能为我盛满美酒,纵然我能在醉中去感触盛世繁华,(但都无法超越绿牡丹带给我的那份特殊陶醉)。

背景与赏析:
　　陈康白自担任国务院参事以后并没有什么具体工作可做,这让他多少都有点儿抱怨。每当周末儿子陈晓阳回来后,陈康白经常让他陪自己到王震家聊天、喝茶,聊着聊着就开始抱怨自己现在的工作总是"搞搞调研,没意思,希望干点实事"。王震副总理与陈康白也是多年的同志、战友,知道陈康白是个闲不住的人,于是让他给当时的中组部副部长宋任穷写封信,算是正式表达一下自己的态度,希望能有些具体工作办。这首诗就是陈康白在闲来无事的时间里游园、踏春时望着绿牡丹而写下的。
　　前两句点明全诗所写事件,采用今昔对比的形式将前来观赏绿牡丹的背景交代清楚。前句的"当年"和后句的"今"将作者穿越时间跨度,理解了赏花乐趣的情感表达得通达明晰，颇带有一丝对当年不解风情的抱怨，趣味十足。毕竟陈康白在过去的日子里，一直都在从事科技报国的具体实践，确实也没有什么闲暇时间能来赏花赏景，加上他所到之处大多都还条件比较艰苦，环境相对恶劣，几乎不能给他提供这样景色秀美的条件。因而他在本诗起首两句中，将"当年未能惜菲芳"归结为自己"未解"，实是谦辞。

后两句抒情，称绿牡丹是能抚平一切过往的绝佳景致，诗人自己也像是从中得到了安慰。"纵有夜光能送酒"一句写纵然夜光杯能为我盛满美酒，"纵"字将前后句之间的反差之感完全凸显出来；加上"夜光"意象的运用，更加深化了这种前后对比的落差感，诗人有意为之，为诗作增添了无限的情感张力。"夜光"应指夜光杯，因唐代诗人王翰的一首《凉州词》而成为珍贵酒杯的代名词。笔者认为此时陈康白并没有在使用如此名贵的酒杯饮酒，只是以这一华丽意象入诗，增加前后对比，强化诗作的情感张力，为后句抒写绿牡丹对他所起的聊慰作用起到了呼应作用。

全诗寥寥几笔，将作者对绿牡丹的喜爱之情抒写得畅快淋漓，足见作者对于绿色牡丹的喜爱。值得一提的是，作者人生中最后一次出游时，也是为欣赏绿牡丹，留诗一首《吊绿牡丹》（见"六十六"）。

六十、贫女叹(接侄女静仪来信有感)

伤谈革命,雄心直欲追伊尹。鲤鱼尺半来家信,贫农无力,学习难前进。西江不援手,待谁鼓干劲?直是老夫的本分!

堪笑世情薄如纸,红颜徒受黄金聘。黄金亦何益?能为人重轻。陶朱一脉成通病,使人扼腕,使人遗恨!试我翻天手,改变俗情不踰口。

1980年

注释:

静仪:陈康白堂弟陈爱国之女。

伊尹:商朝丞相,辅佐商汤打败夏桀。

西江:古水名。即今浙江省杭州市萧山区与绍兴县界上西小江。

堪笑:可笑。

陶朱:陶朱公,指范蠡。

踰:越过,超过。

译文:

(陈康白)悲情地回味着自己革命的历程,自己曾经的雄心大志足可比肩商朝的宰相伊尹。看着侄女静仪写满大半张纸的家书(心中真是五味杂陈,感慨万千),家乡的贫下中农们是那么的寡助无力,费尽周折也难以发展。比较发达的经济地区却不能给予真正的援助,你们等着谁来为你们鼓劲儿呢?难道这是老夫我的本分吗?!

可笑当今人情淡漠如纸,年轻人们都成了金钱的奴隶。金钱有多大魔力呢?竟能成为当今社会衡量人的价值标准。当年范蠡重利轻义的人生追求,竟让当今的很多人竞相效仿,让人扼腕!让人遗憾!让人痛恨!假如上天能给我机会,使我能够施展自己翻天覆地的卓越才能,我一定会改变这一切低级、世俗的状况,绝不夸口!绝不食言!

背景与赏析:

  时间过得真快,一晃,陈康白离开麻林桥已经一年多了。一年前,麻林公社、大队领导和乡亲们送陈康白返京的时候,曾寄语陈康白将来有机会要为家乡人民多做贡献。现在一年过去了,陈康白在北京并没有什么大发展,一些美好的祈盼好像也渐行渐远……这一年中乡亲们和陈康白也有不少书信来往,信中反映了不少农村中遇到的实际困难,希望陈康白帮助解决。可眼下陈康白实际上无职无权,也没有太大的影响力,想为乡亲们施以援手,但却力不从心。每到此时陈康白心中时时感到惭愧和内疚,又对现实中的世态炎凉表现出极大的愤慨,长吁短叹之后只能是"莫奈何,莫奈何"……

  这首词就是陈康白接到侄女陈静仪来信以后的感慨。陈静仪在信中反映了家乡遇到了诸多困难,但又孤立无援,本来期盼着杭州方面的支援,但又等不到结果,希望陈康白出面帮助解决。陈康白望着眼前的书信,却不知如何回复,无奈之下提笔写下了这首《贫女叹》。

  《贫女叹》原本出自明朝孙蕡(音 fén)"寒花难为红,贫女难为容。萧条镜中影,寂寞林下风。蛾眉翠黛谁家女,日日东邻教歌舞。"此处陈康白以"贫女叹"为词名,实际上是借原词中"寒花难为红,贫女难为容"的深刻内涵。

  前两句选用伊尹辅佐商汤灭夏的典故,用"伤谈"二字委婉表达了无可奈何的含义,似是侄女认为他是老干部,能对于家乡的发展提供些帮助,但可惜那都是过去的事了。紧接着写自己接到这封家信,知道家乡父老乡亲们的困难情况，但其实也是暗含着无能为力的意味。后面两句，以"西江"指代经济发展状况良好的区域，用一句反问，表达出作者对经济良好地区不能对落后地区施以援手的愤慨。下面一句"直是老夫的本分"，生动形象地体现出陈康白那种兼济天下的济世情怀和豪迈气概。

下阕起首两句以"堪笑""徒受"这样的语汇，批判了人情淡漠、追逐利益的社会氛围，又以"黄金"指代财富，反问世风日下的时代风气，充满了对于恶俗风气的鄙夷和不解，闪烁着老一辈无产阶级革命者的思想光辉。后两句运用典故，将陶朱公范蠡作为反面示例来进行批判，连用两个"使"字短句，将扼腕、遗憾、惋惜的情感渲染得淋漓尽致。末尾两句"试我翻天手，改变俗情不踰口"气势雄浑，令人读来热血沸腾。仅从词句的气魄上来看，颇似毛泽东在《七律·到韶山》中所写的"为有牺牲多壮志，敢教日月换新天"句。两首词句均是二人在人生的后半时期所写，但浪漫情怀丝毫未减，革命豪情一如当年。唯独不同的一点是陈诗是在表达一种尚未实现的向往，毛诗则是一种已经完成的感叹。因而陈诗的浪漫色彩会更加浓厚，全句都洋溢着作者高度的浪漫主义情怀，特别是"翻天手"一词的使用将陈康白自身的全部情感都融入其中，似是在展现他要将全部精力都投入于此，将一切低级、世俗的社会风气扭转过来的坚定决心，充满着一位老革命家坚贞的政治追求与坚定的政治理想。后句又用"不踰口"来写前句的壮怀激烈绝不是说说而已，足可见出，多少年过去，陈康白仍旧保留有最初的那份赤子情怀，拳拳报国之情跃然纸上，令人读来满是感触。

六十一、生查子·宵夜（1980年引夜）

去年宵夜在家乡，团年喧闹满堂香。腊肉斗酒加只鸡，酒酣耳热，姑娘小子吵围棋！

今年宵夜在京城，病院电视缈轻尘。蜃楼海市斗奇新，酸瓜洋娃，争笑白衫醒。

1980年9月

注释：

宵夜：此处指除夕夜。

引夜：指八月十五中秋节。

团年：此处指除夕团聚过年。

缈：缥缈。

译文：

去年的除夕夜是在老家麻林桥度过的，想当时一家人聚在一起热热闹闹，满屋是饭菜的飘香。饭桌上的家乡菜十分丰盛，有腊鱼腊肉，还炖了一只鸡。大家聚在一起豪饮，说说笑笑，酣畅淋漓。酒过三巡，菜过五味，孩子们仍在房屋中吵闹，使我都无法清静下来下盘围棋。

今年的除夕夜就是在北京度过的，（相比去年就清静了许多，今天是八月十五，按说也是个应该团聚的日子，可我现在）却孤独地躺在301医院的病房里，只能与电视为伴，打发着无聊的时光。电视中播放的内容光怪陆离，还有一些异国情调，仿佛电视中的人在戏笑陈康白穿着病号服躺在病床上的样子。

第一部分　诗词赏析

背景与赏析：

　　1980 年 7 月，中央有关部门邀陈康白到内蒙古考察水利电力设施建设情况。这次考察陈康白更是认真，不顾年迈跑了很多地方，因为多年来陈康白一直为国家的电力状况担忧，这次水利电力专项考察，正可以好好了解一下基层的实际情况。考察回来后，陈康白给内蒙古自治区主席乌兰夫写了一封信，信中恳切地说道："采用东北小丰满二十二万伏特水力发电站的形式，则一切应有设备、例如发电子工厂、铁塔工厂送电变电器材工厂等等，都是现成的可以利用。"这些都反映出陈康白在这次考察中认真负责的态度。经历这一次长途奔波，也许是考察太过劳累，也许是年纪大了岁月不饶人，陈康白又病倒了，这一次得的是带状疱疹，很是严重。王震副总理听闻后，赶忙联系 301 医院，让陈康白住进这所军队最高水平的医院。301 医院的水平就是不一样，医生护士们更是尽职尽责、悉心周到，很快陈康白的病情有了好转，身体各项指标都趋于正常。这期间，陈康白还曾从医院请假出来参加了儿子陈晓阳的婚礼，这说明陈康白的身体好了不少。这首词就是陈康白 1980 年 9 月 23 日（中秋节）在 301 医院住院期间写的，反映了陈康白住院期间的心境。

　　这首词写的是陈康白在去年今岁两个团圆夜的对比，上阕写去年（1979 年）在家乡度过的除夕夜，下阕写今年（1980 年）在北京度过的除夕以及此时的中秋夜。去年在家乡的团圆对比着今年孤单一人在医院，别是一番伤感孤寂滋味。

　　在家乡过年，亲戚邻里总是凑在一起，老人小孩欢聚一堂，大家热热闹闹地吃年夜饭，这正是"团年喧闹满堂香"。在陈康白的家乡湖南，过年总是少不了腊肉，"腊肉斗酒加只鸡"，生活气息扑面而来，也有着一家老小围坐饭桌前的画面感。在年夜饭之后，大家总是进行着各项娱乐活动，唱歌、跳舞、打牌是必备节目，而陈康白素来喜欢下棋，身边的孩子们就围着他吵闹,看他下棋,你一言我一语,让陈康白感受到了真正的热闹。

上阕描绘着在家乡过年的喧闹和家乡菜的美味,而到了下阕,画风陡然一转:"病院电视缈轻尘",团圆时分自己却在医院里看电视,病房的电视还模糊不清,像是尘土飘在屏幕上,更增添了心中伤感。最后几句描写的是电视上播着晚会,花样繁多、光怪陆离的样子,各种节目唱歌跳舞好不热闹,但他们好像在嘲笑自己穿着医院病号服昏昏欲睡又惊醒……

陈康白本来在住院时就百般不适,无法排解心中苦闷,而这次偏逢团圆佳节,给他的孤单更添了一份难以言喻的伤感。去年自己还觉得人多吵闹,今年孤单一人在医院,不由得怀念那热闹的氛围。人老多病之时,最希望儿女促膝、共享天伦,可此时自己却只能对着医院里的电视叹息。此情此景,令人心生寂寥。

六十二、南歌子·棋弟子来访

（北京城春雪后又晴、北京医院）

睡怕客来断，伤从梦里来，殷殷伤痛为谁哉？依旧满怀忧恼，被莺催！

墙外落棉成径，帘前春雪如烟，穷叹弟子独徘徊，任教棋枰敲碎，翡翠情怀。

1980 年 12 月 5 日

注释：

棋枰：棋盘。

译文：

睡觉时就害怕客人打扰，浑身的病痛随梦醒而至，这身病怎么就摊在我身上了呢？在昏昏沉沉中心烦意乱，听到病房外小鸟的叫声都觉得在催促自己快起床，快起床！

屋外雪地上的小路曲曲弯弯，窗前飞舞的雪花飘飘洒洒，看着来访的棋友徘徊往复、欲言又止，盼望着能和自己下棋，自己心中也是技痒难耐。围棋曾是自己生命中的挚爱，可此时此刻却因生病而无法尽情对弈，真是影响了自己这一高雅的情趣呀。

背景与赏析：

1980 年 9 月，陈康白因患"缠腰龙"住进 301 医院。经过几个月的治疗与调养，陈康白于年底出院，继续回到国务院二招独自居住。在这里陈康白依旧是孤独寂寞无人照料，子女们都各自成家，家境也都很一般。回到二招后不久，陈康白又轻度中风，不得不又住进了北京医院。这一住就是一个多月，在此期间他的身体状况也是时好时坏，好在还能够自理，不需要家人长期陪伴，子女们也经常来医院探望。陈康白感觉好的时候就四处溜达溜达，和病友们聊聊天，写写日记；感觉不好的时候就躺在病床上昏睡，哪儿都懒得动。此时的他最怕别人打扰，也不希望家人和外人来医院看望他。由此陈康白以这首《南歌子》来表达当时的心情。

这首词的结构和部分词句仿照北宋词人田为《南歌子·春情》而作，但陈康白的改动甚为巧妙，既不减原词作的"春情"，又添加了自己的独特情绪，描述着自己在医院里身体与精神上遭受的双重折磨，细腻地写出了深陷其中的"满怀忧恼"。陈康白自己标注的成词时间是1980年12月5日，但副标题和词中都提到了春天，因此这首词可能是陈康白在几次住院期间陆续产生灵感，最后完稿于上述时间的。

在词的题目之中，陈康白就写明了"棋弟子来访"，在副标题中也说明了是在北京医院时所作，词的背景一目了然，即自己在北京医院住院时被一起下棋的小同志探望。在开篇前两句，诗人将田词的"梦怕愁时断，春从醉里回"改写为"睡怕客来断，伤从梦里来"，寥寥几字改动，直接写出了自己在医院里时萎靡不振、病痛缠身的状态。客人来探望，诗人反而觉得打扰自己睡觉，说明他白天也基本处于昏昏欲睡的状态，而且不愿接触外人，只想自己默默地忍受病痛和孤独。频繁住进医院，让这位身体一向健朗的老人感到力不从心，因此在下一句他设问道："殷殷伤痛为谁哉？"自己身上的病痛只能自己独自扛着，只是在心烦意乱之时，还是不禁哀怨：自己真的老了吗？这身病怎么就找上我了呢？诗人没有继续回答这个问题，因为没有人能给出答案，他只能继续沉沦在昏沉、忧伤和烦恼之中，看到什么都觉得无趣，听到窗外鸟鸣也觉得心烦意乱，感觉是在催促着自己起床。而窗外莺飞草长，诗人却在缠绵病榻，这样的反差也更突出了他当时的痛苦心情。

下阕主要写了窗外的春雪以及棋友的到访：乍暖还寒时候，雪花温柔飘洒，但落地不化、堆积成棉，别有一番情致。在这时候，诗人的棋友前来探望，自然想趁诗人身体状态好时再切磋一盘。但是诗人此时不仅不愿见人，而且病痛难耐，无心赏春雪之景，更别谈下棋了。下棋是需要静心的，病床上的自己心烦意乱，即使技痒难耐，也没办法好好对弈了。因此诗人"穷叹弟子独徘徊"，只能无奈地看着棋友徘徊往复、欲言又止，看到棋盘却不能下棋，如同眼见着挚爱而不能言语，这痛苦纠缠的心情使得诗人恨不能用棋盘敲碎自己心中的这份情怀。在这几句中，"穷叹"和"任教"突出了诗人病痛中的无奈和身不由己，"翡翠情怀"被"敲碎"，也是表达着诗人内心最后的牵挂也被击溃了，此时的他什么也不能做，做什么都是徒劳，无力改变自己的衰老、病痛以及孤独。身体上的伤痛或许可以治愈，但精神上的折磨无法平复，整首词都萦绕着陈康白的这种心情。看着"棋弟子"在来回"徘徊"，陈康白的哀怨和痛苦仿佛也随之回环往复，窗外春天到来，也无法阻挡这位老人走向暮年的脚步。

六十三、白雪歌

夕阳无限好，好在近黄昏。
美洲已下去，亚洲刚上升。
万顷波涛翠，千山草木春。
白雪歌声壮，杯酒醉醺醺。

1980 年 12 月

译文：

　　这夕阳的晚景本是十分美好的，但这份美好已接近黄昏。1979 年下半年以来美国经济因石油危机爆发遭受了巨大打击，而此时以日本为代表的亚洲经济正在蓬勃兴起，中国也已开始了全面的四个现代化建设。陈康白眼望着屋外的皑皑白雪，畅想着祖国大地万顷波涛秀，千山草木春的壮丽景象。陈康白在雪日里饮酒作诗，在心中抒发着对祖国的热爱。

背景与赏析：

　　这首诗是陈康白在北京医院住院时写的，通过这首诗可以看到这个病榻中的耄耋老人，心中却承载着天下的万顷波涛。

　　本诗由夕阳、白雪联想到了国际形势，也联想到了祖国的大好山河。陈康白喜欢喝酒，他的诗歌中总是提到"酒"或者"醉"，这次他酒过三巡后，望着窗外白雪茫茫、夕阳西下，心情格外舒畅。古人诗中出现"夕阳"的意象，总是为表达失落、怅惘的情绪，正如"夕阳无限好，只是近黄昏"，这是李商隐《乐游原》中的名句。而陈康白这首诗中的"夕阳"，却因为"近黄昏"而"无限好"，独辟蹊径，给读者打开了一个新的思路。这既是在说明月升日落、日夜交替的自然规律，也是为引出后两句——"美洲已下去，亚洲刚上升",美洲就像窗外那正在西落的夕阳,行将没落;亚洲则如同即将升起的朝阳,充满了青春活力。这是陈康白的美好愿景,更是亚洲人民共同的奋斗目标。

  虽然陈康白看着窗外的白雪,但是却联想到了春天的生机勃勃:白雪覆盖下是那万顷森林的茂盛蓊郁,还有万物生长的繁荣景象。对着白雪,陈康白心中想的还是国家、民族,乃至整个亚洲的未来。沉浸在微醺的酒意之中,或许他是与朋友把酒言欢,或许是独自对影成三人,但他的心情"无限好"。陈康白坚信在这个充满机遇和发展的时代,中国和亚洲将会不断迈向国际前列。读到此处,我们似乎看到了一位两鬓染霜、双颊泛红的老者,他品着酒,畅想着祖国的大好河山,盼望看到国家的发展,这是他从未改变的赤子之心,祖国与人民永远是他心中所系。

六十四、春情

春情（一）
仿蝶恋花

映山红退青梅小，鸟语花香，绿水田家绕。枝上桃红吹又少，天涯何处无香草。

计划频传四化好，四化领先，还待电力到。喧闹不闻声渐杳，有心却被无心恼。

春情（二）

轻阳飘雪日初升，梦余酒困微醒。柳棉遮道杏泥新，无限心情。

结构天安楼阁，宫墙斜映春茵。早寒微透薄衣襟，照彻京城。

春情（三）
咏金大妈回娘家

金大妈的回娘家，点睛全在宝宝娃。

故知今日水力电，对四化当领先，度度千金价不差！

1980年12月

注释：

映山红：杜鹃花的一种。

柳棉：即柳絮。

金大妈：插画上人物。

第一部分 诗词赏析

译文：

（一）漫山的映山红刚刚凋谢，枝头上绽露出小小的青梅，四周一片鸟语花香，清澈的小溪沿着田间流淌。已到了桃花开败的时节，微风一吹，枝头上的桃花就越来越少了，但天涯路远，哪里没有香草呢。

如今我们国家出台多种政策为的是使四个现代化建设事业能够顺利开展，但四化要顺利开展，需要依靠能源电力事业打好坚实基础。以前有关部门领导还经常来向我们这些刚刚复出的老同志们征求意见、商量对策，但曾经的喧闹声已渐渐停歇，有心想要做贡献的人面对他们的"无心"实在感到寒心。

（二）清晨，纷纷扬扬的柳絮在阳光的照射下四处飞舞，陈康白睁开惺忪的睡眼，昨晚的酒意还没完全散去。柳絮遍地遮住了春日潮湿的泥土，呼吸着清新的空气，放松着自己的心情。

远处的天安门巍然屹立，朝阳斜洒在城墙上，墙下的春草一片嫩绿。春天的早晨还有一些凉意，微风吹过陈康白那略显单薄的衣衫，灿烂的阳光照耀着美丽的北京城。

（三）《金大妈回娘家》这幅画非常精彩，其点睛之笔就在她怀抱中的宝宝娃身上。我早就多次提出：要大力发展中国的水电力事业，这是实现四个现代化的基础，每一度电都要尽力去争取（不能抱着金碗要饭吃），水力发电的每一度都异常珍贵啊！

背景与赏析：

诗词往往是最强烈、最真实的感情流露，有什么样的境遇就会写出什么样的心声。笔者估计，陈康白这次在北京医院住院期间生活能够自理，腿脚也没什么毛病，能经常请假外出，到大自然中散散心、赏赏景，所以经常触景生情。这组春情词，都是写于陈康白在北京医院住院期间，反映了陈康白异常丰富的内心世界，也是他不由自主的情感外溢。

陈康白担任国务院参事后开始有了一些重要的考察活动，此时此刻，他的内心应该是如干枯大地得到了雨露滋润，得到了极大的慰藉与满足。但是国务院参事终究是一个闲职，没什么具体工作，有关单位对陈康白的态度也是有冷有热，有疏有近，这让陈康白很不适应，也很不情愿。这三首《春情》很真实地表现出陈康白当时的心情，清晰地显示出他在寄情祖国的山川美景和平淡的生活琐事之时，把写景、写事、写实和内心幽怨巧妙地融合在一起，既能看到一幅优美图画，又能听到陈康白的急迫心态，显示出他无处不在的忧国忧民之情。

春情（一）：

这首词题目为仿蝶恋花，其实仿的是苏轼的《蝶恋花·春景》，原词为：

花褪残红青杏小。燕子飞时，绿水人家绕。枝上柳绵吹又少，天涯何处无芳草！墙里秋千墙外道。墙外行人，墙里佳人笑。笑渐不闻声渐悄，多情却被无情恼。

陈康白这首词上阕与苏词意境相似，但他更改了部分意象，展现了他眼前以及印象中的春天景色。杜鹃花在春天盛放时红色漫山遍野，而如今却逐渐褪去，这是"映山红退"。暮春时节花儿纷纷凋落，本有些伤感意味，但这一句还有"青梅小"，虽然花儿凋落，但枝上小小的青梅却正在生长成熟，又暗含着万物生发的希望。描写完枝头上的近景，诗人的视角又拉远，呈现出了绿水绕着田间人家，一派鸟语花香、祥和美好的春日氛围。上阕的最后两句，诗人将苏词的"柳绵"改为"桃红"，"芳草"改为"香草"，再一次呼应了第一句流露出的希望之意：尽管枝头花朵在春风的吹拂下已渐凋零，但天涯路远，哪里没有清新芬芳的青草呢？苏词所展现的细腻与旷达在这首词之中也被充分表达。

在下阕，陈康白没有延续对苏词的简单改写，而是着重表达着自己对于四化和电力建设的想法。我们国家出台多种政策为的是使四个现代化建设事业能够顺利开展，实现四个现代化本是我们当今工作的重点，但是我国能源电力事业基础比较薄弱，给实现四个现代化造成了很多的困难。在这样的情况下，陈康白等老同志一再强调要搞好国家的电力建设，有关部门也主动找到他们听取意见，但是老同志们的计划和建议交上去了却杳无音信，"喧闹不闻声渐杳"，再也听不到他们曾经一起探讨电力建设的对话声。陈康白在家乡麻林桥时就一直惦记着祖国的电力建设问题，这在他的诗词中也反复地体现了出来，再加上他曾多年在相关领域工作，理论和实践经验都相当丰富，所以他也是老同志中对于水利电力设施建设和电子工业发展想法最丰富、态度最积极的一个。没想到大家的建议却不被重视，这让陈康白感觉到被泼了冷水，不禁感慨"有心却被无心恼"，自己难道是想得太超前？还是这些领导意识不到电力的重要性呢？或许他们有自己的想法，需要一步一步去实施，但是自己是着实感到寒心和恼火。结合上阕的风景铺垫，更突出了借景抒情的效果，明明美好的春天蕴含着无尽希望，但陈康白却被"无心恼"，不得不感慨"天涯何处无香草"。其实，无论是写景还是抒情，陈康白的字字句句都在表达着自己对于国家四化建设的愿景，以及渴望贡献力量的心情，这才是他心中永远难以忘怀的牵挂。

春情（二）：

陈康白没有给这首词单独写题目，但按照词牌格律，这首词属于画堂春。与陈康白在医院写下的其他风格沉郁的诗词所不同，陈康白在这首词中描写着美好的春日，词句中洋溢着轻松畅快的气息，这是陈康白身体渐好，走出医院享受春天时触景生情、随心着笔写下的简短小词。

上阕描写了陈康白走出医院散步时看到的春日画面以及畅快心情。"轻阳飘雪日初升"和"柳棉遮道杏泥新"两句陈列着多重意象，在充满生机和希望的氛围中绘就了春日清晨的画面。"梦余酒困微醒"和"无限心情"则是诗人在这景色之中的状态，尽管昨晚饮酒的醉意和困倦还没有褪去，但在这样美好的早上能够走出医院闲逛，还是让诗人感受到了格外的舒畅惬意。

下阕写到了"天安楼阁""宫墙"和"京城"，说明陈康白从位于东单的北京医院走出来，一路沿着长安街向西漫步，在天安门城楼和故宫附近流连。宏伟巍峨的天安门、朱红的宫墙与绿茵草地交相辉映，在北京工作生活了这么多年，或许陈康白也是难得近距离地、仔细地欣赏这座城市。毕竟这是乍暖还寒的早春，让陈康白感受到了阵阵凉意，但他还是想继续逛下去，感受北京城的阳光初照、空气清新，更难舍自己内心这别样的美好情绪。

陈康白在这一年里每次住院都心情郁结，所以难得有这样轻松的心情。透过词句我们仿佛看到了这位久病初愈的老人穿着单薄衣衫在北京城里漫步的身影，他的脚步早已不似当年稳健，脸上也平添几道皱纹，人也苍老憔悴了许多，但他的脸庞上有着久违的笑容，这是陈康白对生活的热爱，对北京这座奋斗了多年的城市的由衷眷恋。

春情（三）：

这首诗写在日记本的一幅《回娘家》插图旁，插图的作者张仃是我国当代著名国画家、漫画家、工艺美术家和美术教育家，张仃创作的剪纸画《回娘家》是陈康白非常喜欢的作品。也是在这幅插图旁，陈康白起草了一封给乌兰夫同志的信，信的内容主要反映的是关于国家电力问题。陈康白在《回娘家》插图上题诗一首，把画上的内容和心中的祈盼融为一体，表达着自己对于祖国电力建设的殷殷关切。

陈康白将插图中抱着孩子回娘家的女人称为金大妈，将金大妈回娘家比喻为我国的四化建设，将宝宝娃比喻成中国的水电力事业。四化建设的关键在于水电力建设，也就是诗句里说的"点睛全在宝宝娃"。陈康白始终心系祖国的水电力建设，可以说达到了痴迷的程度，所以看到这幅插画引发的联想也是与此有关。他把插画整体看成四化建设的隐喻，又用诗句表现了出来。最后一句"度度千金价不差"更是表达了陈康白心中的愿景，电力是国家工业生产、经济发展的命脉，更是维系着万千百姓的生活，发展水利电力设施不仅能够大力推动四化建设，更是功在当代利在千秋的基业。因此每一度电都来之不易，度度千金！

六十五、菩萨蛮·京市

篱落崇楼成闹市,海市山光几代秋。酒气满高楼,有人楼上愁。

凋栏空独立,墙垣半顿辟,耆老杂少年,尘埃飞上天。

1980 年 12 月

注释:

篱落:篱笆扎的小院。

崇楼:是北京故宫建筑群中的重要组成部分。位于紫禁城三大殿四周廊庑的四角,重檐歇山顶,封闭阴暗,为装饰性建筑。此处代指古建筑。

顿辟:崩倒。

墙垣:院墙。

耆老:老年人。

译文:

多少年的光景过去,破败的小院和曾经辉煌的古建筑都变成了今日喧嚣的市井模样。酒楼里酒气熏天,你可知一定是有人在楼上借酒消愁。破败的栏杆孤独地伫立在那里,年代久远的院墙也破损不堪,老老少少的人流混杂在一起,只看见人们带起的尘烟随风散去。

背景与赏析:

人的情绪就是这样,有高潮就有低落,何况陈康白是一个多思多虑的老人。这首词也是陈康白在北京医院住院期间写的,但是表达的情绪与前面的《春情》完全不同。笔者推断,这是一日陈康白从医院出来溜达到故宫边,那一天他的情绪一定很低落,他走到故宫旁,远望古建筑,远望崇楼，不禁心生感慨。

上半片先描写了眼前景象，写原来破败的小院和辉煌过的古建筑已经变成了今天的闹市，以"海市山光几代秋"来指代时间的变化，既显示出时间变化之长，又用"海市山光"的描写将时间的整个变化过程勾勒得梦幻迷离。"酒气满高楼，有人楼上愁"两句化用李白在《菩萨蛮·平林漠漠烟如织》中的"暝色入高楼，有人楼上愁"句，将作者在酒楼之上借酒消愁的状态以客观视角加以描写，特别是"有人"一词的运用，不直接写作者本人，这有悖于陈诗的一贯豪迈风格。结合此诗创作的背景来看，此时陈康白已处于生命的最后阶段，一方面或许他已能体会自己身体状况不佳，时日无多的状态；一方面他步入晚年，再有宏大抱负留给他实现的时间也已不多，整个人的心气在这一首诗中已经柔和了不少，故而有此一句，不写"吾""我"。

下片起首继续写景，"凋栏空独立，墙垣半颓辟"写出一片荒凉与破败之感。前句与南唐后主李煜在《虞美人》中所写"雕栏玉砌应犹在"类似，同写"雕栏"，一个是"空独立"，一个是"应犹在"。情感意义上陈诗是目睹眼前破败荒凉的孤苦，李诗是对旧物旧人怀念的试探，都是将内心的悲愁凄苦写透写活。陈诗重于对往事的怀缅，李诗重于对旧人的追念，虽然一写物，一写人，但二人在这一刻跨越了千百年的岁月，情感共通，仿佛互是彼此的知心之人，以诗歌的形式，模糊了时间，抹平了岁月。末尾两句"耆老杂少年，尘埃飞上天"在笔者看来可能是陈康白望着街巷中来来往往的行人，顿感无论在什么时刻都总有人年轻、总有人衰老，看着被这些人带起的阵阵烟尘，一时间想象自己可能终会被时间带走，成为历史的陈迹。暮年之作，伤春悲秋，难免多了几分凄凉。

六十六、吊绿牡丹

牡丹山上百花开,老夫独上西瀛台。
闻说绿珠殊绝世,我来偏遇坠苔阶。

一九八一年五月朔

注释:

绿珠:牡丹品种。

朔:农历初一。

译文:

中南海瀛台四周的缓坡上,开满了各色品种的牡丹,我独自登上了西瀛台。听说绿珠牡丹是异常珍贵的稀有品种,我为了观赏它,不顾病体登上瀛台,还不慎滑下台阶摔了一跤。

背景与赏析:

1980年年底陈康白在北京医院治疗一段时间后,他曾出院回到国务院二招的"家"中住了一段时间。但二招清冷的生活逐渐让陈康白的食宿没了规律,身体一天不如一天,在1981年4月,陈康白又住进了北京医院。那一次住院后,王震、王首道、严济慈等老朋友都到医院去探望陈康白,陈康白和他们的交谈也总是离不开国家大事。陈康白在身体每况愈下的情况下,仍然关心着国家的困难和工农业发展的方向,或许他也清楚自己将要油尽灯枯,无法再为国家奔波操劳了,但只要他头脑还清醒,就想用尽最后的气力为祖国的现代化事业做一点贡献。这首诗就是在这一时期写的。

1981年6月2日（五月初一）病情稍有好转，陈康白不顾病体独自来到中南海参观游览。(那时中南海部分场所对外开放)在游览瀛台的过程中，陈康白不慎摔倒，导致病体更为虚弱，随后留下了这首绝句。这也是现存陈康白诗词创作中的最后一首作品。

全诗仅仅四句，记述陈康白从北京医院独自外出去到中南海游览参观的事件。前两句写"牡丹山上百花开，老夫独登西瀛台"，关于牡丹山的确切地点因无作者的明确记录，故此联系上下文将其认定为瀛台四周缓坡。此一时陈康白又以"老夫"一词入诗，且运用了一个"独"字，将他耄耋之年独自登上瀛台的气魄展露无遗，读来令人有苏轼在《江城子·密州出猎》中所写"老夫聊发少年狂"之感。这两句诗的情绪饱满，把陈康白在北京医院久居后难得出来游玩的喜悦之情停在笔尖，落在纸面，以他一贯的豪迈风格来加以展现，颇具韵味。

后两句"闻说绿珠殊绝世，我来偏遇坠苔阶"化用清朝诗人梅庚《落梅》中"闻说绿珠殊绝世，我来偏见坠楼时"句，将梅诗中所写西晋美女绿珠巧妙地转化为眼前的绿色牡丹；又用"遇"字替换梅诗中的"见"字，将后句中的"绿珠坠楼"变为"我坠苔阶"完成了主客体关系上的变更，构思极其精巧，笔触颇为细腻。再说回陈康白和绿珠牡丹，他甚爱这种绿色牡丹，前有一首1980年创作的《赏绿牡丹》是写他在颐和园观赏绿牡丹的经过，因而这绿珠牡丹很有可能就是吸引陈康白来此游览的最直接原因。而后句"我来偏遇坠苔阶"将其赏花过程中摔倒的插曲轻描淡写，一笔带过。但结合其人物生平来看，诗作创作于1981年6月，而他在当年7月底便与世长辞，可以说两者之间不无关系。因而陈康白能在摔倒后仍以这种平淡、舒缓的行文方式加以记述，足以见出陈康白事后回忆之时仍满是对于绿珠牡丹的喜爱，丝毫不觉得自己为它跌倒有什么值得抱怨。这也可以看出陈康白虽人近暮年，但心中那种高度的乐观主义精神没有半分消减，"谁道人生无再少？门前流水尚能西！"

陈康白用生命中最后的作品，以短短四句诗将自己的豪放性格和顽强精神永久地定格在这首诗中。

第二部分 文章荟萃

一、关于麦角固醇 B_3 的氧化（1937 年）

陈运煌

[来自哥廷根大学普通化学实验室]

（收稿于 1937 年 3 月 26 日）

温道斯在研究麦角固醇异构化的过程中，发现麦角固醇 B_3 在 248 mμ 时达到最大吸收值并易于加成马来酸酐这一事实，从中得出重要结论，即麦角固醇包含一个共轭双键系统[1]。麦角固醇 B_3 的摩尔折射率同样证明了这一观点[2]。共轭双键结构应分布在 B 环与 D 环；得出该结论的原因在于，由于羟基与这两个双键不可能同时存在于 A 环上。共轭双键位于一个环上的情况也与观察结果相反——在与硝酸的氧化过程中并没有生成 1-甲基-苯-四甲酸-(2.3.4.5)[3]。根据布莱特规则，在马来酸酐的加成中，两个双键位于相邻两个环上的情况似乎也可被排除。

马来酸加成产物的双键难以氢化的特性表明，这一双键必然位于两个三级碳原子之间[4]。从所有这些实验结果来看，麦角固醇 B_3 可能正如首先由穆勒提出的分子式 I^5 这般。

为了充分证明该分子式的正确性，本人对麦角固醇 B_3 进行了氧化试验，并会在下文对此进行简要记述，尽管基于本人的研究结果仍无法证明麦角固醇 B_3 的结构。

麦角固醇-B_3-乙酸酯被四乙酸铅氧化，氧化过程中一个氧原子被消耗，得到的氧化产物为一个熔点为 173° 的三醋酸酯。经臭氧分解，三醋酸酯的侧链可分裂为甲基-异丙基-乙醛。由此可以证明，氧已加成到环系统的共轭双键上，新形成的乙酰氧基则位于相邻的碳原子（位于 7,8 或位于 14,15 上，因为经四乙酸铅的作用通常会出现乙酰氧基的 1,2- 加成物[6]）。

三醋酸甘油酯与乙醇制氢氧化钠溶液发生皂化反应，生成熔点为 227°的丙三醇。通过与乙酸酐一起加热至沸腾，绝大部分丙三醇转化为熔点为 181°的不饱和乙酰酮，少量丙三醇酯化恢复成三醋酸甘油酯。因此，羟基是第三位键合的，它会轻微以水的形式分离。

在萜类化合物的化学结构中经常观察到相应的例子[7]。这表明，借助四醋酸铅，麦角固醇 B_3 中发生了 1,2-加成。否则，在麦角固醇 B_3 结构中第 7 和第 15 个碳原子处就必须形成两个第二位键合的羟基，这将使在脱水反应下转化为酮的过程难以理解。

通过该途径获取的酮可以在乙酸中与铂黑和氢气反应，氢化生成熔点为 144-145°的达玛烯二醇 II。这个反应大约消耗 3 mol 的氢气。大量的吸氢量以及该反应总反应式表明，羰基氧已通过还原反应被除去。

所获取的氢化物被证明是麦角固醇乙酸盐，混合物熔点未表现出下降趋势。

---

1. Windaus, Dithmar, Murke u. Suckfüll, A. 488, 98 [1931].

2. Auswere u. Wolter, Nachr. Ges. Wiss. Göttingen, 106 [1931].

3. Inhoffen, A. 494, 125 [1932].

4. 二氢麦角固醇 B_3 乙酸盐和铂黑、氢气共置于乙酸中时不可被氢化（尚未发表）。

5. Müller, Ztschr. physiol. Chem. 231, 75 [1935].

6. Criegee, A. 481, 263 [1930]; B. 64, 262 [1931]; Windaus, Inhoffen u. Reichel, A. 510, 225 [1934].

7. Kötz u. Mitarbeiter, Journ. Prakt. Chem. lll, 381 [1925]; Butenandt, Störmer u. Westphal, Ztschr. Physiol. Chem. 208, 169 [1932].

实验过程描述

四醋酸铅对麦角固醇 B_3 乙酸盐的影响：根据温道斯、迪特马尔、默克和萨克菲尔的研究结果麦角固醇乙酸盐转化为麦角固醇 B_3 乙酸盐，熔点为 132°、比旋光度为 $[\alpha]_D^{20}$：—183.5° 的乙酸盐被氧化。

将 500 mg 麦角固醇 B_3 乙酸盐溶解进 100 ccm 在铬酸参与下被提纯的乙酸中，用 20 ccm 0.135-n 四醋酸铅溶液进行置换反应，在地下室温度下静置 24 小时，将过量的四醋酸铅根据克里格研究成果进行反滴定。500 mg 麦角固醇 B_3 乙酸盐消耗了 16.90 mL 0.35-n 四醋酸铅溶液，与 0.99 个氧原子的量符合。室温下耗氧量更大。

麦角丙三醇三醋酸酯

将 5 g 麦角固醇 B_3 乙酸盐溶解进 1 l 在铬酸参与下被提纯的乙酸中，所得溶液用 170 ccm 0.135-n 四醋酸铅溶液进行置换，在地下室温度下静置 20 小时。过滤后取滤液，用 10 ccm 饱和亚硫酸氢钠溶液进行置换反应，反应后的溶液通过减压蒸馏分离，用 600 ccm 乙醚萃取。所得似醚溶液先用稀释的亚硫酸氢钠溶液、再用水洗，加入十水合硫酸钠，蒸发结晶。将残余物溶解进 200 ccm 微沸的汽油中，用 150 ccm 90% 甲醇振荡分离，重复五次。后向甲醇层加水稀释至 50%，再用汽油完全萃取。蒸发汽油，酒精残余物首先呈现短针状，后维持在六角形厚片状。残余物易溶于三氯甲烷或苯，微溶于丙酮、醋酸乙酯或酒精，难溶于石油醚，熔点为 172~173°；最高收率下得到产物 0.74 g。

25.2 mg 物质：2 ccm 三氯甲烷 l = 1 dm, a: +0.18°. $[\alpha]_D^{20.3}$: +14.3°.

4.306 mg 物质 : 3.640 mg 水 11.565 mg 二氧化碳 — 8.111 mg 物质 : 4.06 ccm $n/100$ - 氢氧化钠.

$C_{28}H_{43}O_3(CH_3CO)_3$. 理论值 C 73.34, H 9.41, CH_3CO 23.20.
                测量值 ,, 73.22, ,, 9.46 (Roth),   ,, 21.53 (Roth).

8.765 mg 物质 : 溶于吡啶, 温度 21°: 0.02 ccm CH_4, 温度 95°: 0.04 ccm CH_4 (Roth)

$C_{28}H_{43}O_3(OH)_3$. 理论值 : 活泼 OH 3.06. 测量值 : 活泼 OH 0.17 并 0.34, 无可用价值.

麦角丙三醇

将 1 g 麦角丙三醇三醋酸酯溶于 30 ccm 酒精中, 加入 1 g 氢氧化钾置于蒸锅上加热 0.5 小时, 过滤, 滤液在减压条件下浓缩至约 15 ccm。静置后析出针状结晶。用含水酒精再结晶, 析出细长针状结晶, 熔点 227°。

3.986 mg 物质 : 3.795 mg 水, 11.46 mg 二氧化碳. — 5.516 mg 物质 : 溶于吡啶, 温度 21°: 0.59 ccm CH_4.

$C_{28}H_{43}(OH)_3$. 理论值 C 78.08, H 10.76, 活跃 OH 11.84.
            测量值 ,, 78.41, ,, 10.65 (Roth), ,,   8.17 (Roth).

用醋酸酐煮沸, 麦角丙三醇少量变回熔点为 173° 的三醋酸酯, 混合熔点未显示降低。

22.10 mg 物质 : 溶于 2 ccm 三氯甲烷, $l = 1$ dm, a: +0.17°. $[\alpha]_D^{20.5}$: + 15.4°.

3.930, 4.753, 2.782 mg 物质 : 10.58, 12.800, 7.49 mg 二氧化碳, 3.30, 4.006, 2.32 mg 水.

$C_{24}H_{52}O_6$. 理论值 C 73.34, H 9.41. 测量值 C. 73.42, H 9.39 (Roth);
                    ,,   73.45, ,, 9.43 (Meister)
                    ,,   73.43, ,, 9.33 (Kautz)

臭氧对麦角丙三醇三醋酸酯的影响

将 1 g 三醋酸酯溶于乙酸中,室温下和臭氧反应 2 小时。所得溶液与约五倍量的水进行置换反应,用明火缓慢加热,直到 3/4 溶液转换完成。将馏出液用稀释的氢氧化钠溶液恰好完全反应,将所得弱酸溶液再次蒸馏。馏出液释放出明显乙醛气味,被斐林试剂和含氨硝酸银溶液还原,与品红亚硫酸试剂作用呈深红色。将馏出液用碳酸氢钠溶液完全中和并用醚提取。所得似醚溶液用十水合硫酸钠脱水,再用 0.1 g 饱和 2.4- 二硝基苯肼含丙酮甲醇溶液进行置换反应。将混合物置于蒸锅以 30° 水浴加热 0.5 小时,在真空下除去乙醚。将残余物用石油醚进行萃取,分离过量二硝基苯肼。浓缩石油醚过程中析出二硝基苯腙析出金黄色片状结晶,两次再结晶后于 124~125° 温度下熔化。

2.370 mg 物质 : 4.520 mg 二氧化碳,1.292 mg 水 . — 2.536 mg 物质 : 0.453 ccm 钠 (21°, 729 mm).

$C_{12}H_{16}O_4N_4$. 理论值 C 51.42, H 5.77, N 19.99.

测量值 ,, 52.01, ,, 6.10 ,, 19.90 (Meister).

乙酰麦角二烯酮

将 1 g 麦角丙三醇和 10 ccm 的纯乙酸酐在明火上加热 1 小时。反应溶液最终呈橙色,将溶液在真空状态下除去乙酸酐,残留物用酒精吸收。滴水后有三醋酸酯结晶析出。滤净三醋酸酯,将滤液在真空状态下浓缩。通过添加丙酮并将其在低温中静置使其二次结晶。在乙酸乙酯中经过两次再结晶后,得到熔点为 180~181° 的菱形片状固体。其与硝普钠反应呈黄色,经席夫试验呈淡红色。

12.60 mg 物质：溶于 2 ccm 三氯甲烷，$l = 1$ dm, a: + 0.23°. $[\alpha]_D^{19.2}$: + 36.5°.

4.226, 4.212 mg 物质：12.270, 12.195 mg 二氧化碳，3.838 mg 水.

$C_{30}H_{46}O_3$. 理论值 C 79.20, H 10.20.

    测量值 ,, 79.18, ,, 10.23 (Meister); C 78.96, H 10.20 (Meister).

13.110 mg 物质：2.74 ccm n/100 - 氢氧化钠.

   $C_{28}H_{43}O_2(CH_3CO)$. 理论值 CH_3CO 9.45. 测量值 CH_3CO 9.00 (Roth).

将乙醇中过量的游离氨基脲煮沸一段时间，甲酮未形成缩氨基脲。然而，可以通过将 1 药匙上述所得甲酮与 15 药匙乙酸酐，2 药匙乙酸钠和 3 药匙锌粉混合并短暂再沸后，获得化合物 $C_{32}H_{50}O_4$。其在乙酸酯和酒精中析出熔点为 168° 的长薄片结晶。

2.225 mg 物质：6.307 mg CO_2, 2.046 mg H_2O.

  $C_{32}H_{50}O_4$. 理论值 C 77.06, H 10.10. 测量值 C 77.31, H 10.29 (Meister).

乙酰麦角固醇

将 112 mg 麦角固醇乙酸盐和 2 g 铂黑在 30 ccm 用氢气和催化剂振荡的乙酸溶液中进行氢化反应。5 小时内有 15 ccm 的氢气 (19°, 737 mm) 被吸收，按双键计算为 5.06 ccm。

用催化剂过滤乙酸溶液。滴水后有薄片产生，薄片从丙酮和乙酸乙酯中再结晶后熔点在 144~145°。与利用盐酸从麦角固醇乙酸酯过氢化后获得的麦角固醇乙酸盐的混合熔点并未降低。

4.529, 3.135 mg 物质：4.800, 3.283 mg 水，13.484, 9.330 mg 二氧化碳.

 $C_{30}H_{52}O_2$. 理论值 C 81.02, H 11.78.

    测量值 ,, 81.20, ,, 11.86. C 81.17, H 11.72 (Meister).

8.230 mg 物质：1.75 ccm $n/100$ - 氢氧化钠.

$C_{28}H_{47}O(CH_3CO)$. 理论值 CH_3CO 9.67. 测量值 CH_3CO 9.15 (Roth).

非常感谢尊敬的温道斯教授对我实验、论文的支持与帮助。感谢中国博士教育文化基金会，没有其资助，我的论文很难完成。

（根据陈康白遗存《德国化学学报》论文单行本翻译整理，翻译：宋方方）

背景说明：

陈康白（原名陈运煌）1927年在厦门大学毕业后留校任教，一边教学一边从事大量的科研工作，还经常发表论文并有不少科研创新。1929年陈康白被浙江大学看中，邀请他到浙江大学文理学院化学系从事科学研究。1930年陈康白又一次得到命运的垂青，他的学术能力被北京大学看中，聘请他到北京大学理学院工业研究室作研究员。陈康白在北京大学工作了近三年，这期间发表了多篇论文，得到同行们赞誉，有的论文还在国外的学术刊物上发表。陈康白的论文发表以后引起了德国哥廷根大学化学权威、1928年诺贝尔化学奖得主阿道夫·温道斯院长的重视，他对陈康白的研究水平大加赞赏，邀请陈康白适时到哥廷根大学讲学、做学术交流。1933年陈康白在长沙通过考试获得了公费留学资格，由中华文化基金委员会出资送陈康白到德国哥廷根大学化学研究院作研究员，专攻生物化学。

这篇论文是陈康白1937年年初在德国哥廷根大学进行科学研究工作期间撰写的一篇学术论文，由《德国化学学报》以单行本形式出版发行。由于笔者并未找到此论文的中文版本，故委托北京理工大学外国语学院德语系学生翻译而来。在此特将本论文列为陈康白文章集萃的第一篇，作为青年时期的陈康白科学能力的重要证明。

二、整理陕北石油矿建议书（1938年上半年）

第一章　绪言
第一节　陕北石油之沿革

陕北石油矿发现甚早，其有记载可考者，如延川、肤施二处，远在汉唐，见汉书地理志；永平一处，至元时始有记述，见元一统志。当时或以燃火，或以治疾，或以制墨，但均未大量开采。

延至清光绪二十一年，有德人至延长调查石油，至光绪二十九年，由德国世昌洋行勾结延长绅士，私订合同开采。嗣由清廷向德人力争，收归国有。遂于光绪三十三年，派延长知县洪寅，聘日人佐滕为技师，着手兴办延长石油官厂，资本总数为库银二十七万两。由佐滕勘定第一号油井（按即延长西厂之老油井），着手开凿，井深二十六丈，每日产油二三百斤，此井至民国六年，由尤云彪君淘深一丈，每日产量，遂增至二千斤。至民国二十四年，易置采油机件，新机常生故障，遂被水淹，不复产油。在佐滕解约归国后，清廷复于宣统二年，聘日人大塚至延长勘测油田，拟作规模较大之开采，计在延长城内外测定油井二十口，城东十里之胡家川测定油井二口，城东南二十里之蓼子原，测定油井六口，城西南之乔家石科，测定油井七口。同时清廷亦曾派遣学生赴日本专习石油工业，至宣统三年，第一批学生回国，到厂工作。遂在第一号井西北四十丈处，凿第二号井，深三十二丈，每日产油二三百斤，但与第一号井同一来源，此汲彼竭，互为增减。民国八年被毁于匪，同年在城西二十五里之舍利庄试凿第三号井，深亦三十二丈，每日产量，亦三百余斤。继又在第一号井以北高山坡上，凿第四号井，深五十五丈，因不见油放弃。复在城东雷家滩凿第五号井，深至四十丈，因未见油放弃。

嗣后陕北土匪充斥，不时攻城，厂方叠有损失。又因民国三年中美成立油矿事务所，由美孚公司派技师到陕北探矿。历时二载该技师等声称陕北石油矿油量不富，政府遂贸然弃置，不复注意，直至民国十二年，毫无发展。按美孚公司在延长城西河滩曾掘一井深八百七十公尺，虽见油以水量过多放弃。复在烟务沟油苗之北六里处掘一井，深六百公尺，据称每井产量仅二三百斤，亦经放弃填没。复至肤施东十里之乔儿沟掘一井，深九百公尺，因油量极微放弃。又至中部店头镇经石崖掘一井，深一千二百公尺，并在镇南十五里掘一井，深八百公尺。据称第一井掘至四百三十六公尺时，见油较多，计全井油层有五，其余四层油皆不多。最后至宜君金牛庄掘一井，未见油亦放弃填没。凡美孚油公司所掘多井之地曾记载与钻探详细结果，均自行携去，未向中国政府详细报告。当时政府亦不知此项记载，对于以后研究陕北石油，有何价值，竟未置问。直至民国十三年始由陕西实业处，派赵国宝为油厂总经理，于县城西门内试凿第六号井，深三十丈，因未见油放弃。后在东厂后山掘第七号井，井深三十余丈，但产油不多。十四年复在延川南北岸凿第八号及第九号井，因机件损坏，未完竣工。此后德理易人工作中辍直至十八年，陕西建设厅派包恩骙为油厂监督，复于第一号井西北三百公尺之山坡，掘第十号井（又称新一号井），深五十二丈见油，每日产量初为七千斤，继至二万斤。但储油炼油机件容量过小无法处置，采油一日，常须停采数日，遂致油源闭塞，渐减至一二百斤。嗣后包君复在第一号井东南西北四面，各百数十丈不等，连凿数井，深度自三十六丈至六十丈，均未见油。

民国二十一年至二十二年，先后由中央国防设计委员会，派谢家荣、王竹泉二君至陕北就地研究油田地质、及石油储量。二君调查后，所持见解各异，谢君称陕西地层平缓，油脉平敷，油质不能集中，钻探难得大量储油。王君称陕北地层虽大部平缓，但亦不乏倾斜度较大之处，如延长永坪等处，即具此条件，因持议开采仍有希望。因在延长东门外雷家滩，拟定四井，在永平石油沟拟定六井，称如试采成功，则延长、烟务沟、乔家石科、肤施、沟门上及排家庄等地，均可次第试探。事后资源委员会，曾采王君意见，进行整理工作，并于廿四年至廿五年，先后在延长、烟务沟前后沟及永年石窑坪开四井。仅延长、烟务沟前沟及永坪石窑坪之第一号井凿成，其余皆未竣工，因政局变迁一并放弃。

此后国民第八路军驻防陕北，复就旧有油井，加以修葺凿深。永平二井，每日遂产油五六百斤；烟务沟一井，亦产油二三百斤，采油至今不辍。总计三十三年中，在陕北光复所开各井，其有明确记载者，共二十五处。除美孚公司及资源委员会离开延长区域所凿九井外，其余皆株守延长城西一隅，相去不出百数十丈。此中如第一号井，产油三十年如一日。第十号井产油曾有量大莫能容之况，亦可见延长油藏未必无希望。惜乎机器陈旧不全，方法粗掘可笑，油厂之设，不过奉行故事，位置冗员。加之时局不定，变故频仍，器件毁损，工作不力，故成效不著。至于美孚公司钻探之井，寥如晨星，相去各数百里，即情形真实，欲推定全局，亦近武断，价值有限。近来抗战正至相持阶段，石油需要恐亟，如此油藏，竟同坐弃，自应加以整理，俾能合理开拓。边区政府有鉴于此，对油田区域与原油品质储量，曾先后派员，详加研究，认为希望尚大。延前年秋季渝中参政会，通过西北经济建设提案，更感陕西石油矿为西北经济建设基础之一端，故以所知，简述于此，并附整理计划，以备采纳。

第二节　油田地质及矿产范围

陕北油田地质，据地质调查所王竹泉君调查结果（见地质图报二十号），谓陕北油田地质，可分肤施、永平、延长三组。肤施组属下侏罗纪，位置最居上层，共含有油层三，油苗发现于肤施城南二十五里之沟门上，及城西二十里之排家庄。永平组而知稍下，属中三叠纪，有油层二，油苗曾发现于永平镇东十里之石油沟，共有三处露头。延长组位置最下，属上三叠纪，有油层四，油苗共发现五处。第一处见于延长县城西南之乔家石科，属第一油层。第二处见于西门外石油官厂第一号油井附近，属第一油层。第三处见于城东北十里之烟务沟，属第三油层。第四处见于烟务沟东南之呼家川，层别不明。第五处见于呼家川东十里之蓼子原南沟，属第四油层。据王君由地质上判断，永平、延长二组，含量应较肤施组为富，但其调查地区，以当时地方不清，仅限于延川、延长至肤施之一狭长地带（公路沿线）前兹赵国宝君，曾著启发陕西石油矿设计一文，载矿冶第四卷十六期，阐述陕西油田地质及当时发现之油苗分布地点，甚详，计所举凡三十七处地点如后：

（一）延长张家湾延水北岸

（二）延长乔家石科山沟内

（三）延长城西张家园子延水河岸

（四）延长城南延水南岸

（五）延长城东雷家滩河床

（六）延长胡家川村西首

（七）延长胡家川西南沟岸

（八）延长烟露沟前沟

（九）延长管子园沟白家川北首

（十）及（十一）延长管子园沟前项油苗之北共二处露头

（十二）延长蓼子园村西南首山沟

（十三）延长楚王庄

（十三）延长楚王庄北首

（十四）延长青渠里溪边

（十五）永平石油沟河床

（十六）肤施卡家坪沟边

（十七）肤施张家渠沟内

（十八）肤施城南首

（十九）肤施南家头村延水岸

（廿）肤施董家沟西河支沟沟底

（廿一）肤施董家沟村石油沟河底

（廿二）肤施胡家沟南首

（廿三）肤施胡家沟西河沟前

（廿四）肤施潘家庄西河沟北岸

（廿五）肤施郭家沟岔口

（廿六）肤施口门上石油沟溪畔

（廿七）肤施口门上前处之南

（廿八）甘泉沙子湾村北

（廿九）鄜野城西南溪内

（卅）中部店头镇西北三川驿

（卅一）宜君廣平沟河底

（卅二）宜君衣村西首

（卅三）宜君贾朱河西湾

（卅四）宜君卅里铺两朱庵河床

（卅五）旬邑县南

（卅六）宜君两食村五岳庙南石油沟

（卅七）宜君金牛庄沟内

此项油苗，去今日久，山崩土掩，雨蚀风侵，变更已多，延至目前，除王君所述各油苗，仍全数可稽考外，其新近露头者，尚有下列各处：

（一）永平石油沟东十里之冯家坪永平川岸

（二）永平李家沟村后沟

（三）延长槐里坪延水南岸

（四）延长雷家滩延水两岸

（五）延水牛家湾延水南岸

（六）肤施侯家沟沟内

综计上举油苗分布面积不下三万方里，而以往钻采地点，仅限于延长一角、永平数畮，及其他远若参商之数点，自难臆断全局。以求问题之合理解决，此殆吾人亟须注意者也。

第三节　油业现有设备

陕北油业开拓，既在卅年前，所用凿井采油方法，均枉陈旧之钻掘式。当时目的，只为提炼灯油，一切炼油设施，亦均以油灯为指标。加之交通不便，机件改装不易，政局变迁不常，油厂叠遭摧残。中间虽经一二当局添置三数副产品提制机件，究属能力有限，难言周备。故直至今日，所有设置皆陈旧不堪，墨守残破，欲求石油工业之合理发展，适合现代要求，殆非大事革新不可。凡现有设备，可分凿井采油机件及炼油厂二种。前者以美孚公司遗留者居多，资源委员会添置者次之。而屡经变故，遗患极多，近由保管机关查验，计能勉强配置操作者，尚有五套。前秋中央经济部企图采玉门油矿，派员提去三套，故现存仅二套。至炼油厂之机件，大都置于卅年前。计延长有东西二厂，永平有炼油室一间，延长东厂装置大部为炼油而设，计有容量为七千二百斤之横卧式炼油锅一具，冷却槽一具，及容量为二万六千斤之洗涤器一具。此外有容量一千八百斤之直立圆锥式油渣提炼锅一具，钢板贮油槽二具，木制之腊压榨器三具，发汗皿一具，油渣焚烧器一具，布制油烟收集囊，及水窖一所。西厂即第一号油井所在地，大部装置为采油而设，计有廿五匹马力之蒸汽锅炉一具，与引擎轮轴抽油筒贮油池等等。永平炼油间，仅有容量四百五十斤之横卧式炼油锅一具，冷却槽接受器洗涤筒数件，余无长物。凡此皆卅年破旧器件，曾经修理，腐蚀殆遍，且其构造上之基本缺点甚多，应行全部改装，俾符目下需要。

第二章　原油品质
第一节　化学成分

陕北原油显分二种，一作深棕色，质极稠密，水分多，汽油成分少。一作深绿色，油质清澈，汽油成分高，水分低。前者如延长两厂第一号井、烟务沟新开井、及蓼子原胡家川、槐里坪与肤施之侯家庄、排家庄之原油属之。后者如永平新开二井、石油沟及冯家坪油苗、与延长之乔家石科、雷家滩、朱家湾各油苗之原油属之。凡各油苗之原油，受挥发及掺杂影响特巨，故未予化验，下表所列化验结果，一系烟务沟前沟油井所产者，一系永平石窑坪油井所产者，取其可以代表上二种不同原油也。

第一种原油（石窑坪）		第二种原油（烟务沟）	
水分	7.5	水分	39.4
灰分	0.58	灰分	2.8
沥青	18.7	沥青	21.4
石蜡	2.8	石蜡	5.3
不饱和碳化氢	3.7	不饱和碳化氢	7.8
碳	84		
氢	3.9		
氮	0.68		
硫	1.3		

以上第二种原油曾经强度乳化作用含水成分特多品质低劣,故未详细检定。

第二节 蒸馏结果

此项实验系取石窑坪油井原油用连续蒸馏法,先使原油加热脱水,次行连续蒸馏,使原油所含各种油类按温度差别次第馏出,并将初馏所得行分馏,标作最后部分,并行减压蒸馏,使各种油类相互分离,在各项标准温度下得出油类之百分比,详见下表。

一

初馏结果	温度	百分比	附注
粗汽油	38℃至210℃	22.5	
粗灯油	210℃至300℃	30.1	
蜡油及重油	300℃至350℃	18	减压至三十耗
沥青	350℃以上	23	未行蒸馏

二

分馏结果	温度	百分比	附注
挥发油	38℃至70℃	1.5	
轻汽油	70℃至120℃	9	
重汽油	120℃至160℃	7.6	
擦金属油	160℃至200℃	4.4	
灯油	200℃至280℃	26	
重油	280℃以上	4.1	并入第三项

以第三项蜡油及重油行化学处理及减压蒸馏即得下项油类。

硬蜡	3
软蜡	2
机器燃烧油	8.4
轮轴油	5.1
抽压机油	4

按上述结果颇符合品质优良之原油具有之条件。

第三节 品质上之工业地位

根据上项化验及蒸馏结果，第一种原油之品质视美著名原油并无逊色，兹就美俄二国著名产油地之原油作一成分比较，即见一班。

化学成分油类百分比

原油产地	碳	氢	氮	硫	氧	汽油	灯油	重油	沥青
美国 Peuneyhania	86.6	3.89	0	0.06	0	10.5	63.5	17	9
美国 Ventura California	84	3.7	1.7	0.4	1.2	27.5	25	20	25
俄国 Grany	85.9	13	0.07	0.14	0.74	19	16	56	5
永平石窑坪	84	12.9	0.68	1.12	1.3	22.5	30.1	18	23

据此第一种原油就品质论其在工业上之地位竟可跻于欧美著名原油之列，如可采油量不成问题，必能合理开拓建立东方有希望之油业。

第三章 石油储量
第一节 地质判断

石油矿储量之论者，辄以植物根源与动物根源为断。如属植物根源则量恒少，如属动物根源则量恒大。据谢王两君就陕北地质判断，谢君曾在延长东南距黄六十里处之一种黑岩中采有鱼类鳞片化石及叶鳃类化石，主张此岩为生油岩层。王君就地层判断，谓延长、永平二组之含油地层均在此项油层之上，亦认此岩层与油之生成有密切关系。此外，谢君认陕北产油层应属五六百公尺之下侏罗纪，王君仅认肤施组产油层属下侏罗纪，至延长、永平二组应属三叠纪。截止现代止，大量石油矿无发现于侏罗纪者，故谢君又认陕北石油不致有大量希望，王君则较乐观，仅认肤施组含油量或不甚大，此一说也。至美孚公司之报告则推定陕北产油地层属于三千余尺之石炭纪，石炭纪原为大量石油出产地层之一，但陕北此地层产煤颇富，可见石油与煤同层，疑系植物根源则大量亦少希望，此又一说也。二说所持论点虽异，至谓无大量希望则一，但同一陕北油田地质而见解各殊，如此显然为调查不同时取决之地层不一致得出之结果。然则，据此推及全局之各种判断是否可靠？令人亦不无疑惑。事实上，王谢二君调查时间及地区均失之短狭，美孚公司调查时间虽较长，而所钻探之地相去太远，井口数目太少，凭心而论，勘测均欠精密，持论近乎武断。或谓美孚公司为垄断东方油业市场计深，恐我国发现较大之油矿徒增该公司油业之劲敌，故特掷此数百万元制成此项似是而非的空气，以愚我国政府之耳目，此系该公司商战策略，其说亦颇近情理。总之，上项地质判断颇难令人满意，殊有再事严密勘测之必要也。

第二节　化学判断

化验油质亦可推断石油来源出自动物或植物，下述两种检定所得结果均证明陕北石油为动物来源。

（一）贤石质 cholesterin 之检定：用原油一千克于干燥氧化碳气中行脱水及低沸点油类蒸发操作，使汽油及灯油部分完全蒸发。次加一比一之 Benzol-Benzin 混合溶剂行抽取操作，然后用真空低温蒸馏使此项混溶剂蒸发，所余之胶状物质复溶于乙醚及酒精之混合溶剂中，行低温去脂操作，再使酒精及乙醚蒸发所得不含蜡之胶状物质复溶于二比一之 Benzol-Alcohol，混合溶剂中加微量之水，行循环抽取操作，再将苯及酒精溶液分别行减压低温蒸馏，由此所得之不同胶状物质各分别作贤石质与三氧化锑之色反应试验，就此项色反应之迟速深浅测定所含贤石质成分多寡，再行上项循环抽取操作使贤石质渐归纳于一种溶剂中，与其他不用物质分离。此项含贤石质较富之溶液再行低温减压蒸馏操作，使溶剂蒸发所得胶状物质再溶于 Benzen 中滤过无水氧化铝层，使其他不纯杂质渐次除去，由氧化铝层滤过后所得之溶液再行低温减压蒸馏，使溶剂蒸发最后所得胶状物质呈浅黄色，对于三氧化锑之色反应急速初作紫色十五分钟后渐变紫红色，最后作紫蓝色与贤石质之色反应完全相仿。

（二）原油含水之检定：由原油加热析出之水过滤后再行加热蒸发，则得呈黄色不规则混合结晶体，次取此项结晶体溶于蒸馏水中，分别作各项无机检定，即得钾钠铁铝镁钙氯碘及硫酸碳酸根之显著化学反应，而钠及氯成分最大，其百分比颇与海水含上项物质之比例相仿。

由第一项实验可知，原油含有贤石质此项化合物之存在，为原油含有动物细胞物质之特征，亦即该项原油由动物酝酿而成之证验也。至原油所含水分由第二实验推测应为海水。合而证之，则此项石油之根源理应为海产动物，并此其储量应有较富之希望。据地质家言，古代亚洲地形仅西藏高原为陆地，甘陕川滇以次均为接近此高原之海洋，以地势高度推之，我国油田地点应与苏联巴库油田地点在当时应同属一海洋。故陕甘石油之生成时代颇有与巴库石油同纪之可能，巴库石油已经公认为新生时代第三纪之产物，其储藏量极富，我陕甘石油亦或同此情形，此说日人多主张之。就前章化验所得结果论，陕北石油品质亦近乎于俄国巴库原油之品质，则日人此说未必为无稽之谈，姑举以待证。

第三节　可采油量

由上述地质化验判断可见，陕北石油确为动物根源，其储量理应丰富，至产油地层究属谢王二君主张之侏罗纪与三叠纪，或美孚公司主张之石炭纪，或日人主张之第三纪，似应待之范围较广、钻眼较深、测勘较精之普遍事实证据，方可决定。论者谓，已往钻采各井均未中的，现有产油井或许系由一地质断层裂缝中渗出之油浸润所成，故产量不大，而油泉源源不绝，按延长第一第二第十号井及烟务沟前沟新开井位置，均同在一直线上。前者包恩骎君曾在此直线之外就第一号井东南西北四面各数十丈凿井四所，皆不产油，似此则断层渗漏之说亦颇近理。大凡地质变迁多不可以恒情论，年代较古地层（如石炭纪、侏罗纪）常可因断层关系跃居地面。而年代较新地层（如第三纪）反可深埋地下，倘不经普遍严密研究，殊难就局部有油田地层推断全局。以往之调查钻探工作颇坐此病，臆断之下，即谓陕北产油地层系由断层关系深埋地下之第三纪或白垩石炭诸纪所产，亦何所不可？在此未有充分证据之前，对于石油储量自难剧下断语，目下姑置不论。所应注意，有陕北油苗分布之广、历史之长、如彼油质之优良、根据之验证又如此，其来源绝非由一浅薄地层可知，则此项深蕴未露之石油来源汇集地点究在何处？吾人万不能不加研究遂轻轻放过。近代科学昌明，对地下储油绝对有方法测验，如利用物理学对地层密度测验之 TaussigBalanz 以测石油汇集地点，即其一种。然则，对于陕北石油可采量最好俟之此项测验及合理地质普遍钻探之后，再作判断较为合理可靠。他如背斜穹层之搜寻，当亦试探期中重要工作之一，自应加以相当时日，并采兼施，将范围辽阔之油田缩小为适宜开采之面积，再就此项面积中测定多数井口之位置，按步钻掘，自然有成。一旦中的，储量之巨与美之特可塞司、俄之巴库何莫不可并驾齐驱？此亦事在人为耳。

第四章 油业整理之计划
第一节 资本及余利

陕北石油矿情形已如上述，目前有希望之油田当推延川、延长、肤施三区。为明了地质详细情形及油藏地点计，应先进行严密测勘，次就勘定地区测定井口位置三百所，继即依测定地点次测探，次第钻掘。姑预定前项工作时间为一年，后项工作时间为二年。据以往钻探经验，姑假设每井平均深度为五十丈，储油量为五百公吨，所凿之井因地质情形难测或机件能力限制，仅半数产油，则第一期之总产量应当为七万五千吨，每日每井可产油六百八十五公斤，按此标准，则应有下项处置及资本。

（一）地质探勘费用——十万元

（二）八寸小型旋转式钻井机十部——五十万元

（三）二百千瓦交流发机及附属锅炉引擎各九部——三十五万元

（四）十二千瓦感应电动机八十部——十二万八千元

（五）八十千瓦感应电动机三部——三万二千元

（六）二十高压电泵（每方寸压力六百磅）八十部——十六万元

（七）电线电台材料——六万元

（八）三十五吨原油槽六具——五万元

（九）压送机百具——三万五千元

（十）输送管三十万尺——二十四万

（十一）卅五吨炼油厂三所——六十万

（十二）机件修理材料——十万

（十三）工程应用材料——十二万

（十四）机件安置拆卸及迁移用费——十五万

（十五）修理厂二所——六万元

（十六）机件运输费——十二万五千元

（十七）延长段公里二十五公里建筑费——八万元

（十八）二十吨煤井三所——十二万元

（十九）房屋建筑费——四万元

共需三百万元。假定初步资本为三百万，按周息八厘二十年折旧计算，则每年应有三十九万元，若每年维持费项下之动力消费为九万元，化学药品消费为五万元，工资伙食七万元，则平均每年支出为六十万元。兹按原有产量七万五千公吨，经提炼后所得数量较化验结果百分比少百分之七十估计，应可得下项品：

（一）汽油——一万五千公吨

（二）灯油——二万〇二百五十公吨

（三）柴油——五千四百公吨

（四）石蜡——二千〇二百五十公吨

（五）润滑油——一千三百五十公吨

（六）轮轴油——三千三百七十五公吨

（七）轮压机油——二千七百公吨

（八）沥青——一万五千七百五十公吨

目下沿海商埠之美孚汽油每工吨售价平均为五百六十元，西安汽油每公吨竟售至一千九百八十元，则汽油一吨按沿海售价可得二千九百七十万元。姑照沿海售价计算，即汽油一项收入减去三年总支出尚可净得六百六十万元，其他油类之利益更将倍从于此。此仅就产油井一百五十所产量七万五千吨估计，若能增加井数或每井产油量较五百公吨为多，则利益将随之增加。反之，如所凿井数仅及前数五分之一，或产油量仅及前数五分之一，或所凿各井仅十分之一产油，则汽油一项收入仍可维持全部支出，其他便为净得。

第二节 运输及销场

陕北自西榆公路通车后，普遍运输工具多借骡车与汽车。前者每车平均可载重五百公斤，用骡两头，一人跟随。自陕北至西安须时十日，综计工资、伙食、骡料约三十元每公吨，运费不下六十元。后者载重一公吨之车，自陕北至西安平均需用汽油五十加仑，如按每加仑汽油价三元，加司机工资伙食，则每公吨不下一百六十元。此项运费对于售价不高之产物，不论成本如何低廉均无法转输推销境外。但矿物油成品售价甚高，故采用上项运输工具仍可获利。为减低成本、争取销场计，当然仍以采用轻便铁道运输为最廉。兹假定，循西榆公路筑成三十磅窄轨轻便铁道与陇海线衔接，全线长约五百公里，所有建筑工程钢轨、枕木、机车、货车及其他建筑材料之需费，按每公里四万元计算，共需两千万元。若周息八厘，二十年折旧，则每年需二百六十万元。又假定常年铁路开支为二十万元，则每年共需二百八十万元。似此，初期石油成品每公吨运至西安成本平均合七十元。查陇海、平汉、平津运输价目，由西安至郑州每公吨取费十五元九角，至上海三十四元三角，则每公吨成本至郑州不出八十六元，至上海不出一〇四元。如采用骡车作陕北至西安运输工具，每公吨成本至西安不出八十八元，至郑州约合一百〇四元，至上海应为一百二十二元。若采用汽车运输，按载重一吨之车，自陕北至西安约须汽油 0.142 公吨，则以每吨原油所产汽油（0.2 公吨）运所产石油成品至西安，约需 0.12 公吨，尚可余汽油 0.08 公吨。按原油产量七万五千吨计算，应用汽油六千公吨，则每公吨成本至西安应合三百元，至郑州约合三百一十六元，至上海约合三百三十四元。日常石油成品每公吨平均价自三百至一千三百元不等。

由此可见，此项石油成品定能垄断全国市场，其中，尤以轻便铁路运输为最廉，且上述铁道运输之估计，系专就运输石油成品而言，他如陕北及绥远、甘肃、宁夏所产之盐、碱、煤、铁、硝石、皮毛、药材等，皆可借此路运输，其踊跃情形定可预期。即石油输出量每日不满二百吨，亦可借其他收入为补充。将来油业逐渐发展，产量愈巨，则成本愈低，销场自必愈广耳。

第三节　实施步骤

资本余利运输销场之情形既如上述，今欲求此项计划之实施，必就须开拓次序及机件备置，妥为筹划，然后可合理完成，兹按上述情形预定进行程序如次。

第一期

第一年：应就延川、延长、肤施三区进行地质勘测，兼用物理探勘及地层调查两种方法测绘，适宜储油地段勘定井口位置三百所。同时，应将西榆公路至延长之段完成，并按上项估计，将一切凿井、采油、炼油机构购置齐备，运至测定开采地点。关于机件购置应兼采向外购置及自行制备，凡本章第一节（二）（三）（四）（五）（七）（十）（十二）（十三）八项应即向外订购，其余斟酌可能情形，分别购置或自造。凡应向外购置者，复可放宽香港、苏联二途。盖所有机件类可分部拆卸装箱，由载重汽车输入陕北计。由香港用海陆联运经安南至昆明，改由汽车经滇、黔、川、陕干线运至陕北，与由苏联由火车运至哈密，改用汽车经新疆、甘肃至陕北之线。路程长短相若计，公路约在八千里左右，须时约一月，共须预备两吨汽车一百二十辆，费用十万元。

第二年及第三年：应设立六百千瓦发电机三台，完成油井三百所，建造三十五吨炼油厂三所，附设修理厂三所，小型煤矿三所。在此期中，应就上述油井三百所钻探所得油田精确情形悉心研究。另于三区内严密测定三倍至五倍之井口位置，再就三区之外凡油苗露头地点继续勘测新油田，测定井口位置三百所，以供第二期开拓。

第二期

第一年：应完成第一期第二年测定各井口之钻探，并按产油情形酌量增加，置凿井、采油、炼油机构及副产品制备厂，如土沥青工业制造厂、医药用品制造厂等等。以达年产原油三十万吨，及充分利用各项副产品之希望。

第二年：应就第一期及第二期第一年钻探结果所得油田详细情形，另测定十倍或百倍之井口位置，按步钻掘，务使地下储油采掘无遗。然后依油田分布地带逐渐推展并及甘肃、新疆、四川等地。

此外，在第一期中，应依咸榆公路线测定轻便铁道线，于此期之末完成之，则最初开发资本不至过巨，筹措较易为力，及成效已著。然后以所得利益变为资本，并募较大基金以谋轻便铁道之建筑。及油业之推广，则事功易集，整理前途较有把握，五年之后基础已立，发扬光大，措施裕如矣。

（根据陈康白遗存手稿整理）

背景说明:

1937年年底陈康白初到延安引起很大的轰动,大家争相传诵:一个大科学家来到了延安。陈康白的到来也引起了中央的重视,毛泽东、张闻天、朱德、李富春等多位中央领导亲自接见了这位海外归来的科学家。陈康白在延安熟悉了一段时间以后,就开始调查陕甘宁边区的工业情况,先后到安定、安塞、保安、甘泉、关中等地实地考察,然后对延长、永坪、肤施(延安)等石油产地进行了详细地调查研究。1938年上半年陈康白根据自己的考察情况和研究结果,向陕甘宁边区政府提交了这份《整理陕北石油矿建议书》。

《整理陕北石油矿建议书》内容翔实,条理清晰,细致入微,包含多组数据分析、资料统计和经济展望,具有非常高的学术水平。这个报告中,详尽描述了目前陕北的石油储量和石油开采情况,指出当今存在的问题,强调石油开采对于边区当前抗战的重要意义,并为边区石油工业的未来描绘了宏伟的蓝图。这份建议书出现在1938年陕甘宁边区的经济形势还十分落后的情况下,颇给人一种惊世骇俗之感。同时,这也是陈康白在陕甘宁边区第一次展露自己的科技能力。

三、陕甘宁边区垦荒报告书（1939年2月）

一、绪言

陕甘宁边区为中国西北门户，而交通多阻，地半荒芜，农工生产事业特别落后。边区政府有鉴于此，认为当前抗战财政经济物质之困难将与日俱增，为充实国防，克服困难，保证前后方之自给，争取最后胜利计，应有实施垦荒之必要。三月以来，于垦荒之规划，工作之推行，上下共勉，悉力以赴，已完成垦荒几十万亩。预计继续努力，至播种终期，约可达百余万亩。值兹全国在渝举行生产会议之际，特将边区垦荒计划及实施状况简要报告于此。

二、垦荒区位置、面积及自然状况

边区待垦地区，包括所辖各县荒地，全面积约占八千万市亩，大部皆为海拔一千公尺以上之高原。全境自然地势言，皆系土原与由雨水长期侵蚀而成之大沟，由沟道构成之河流，如大理、清涧、延水、洛河、马莲河等等，大半皆自西北而东南流入黄河，河水大半含泥成分甚高，雨季水势奔腾，一览无余。隆冬水域，或且干涸，故不惟不能通舟楫，即灌溉亦少有可资利用者，加之森林稀少，雨量缺乏，需水较多之农作物均难生长。常年雨量以七八月较多，四五月较少，霜期则早霜，恒起自八月下旬，晚霜或迟至四月下旬。全年温度平均在摄氏十五度以上者不满五月，于农作物生长影响亦大，至于土壤多属于冲积黏质壤土，且带碱性，普通农作物亦受相当限制，此边区自然情况之一斑。

三、垦区主要产物

农作物之种类，恒受天然状况之支配，故边区农作物以能耐寒及耐旱者居多，其种植最广者厥为小米、高粱、马铃薯，大麻子、蓖麻子次之，小麦、大麦、油麦、扁豆、黑黄豆、蔓豆、棉花、玉蜀黍、花生又次之，水稻最少。农民于作物栽培之整理手续极形简单，播种以后，大多听其自然，鲜有施肥耘草者，收获量因之亦极不一致。林产除养地之天然森林较为阴翳外，其它地区概不多见，其中最普遍者为柳榆、白杨，它如桃梅、枣粟、核桃、枳棘、黄连、榛檞、刺楸等，亦往往有之，但迄未加以保护，故极少。至于畜产，则以牛、羊、猪、马普遍为主，而羊产特盛，惟防疫事业尚未建立，故去应有繁殖数量尚远。

四、垦荒计划及工作情况

综合上述各节，可见边区可垦荒地之面积甚广，而亟待进行之工作，不外垦地、造林、畜牧、兴办水利四项。边区政府因于本年三月初发起生产运动，指定各机关学校与后方留守部队（共约五万人），应配合全边区民众，于本年度内先完成垦地六十万亩及植树一百十五万株，其分别支配情形见下表：

表1. 各机关学校与后方留守部队生产任务支配表

机关部门	须完成垦荒面积（市亩）	须植之树（株数）	附注
边区政府以下各部门	155 000	26 000	垦地即以各机关部门在地之邻近五十里荒芜公地分别开垦或植树，由各地政府协助解决之。
军事机关学校及留守部队	137 000	23 000	
党直属机关及学校	8 000	1 000	
总计	300 000	50 000	

表 2. 各县民众生产任务支配表

县别	须完成之垦荒面积（市亩）	须植之树（株数）	附注
延安	30 000	48 000	垦地民众即就其自身所有荒地开发，由乡政府协助推行之
安塞	30 000	48 000	
甘泉	65 000	48 000	
保安	10 000	48 000	
安定	10 000	46 000	
延川	10 000	96 000	
延长	10 000	38 000	
古林	8 000	20 000	
靖边	20 000	95 000	
定边	20 000	38 000	
盐池	5 000	9 000	
曲子	30 000	124 000	
环县	30 000	76 000	
华池	40 000	96 000	
新正	8 000	29 000	
淳耀	10 000	48 000	
赤水	1 000	103 000	
宁县	3 000	48 000	
鄌县		4 000	
神府		38 000	
总计	300 000	1 100 000	

上项工作系依边区气候按下表所列四批段完成之。

表3. 机关学校留守部队垦荒实施时间分段表

第一期垦荒		
1939年3月5日开始 1939年4月15日完成 播种（植树）		
	1939年4月15日起 1939年6月30日止 耘耨	
		1939年6月15日起 1939年8月30日止 收获
		1939年8月20日起 1939年10月30日止

截至一九三九年四月十五日止，机关学校及留守部队已收第一期之垦荒及植树工作，如期完成。计完成亩数及植树株数见下表：

表4. 各机关学校及留守部队垦地植树完成数量表

完成垦田

类别	亩数	合计亩数
高坡田	250 000	
流域田	50 000	300 000

植树 50 000 株

至于民众方面，根据各地政府报告，已超过预期的数量，计已完成亩数及植树株数见下表：

表5. 各县民众垦田植树完成数量表

民众完成垦田

类别	亩数	合计
高坡田	280 000	
流域田	75 000	355 000

植树 1 100 000 株

民众动员垦植，只由政府领导推动，一切费用由民众自备，以上系四月十五号完成之数字。

为实施上项垦植工作，边区政府曾备置各机关学校及留守部队应用垦地播种工具，其数量及各项支付费用详见下表：

表6. 实际支付垦播费用

1. 垦工：动员人数：50 000（轮流工作）			
日期：3月5号至4月15号止．			
天数：40天（每天4小时开垦）．			
每人日加米钞：0.031（米4两，@$\frac{124}{16}$）		共 $67 000	
每人日加菜钞：0.03		共 $60 000	合计 127 000
2. 垦具：铁头：6 000 把，@$2		$12 000	
犁驾：2 400 套，@$5		$12 000.00	共计 24 000
3. 牲畜：耕牛：2 400 驾，每驾两头计			
4 800 头 @$60		$288 000	共计 288 000
4. 饲养：草料每牛每日 $0.50			
时期3月5号起，6月30号止，计117天．			
合计：4 800×0.50×117天		$280 800	共计 280 800

续表

5. 种子: 播种面积: 300 000 亩 每亩播种 2 盒 每盒价: $0.032 播谷: 150 000 亩 ×2 盒 ×0.032 播糜及杂粮: 150 000 亩 ×2 盒 ×0.032		$9 600 $9 600	共计 19 200
6. 播具: 播筐: 2 400 具 C 0.20 米磨: 2 400·C 1.50		$480 $3 600	4 080
7. 播工: 动员人数: 50 000（轮流工作） 时期: 自四月十五号至六月三十号 天数: 76 每人每日加米钞 0.031（米 4 两，@ $\frac{124}{16}$） 每人每日加菜钞 0.03		共 $117 800 共 $114 000	合计 231 800 总计 9 748 800

为执行耕耨收获工作，预计尚须支付下表所列费用：

表 7. 预计支付耕获费用表

预计支付耕获用费:			
8. 耕工	动员人数: 50 000（轮流工作） 时间: 六月十五号至八月三十号（共耕耨 3 次） 天数: 62 天（15 天计在播工时期内） 每人日加米钞: 0.031（米 4 两，@） 每人日加菜钞: 0.03	$96 100 $93 000	合计 189 100
9. 耕具	锄: 15 000 把，每把 2	$30 000	合计 30 000
10. 获工	动员人数: 50 000（轮流工作） 时期: 八月二十号至十月三十号 天数: 61 天（10 天计在耕工期内） 每人日加米钞: 0.031（米 4 两，@） 每人日加菜钞: 0.03	$94 550 $91 500	合计 186 050

续表

11. 获具	镰刀：10 000 把 @0.35	$3 500
	绳索：100 000 条 @0.25	$25 000
	桦架：8 000 架 @0.40	$3 200
	木叉：6 000 把 @0.30	$1 800
	碌轴：500 个 @5	$2 500
	扫帚：12 000 把 @0.05	$600
	簸箕：3 000 个 @0.60	$1 800
	木锨：6 000 把 @0.35	$2 100
	口袋：5 000 条 @0.40	$20 000
		合计 60 500
12. 牲畜放青	牧人：160	
	佣期：六月三十号至十月三十号计 4 个月	
	每月杂工：$20	
	合计：160 人 × $20 × 4 个月	$12 800
		合计 12 800
		总计 478 450

至各县民众垦荒，原可利用其本身所有之装具、耕牛等，故各地政府仅须予以正确倡导，毋须另给工具费用。综计上述各项，本年度生产运动，需用之款约合百五十万元，其详细数字，见下列垦植统计表：

表 8. 垦播耕获用费统计表

已付垦播用费：$974 880
预计耘获用费：$478 450
合计：$1 453 330

表 9. 植树用费表

树栽：50 000 株
工具由垦务拨用：每株 @$0.20
合计：$10 000

表10. 垦植用费统计表

垦务：$1 453 330	
植树：$10 000	
	合计：$1 463 330

根据上项实施工作，至本年收获时期止，预计可获粗量十三万石，其价值见下表：

表11. 机关学校留守部队 30/10 收获表

垦田收支比较表	
收入：	
完成垦田：300 000 亩 每亩价值：$5 $1 500 000	
收获粮食：600 000 斗 每亩收 2 斗（中等收获）	
每斗 37 斤 值 $2.50 $1 500 000	
	合计：$3 000 000
支出：	
垦工：127 000	
垦具：24 000	
牲畜：288 000	
饲养：280 800	
种子：19 200	
播工：231 800	
播具：4 080	
耘工：189 100	
耘具：30 000	
获工：186 050	
获具：60 500	
牲畜放青：12 800	
	合计：1 453 330
入超地价 $1 500 000	
粮食 $46 670~1 546 670	
	合计 3 000 000

表 12. 机关学校留守部队 30/10 收获

垦植收支核实表
收入：
完成垦田：300 000 亩
每亩 $5 合计 1 200 000
收获粮食：600 000 斗
合计 1 350 000
总计 2 550 000
支出：
垦工：$127 000
垦具折旧 50%：$12 000
牲畜折价 30%：$86 400
饲养：$280 800
种子：$19 200
播工：$231 800
播具折旧 50%：$2 040
耘工：189 100
耘具折旧 50%：$15 000
获工：$186 050
获具：$30 250
牲畜放青：$12 800
树栽：$10 000
共计支出：1 202 440
核实入超：米 $1 347 560
合计：2 550 000

表 13. 全边区十月三十号垦田收获后经济力量变化预测表

收入:	
民众完成垦田 355 000 亩	
折去冲游 20% 71 000 亩	
剩 284 000 亩每亩 5	$1 420 000
民众收获粮数: 710 000 斗	
折去歉收 10% 71 000 斗	
剩 639 000 斗每斗 2.50	$1 597 500
民众植树: 1 100 000 株	
折去枯死 40% 440 000 株	
剩 660 000 株每株 0.10	$66 000
机关学校部队	
垦植入超 $1 347 560	
	合计: 4 431 060
支出:	
民众垦植用费 $600 000	
以动员 300 000 人	
每人超出平日用度 $2 估计	
经济力量增加 $3 831 060	
	合计: 4 431 060

　　似此,即按中等收获量,对于边区经济亦可增加三百八十余万元(见表13),此谨就垦地六十五万亩计算,目下各机关部队学校及各县民众尚在继续垦田,如至播种终期,能垦出百一十五万亩,则本年边区经济之增益更当倍从此数耳。边区政府为保证此项垦荒计划之成功,已于新近创设农牧实验场,专负农林、畜牧、土壤、水利气候、害虫防疫研究之责,准备随时求一切困难问题之合理解决,对于兴办水利,提倡畜牧,拟即在最短期内求其确立,则于此项垦荒事业前途,当更多一重保障也。

(根据陈康白遗存手稿整理)

背景说明：

  1939 年年初，中共中央发出了"发展生产，自力更生"的伟大号召，在党中央领导下，陕甘宁边区广大军民开始了轰轰烈烈的大生产运动。1939 年 2 月，陈康白从西安回到延安在中央财经委工作，直接受李富春同志领导，同时兼任中央军委军工局技术处处长。同月，陕甘宁边区生产运动委员会成立，主任为边区政府主席林伯渠，李富春任副主任。

  为了配合大生产运动的顺利开展，陈康白在深入了解边区农业状况的基础上，向边区政府提交了一份《陕甘宁边区垦荒报告书》。在这个报告当中，陈康白科学地分析了陕甘宁边区的实际情况，从（一）垦荒区位置、面积及自然状况；（二）垦区主要产物；（三）垦荒计划及工作情况三方面描述了边区垦荒的总体状况，为中央提供了准确科学的决策依据。《报告书》中不仅详细分析了边区的自然状况和物产情况，还系统地为部队、机关、学校和各个地区制订了详细的垦荒生产计划，并为此做出了严谨的财政支出预算。整个报告当中包含了十三个表格，附有详细的统计数字，体现出陈康白严谨的科学态度，为垦荒运动提供了有效的科学指导。这份报告书也是陈康白在延安早期的科学报告，从这份报告可以看出他不仅是石油、工业领域的专家，也是农业生产方面的内行，以这两份报告作为开端，陈康白开始了为陕甘宁边区各项工作倾心奉献的革命历程。

四、五月初在延安举行边区工业展览会(1939年3月)

中共中央为提倡边区工业生产,确立抗战经济建设,最近决定在延安举行边区工业展览会,并提议由边区建设厅、八路军军医处、工业局、职工委员会、总工会等机关负责筹备。已开筹备会二次,目下正征集全边区工业原料成品、生产工具、工业生产统计、工业生产情况等,使荟萃一堂,作有计划、有系统、有教育意义的陈列。希望它能提高边区工业志趣,完成国防经济建设,使物质落后的边区可以加速进步,成为更有力的抗日根据地。同时可将边区工业建设和工农生活情形更具体的反映到全国各地,推动全国的国防经济建设,使它可以加速发展起来,早日完成抗日建国的事业。工展筹备会共设征集、陈列、宣传、总务四股和秘书会计各一人,近已向边区各县各区和政府直属各工厂发出通知,征集各种展览品,准备作下列六个部门展览:一、工业原料;二、工业成品;三、工厂机件;四、重要机件或建筑工程的模型;五、工业统计和工人生活写真;六、边区今后工业发展途径和计划。现在,各股工作都很紧张。下月初即可开始展览,预定展览期间为10天至半个月,闻各机关学校和社会团体将有组织的轮流前往参观,届时想必有一番盛况云。(康白)

(原载1939年4月28日《新中华报》第三版)

背景说明:

1939年3月间,组织上交给陈康白两个重要任务,一是筹备陕甘宁边区第一届工业展览会,二是筹建延安自然科学研究院。接到任务后,陈康白首先把精力都投入到边区第一届工业展览会的筹备中。

这次展览会的筹备工作是由中央职工运动委员会副书记张浩直接领导的,边府建设厅、八路军军医处、工业局、职工委员会、总工会等单位负责筹备，并由陈康白担任筹委会主任。这篇文章实际上是作为筹委会主任的陈康白代表筹委会向外界发出的工作简报，文中阐述了展览会的意义，并对展览会的主要内容做了简单描述。从此文中可以看到，陈康白的工作严谨细致，耐心周到，并将展览会的开办与全国形势紧密结合在一起，为顺利办好展览会起到了重要作用。

五、边区工业展览会之召开与抗战之经济建设
（1939年4月）

陈康白

"五一"是陕甘宁边区空前的第一次工业展览会在延安开幕的日子，在抗战转入紧张的新阶段时，我们有机会来开这个展览会，是有非常重大的意义的。边区跨陕甘宁三省，为抗日之模范根据地，是目前和将来军事运输及军事供给重要后方，因此边区积极的发展经济是完全必要的。为此，在两个月以前，边区召开了第一次"农业展览会"，这个会的意义和目的是在检阅现在边区的农业状况，推动人民积极参加生产，改进技术，使边区民众对于改进农业得到一个深切的了解。现在事实证明，这个会确实收到了一个很大的效果。全边区人民热烈地响应了中共中央开荒六十万亩的伟大号召，而结果竟得到九十万亩的成绩！这样不仅可以免除敌人之封锁，而且还改善了人民的生活。现在"五一"快到了，工展会就要开幕了，这个会的意义与目的，正和农业展览会一样，要大大推进边区经济建设，以达到持久抗战，争取最后胜利的目的。

具体地说，此会召开的意义和目的有：

第一，要推动各项工业之发展。特别以军事工业为中心，用来接济前后方军民的需要。这正是实行边区建设厅的1939年经济建设计划："发展军事工业与手工业，使工业生产大大的提高，以供给抗战之需要。"从工展会中我们可以看出某些工厂应需要扩大与发展，那么，我们就应该迅速加以发展，扩大起来！"今后，我们的穿衣问题将会感到困难，我们要扩大纺织厂，发展民众中家庭手工业之纺织，使我们的穿衣问题得到相当的解决。"若看到某些工厂需要建立、开采、扩充、增加，那么我们就应马上将它们建立、开采、扩充或增加，开办！"着手建立初步的国防工业，

开采煤铁，扩充油厂和造纸厂，增加食盐的产量，并开办其他关于日常用品及军用品的小规模制造厂。"总之，我们要建立坚固的经济堡垒，粉碎敌人之进攻，击破敌人的经济封锁！

第二，宣传对劳动的新认识，打破守旧的思想，改良品质，增加生产产量。有些工厂作坊，有些工人，对劳动的认识非常不够，是腐旧的，是在技术上，他们墨守成规，不知改良，为了推进经济建设，我们必须与之做坚决的斗争。

A. 宣传劳动之新认识，使之知道，劳动之真正意义。

B. 改良品质——使他们采用新法，新的技术。

C. 增加产量——提高生产热忱，奖励劳动英雄。

只有这样，人民生活使得改善，抗战力量才能加强。

第三，要使边区推进经济建设，发展工业，成为全国之模范。抗战以来，受军事影响，所有的工业中心被摧毁殆尽了，新的工业中心尚未建立起来，而且注意到这一点的人很少。我们边区在这一点上，必要成为全国之模范，推动全国工业都积极起来参加这个工作，提高生产热忱。另一方面，谋边区工业与全国取得密切联系，同声同调的工作，做到精诚的互爱互助。

是的，我们承认要达到如上的目的在边区有很多的困难，边区的工业技术非常落后，资本亦缺乏，民意又未甚开，加以抗战中，敌人的封锁和汉奸土匪顽固分子的挑拨和破坏。但是，边区有三大有利条件，困难是可以克服的，边区工业一定有其光明的前途：

第一个有利条件。原料品是工业上最难解决的问题，没有原料怎能进行工业生产？但是，边区有很丰富有用的天然资源，从工展会中我们可以看到，石油的用途非常大，无论军事或日常生活都少不了它，而延长延川有全国最著名的独一无二的石油矿。至于煤、盐、铁和硝石都是国防工业必不可少的原料品，而今在安定、蟠龙、盐池、关中、定边等处随地可以找到它们，不但质量上好，产量亦多，至于华池的木材以及全边区的羊毛、石灰石等又是很丰富。

第二个有利条件。边区人民虽然落后守旧，但由于民运之开展，近年来已大不相同了，从事生产上，不肯落后他人，今春的开荒便是一个最好的例子，不仅完成了原来计划，而且超过了计划。并且从抗战以来，边区的工人已经是全国性的了，他们来自各地，带着很高的革命热忱，有争取抗战最后胜利之信心，技术水准又是很高，在建设事业上，他们一定能起重大作用的。

第三个有利条件。边区有最先进的政党的领导，有最民主的政治。人民在这种正确的领导下，一定能有坚决的行动，热烈起来响应号召的。

所以，我们坚信：困难一定可以克服的。从工展会开始来推进工业发展，建立大工业的基础，改善民生，争取抗战的最终胜利，一定可以预期边区的工业有其光荣的前途。

（原载 1939 年 4 月 28 日《新中华报》第四版）

背景说明：

1939 年五一前夕，陕甘宁边区工业展览会各项筹备工作正在紧张地进行之中，为了进一步阐述兴办展览会的目的和意义，陈康白专门撰写此篇文章。文章中陈康白坦率地提到边区目前面临的多种困难，但同时也指出了边区工业发展的光明前景，号召大家鼓足干劲，克服困难，办好工展会，为抗战做出贡献。

整篇文章充满了革命斗志，展现了一个红色科学家的胸怀。从这篇文章的字里行间，可以看出陈康白立志在陕甘宁边区建立大工业的雄心。同时，陈康白也对边区的经济状况作了客观的分析，要通过工展会推动各项工作的开展，特别是推动军事工业的发展。陈康白对这次工展会，倾注了汗水和感情，寄托了厚重的期望。

六、边区工业展览会的意义（1939年5月）

陈康白

一、边区工业展览会在"五一"节的开幕

边区工业展览会，由于边区政府直属各工厂各地手工业工厂和一般民众普遍热烈的参加，我们只用半个月准备时间，即已顺利地在"五一"开幕，并把可能代表边区工业生产力量的各种可贵的资料收集一堂。截至工展会开幕止，共收到陈列品千余种。其中有各地工业原料，手工业和工厂出品，工业生产工具和机件，机件模型，工厂统计图表，工厂生活写实刊物照片等等。这些陈列品中，最出色的要推边区机器厂所造的各种小型机件，印刷厂的铅印和五彩石印品，通讯材料厂的电信零件，卫生材料厂的改良中药，难民工厂的毛织物，职工学校工厂的日用品，安定丝业的丝绸，延安工人合作社木工厂的木器和鞋工厂的鞋。直到开幕以后，远县送来的陈列品每天仍有数十百起，展览会场大有无法容纳的趋势。

边区各界对此次工展会都表示热烈庆祝。日内送达工展会的词帐约五十幅。工展会开幕时，中共中央和边区政府负责人毛泽东、王明、高自立、刘景范等同志均莅会讲演。开幕后群众摩肩接踵前往参观，自延安城到展览会场的路上络绎不绝。会场以内连日均极拥挤。观众参观后，在工展会的批评簿上写满了对边区物质经济建设抱乐观的词句，并热烈的表示着我们定能克服当前困难和"抗战必胜，建国必成"的坚决信心！

二、边区工展会在事实上表现出近年边区的物质进步

从这次工展会可以看出边区近年物质的长足进步。四年前的边区，遭着一贯的天灾人祸，弄得居民离散，十室九空。陕西一般社会叫这区域为北山。商旅谈到北山人人摇头，个个裹足。从民元到四年以前，北山交通

几乎断绝了二十余年。境内人民贫困到了极点。慢说找不到近代工业，就是家庭手工业和农村日用品也感到万分缺乏。例如农民要一丈洋布，必须拿出二十几只鸡才能换到。三边出产食盐，延长永坪出产石油，但广大的老百姓却吃不到盐用不到油。一切农村生活都充分的表现着近乎原始社会的简陋情况。

自从共产党和八路军到边区以后，广大民众在政治上得到了解放，农村经济渐渐苏复，手工业次第发达。最近两年来在抗战建国的目标下，各种工业生产尤其有着很快的进步。各地手工业每年总有几倍的增长。例如去年在偏僻的定边就增加了硝皮厂十处，鞋店五处，染坊三处，成衣店五处，铜匠铺五处，刻字石印店十二处，银铺五处。至政府投资创办的手工工厂和群众集股兴办的合作社还不在内。其他交通比定边便利的各县，小手工业的勃兴就像雨后春笋一般。这次工展会由各地手工业得到的陈列品，几乎应有尽有。甚至安定的丝绸，观众或疑为苏杭的产物。延安工人合作社木器厂的木器，有人认作上海出品。又如各种服用品、植物油灯、农具、陶器等，都不是四年前边区意想得到的。这表示着边区手工业有着普遍的进步。至于政府两年来直接经营的工厂，计有纺织厂、硝皮厂、石油厂、印刷厂、农具厂、面粉厂、机器厂、修械厂、通讯器材厂、卫生材料厂各一处、造纸厂两处、煤矿三处。这些工厂矿场规模虽小，但在事实上已能供给边区和晋察冀前方一部分的物质需要。在这工展会上大家可以看到这些工厂的出品和有系统的工厂机构陈列。虽然它们仍不免带着一些实在草创的简陋痕迹，但这正是新工业发展阶段上应有的现象。一般说来是有进步和光明前途的。以上种种无疑地可以表现近年边区的物质进步。边区工展会已经给了我们一个事实上的证明。

三、边区工展会对于促进工业生产和推动当前国防经济建设的任务

一切工业生产的建立，首先取决于工业原料——取决于原料的品质和数量。国防经济建设又先取决于工业生产——取决于工业生产的合理建立和妥善配合。边区的重工业原料有盐、碱、煤、石油、铁、硝石、油页岩、硫磺等。轻工业原料有木材、畜产、农作物、石膏、陶土、石灰石等。除硫、铁尚无大量发现外，其余大都质量兼优，取给不尽。这些天然富源就是边区工业上产的资源和国防经济建设的基石。在这次工展会里可以看到它们的样本化验的结果和储藏量的研究。假如我们能灵活的利用边区现有人力财力去开发这些天然富源，合理的配合现有物力，有计划的去求各种轻重工业的次第确立，国防经济建设是必有光明前途的。具体些说，就是上项工业原料至今未与合理的开发，完全等于是弃置。凡可能用它们自行制造的日用、军用、医用和工业用品等，或竟费了大量金钱、时光和人力去向外埠购买。这表现着我们对于克服自然缺少办法和努力。此前大家也许不知道边区有这些富源，或因无暇顾及怎样去利用它们，致使边区物质经济建设工作成为全部工作最薄弱的一环。现在中共中央决心要使边区物质经济建设工作中起一个重大坚决的转变，首先举行这个边区工展会。希望它能提高大家对于工业生产的注意，去考虑怎样利用边区现有天然富源和人力财力推动当前的国防经济建设。更具体些说，就是：

一、大家对这次工展会见到的现有工业原料和机构应加严密检讨，予以改良进步，普遍发展，更应选择几种目前迫切需要又有发展可能条件的生产事业，尽力予以开拓发展。例如边区有发展毛织、制革、造纸、制碱的客观有利条件，同时又迫切需要它们，即应集中力量有计划和有决心的去发展毛织、制革、造纸、制碱工业。

二、应按工业发展的必然程序，优先建立必要的原料工业。如：煤是动力的基本原料，同时又是冶金重要需用品和煤焦工业、医药品工业、颜料工业、火药工业及其它化学药品工业的直接间接原料。我们应尽优先建立炼煤工业，其它才可以因势利导，水到渠成。

三、应留心各种工业的联系性，要使它们有机会相互发展。像毛织、制革、造纸、制碱有直接的联系。毛织和制革有原料上相互的联系，它们又和造纸、印刷、制磷与肥料食品等有相互发展的间接联系。若能妥善配合，必能举无弃材。

四、不仅留心工业生产的联系，而且应注意整个工业建设发展前途的密切联系，有计划的促其完成。边区富裕非金属和农牧方面的轻工业原料，应即严密研究它们之间的联系性，用联系的多少和发展可能性的大小，去决定全部工业发展的必然程序，依次促其实现。

五、应建立健全前进的技术组织（如中共中央所决定开办的自然科学研究院），和统一的会计制度（如超然会计制度），去保证边区工业建设的成功。

凡此，只有在普遍的加紧注意工业生产，尊重工业合理发展的必然程序，予以启发利导，只有用公开客观毫不粉饰的方法，去严密检阅现有工业生产力量，淘汰弱点，发扬优点，加强技术，革新机构，提高计划性，我们才能克服边区现有的经济建设落后的现象。才可以创造工业生产空前崭新光明灿烂的成绩！这不是只凭口说就可以弄明白的。"事实胜于雄辩"，这次工展会给了我们很多关于此类的事实，"仁者见仁，智者见智"，集中大家的注意力和理解力，必然可以找到真理和正确的路线，向我们的目标迈进！

最后，我们希望边区工展会的举行，能迅速反映到全国各地，全国各地将有更大的工展会出现，来检查全国现有的工业力量，整顿全国工业阵容，去建设新的国防经济，坚持抗日战争，和创造三民主义的新中国。边区工展会不过是提起注意和促进努力的一种重要方法，事实上还需要大家朝着一致的目标在各方面有系统的经常不懈去努力。只有这样才是举行边区展览会的真意！

（原载1939年5月13日《新中华报》第四版）

背景说明：

1939 年 5 月 1 日，陕甘宁边区工业展览会正式开幕，边区各界上千人涌向桥儿沟参加这次盛会，毛泽东、王明、李富春、张浩、刘景范等中央和边区的领导都参加了开幕式，毛泽东等领导相继发表了重要讲话。会后，中央领导和各界群众参观了展室中的工业展品，展览会获得圆满成功。

工展会结束后，陈康白及工展会筹委会的工作得到了中央、边区政府等各方面的交口称赞，此时的陈康白也感到欣慰和幸福，特撰写此篇专论，也算是对展览会工作的全面总结。

从这篇充满激情、思维缜密、意义深远和专业性极强的文章中可以看出，陈康白已经深深地融入了这片沃土。在延安生活的一年多时间里，他以一个科学家的眼光了解着这片土地，熟悉着这片土地，关心着这片土地。他在为陕甘宁边区军民的生活担忧，为边区经济的发展焦虑，同时他也看到了边区美好的未来，为边区将来全面的经济发展设计了"大工业"的蓝图，对未来全中国的工业建设寄予了深切的希望。这次工展会，也让陈康白的能力和水平得到了全面释放。

七、读学风笔记提要（1942年6月）

康白

学习文件笔记的绪言

中国共产党已有二十一年的斗争历史，在无产阶级革命斗争史上是很有地位的，它曾在阶级敌人占绝对优势的包围环境中和无外援作战的艰苦条件下，经过你死我活、九死一生的百千万次残酷斗争，写了光华璀璨的一页。今天又在民族敌人的雄厚军力、三光政策和无后方作战的情形下，可泣可歌地继续写着。它曾经揭起了全国抗日的旗帜，组织了庞大的抗日群众，创造了许多抗日根据地，保全了千百万民众的生命财产自由，牵制了日寇在华一半的兵力，支持了中国五年抗战，拖住了德意东方伙伴的后腿，使全世界反法西斯的战争形势改观，使轴心国家日益接近失败死亡的末路，并替战后新世界与战后新中国奠立了一块基石。这样成绩是有目共睹、不可磨灭的，它的具体实战是和马列主义的普遍真理互相吻合的。我坚决的相信中国革命和世界无产阶级革命是有很大前途的，任何困难是毫无疑问可以克服的。但是，我们的党是不是有缺点呢？诚如泽东同志所说，是有缺点的，而且在某种意义上讲，还相当严重。这就由于中国共产党毕竟是由中国社会产生的，党员不只是无产阶级，而是来自社会各阶层，某些党员的立场观点，并非马克思主义的立场观点，他们带有社会的恶毒东西。这些恶毒东西在和平环境下不免在思想上、党内外关系上和语言文字上流露出来，形成了党内不大正确和不大正派的作风，这些坏作风当然是暂时的。党中央今天号召大家用点时间整顿三风，有很大的意义。每人应该积极学习，深刻反省，来响应这一号召，一切都是可以克服的。我是一个由小资产阶级出身的知识分子，后来是钻在自然科学的牛角尖里，不懂什么政治，本身有浓厚的非无产阶级意识。隔行如隔山，在学了几天文件之后就冒昧来谈政治问题，不免错误重重，以下所写，仅仅能作我学习文件的笔记看和我个人的思想方法看，至于涉及的具体事实，本身是否是尽如我的看法，自当别论。

一、泽东同志关于学风的报告

摘 要

中国共产党发展到今天，有新的朋友要争取，有新的敌人要打倒，在目前这种错综复杂的环境下，如要完成新的革命任务，打倒新的敌人，首先必须整齐队伍，齐一步伐，精兵整伍，按新的革命风格来改进整个党和党的作风。

学风是整个思想方法和对马列主义、对工作的态度问题。在许多同志中，流行着几种糊涂观念，必须解释：

（一）理论家——不是书呆子，而是能依马列主义的立场、观点、方法正确解释历史革命中所发生实际问题的人。他必然是研究近中国历史实际和革命实际，创造了中国实际需要的理论，并能拿这种理论在经济、政治、军事、文化问题上给予科学解释的。

知识分子——有完全知识分子与半知识分子。一般的知识分子是半知识分子，要真能贯通理性知识与感性知识的，才是完全知识分子。

半知识分子应到实际工作和研究工作中去锻炼，不应停止在现有书本知识上，工农分子应学习文化与理论，不应停止在现有狭隘经验上，前者是教条主义，后者是经验主义，两者都是主观主义。

理论与实际联系——是有的放矢，必须用马列主义的矢去射中中国革命的的。党员必须把马列主义立场、观点、方法应用到中国实际问题上去，从历史的实际与革命实践的思想研究中创造出理论来，才能作理论与实际联系。

意　见

知古而不知今，知外而不知中，可以变成教条主义。知今而不知古，知中而不知外，可以变成狭隘经验主义。两者同样可以犯主观主义。必须了解古今中外，知识才是完全的。但如无明显立场，仍只能是一个普通学者。为学必须有严格立场，认识问题才会深刻，才有独到之处，才有物是人非，才能取人之是，弃人之非，有批判，有发明，生动灵活，把理论与实践联系起来，彻底粉碎主观主义。

反　省

我是一个知古也不知今，知外而不知中的。我一贯犯了严重的教条主义。目下反省，颇感兴趣，特简述如下：我初自大学毕业时，教条学得不少，自以为知道很多，狂得很，及到工作中，处处碰钉子，才初步发觉自己的知识贫乏。嗣后在社会服务了一些时候，又自以为然有经验，常满足于自己一点一滴的成绩，以为自己有能力。直到赴德留学，侧身于国外研究室中，才发觉人们家常便饭的知识，对我都是新奇的。动手就错，开口也错，十目所视，十手所指，自己确是无知得可笑，贫乏得可怜。一贯自以为知的知识，不是肤浅的了解，就是故纸堆中过时的东西。于是如梦初觉，小心翼翼，东也请教，西也求益。三更睡，五更起，时刻不忘前进。如此两年，凡我初时不知、不能的，渐渐知道能够了。研究论文也发表了，研究室同仁也不似前此轻视自己。接着，在杂志上也可以看见旁人的论文中竟提到自己的名字，或自己论文的某一点。于是这一开怀，又把自己过去苦闷几乎忘掉，自以为只要有世界继续，有科学存在，自己的名字是可以永远留在科学文献中的。自此研究论文虽仍续有发表，工作进度却一落千丈。随后怨气渐多，颐指气使，长夏漫游，流连忘返。自诩欧洲学术中人，似乎忘了自己是一个中国人。忽然七七事变，国内接济可能断绝，德人备战，箭在弦上，使我觉察到自己毕竟是一个中国人，不能长此下去。

国家幻想，事业述梦，顿使我不安起来，结果毅然打道回国。满以为自己的能力强，可以有助于国家民族战争，并愿参加抗战最坚决的中国共产党，站在民族存亡战争的最前线。背父母，弃妻子，悲歌惊忧，击楫渡江。及到陕北，一切文明华物，声光电化，不复触目，物贸环境，绝然两样世界。一贯所恃以工作的物资、工具、方法，都成了过去。耳目所接，对我是无所不土，亦无所不新。初而感到无用武之地，继而觉到前此自诩的知识，不过是欧洲一地一实验室中的知识。现成摆着本土本乡丰富生动的材料，竟不知从何着手，这真要革命了，万事须从头做起。于是咬牙埋头，风尘仆仆，出没于陇烟秦树中。又不觉五年，此五年中，遇事都要经过一再推敲，丝毫不容假借，这才知道以往的成绩，并不是自己的成绩，而是那一个社会的成绩。譬如树木生长在参天的森林里，自然高耸，今天移到沙漠中，疾风知劲草，要自立却不容易。可知，知外而不知中，决不能自己解决问题。现在下车伊始的无知妄说逐渐少了，脚不落地的空头计议比较实际了。假我数年，卒以学中，庶几对革命或可稍有帮助。我在反省之余，很庆幸的觉到自己的教条主义，已达到自觉的第二阶段，再进步，也许可以达到古今中外的初步联系。加上一个无产阶级的立场，埋头再干十年，可能粉碎主观主义。如果长期在和平环境里，没有碰壁，没有斗争，没有革命环境督促自己前进，它是可能终身不变的。

二、改造我们的学习

摘 要

中国共产党的二十年，是马列主义的普遍真理与中国革命的具体实践结合的二十年。中国一百年来摸索救国救民，直到俄国十月革命之后，才找到马列主义的真理。作为解放的武器，中国共产党则是拿起这个武器的倡导者、宣传者与组织者。马列主义真理与中国革命实践结合，即使革命面目为之一新。抗战以来，我党研究今天的中国与世界是进步了，研究昨天、前天的中国也有某些开始，但有缺点：

材料零星，缺乏系统，不是从实际出发，而是从愿意出发。

研究历史不是有组织进行，古今中外缺乏有机联系。

学理论不消化，不会用马恩列斯立场方法去解决中国具体问题。只会引证，根据一知半解，想当然在那里发号施令。

对古今中外史莫有学过，或学而不解，却自己创造新东西，这缺乏历史根据，不免主观。

主观主义悲观主义——对环境不作系统研究，抽象无目的研究马列主义，不是有的放矢，不是从客观存在着的实际事务出发，不是从共同中引出规律，作为行动基础，不是占有材料加以科学分析与综合。做实际工作的，不研究客观的情况，单凭热情把感想当政策，有哗众取宠之心，无实事求是之意，华而不实，自以为是，钦差大臣满天飞。

马列主义态度——对环境作有系统的研究，把革命热情与实际精神结合起来，从实际情况出发。凭客观存在的事实，详细占有材料，从其中引出固有的而不是臆造的规律性，作出正确的结论，做行动的向导。

三项提议——（一）系统的研究环境，对敌友我三方的经济、财政、政治、军事、文化、党务各方面的动态进行调查研究，做出结论。共产党及其领导机关的基本任务，在于了解情况与掌握政策，如果不了解敌友我的状况，就无法正确地决定政策。（二）合作分工去写近百年中国史，先作经济、政治、军事、文化部分的研究，再综合研究。（三）干部教育应废止静止的、孤立的研究马列主义的方法，应以联共党史为中心材料，其他一切为辅助材料，去研究中国革命的实际问题。

意 见

"知彼知己，胜乃不殆。知地知天，胜乃可全。"这是孙子论战的两句名言，也就是马列主义的普遍真理。社会阶级相互关系的变化和敌我友三方力量的对比，是政治分析的主要对象，经济、政治、军事、文化是敌我友三方的全面力量。现代政治军事，必须取决于对象的全面情况，故必周密调查研究彻底明了他们以后，才可以认清谁是敌、谁是友，谁该打倒、谁应争取；才可以攻守有方、进退有节、动而不迷、举而不穷；才可以真正掌握正确的政策。否则势必以一知半解想当然去盲目从事，以革命工作为儿戏，甚至以百千万人的性命凭热情冲动去作孤注一掷。其结果小可以妨害工作，大可以倾覆革命，教条主义学习可养成这种主观主义作风，贻害无穷，故须改造。

反省

我是一个知己而不知彼，知地而不知天的主观主义者，这可由下述几件事得到证明。当我在大学第三年的时候，深感当地民众落后，不知道粗浅卫生常识。每到夏季，市区常有恶疾流行，我寻思要使人们注意，须先找事实根据。最现实动人的材料，就是当地的饮水。于是下决心搜集了全市不同地区的水，用化学分析、细菌培养、病理实验等方法，做了一个系统详细的分析。最初在学校宣传，渐次向厦门鼓浪屿一般知识阶级宣传，最后向市政府建议，碰了许多钉子，还是看不见一点影响。最使我头痛的是他们的反唇相讥："我们世代相承，喝这水，并无坏处，可见你的调查研究是庸人自扰。"嗣后，这一饮水研究结果中不关重要的一部分海水分析，被当时华南生物调查团采用了（因为可作研究当地海产动物生活条件的资料），并由该生物调查团送了我几百元酬金。这件事对于我以后一心向往科学研究，起了很重要的启迪作用。相反的，我对社会的关切，从此就冷淡了。虽然四年以后厦门市由于华侨回国的经营，新设的自来水公司采用了我的饮水分析结果和并不只一次找了我做自来水检验，但这些事实仍旧不能苏复我前此受的创痕。这类事件，数见不鲜。不知不觉，我也就被社会的不调查不研究也可以吃饭的论调同化了。但我从没有想到这是自己的眼界太高，和社会水准跟不上，犯了知己而不知彼的主观主义。及出外留学受了欧洲资产社会物资生活的浸润，感觉又渐敏锐，又认为没有调查研究就没有做事权。回国时行经意大利威尼斯，深觉当地社会秩序，市政设施很不顺眼。及到埃及波赛，曾登陆一游，简直要掩鼻而过，去之或恐不及。船次孟买、锡兰、新加坡、香港，越看越不入眼，一处不如一处。经过这些锻炼，眼珠瞳仁大概缩小了，末梢神经也许麻木了。最后依然故我，索性一切都视而不见，听而不闻，禾黄鸡瞎眼，我是不能例外。偶然灵机一动，想到要调查研究，那好像后脑梦里依稀的反应，一刹那就过去了。当我初来边区时，洛甫同志介绍我去看泽东同志，泽东同志对我说："陕北落后，一切条件都没有，八路军很穷，一块五角钱一月的津贴，在前方就可以维持一个战士。我可以给你两万元，请你看是不是有什么事可以干，还有一个小小兵工厂和一个破烂油厂请你去看看，是不是可以利用。"那种诚挚的态度给了我一个感动，使我联想到调查研究。于是我去看那时的修理厂和延长永坪油厂，又到安定、安塞、保安、甘泉、关中等地兜了一个圈子，搜集了一批矿石材料，并借西安工业化验所做了三个月的实验，写了三本相当详细的调查研究报告，建议政府着手整理它。但我建议的水准是欧洲经建工作的水准，脱离实际，可能条件太远，自然不能实现，这又犯了知外而不知中的主观主义。此后我屡经思考，渐觉到三边的盐业可以先行开拓，希望政府能经营利用它，以盐产的盈利，作为边区经建工作的子母金，由小而大，由易而难，由原料工业而目的工业，由工业开拓到产业商业的整理，逐渐及其他经建工作。于是逢人便说，有会必说，这些自以为是的主见，见笑大方，疯话大家，牛皮大家，大而无当。卑之无甚高，清凉山上写计划，开出盐来筑长城。又软又硬的钉子，又碰了不少。至一九四〇年，春季苦旱，秋后苦雨，盐产停顿，影响税收。中财部始命康白进往三边，进行盐产整理开拓工作，以人工晒盐的方法去克服天然产盐的困难。规模初立，中财部却决定以盐产全部收入划给后勤部作留守兵团的给养（这是根据当时的人力缺乏和供给需要决定的）。不到一年，又由后勤部转给财政厅，籍以统一推销，调剂金融财政。但大家只去用它而不去继续扩大它，发扬它的子母金作用和对其它经建工作积极推动作用，一转手而盐场停止开拓（当我离三边回延时曾完成盐田约一千一百亩，盐井一百〇八所，并曾写过一份对三边盐业的工作建议，详述应如何继续经营开拓它，甚至把它比作初生的萍叶，不要只顾目前吃它，而要好好培植它，使它欣欣向荣。半年以后，我看到由王明同志转来的一份盐产报告，始知一切建议完全没有接收，相反的盐田还减少了）。再转手而盐亩荒芜弃置（不久以前，南汉宸同志介绍一个三边盐局的朱处长来谈盐田技术帮助问题，据说自财厅接收盐场之后，对于生产工人无法管理，早已全数遣散，并以从前开的盐田划给当地盐户。老百姓仍不知如何管理经营，只得全部荒弃，盐井汗塞，不出盐水。今年全年未产盐，再过一些时候，可能全部盐坝盐田变为平地，目下仍旧是靠天吃饭）。前后不出两年，仍复旧观，回忆经营初意和一切感想建议，今天适得其反。这件事与人工炼铁，天然生锈的自然规律颇相似，稍不经意，结果就是氧化作用战胜了还原作用。如果当时我能坚持在三边多工作一些时日，或者事后能经常注意帮助他们，就决不致如此。我是肤浅的了解了问题，把这一技术工作随便交给不知如何措手足的人们去干，他们不向自然屈服又怎么成呢？这是我犯了知地而不知天的主观主义。当一九三八年难民纺织工厂由川口迁移永宁山的时候，林老要我带着科学研究院几个同志去整理安排一番。我们到厂调查研究之后，指出永宁山在厂址条件上讲，不是设厂地点，并且可能发生碰伤跌死工人事件，建议另选他处，当被拒绝。结果开工不出半年，果然碰伤女工一名，跌死男工一名，并且是进山无柴烧，靠水无水喝（永宁山是红砂石山，树木不生，洛河环山一周，水苦不可喝，须向对河山谷取泉水喝，一旦洪暴生，交通断绝，就喝不成）。一切运输供给，非常困难，大家呼苦连天，最后还是搬家。当时我们还指出边区产毛而不产棉，纺织原料，应以毛为主，并曾写一个改棉织为毛织的计划书，也被拒绝。及工厂亏本，走到水尽山穷，才采用毛织，大批生产毛毯，现很行销。此外我们还指出了工厂的组织管理、领导人选、机械设施、技术问题、会计制度等等。当时并且请建设厅的王克、王一动两同志帮助他们建立工作，改革制度，虽勉强试办了一下，随后就来了一个彻底拒绝。一切仍复旧制，好像法国革命后反对拿破仑的筑路政策，硬要把筑成的路毁掉不走一样。据说以后也采用了一些轻而易举的办法，但稍有周折，结果不能立见的建议，仍是拒之千里之外。这件事告诉我要善于妥协、降格以求的重要。任何东西没有通过人们的头脑，不但行不通，还可发生严重问题。这里并说明了我们当时只作了纺织工厂物质对象的调查研究，而忽略了人的对象，这自然又是我的知事而不知人的主观主义。又如边区经建工作的原则问题，农业第一，军事工业和日用必需品工业（以上都是目的工业）应首先建立等等。这一套和我了解的颇不一致，因为如只就吃饭问题和中国以农立国的历史看，农业是第一。但就农业技术、田盐劳力、农村经济、边区气候、土地土壤和作物生长条件的具体问题看，从工业农业的可能发展与可能改进的前途，和在经建工作上谁应先干谁应后干的合理程序全面综合起来看，农业不可能是第一。又军事工业和其他目的工业，就日常需要和战时需要的迫切程度上说，就自给自足要自己解决问题的某种要求限度上说，应尽可能去建立它们。但就原料条件、技术要求、经建工作相互间的关系和工业发展程序的必然性，参合古今中外的实例来看，却不可能把目的工业提到原料工业和工具工业的前面。即或勉强做了，那只能是不得已的办法，而不是开拓和确立工业建设的基本办法。这些见解，自我来边区就是这样说，五年如一日，从没有改过口。这和许多人的认识不同，因此牵涉到开发资源问题、经营盐业问题、开矿问题、炼钢问题、办理科学教育问题等多多。我是有我一贯的看法的，由于这些意见和旁人的意见相左，就不免有争执有批评，也不免发生意气用事。许多同志和我之间就不免有许多直接间接不应有的无原则的纠纷，我在这些原则问题上常是坚执己见，丝毫不肯假借。因为我觉得这是一个学科学的人应有的态度，也是一个共产党员应有的态度（少奇同志所谓光荣的孤立）。我如不自是其说，就决不轻以当于明贤之前，如自是其说，就不会自题其说以求迎合投机。这多少有点自以为是、知己不知彼、知地不知天的主观主义。短短五年中，由我闯的乱子确不少，今天综合起来看，还是一个理解问题。徐光启思想太新（明宰相提倡西学，被人骂了几百年），淞沪路筑它何用？（淞沪铁路初建筑时，曾被当地老百姓掘起路轨，抛入黄浦江）黄金为粪土，粪土是黄金，应以接收对象的理解程度为断。

今天反省以上发生的种种事件，我首先应该承认，不能降低自己的水准同群众一道走的不对，这是要使工作受损失的，这不是一个布尔什维克的态度，此后我应努力学习马克思列宁以退为进的精神。次之，我应该承认上述各事，在了解情况上非常不够彻底，我只看到事实的一方面，而没有看到人情的另一方面。至少事先没有经过说服和教育，事后没有密切注意与关心，问题提出过早，成果维护不力，或者单凭热情，那自然会得到大家的反对，和与我初衷不符的结果。我写这些东西，虽不关党的策略把握问题，但在对工作的态度上，其应了解全面情况是一样的。否则势必以工作为儿戏，浪费人力物资，使革命工作受到损失。那既不是科学态度，也不是马列主义的态度。最后，我应该肯定的说，上述种种事例，仅仅是三风不正影响下产生的。大家的工作积极性，一般都是很高的，创造性也是有的，我们还是有前进最基本的人力经济物质条件。正如泽东同志所指出，困难只在某些同志对人对问题的态度不太正确和正派，如果大家能以身体力行的事实去响应中央整风的号召，深自反省，痛改前非，虚心下气，处处以组织利益为前提，处处用同志态度互相勉励，通力合作，那是没有什么事不可办好的。我相信大家在学习文件转变作风之后是很有希望的，革命工作定可以很大的推进一步。

三、联共党史结束语第二条

摘　要

马列主义的力量，就在于它给了党以可能在任何环境中确定方针，去了解周围事变的内部关系，去预见事变进程和推知事变发展的作用。它有丰富的历史意义，它是科学不是教条，它的理论对于无产阶级革命的组织者和领导者，有帮助他们完成革命的决定作用。不是要人咬文嚼字的去熟读它，而是要在实际行动中去运用它。它的实质是社会发展的科学，是工人运动的科学，是无产阶级革命的科学，是建设共产主义社会的科学，而不是可以固定在一个地点、一个时期或一个事物中的。我们要善于以革命运动的经验去丰富它，要善于以新的原理和结论去充实它，要善于发展它和推进它，要不怕根据它的实质而以适合于新的历史环境的新原则、新结论去代替它的某些过时的原则和结论，它是行动的指南。

意　见

自然科学和社会科学，都是富有历史性而不是抽象的。马列主义的力量，就在于它告诉我们从历史去看问题，全面去看问题，用活的眼光去看问题。它是科学不是教条，凡事都有过去、现在、未来，我们应根据它的过去去看它的现在，根据它的过去和现在，去估计它的将来，这样就可以推知一切事物互相间的联系。从此可以推知一件事从一个阶段演变到另一阶段的规律性。党史第二段指出马克思主义的力量，即在这里，无产阶级的党如果没有精通马列主义的理论，就不能实现无产阶级革命的组织者和领导者的作用。

反 省

党史第二段所说，用在自然科学的实例上，是没有一点不适合的。我曾经参加过一些科学研究工作，以我所知，一个科学工作的组织者和领导者，他每有问题要解决时，第一步即是根据他对这一问题的要求去查它的历史材料，从天边到地角，从古今中外所有各科学文献里去查和它有关的资料，丝毫不让它遗漏。然后详细加以整理分析，这一步工作叫做历史分析。第二步是根据第一步的历史分析去研究问题的现实材料，再根据对它的历史和现在的了解，由各方面考证研究去估计它的发展可能性，是否是适合于问题的要求。如理论上的估计和问题所要求的没有任何抵触之处，就有了行动上的初步根据，这一步工作叫做理论工作。第三步就是根据第二步的估计拟出工作计划，实际行动做实验，再就实验所得与估计相符或相反的结果去研究它的发展可能性。凡是符合问题要求的部分即予以采取，不合问题要求的部分即予以弃置，一步一步逐渐去接近问题的目的。从此可以得出它由一个阶段到另一阶段的规律性，一直到问题的彻底解决，这一步工作叫做研究工作，根据研究工作的结果把它放大，就是实际工作，这就是科学工作的三部曲。如果不经过这些步次，是绝对不会得到问题的正确解决的。一切自然科学范畴的原则、定律，与工作方法等等都是这样得到的，这个方法，就叫做科学方法。它在社会科学的范畴以内，应用仍是一样，所不同的是：自然科学是以物质做实验，而社会科学是以人和各种社会集团运动做实验，无论是自然科学或社会科学的组织与领导者都必须具体把握它。

四、论布尔什维克化第二条

党特别是它的领导者，必须充分掌握了和革命实践密切联系着的马克思主义的革命理论。

意　见

马克思从研究商品得到了社会阶层错综复杂的关系，并发明了物质决定思想、物质支配人的理论，又从分析社会的阶级特征、阶级关系和互相间的斗争规律性等等，得出了采取革命手段可以达到人力支配物质，并断定无产阶级是唯一的能采取这种革命手段的阶级，是为人类解放斗争最坚决的阶级，是代替资产阶级的阶级，只有无产阶级得到解放，人类才能得到解放，这就是马克思的历史唯物论与无产阶级的革命理论。

由于历史上无产阶级的贫困无知与被其他阶层压迫，他们对斗争，最初只能是自发的没有经验的，必须经过长期的残酷斗争教训才能认识阶级革命。因此马克思从启发阶级革命思想，培植阶级斗争关系，指明革命对象着手，去促成阶级革命。经过苏联社会革命之后，充分证明了马克思的理论，中国共产党二十年来的革命实践，也曾经充分证明了这一理论。只有从这些实际斗争的丰富历史中才能看出马克思革命理论的正确，才能充分的掌握它。因此党和它的领导者必须站在无产阶级革命的立场，用历史的观点去看问题，用唯物辩证科学的方法去分析问题，用革命手段去解决问题，经常的从丰富的革命斗争实践中引出规律，作为革命行动的指南。只有这样，他才能布尔什维克化。

五、调查研究的决定

摘　要

主观主义与形式主义的作风给了革命很大的损失，全党还没有彻底认识党的基本任务在于了解情况与掌握政策，这种粗枝大叶、自以为是的作风，是党性不纯的表现，应改为实事求是，使理论与实践密切联系，才是党性坚强的起码态度，因此应加强对历史环境、国内外、省内外、市内外情况的调查研究，必须如此，才能有效的组织革命力量，达到革命目的。

意　见

要正确的掌握政策，必须全面的了解敌我友三方的情况。所谓全面，就是指经济、政治、军事、文化而言，其中尤应注意阶级相互关系的变化和力量的对比，才不致以敌为友，以友为敌，才可以适时提出党的正确策略路线，争取一切对于革命发展有利的机会。

反　省

目下粗疏肤浅不求甚解的作风，相当浓厚，平时谈起革命工作，都能国际大势策略路线大背一套，但如进一层就很少有能使人满意的。例如货币贬值问题、资源开拓问题、土地利用问题、经济整理问题、教育目的内容问题、社会阶级关系变化问题、各国战略地位军力对比军事资源问题，以至各种业务本身应有的最基本知识，这些都可以使人接谈之下茫然若失。如此混下去，很成问题，须得及时来一个改弦更张。

我常想把中国搞好，我认为要搞好中国，物资和军事建设是很重要的一环。我每想，没有物质基础的政权只能是脆弱的政权，没有军事实力的政权只能是附属品的政权。因此，我除搞好科学之外，还喜读军事书籍，对于各国的军事建设，也有一点粗浅常识。我认识政略、战略的决定，是和军事传统、政治制度、经济资源、科学技术、文化教育的各种具体条件分不开的。例如估计德国的军事动向，至少先须了解德国从参加1740年的奥国皇位战争到1918年欧战结束止的军事历史沿革。它在建军原则上是如何接受了奥国皇嗣战争（1740—1748）史的新战争（1740—1745）和七年战争（1756—1763）的经验教训，得到初步确立，又如何在普法耶纳战争到滑铁卢战争的一段中（1806—1815）受了拿破仑的影响有所改革，再如何从这一基础上经过普奥战争（1866）、德法战争（1870—1871）发展到第一次欧战（1914—1918）。这一百八十年中，德国不仅在建军原则上有很高度的发展，即在政治制度、经济体制、物质建设、科学技术、文化教育上都有很大的改革，它们都是和德国的军事目的结合着进行的。它的军力显然的是经过了一百八十年血的经验教训所充实改造，而又是以现代政治、经济、文化教育武装了的（例如尼采的哲学和"德国高于一切"的特殊教育作风等等，造成广大人民侵略的心理，都是在精神上直接帮助它的）。它和德国民族性已结而为一。它的整体好像一部机器，是可以随时随地按照指挥人的意志行动的。它是一种相当特殊的力量，其它各国很不容易模仿和采用它（一如中国的游击战争，在其他国家很难采用的情形一样）。自从上次欧战战败之后，德人对于这次战争的准备，卧薪尝胆，已非一日。（正如上次欧战的作战准备，是从一八七一年德法战争结束之后就进行，并在一九一四年就把上次欧战对法的作战计划决定了的。）从它的战略地位看，从它的军事传统看，从它的政略体系看，从它的物质经济发展要求看，从它对殖民地的欲望看，从它与其他各国的军力对比和政治制度的差别看，德国心目中的最后敌人，不是苏法而是英美。它早在战争发动之前，似已估计到一来可以破法，再来可以备苏，它希望最后搞垮英国，抢夺英国的世界殖民地。这种估计又是和英法苏等国的军事、经济、文化、教育等等及其相互间的各种研究分不开的。英国好比一条绕着地球一圈的蛇，头在英伦三岛，腰在地中海，尾在加拿大，打蛇有两种方法，或是打头，或是打腰，德国如力能打头，最为上策，如果不能，打腰亦好。但英国的战略地位和国家实力亦不易侮，它好比孙子所谓常山之蛇，德国要打它，决不可贸然从事。因此，司马错论伐蜀的理论，在这里也找到了对象，德国必须从蚕食欧陆各国、改善战略地位和充实资源着手，这一企图，张伯伦达纳多之流是没有估计到的。至于德苏相互间的了解，在西班牙的战争中双方都间接交过手。德国并没有对苏联作过低估计，因此先以德苏协定暂时稳住苏联，专从事于兼并欧陆各国，俟各国次第破灭之后，德国陆上威胁只剩苏联，如欲西向攻英，必先解除东面威胁，同时苏联的物质建设进步之速，德如不及早进攻，将来更难下手，因此攻苏是必然的。他的目的，显然有二：其一是希望一举破苏，回戈直捣英伦三岛；其二是希望摧毁苏联战斗实力和物质资源，以便南掠近东，拦腰截断苏伊士，好去完成地中海和非洲的争夺战。他当然还要看战争行动的结果去争取最大的收获，很可能是把两种企图用在先后不同的两个阶段上。我去年在苏德战争开始德寇进攻莫斯科的动向还没有明显的时候，就有这一估计，当时我曾在高级干部小组会（有徐老、王凌波、胡嘉、张卫之等同志）讨论时事问题的会上提出谈过，正因为这一问题关系远东战局、中国抗战和民主拯救国家的生死存亡斗争，我是相当注意它。为着研究它的发展，我曾自己画过一幅欧战形势图挂在窑洞里，我估计每一战局的趋向起伏，常有所验，同样对于远东战争形势的发展，我也有过一些估计，过去的也验了。我认为轴心之间各有浓厚私利主义存在，尽管他们在经济、技术、人力、物资甚质军事呼应上，如何频繁援助，但到本身生死问题，必然会谨慎从事，不到相当有把握的时候，不致轻于尝试的。而且他们援助之法，可以多种形式出之，例如攻击美国，即等于帮助德国与打击苏联，而不必直接攻苏。到底日寇动向是北进南进或西进，我认为西进的可能比较大，因根据日寇整个力量看，得到目下这一局面，已经是超过了他可能撑持的饱和点。他要维持他已得的战果，他还要预防走逆风翻船的一着，如欧洲战局不起严重变化，日寇是不会再有更大冒险的。我很同意《解放日报》五月十七日发表时事座谈会特刊中吴老谈的一段话，我不同意其他同志估计日寇很快会北进的话，我觉到只就某一场合，某一点或某一时的胜败去估计问题，而不是全面的历史的去估计问题，是非常不妥的（调查研究不够周密）。这件事我曾和徐老、稼祥同志、思牧同志谈过，我们应多方调查研究，彻底了解情况，正确认识敌我双方的优缺点。我们不应过高估计敌人，也不应轻敌。在过高估计之下，就会看不出敌人的弱点，失去可攻之机，在轻敌之下，可以掩盖敌人优点而忘记注意去对付他，结果都可能走到忘记工作放弃革命任务上去。我们应反对悲观主义和乐观主义，要敢于正视敌人的优点和自己的弱点，想出实际办法来去克服它们，要估计到我方在革命发展中的新生力量，历史的规律性告诉我们，要估计到我方在革命的新生力量是不可战胜的，最后胜利无疑的必属于革命的一方面。我们要善于在劣势之下保存自己的有生力量，要勇于在困难中去创造自己的力量，要巧于在复杂关系中去坚持统一战线的力量，要准备持久的战争，战争持久下去，敌人内部会起变化的，要加紧后方生产，要改进科学技术。今天我们的技术水准远远赶不上我们的政治，如果技术能提高一步，就会产生一步力量，就可以使革命工作迈进一步。斯大林同志说："中国革命的特点是武装的人民，反对武装的反革命。"泽东同志说："武装斗争是中国共产党在中国革命中战胜敌人的三大法宝之一。"我们绝对不能忽视这一问题，我对于党的军事建设和经济建设工作有很高度的热情，因读调查研究这一决定，偶然触发了平日的不甚满意，拉杂写来，不觉成幅，以当自己思想意识的反省。

六、农村调查序言

摘　要

　　了解情况唯一的方法是向社会作调查，要抓住具体问题，用马克思主义的观点和方法作周密的调查，才能对中国问题得到最基本的知识。开调查会是简单可靠的方法，事先必须备有调查纲目，自己口问手写，并同人展开讨论，要有满腔热忱和求知渴望，要甘当小学生，须知群众是真正的英雄，而自己往往是幼稚可笑。

　　关于中国问题的材料，必须自己搜集，并应随时去了解变化着的情况，不与实际联系的理论，只是空洞的理论，不与理论联系的实际，只是盲目的实际,没有调查就没有发言权。

意 见

"没有调查就没有发言权"是一句很科学的话,我想:"没有研究就没有建议权。"在一知半解的半桶水荡得很的时候,在一切工作不深入,瞎喊瞎闹的时候,泽东同志这一号召,是很有意义的。

由一斑窥全貌,从一个典型到另一个典型,是了解问题的入手方法,也是时间的经济运用,但必须心目中有全貌,因此普遍调查研究,长期补充,仍旧是必要的。自己搜集材料,适时去了解着变化的情况也非常重要。从政党到国家,他们应该设有固定的调查研究统计机关,做长期有系统、有目的、有计划的调查,用马克思的立场观点去整理分析从其中抽出我们要的东西。泽东同志只言其要,下面工作同志应执其详。调查时对于具体范围的选择,是一个值得注意的技术问题。这应具有选择问题的必要知识,因此和教育也有密切联系。自然科学里有许多方法可以采用。

资本主义和帝国主义国家对于调查了解工作,做得比我们好,所用方法,常有很科学的。只到他们自身的死亡落末问题上,才是唯心的,因此,许多地方,还值得我们借鉴。

七、古田会议中论唯心观念

摘 要

政治上唯心的分析和工作上唯心的指导,结果一定产生机会主义和盲动主义。党内唯心批评,不要证据乱说,往往酿成无原则的纠纷。党内非政治的技术批评,是不明白批评任务在指出政治错误和组织错误,对个人生活缺点不必多所指摘。技术批评的发展可使人无所措手足,变成谨慎微的君子而忘记了党的任务。

意 见

唯心观念,根本是反马列主义的,加强马列主义观点方法的教育,遇事注意调查研究可以纠正唯心观念。有人说：调查研究也有唯心的，这句话很不妥，只要是调查研究，那就一定是客观唯物的。上说是否定了调查研究非政治的技术批评，是反革命的主要武器，那些公开的或潜伏的反革命份子找不到我党政治上的弱点，于是专从技术批评上出花样，无端扩大，诬谤造谣，混淆黑白，引类旁道，小可以挑拨离间，大可以中伤破坏，结果可以影响党内团结和模糊群众对党的政治影响。

反 省

延安的非政治批评空气和不要证据乱说相当猖獗的，最明显的代表是王实味的人性论。某些非无产阶级意识较浓厚和政治认识不深刻、阶级立场不坚定的同志无意中竟做了他的俘虏。当我第一次看到野百合花，虽然也觉到他是搞小问题诬谤抹煞整个革命工作，但忽视了他的政治立场。这点表示我的政治认识还是很不够的，此外挑扬弱点无端扩大的小广播还多着，例如说科学院只有二十几个学生，其中还有不安心学习的，竟把其他将近两百学生的教育一语抹煞了。又说徐老不懂科学、事务主义、极端民主化，竟把他毕生对教育对革命运动的研究和文献一语抹煞了。又如说延安跳舞狂，提倡看旧剧大起阿皇宫，竟把共产党支持抗战和前方在敌人三光政策下的坚苦卓绝的斗争事实一语抹煞了。诸如此类，不一定都有什么政治背景，但坏影响是不免的。不负责任、不调查、不研究、信口乱说的情形是很明显的，这里面有充分的唯心观念存在。

八、斯大林论党的布尔什维克化第三及第四条

原 文

党必须把它的口号与指示，建立在精细分析革命的具体情况上，并且要注意到各国革命经验，而不是建立在死的公式和历史相似的基础上。

党必须在群众革命斗争的火焰中考验这些号召和指示的正确性。

意 见

入乡问俗，入国问禁，不到被里蹚，不知道被的宽。革命方法，必须随着革命情况的变迁，适应当时的环境和实际要求。因此党的口号和指示必须建立在分析革命具体情况上，并在革命斗争的火焰中去考验改正它。这一真理，在自然科学的范畴内也同样正确。例如在化学发展的初期，只用简单的燃烧氧化还原等反应就可解决问题，进一步到无机化学，老一套就不够了，于是必须用分子分解、电解、复杂代替等反应，才能解决问题，再进一步到定性定量，一切操作方法更复杂了。理论方面要求更多，质量仪器等定理应时而生，更进一步到有机化学，无机定性定量那一套又不适用了。从实验室操作直到理论原则都有变更，似此在时代进演客观对象的转变中，旧的理论方法，必须随时变更，并且只有经过客观考验，去腐增新，不断改正，才会适用，反此必然不能适应环境与客观要求，变成时代的落伍者。这在社会科学的范畴内也一样，例如康梁变法，在当时是革命的，及推翻君主的革命运动产生，康梁君主立宪的理论和方法都成了过去，必须代以民主革命的理论与方法。那时国民党是革命的，及民国成立，中国革命进入了对帝国主义封建势力的斗争阶段，推翻君主那一套理论与方法都不适用了，老国民党竟随着民国成立而崩溃。从云南起义到大革命时代，新国民党经过孙中山先生改组并且吸收了共产党一些新的理论方法，因此得到了大革命的初步成功。这一时期国民党是革命的，及大革命失败国共分家，共产党的老一套只知合作，不知斗争的理论又不适用了，而必须代以土地革命和农工政权，及西安事变国共又走到合作，旧的那一套又不适用了，而必须代以抗日民族统一战线的策略。由此可知在社会革命的过程中，每一时代都有它的特征和客观要求，决非死的公式教条所能侥幸于万一。因此党必须知道这一道理，它必须详细分析社会阶级力量的变化和革命具体情况的转变，预见事变的到来，先做准备，及时提出党的口号和指示，并须在革命火焰中去考验它是否正确，很快的改正。只有这样，党的布尔什维克化，才不是空谈。

九、季米特洛夫论干部教育政策

摘　要

干部教育的基本任务，在于使他们会马列主义的方法，能应用到具体实际环境中去，到具体条件和斗争上去，因此必须研究马列主义生动革命的精神。

党校学生，在学习基本原则时，必须实际研究本国无产阶级斗争的具体问题，以使独立决定方向，成为阶级斗争独立的实际组织者与领导者。今天迫切需要的是会组织和领导不怕困难与会铲除困难的人。

革命理论是革命运动综合起来的经验，应当正确精密的运用，而不是机械的把现成斗争形式和方法由一种条件搬到另一种条件中去，由一个国家搬到另一个国家中去，如果这样模仿抄写，那就不管主观意愿如何好，也能有害于事。

我们应当时刻学习，在斗争过程中，在自由时，在监狱里，都要学习，学习和斗争，斗争和学习，应当领会马恩列斯的学说，同时还应当具备斯大林工作和斗争时的坚韧精神。

意　见

对于马列主义生动革命的精神，联共党史第二段说得非常透彻，此处不赘。

学习和斗争，斗争和学习，这是学习社会科学的秘诀，也是学习自然科学的秘诀。孤立静止地把学习和斗争分开是绝对弄不好的。学到老学不了说的是要长期学习，在生活的过程中，时刻不忘学习。"弟子不必不如师，师不必贤于弟子"说的是要向任何人学习。"青出于蓝而胜于蓝"说的是要有长进、不墨守成法。"不喝水不会洇，不跌倒不会跑"说的是要从实际行动斗争错误中去学习。如果没有这些精神，是绝对学不好的。

大学毕业举行毕业式的一天英文叫作 commencement day，意思是开始日，明明说你在大学学的是教条呀，今天入世，在工作中去锻炼，才是开始学习。中外古今对学习的认识差不多，只有教条主义者才至死不悟。至于干部教育的目的应注意培养能在实际斗争中不怕困难与会铲除困难和独立决定方向的组织与领导者。

十、中央关于在职干部教育的决定

摘　要

干部教育是全部教育工作中最中心的一环，办干部学校抽调干部施以系统教育是目前很重要的任务，同时对在职干部尤其工作岗位施以必需的与可能的教育，是全部教育工作中的第一位工作。

在职学习是干部教育的主要形式，业务学习又是在职学习的基本形式。

在职干部教育，应以业务教育、政治教育、文化教育、理论教育为范围，一切在职干部都须给以业务教育，实行做什么学什么，各人必须学会与精通自己的业务，各部门负责人必须有次序的进行学习指导。一切在职干部都须给以政治教育，对文化程度低的干部应强调文化教育。高级干部具有学习理论资格的，于业务学习之外，故须学习理论，四种教育的时间分配及课程分配由党政军宣教部门负责调理之。

意　见

从此一决定看，我党在职干部教育已成系统，非常完整有步骤，而不是片面的乌托邦的。一班对教育没有起码认识的人，常是满脑子乌托邦，他强调理论常常脱离了实际，强调实际又常常忘记了基本知识，只是片段不见整体，只知外国不知中国，只望速成，不知步骤，甚至连理论是什么、基本的普通的常识是什么都弄不清楚。这些人应仔细读一读这一决定。我们的干部教育课程有分文化、政治与理论，以专门的政治建立在普通文化基础上，以高深的理论建立在文化和政治基础上，构成一完整的系统，即所谓马列主义，是完整的不是片段的。

反　省

没有文化基础，要把政治学好是不可能的，正因为文化是基本知识，是学习政治的工具，不先取得它就不可能搞好政治。没有高等普通常识而搞专门或实际是不可能的，但偏有人希望科学院放弃高等普通常识不学去搞专门与实际，本院教职员也有随声附和的，使我汗颜无地。

没有人力、物力、财力要搞好理论是骗人的，而偏有人说本院的高等普通课程是理论，这是误解了理论二字，本院教职员中也有附和这种说法的，我非常惭愧。

教育工作不能脱离经济政治条件和各国的具体情形，但有人偏忘记了中国式，要求一模一样原封不动地搬外国，硬指我们没有办大学的条件，本院教职员中也有附和这种说法的，我也非常惭愧。

这是学风部分笔记的提要，专供学委会检阅。我另有详细笔记，供自己阅读之用。党风及党八股笔记在整理中，迟日即寄上。

（根据陈康白手写遗稿整理）

背景说明：

1942年6月，中共中央宣传部发出了《关于在全党整顿三风学习教育活动的指示》，从此开始了全党范围的整风运动。在整风学习期间所有党员干部都要向相应的各级党组织提交自己的整风学习总结。1942年6月2日，中共中央总学习委员会举行第一次学习会议，会议决定总学委要抽调延安高级干部的学习笔记。也就是在这个大背景下，陈康白向中央总学委交出了自己的这份《读学风笔记提要》。

陈康白的这份整风学习总结写得非常认真和深刻，共计16 000多字，全面总结了自己在整风运动中学习的收获和体会，有重点摘录，有本人意见，有情况说明，有个人剖析，更有深刻的反思和认识，融汇中外，通晓古今，实为一部罕见的融个人履历、思想斗争、认知方法、认识态度、学习成果为一体的个人自传总结佳作。这份《读学风笔记提要》能保存到今日实属弥足珍贵，它对研究我党的思想教育史和延安革命史都具有十分重要的意义，更对笔者深入了解陈康白的革命经历、最终完成了陈康白传记的创作起到了特别重要的作用。

当年中央总学委审阅了这份《读学风笔记提要》之后，提出了中肯的意见，也及时给予了答复，答复内容如下：

康白同志的笔记一般说是写得好的，有反省有意见，而且联系到自然科学，也联系到了延安后的工作。但是笔记的精神，说已经掌握了思想方法和工作态度，在今天还是过早的，而笔记中一个最大的缺点，也即是反省中的最大的缺点，虽然说到自己的缺点，总是从证明自己是对的，不过别人不了解，这样就不能真正实行自我批评，于自己了无帮助，于别人不能服气。

康白同志在科学上是有造就的，而且希望能成为党的好的科学家，因此要求不同，就是比较严格一点，如果是以一般科学家对待，那么这些问题也就不必向你提，客气一套，对党员在政治问题大概是没有益处的。

大概康白同志自己也听延安科学界对你自己的微言，如能在这一方面加以检讨，实行自我批评（责己严责人宽），那是大有益处的。

八、整理山东盐产的建议（1945年下半年）

康 白

华北沿海原有丰财、芦台、永利、价阳、莱州、石岛、黄皮、金口、青岛、涛雒十大盐场，除丰财、芦台二场外，其余各盐场都在山东，原有盐田三十万亩左右。自民初至民国十八年，地方军阀只知压榨盐民，民国十八年以降国民党限制专卖尤烈，到敌军占领期中掠夺摧残更甚，因此盐民逐渐散亡，盐田大半荒芜。解放后的山东盐田全数不满十五万亩，根据政府税收统计，胶东范围内的莱州、威海、石岛、金口四场现有盐田五万亩，它如黄皮、青岛（胶州湾西岸，胶县解放后已属胶东行政区）、永利、价阳、涛雒数场所属盐田合计在十万亩左右。从一般情况来说，生产方法是陈旧的，盐田设备是简陋的，产量是很低的，盐民生活是很苦的。如予以整理，必须从复旧开新改良生产方法，提高生产量入手。目前尤以恢复旧盐田最是事半功倍，迫切待做的一件要紧工作。现以全山东现有产盐田和已荒废的旧田（新荒尚有盐亩痕迹，旧荒已成一片海滩）作基础，做出五年增产计划如下：

项目	第一年		第二年		第三年		第四年		第五年		第六年	
	千亩	千吨	千亩	千吨	千亩	千吨	千亩	千吨	千亩	千吨	千亩	千吨
现有的产盐量	150	300	150	375	150	450	150	450	150	450	150	450
拟恢复的盐田	90	48	90	162	90	225	90	270	150	450	150	450
			60	72	60	108	60	150				
计划新开盐田			40	48	40	72	40	100	100	270	100	300
					60	72	60	108				
总计	240	348	340	657	400	927	400	1 078	400	1 170	400	1 200

上表中各种盐田每全年生产吨数是根据往年盐产记录的平均数字逐年增加算得的，所根据的数字见下表：

项目	第一年每亩吨数	第二年每亩吨数	第三年每亩吨数	第四年每亩吨数
现有的产盐量	2	2.5	3	3
拟恢复的盐田	1.2	1.8	2.5	3
计划新开盐田	1.2	1.8	2.5	3

按照此进度，第三年即可完成盐田四十万亩，产量可提高到九十万吨以上，第六年全年产盐量可达到一百二十万吨。为着完成此项计划，应举行食物贷款，第一年如按旧有盐田每百亩贷粮五十担，新开盐田每百亩贷粮一百五十担，第二年减半，第三年停贷，第四年开始还本，分三年还完，就可得出每年实物贷款折合粮食担数数字如下表：

项目	第一年		第二年		第三年		第四年	
	千亩	千担	千亩	千担	千亩	千担	千亩	千担
现有的产盐田	150	75	150	37.5	150	0	150	-37.5
拟恢复的产盐田	90	45	90	22.5	90	0	90	-22.5
			60	30	60	15	60	0
计划新开盐田			40	60	100	93	100	45
总计	240	120	340	150	400	108	400	-15

因此可知第一年需贷出粮食十二万担，第二年十五万担，第三年十八千担，第四年收入贷出相抵后可以收回一万五千担，向后收回粮数逐年增加到第十，可将贷出数目完全收回，又可逐年移作其它生产贷款。此外，每年可按食盐推销数量征收税款，不受贷款限制。

以上贷款数字是按下举标准实例计算出来的：

盐田（普通亩，即民间现用亩）—————— 325

产盐量（吨等于二千市斤）—————— 1 000

工作日数（天）—————— 150

1 普通亩 = 60 平方丈 = 240 平方弓 = 6 000 平方营造尺
       = 0.92 市亩

1 担粮食 = 10 斗 = 400 斤

一、工资			
项目	数字	单价 （粮担数）	粮 （全年担数）
盐工组长	1	2.15	2.15
长工	6	2.72	16.32
短工	250	0.042	10.5
看风车工	1	2.15	2.15
组长杂用	1	0.714	0.714
年节礼	8	0.132	1.056
总计			32.89

二、伙食衣服费用			
	8	3	24

三、盐田用具			
盐筐	20	0.18	3.6
木锨	8	0.012 5	0.1
铁锨	8	0.043	0.344
扁担	15	0.043	0.645
大把	4	0.115	0.46
中把	8	0.036	0.288
小把	8	0.036	0.288
木棰	5	0.036	0.18
竹帚	2	0.04	0.08
水斗	5	0.047	0.235
水车	3	5（两年）	7.5
水车修理	1.5	2	3
预备费			0.7
共计			17.43

四、堆盐地管理费			
盐堆工	80	0.036	2.88
泥工	80	0.036	2.88
短工	120	0.043	5.16
共计			10.92

五、滩地修理费			
人工	170	0.043	7.31

六、盐田修理费			
短工	60	0.043	2.58

七、滩房修理费			
滩房建筑	5 间	5.6 二十年	1.4
修理用木料			0.82
工资	16	0.03	0.48
共计			2.7

八、水沟修理费			
私用沟	200（丈）	0.024	4.8
运输沟	200	0.024	4.8
灌水沟	200	0.012	2.4
共计			12

九、运费			
风船	250	0.045	11.25
起卸费	250	0.016	4
共计			22.5

十、杂费税捐			
管理员	1	2.5	2.5
管理员伙食衣用	1	3	3
杂用	1	1.29	1.29
滩用			0.08
工会会费			8
学校			2.8
共计			17.67

以上各项目的数量和单价是从盐田实际调查按最低标准折合粮食数估计的，总计上述十项，每三百二十五亩盐田，全年产盐一千吨，所需费用

折合粮食约为一百五十担,可知每亩盐田全年的生产开支实际需要粮食四斗六升。但新开盐田包括滩地盐田、水沟的种种建设,相当于整理旧盐田的三倍,第三表中的实物贷出数字即按此数增加百分之十求得的。如果少贷,事实上恐不能解决问题,即不能保证增产预期数字的实现,多贷也是多余的。

为着很好的进行上项增产计划,应成立专门部门负责、实施及调节每年贷出收回款项与生产、检查、帮助等工作。这个部门如以胶东、渤海、滨海三个行政区为区分对象,似可由实业厅设立总局,另在三行政区设分局,即以工商管理局现有盐滩工作人员作基础,按需要进行调整,争取先在今秋完成盐户、盐亩、盐滩、盐产量、盐田工具种种实际情形的精确调查,做出贷款给谁?贷给谁多少?如何支配进行?详密计划。并在今年冬季全数贷出,以便盐民明春可按预定数目复旧开新。从生产、贷款尽可能多用实物,少用货币,以免盐民受时间延迟物价贬值的影响。增产有赖于盐田的增加,同时也有赖于工具的改善。目下眼前盐田都是用人力灌水,浪费劳动力太多,可用风力,此事即可在贷出实物中,事先有计划地进行风车等工具的装备,及时贷出。这样既不难求得分配上的平均划一,又含有技术指导的作用,可以减少盐民因了解上有偏差,和能力上不同,所发生的接受上的困难。

根据上述增产计划的盐,每百斤的生产成本,约合三斤粮食,每斤粮平均值北海票十二元计算,每斤盐价假定由生产成本加百分之一百的赢利和百分之五十的税金,也不到北海票一元。而江南如上海、南京、汉口等地的盐价,而每斤值法币三百元左右,推销加上运费和转输损失,获利仍是很多的。据工商管理局的统计,去年陈盐销售一空,实销数量已超过生产数量的一倍。从全国的食盐、广大销场和华南沿海不适于生产盐的情形估计,销路和增产是迫切相需的,而不是抵触的。从食盐是人人的生活必需品和全国人民的经济购买力来看，国内政治逆流所造成的形格势禁关系和反动派企图以类似美麦、美棉贷款出卖国家的办法同样对我食盐推销，给以根本打击和限制，都是不可能的，因此增产绝不会遇到真正销路上的困难，我们应该注意的是如何掌握推销和稳定盐价，如何循着发展生产的道路去增加生产量和提高盐民的生产力，如何从大量增产中做到有效倾销，从而做到为广大人民特别是占全国人口绝对大多数的无产阶级群众对于食盐担负的减低（盐价增高是人民一种负担）。因此，以下三件事要做：（一）有步次的贯彻食盐增产计划和更适当的增加盐产地的盐价，使盐民的收入增加和生产力提高。（二）切实地减低盐税，使全国广大群众能吃到他们生活上的需要的盐（盐税本质上是一种不良税收），在税金上应严格把握着不超过产盐地盐价百分之五十的限制，并应废弃旧制征收惯例，随便附加手续费的不良做法。对于直辖盐场的管理部门和税收机关应规定合理开支，绝对不允许他们采用盐税附加和收手续费等名目随意增加盐价去开支该机关任何费用。（三）放弃专卖，食盐专卖是限制生产、压榨盐民的一种办法，是一种传统手段。前清的盐务大员是向封建君主直接负责专卖食盐的，盐票包销，盐价起落凭他说着就算数。民国承袭旧制，基本上没有改变。民国十八年以降，国民党变本加厉，历行统治专卖政策，除养着庞大缉私队防范走私敲诈盐民外，并曾严格规定晒盐日期和勒令盐民放弃一部分盐田的晒盐工作，坐使荒废，去达到盐价的提高。盐民从历史传统上对于政府给他们的束缚、压榨是习惯了的，生产是为着要活下去，一贯是被动的，情绪不够高的，生活非常难苦（我曾就石岛和威海区访问过几家在生活上比较可以代表一般水平的盐户和渔户，结果渔民觉得盐民比渔民的收入少得多，生活相去很远）。如果替他们解除了这层束缚，使他们像从事其它生产企业一样的能享受到生产品出卖的自由或正当赢利的获得，那么他会主动地去参加生产的，积极性是会提高的。为了防止奸人垄断、压价、抬价起见，政府可制定盐业法规，基本只要抓紧税收（盐税并关税二种，前者是生产税，后者是转输税，国民党除以上两种外另有统税和其它杂捐等等可一并免除）和盐价制定权，就满可以掌握了它。目下，我们仍袭用旧时转卖办法，由工商管理局派员住在盐滩附近，专门就地买卖盐，盐民连以往凭票的权利都没有，收买和卖价悬殊，盐民不无反映，不择适当地点设局收税，放弃专卖权等等……

专卖如锁着盐民的一条锁链，封建君主曾经牵着它，继承封建主义的军阀和旧政权曾经更紧地牵着它。如果我们从他们手里拿过来仍旧牵着不放，随你如何解释是和盐民同一立场，他们总不会了解的。最好的解释，是干脆地扔掉它，从同情盐民、教育帮助盐民的立场的办法上，去防止坏事情的发生。我们在改革世界的观点上，提出这点不成熟的意见，希大家研究解决。

综起来说，恢复旧盐田是目前开拓盐产的捷径，设立专卖组织生产是掌握实际工作的重要机构，增产抑价是减轻人民负担的治本办法，放弃专卖是解除盐民的束缚，放弃限制生产的主张，在整理盐产的工作中果能实现这四件事，要达到预期的盐产高度是满有可能的。全国每年产盐的总量不过二百五十万吨，山东盐产预期数量占全国产量三分之一以上，整理山东盐产，对全国市场来说，是会起一定作用的。并且，淮盐、芦苔盐都在解放区内，不难采取一致步调，我们的主张加上实际工作产生的事实是会被全国人民重视与欢迎的。

附胶东盐业调查表

盐区	盐滩名	盐户数	盐工	实亩数	全年盐产量
烟台	北营城	54	104	702	49.970
	盐滩材	45	50	741	26.000
	孙家滩	60	115	780	28.000
威海	双岛滩	13	15	171	1.200
	朝阳滩	101	101	1 249	27.000
	漉岛滩	84	155	1 338	86.282
	崂台滩	6	18	212	13.500
	黄埠滩	18	20	349	10.000
	港北崖	15	70	715	40.000
	林村	99	129	1 950	65.000
巴岛	南厫	80	83	1 133	11.550
	慈家滩	130	146	1 649	30.000
	时家滩	152	161	1 823	161.000
	崔家滩	62	62	806	62.000
	沙岛滩	18	28	249	5.000
	岳家滩	72	72	962	70.390
	省岛	6	6	78	1.140
	竹村	38	38	494	7.600
	涨濠滩	37	37	481	8.360
	凤凰港	57	57	441	80.000
	处家滩	1	2	28	0.700
	东厫	18	18	304	1.000
	赵家港	1	2	34	0.600
	裨道	11	21	239	7.000
	于家	179	193	2 372	205.000
	岛宋家	12	12	156	33.000
乳山	鳖鱼滩	50	65	754	41.500
	何家滩	3	29	122	66.000
	羊群滩	238	238	2 583	230.000
	颜武滩	36	46	468	12.000

续表

盐区	盐滩名	盐户数	盐工	实亩数	全年盐产量
乳山	纸房	2	2	26	5.000
	横门滩	32	32	416	14.500
	相和头滩	86	87	1 118	24.200
	黄水港	197	207	2 561	125.000
	箭港	94	94	1 222	50.000
	小箭港	48	48	624	14.500
	潮里	34	41	507	5.400
	从上材	15	10	195	2.600
	崂峙埠	49	49	585	23.484
	小滩	74	84	962	28.770
	大兰家	94	94	1 222	140.000
	台子头	59	66	849	38.865
	臧家庄	58	65	754	16.395
	床子头	5	5	65	2.320
	丁里	1	1	13	0.800
吕滩	崖家	205	205	2 665	109.900
	仓上	95	106	1 230	32.500
	朱家	43	47	559	21.572
	海沧	95	105	1 235	11.500
	堤家	331	371	4 303	183.000
	于家	233	261	2 029	83.100
	孙家	399	401	5 189	400.000
	敖里	56	56	928	112.000
	灶户	62	62	806	16.000
	利鱼	230	230	2 990	84.000
	崔家尖子	311	348	4 043	187.290
共计		4 562	5 222	50 516	3 110.56

此项调查数字根据工商管理局的税收数字得来的，年产担数可能比实数小。

（根据陈康白遗存手稿整理）

背景说明：

1945年10月，陈康白乘美军观察组的飞机回到了延安，但在延安只停留了两天就依依不舍地告别妻女，在组织的安排下奔赴胶东半岛，协助当地政府做好经济的恢复发展工作。

1945年8月以后，山东半岛重新回到了人民的怀抱，在胶东地区党委的领导下人民开始休养生息，医治战争的创伤，同时迅速恢复和发展经济。在党中央的英明指挥下，当时中央东北局和各路部队正迅速开赴东北各地接收城市，组建人民民主政权，所以有大量的人员和物资需进入东北。当时我军没有空运和海运的条件，陆路交通也因国民党部队的进攻变得十分艰难，因此通过胶东半岛将人员物资先运至苏联占领下的大连、而后进入东北就成了当时最重要的一条战略通道。

陈康白来到胶东半岛以后，以共产党人的使命感和科学家"科技报国"的责任心关心着胶东半岛的经济发展，主动调查胶东半岛的渔业、盐业、工商业、造船运输业等多方面的情况，撰写了多份科学调查报告，向当地人民政府献言献策，希望早日改善胶东半岛的经济状况，让人民过上幸福安乐的生活。这份调查报告就是在这种背景下完成的，陈康白根据自己在盐业生产方面多年的实践经验，结合胶东半岛本地的实际情况，为胶东盐业的生产、运输、销售及未来的运营描绘了一幅科学蓝图。所有统计数字极其详细，可以看出陈康白做出了认真、细致的调查研究。从《建议书》看，陈康白心里是一直装着人民、装着党的事业的，希望尽快改变盐业生产的现状。虽然其中有些观点过于犀利，也不容易真正实行，但不可否认，他是从客观、实际、科学的角度出发来看待问题的。这就是他作为科学家的一个基本观念。

九、对胶东渔业增产的建议（1945年下半年）

山东沿海数十处渔场大部都在胶东，其中尤以蓬莱、烟台、威海、荣成、石岛、海阳、乳山等处比较最大，历年产鱼在十万吨以上。敌军侵我期间，渔业一落千丈，解放后政府积极救济，以渐次苏复。一般的来说，渔民生活比盐民好，封建社会对他们的压榨比盐民轻，生产收入也比盐民容易和优裕。群众翻身以后，他们部分的有了自己的船和网，但生产形式是自流的、靠天吃饭的和零散的，船小力薄，随潮出海，无法克服困难。虽终年生活在天然良好的渔场中，例如石岛、荣成等处，都只能满腹而饱，不能大量增产。依现已了解的情况，他们的渔船、舢板、渔网、渔具数目并不在少数，只需逐渐补充，毋用大量添置。整理的办法，应抓紧天然好渔场，因地制宜，从改进渔船组织生产着手。目前尤以增置引擎渔船、加强渔民海面能动性是最基本待解决的一件工作。假定我们利用威海和烟台现有船坞有计划地制造，或由船厂改装一批设有引擎的小型渔船，贷给渔民。引擎采用柴油或木炭代油混合装备，同时仍保留布帆，有风使帆，无风用引擎。平时引擎发动用木炭或木柴，当要求较高速度时用柴油。新造的船采用日本排子船的式样，船底平坦容积大，遇风浪颠簸小。每两艘有引擎的船和二十艘帆船结成一个捕鱼小组，拖网、流网、漱网、延绳钓，尽量分别予以利用。很好组织分工，争取出入海分散集中和在海面活动的最大能动性，是可以使生产数量相对提高的。增置引擎船只之后，并可将原有渔船逐渐组织起来，如每组以一百吨为标准。每年在清明前后的大海市期间，进行每天往返一次的生产，突击四十五次。平时进行每三两天往返一次的生产，十五次至九十次，每次平均获鱼十四五吨，（按各季捕鱼记录加上引擎船捕鱼的可能增产数字）则可得出增产数字如下表：

		第一年				第二年				第三年				第四年			
		1	2	3	4	1	2	3	4	1	2	3	4	1	2	3	4
石岛	原有船数		1 460	3 500	28		980	2 400	20		500	1 200	9				
						24	240	1 200	30	72	720	3 600	90	120	1 200	6 000	150
	新置或改装船	24	240	1 200	30	48	480	2 400	60	48	480	2 400	60	70	700	3 500	87
										20	200	1 000	25	60	600	3 000	75
烟台	原有船数		80	200	1	21	210	2 200	22	29	290	2 600	26	29	290	2 600	26
		21	210	2 200	22									20	200	1 000	10
	新置或改装船					8	80	400	4	20	200	1 000	10				
威海	原有船数		504	1 200	6		344	850	4		144	360	2				
		16	160	1 500	15	16	160	1 500	15	32	320	2 300	23	52	520	3 300	33
	新置或改装船					16	160	800	8	20	200	1 000	10	14	140	700	7
荣成	原有船数		640	1 600	12.8		400	1 000	8	44	440	2 200	55	84	840	4 200	105
						20	200	1 000	25								
	新置或改装船	20	200	1 000	25	24	240	1 200	30	40	400	2 000	50				
海阳	原有船数		640	1 600	11		340	850	6	50	500	2 500	40				
						20	200	1 000	16					84	840	4 200	67
	新置或改装船	20	200	1 000	16	30	300	1 500	24	34	340	1 700	27				
乳山	原有船数		520	1 100	6		320	680	4	36	360	1 800	21				
						16	160	800	9					60	600	3 000	35
	新置或改装船	16	160	800	9	20	200	1 000	12	24	240	1 200	14				
共计		117	5 014	17 500	182	263	5 014	20 780	287	469	5 394	28 210	473	593	5 930	31 500	595
附注 1= 引擎船只数 2= 帆船只数 3= 船只总吨数 4= 渔产千吨																	

上表中所载各渔港每吨船全年生产鱼的平均数字因地点位置不同而有差别，同时没有组织零星捕鱼的风船和有组织的渔船，每吨生产的数量也有差别，大致没有组织的渔船每吨生产鱼的数字按吨计算。烟台、威海是五，乳山是六，海阳是七，石岛荣成是八，有组织的渔船每吨生产鱼的吨数，烟台威海是十，乳山十二，海阳十六，石岛、荣成二十五，其中当然以石岛、荣成为发展渔业的天然最好渔场。因此增产中心着重在石岛、荣成，在推销与盐场的关系上说，尤以石岛为最好，在四年增产计划中是以石岛、荣成为主。有引擎的渔船增至数字以上两处比重最大，其他各渔港的现有帆船为着配合上两处的生产组织，也有所调动。上表中增加船只吨数和渔产的增产数字，就是根据这些情形求得的。按以此项进度到第四年约可完成新置或改装的引擎渔船（十吨至二十五吨行的）六百只左右，有组织的帆船在六千只左右，总吨数在三十万吨以上，全年生产鱼的数字量可达到六十万吨。现有五十至一百二十五担的鱼用风船，其中比较新的即可利用它改装成十至二十五吨的引擎渔船，十至十五担的小渔船即可予以组织成为引擎船的附属船只。为着完成此项计划，应有步次地制造和改装六百艘有引擎的渔船，贷给渔民。同时并应有计划地组织六千艘帆船，凡新组织的捕鱼小组连船准备于全年开支，每吨船约需贷给粮食十五担，如按此数贷出，则四年中共需贷出粮数如下表：

年度	新增引擎船数	新组织帆船数	渔船总吨数	贷出粮食（千担）
第一年	117	1 170	7 700	115.5
第二年	146	1 460	7 300	109.5
第三年	206	2 060	10 300	154.5
第四年	124	1 240	6 200	93
共计	593	5 930	31 500	472.5

由此可知，第一年需贷出粮食十一万五千担（船价已折合在内），第二年十一万担，第三年十五万四千担，第四年九万三千担，共约需贷出四十七万担粮食。如自贷出后的四年开始还本，则第四年贷出收回相抵只需实贷五万四千担（按分三年收回），第五年完全不贷出，并可收回七万五千担。向后收回粮食数逐年增加，到十一年度可将全部贷出粮食数完全收回。此外并可按每年渔产推销数字征收税金，不受贷款限制。

以上贷款数字是按下举实例计算出来的：

二十五吨型的有引擎渔船…………二只

二吨半型的小渔（帆船）…………二十只

全年工作日数………………………三百天

一吨等于二千斤，每担粮食等于四百斤。

一、工资

项目	数量	单价（粮担数）	粮（全年担数）
船长	2	3.22	6.44
机工	2	3.22	6.44
渔工	90	4.00	36 000
杂费	2	1.01	2.02
年节费	100	0.2	20.00
共计			394.90

二、渔具费用

项目	数量	单价	粮（全年担数）
渔网（拖网、流网濑网和鲤具）	300（副）	2.15（三年）	21 500
鱼筐	46	0.36	16.56
扁担	23	0.043	0.99
渔箕	22	0.12	2.64

续表

木耙	22	0.036	0.79
水斗	22	0.04	0.88
桐油	110（百斤）	1.00	110.00
修补			75.00
共计			422.86

三、渔船

引擎船（廿五吨型）	2	200.00（二十年）	20.00
帆船装备	20	5.00（十年）	10.00
修理费（麻桐油木料）			30.00
橹杆	40（丈）	0.40	16.00
修理工	500	0.05	25
共计			101.00

四、伙食、衣服零用

粮食衣服杂用	94	3.00	282.00
酒（出海饮料）	6 000（斤）	0.006	36.00
共计			318.00

五、鱼作坊

腌鱼池	30	5.00（二十年）	7.5
晒场	10	2.00（五年）	4.0
鱼筐	20	0.36	7.2
扁担	10	0.043	0.43
木盆	10	0.38	3.80
水桶	20	0.40	8.00
钩杆	10	0.04	0.40
刀	10	0.01	0.1

续表

砧	10	0.005	0.05
秤	3	0.5	1.50
木掀	20	0.012 5	0.25
木把	20	0.036	0.72
共计			33.94

六、作坊用费

盐	300（吨）	0.15	45.00
工资	24	4.00	96.00
杂支	3	0.50	1.50
年节费	24	0.20	4.80
共计			147.30

七、运费

船脚	400（次）	0.045	18.00
损失	400	0.01	4.00
起御费	400	0.03	12.00
共计			34.00

八、捐税杂支

管事员	1	3.2	3.20
杂支	1	1.2	1.20
码头捐			0.45
工会会费			20.00
学校			8.00
共计			32.85

综计以上八项所需粮数如下：

一、工资	394.90
二、渔具	422.86
三、渔船	101.00
四、伙食衣服零用	318.00
五、鱼作坊	147.30
六、作坊用费	34.00
七、运费	34.00
八、捐税杂支	32.85
共计	1 484.85

按以上组织一百吨渔船建设费，实际需要 1 485 担粮食，每吨船的全年开支约相当于十五担粮食，进行渔船贷款如单纯地贷粮给渔民，仍不能解决问题，必须由政府设厂造船和改装一批有引擎的渔船，折合贷款贷给渔民。同时并需限定组织捕鱼小组，按有组织的渔船和第一表所举渔港分配贷出，才能掌握增产计划的实现。不然渔民能力有限，墨守成规，观念不易突破，仍不免自流零散，发展的效果就有限了。按威海铁工厂的机械设备和技术条件，加上当地的船坞设备和发展航业的天然条件，与交通上对原料取给的方便等等，如要制造十马力以下的小引擎和长十至十五公尺，宽二点五至三公尺，高一点二至一点四公尺小型渔船，或由一百担左右的风船改装有引擎的船是不难办到的。第二表六百艘引擎渔船的制备工作可以兼买带造修理旧船，改装风船，分途进行。即以鱼带粮食拨一定数量做此项经费，责成按期完成任务。在初步制造经验取得之后，再进而造比较大型的船，就可以由渔船制造发展为造船工业。将来在经济技术条件许可之下，并可利用福山、烟台间的云母铁矿作钢铁原料，造船工业也是有相当前途的。胶东民性原近于鱼航，有"北方宁波人"的称号，对于航海的

倡导是比较好做的。现已在水产学校、水产公司等组织，威海、刘公岛自清末即有军港设置，从英人租界到日军占领期间，大小船队常在当地驻扎，居民深染航海习俗。这些都是它的好条件，将来并可由渔业发展做到航海，以至建立我们应有的海军。

根据上述增产计划生产的鱼，每斤的生产成本约相当于二两七钱粮食的价值（这已是说过的湿鱼价值），按石岛目前的鱼价，每斤可换一斤半至两斤的粮食。南方渔场各港口到该处装鱼和盐的风船很多，并有朝鲜的船，鱼在推销上是供不应求的，获利在六倍以上。用盐腌过的鱼运到南方特别行销，因所含盐量不受盐税限制，到江南比鱼值钱的多。胶东各渔港的附近多半有盐场，食盐取给方便。渔民和盐民的关系特别密切，保存鱼用盐腌、晒干、冰冻、制罐头的几种方法，以盐腌晒干成本最低，销场最广。当地盐的价值低，是对渔业特别有利的条件，渔盐相互发展，销路是不会因增产而受到影响的。

推销鱼的运输工具是风船，石岛背山向海，风小浪平，南船因避免山角的急流和渤海的风险，几乎全都在该处停泊。起卸货物改装盐鱼南去，加以当地有多年不冻的港口，全年船只往来无阻，各种季节鱼类的游行路线几乎全都汇集在该处海面，可以终年不断地进行捕鱼，因此在生产推销两个条件来说，唯有石岛最好称完善，我们应有计划地发展它成为北方重要渔港。

在整理山东的渔业工作中，如能掌握造有引擎的船，组织帆船，和有重点地建设渔港，同时并以照顾到渔民的生活要求和渔航人才的培养，前途一定很大的。战前日本海产完全控有中国市场，其中尤以腌鱼为大宗，战后我们如不从生产方面努力解决问题，它将在美军帮助下卷土重来，所谓制海权的收回和渔业发展就都会变成空话。

（根据陈康白遗存手稿整理）

背景说明:

  陈康白在关心胶东半岛的盐业发展同时,更是对胶东半岛的渔业生产投入了大量的精力。1945年秋季,陈康白带着警卫员深入烟台、石岛、威海、荣成、海阳、乳山等地,顶着烈日深入渔村,详细地了解渔业生产的各方面情况,写成了这份《对胶东渔业增产的建议》。

  这份《对胶东渔业增产的建议》中先是概括了胶东半岛目前的渔业生产状况,然后从生产方式、生产品种、生产设备改进、生产规模测算、产品销售市场和财务预算等多方面对胶东半岛的渔业发展提出了多项合理化建议。陈康白在很短的时间内把渔民、盐民的家庭收入,咸鱼、腌鱼的生产成本,南方、北方市场的销路情况都调查得清清楚楚,透露出他为了人民的利益忘我的工作热情和认真负责、细致入微的科学态度,更显示出陈康白知识全面、思维缜密、客观实际、计划周全、系统性强的科学工作精神。

十、陈康白先生对烟市各种建设意见（1945年下半年）

自然科学专家陈康白先生，连日考察本市工商文化建设各单位，对建设烟市，提供很多意见，顷将陈氏对记者所谈披露如下：

"烟台给我的印象是在工商文化建设各方面都有相当基础"。陈氏说："在烟台这样一个海港来说，要走向繁荣，必须通过其组成部分的一切问题，其中工商业是主体，因此，重点应先放在工商业的生产建设上，从现有基础上去提高，使其走上正规繁荣的道路，这是我们的努力方向。

工商业中又要以生产工业为主，第一、渔、盐、丝织品、水果、花生、油、药材、发网、帽辫、粉条等，都是当地所出，产量相当大，可以向外推销。

据说烟台战前有二百七十多只汽船和一千五百多只帆船从事打渔，现在只剩了二十一只汽船和原有数目十分之四的帆船。水产公司虽有完备的冷冻设备，现在也因鱼产量少，而搁置没有用。又市内通益精盐公司制盐厂规模比较大，有五个厂，每天能出精盐一千石，直销长江流域。但停工已八九年。渔盐有密切关系，长江流域盐的需要量很大，用盐腌过的鱼，运到南方特别行销，因所含盐量在江南比鱼值钱得多。这样鱼盐出口可以相互发展。和渔盐有直接间接关系的工业，和制冰、造船、制材油机、榨油、制罐头、织网、培植昆布等等，都可以由渔盐业的发展联系起来，如果搞得好，可以像一条轮带牵扯其他环节同时转动，繁荣是很有前途的。

山东柞蚕是有名的，所织蠒绸，好的销到伦敦、纽约、巴黎等地，次一等的销到南洋群岛、荷印、菲律宾，再次的销国内各大商埠。附带花边绣花发网的出口数也很多，利润很大。这种生产在胶东有五十多年的历史，已成为群众性的手工业，家家户户都可以打丝、织绸、织花边发网绣花，若予提倡，不但可以增加出口商品，繁荣贸易，提高群众经济地位，而且可以解决妇女业余劳动问题，联系到普遍家庭经济的提高。

又本市西沙旺的苹果，东山区的葡萄，已经由张裕、醴泉等公司利用到酿酒制果汁等方面去，全胶东所产更多，年有出口。其他如花生油、药材、草帽辫、粉条等，都是重要出口品，并有广大农村基础，应予提倡。

第二、一般日用品工业，在烟台来说基础也是很好的。

烟台有许多纺织工厂，我们应该帮助它复工，才能解决穿衣问题，现在机器纱来源困难必须设法解决，据说最近政府已买到此项纺纱机器，正在计划设厂开工中，那是很好的。此外解决的方法还有两个，一、提高手纺技术，把线纺得更细更匀，用它代替机器纱；二、改织布为织绸，增加绸的重量。如果绸和布价相等，我们并不反对穿绸，绸如比布贵，可以出口去换进布疋。

陶瓷品的制造，本市有几个厂，较大的有两处。原料多半是就地取材，倘能研究改进，应可与外货抗衡。

时钟的制造，在烟也很有几家，其中如德顺兴的规模每年出钟四万只，全部机件不论铜、铁零件、镀镍、镀磁、木工、油漆等，完全是自己做，只发条用外货。这样的厂，应该帮助它发展。

火柴的制造，只有昌兴一家，但设备很不错，现因缺乏硫化磷停工，应想法使其复工。磷是可以用骨骼做原料制备的，如使骨粉厂复工，与火柴厂合作，应可保证火柴自给。

造纸问题，烟台隆海造纸厂的设备很不错，现因原料木浆来源困难停工，应设法去安东购买，使其迅速出纸，解决文化食粮的纸张问题。

此外还有制玻璃、肥皂、面粉、纸烟等工厂，通过以上这些日用品工业，首先应做到自给自足，实现自足经济，然后可以求进一步发展它成为出口贸易中的工业支柱。

为着保证以上种种工业顺利实现，动力是一个先决问题。烟台各厂都有电动装置，但现有电厂的发电能力不满三千启罗瓦特（千瓦），目下因机件失修，除供给电灯外，几无余力供给工厂。必须增置发电机。或另设电力厂，才可以解决电动力的问题。其次是用蒸汽动力，烟台各厂几乎全部有蒸汽锅炉引擎的装备，因此煤的问题必须设法解决。胶东需要的煤取给于东北、唐山和淄博，原不成问题，但在今天的情况下，反对和平团结民主的逆流所造成的坏关系，因而产生的交通不便，已引起煤源断绝的极大困难，这种困难我认为是可以克服的。胶东的潍县坊子煤田范围很大，一部分在解放区，由该煤田的北端到海边，运输并不困难，如果在当地进行钻探开采，在海滨设码头，由水路运煤到烟台，运费应比东北塘沽淄博小，甚至将来可以利用烟潍公路的路基修铁路到烟台，则更方便。此外，栖霞的地质也有煤藏的象征，无妨进行勘测。胶东果能在本地解决煤的自给问题，各种企业会得到飞跃进步的。再次是柴油动力，胶东生油产量数目不小，用生油制柴油，虽不很经济，在过渡时期仍可解决问题。但治本必须设法解决煤的自给。

原料和生产品的转移，需要商业。烟台是一个海口，也是解放区的一个重要商港，大批出入口贸易都是取道此处，因此商业有很大前途。从海港沿岸的堆栈、洋行、建筑物和市中心区的大公司商店，以及东山区、四道湾、面积内骈集的娱乐场所、茶馆、妓院，即可想见烟市战前商业贸易的一斑，从许多洋行大公司、商店的歇业式半开门状况与市集早市沿街设摊，拥挤不堪的情景对照起来看，就可以意识到烟市商业被敌人蹂躏的深重，和积年处于孤立绝景，既无出口贸易，又无内地贸易关系的悲剧，目下第一步重要工作是如何做到全部恢复营业；第二步才能够谈到扩大和繁荣。我认为海港贸易有两方面：一方面出口贸易是对外部的贸易；另一方面与内地建立贸易关系，用生产品去换取农村的物资是对内地的贸易。近年解放区生产有了成绩，广大农民的财富增加了，他们的购买力也增加了，只有他们能够供给城市以最丰富的粮食原料，和吸收最广大的工业产品和商品。市集早市的空前发达，就是一个现实的证明，这是城市与农村没有正常贸易关系所造成的。它的空前发达正暴露了城市商业衰落的真相。因此，必须唤起烟市商业界的迫切注意，应该设法在广大农村市镇中去建立自己的市场，去和他们建立很好的贸易关系，这是商业上应努力的一个方向。同时我们不要忘记烟台是一个海口，它和内地城市不同，它和外埠的贸易是分不开的，战前海关关税不能自主，出入口贸易主要是操在洋行手里，烟市有洋行二十家左右，我们商人只能仰承他们的余唾，做点近海零星贸易，战后这层束缚是解除了，这是千载一时的机会，我们应该勇敢的及时的开辟这一独立自主的对外贸易途径。第一步要解决海轮问题，可以合资购买，由小而大，由少而多；第二步要建立外埠贸易关系，可根据以往的往来，由近而远，由中国而外洋，烟台原有出口商数十家，如资历不够雄厚，可合股经营，从前进中去求发展。相反的，今天如让此机会失之交臂，那么自己没有出口贸易，就不能禁人不来，假若将来让那只压抑了烟市贸易近百年的手掌再伸了进来，大家抬头就困难了。这是商业上应该努力的另一方向，我认为商业重心就应放在这两方面。

此外，海关码头是发展海口工商业的重要设置，烟市现有海港，可停泊多艘六千吨以上的船只，这是一个好基础。将来海坝还可再向西伸长，就现有西面的长堤上，并可增筑码头，以便起卸货物。必要时还可在长堤西面另筑一条堤，使海轮渔船分开停泊，船舶来往就非常方便了。

工商业向前发展着，西沙旺一带是建设新工业区和市场的很好地点，因为当地面积较大，两面滨海，并有很好的淡水，和烟台西部现有各工厂联系便利，烟潍路即在近旁，发展地面是很够用的。

根据我在这一短时期了解的情况，烟市现有工商业，几乎没有例外都是烟台人自己创办起来的，即现由公家管理的电灯厂，原来也是私人经营的，从各种企业的设置管理推进上看，都井井有条，富于生存竞争性，这些表现了烟台人富于经营海口工商业的特性。它是从积日累年在帝国主义和封建政府的高度压抑摧残下生长起来的，它仍保持着朴素坚苦的风度和强毅勇敢的天性。加上历史积累下的丰富经验，要负起烟台这样一个海口工商业的建设责任，是一定能胜任的。也只有从广大烟台群众的手里，才能把这个海口工商业搞得更好，走上真正繁荣的道路。以上是属于工商业的范围。

在文教、交通、卫生、娱乐的建设方面，如学校、报纸、文教馆、体育场、贫民工厂、恤养院、医院、海坝、船坞、公路、邮电、交通、清道、公厕等等，烟市已有相当基础，只要工商业生产走上了繁荣的道路，这些工作根据客观需要，从现在基础上去整理充实，是轻而易举的。

目前迫切需要实现的是恢复旧有工商业，但烟市经过敌人长期占领，高度摧毁之后，工商业只余残喘，歇业的固已精疲力竭，没有歇业的也不免迎风欲坠。加以战后国内反动派给予和平民主建设的阻挠，引起解放区和大后方的形格势禁关系，海运断绝，外汇不通，出入口停顿，形成了目下的人心浮动，现金储积，资金冻结，城市工商业枯萎等现象。同时，群众反奸斗争中所产生的偏向，多少也加深了劳资间的一些隔阂，甚至有人对共产党发展资本主义的主张和新民主主义纲领不免发生怀疑。这些现象，对于恢复工商业生产，增进海港繁荣的工作是有影响的。我们必须从思想认识和实际行动上澄清一番，才能改弦更张。因此我愿意提出以下几点不成熟的意见，作为大家商榷的张本：（一）解放区民主政府今天的力量是不可轻侮的，它代表着最广大的中国人民的利益和愿望，谁要抹煞侵犯它，谁就难免要失败。今天从反动派的力量来看它是不可能将烟台夺去，回复到痛苦重重的老状态里去的。一般对工商业生产采取的观望迟疑态度是不妥当的。（二）今天中国除了发展公营经济和人民个体或合作社经济以外，一定要让私人资本主义经济获得广大发展的便利，才有益于社会的向前发展，怀疑民主政府不赞成发展私人资本主义的只是一种过虑。（三）民主政府在劳资关系上，是采取调节劳资间利害关系的政策，一方面保护工人利益，实行失业救济，社会保险；另一方面保护私人企业在合理经营下的正当盈利，使劳资双方共同为发展工商业生产而努力，任何强调片面利益，影响双方团结合作妨碍生产发展措施和行动是不对的。（四）反奸斗争是根据人民的要求，从群众利益出发的一种有理有利的斗争，应该注意调查研究，分清是非轻重，胁从和自愿，按宁可放过三千，不肯搞错一个的精神做去，求得确切做到罚当其罪。同时我们也要懂得群众翻身，矫枉必然过正的规律，受冤屈的人自身也须负冤屈自己的责任，不能片面的苛责群众。（五）在工商业生产的推动和掌握上，可举行生产性质的实物贷款和建立技术性质的研究组织，前者可由政府贷出一定的数量的实物和货币，后者可利用政府实验场所学校等等，延致人才，从集中商榷分散工作的基础上逐渐做到生产工作的全面发展。

大家要知道，民主政府区别于其它政府的显著标志，就是全心全意的为中国人民服务，一切从人民的利益出发，而不是从自己小集团的利益出发，它是乐意而且应该受人民的监督的，不会而且不应该违背人民的意旨的。有着这样的政府，在广大群众的支持下，我相信烟市的繁荣是可计日而待的。"

最后，陈康白先生用诚挚兴奋的态度表示："建设烟台的工作若能做好，烟台市可以成为一个很好海港的，我对它的前途非常乐观。以上所谈，只是根据本人浅薄的知识范围了解到的一鳞半介，定有许多见笑大方的处所，希望大家指正。"

（根据陈康白遗存的印刷品整理）

背景说明：

　　这是一篇记者采访文章，但是整篇文章几乎看不到记者的观点和背景介绍，都是转述陈康白的个人思想和观点。这篇文章是否发表过？或是在什么范围传播过？笔者并没有考证出来，只是在陈康白的遗存资料中找到了这份铅字印刷品。因文章中基本都是陈康白的讲话内容，特将此篇文章收录。

　　陈康白在此篇文章中全面分析了烟台市现有的经济情况，指出了当时烟台市经济发展面临的关键困难，并为迅速改变烟台市的经济形势提出了切实可行的解决办法。并以一个共产党人科学家的身份鼓励大家：在一切为了人民利益而奋斗的政府领导下，烟台的繁荣指日可待！

　　这份建设意见书全面而又翔实，从多方面为烟台的经济发展出谋划策，既反映出陈康白的远见卓识，又体现出他对烟台人民在中国共产党领导下能够战胜一切困难，恢复经济，走向繁荣，抱有坚定、必胜的信心。

十一、东北砂金生产（1948年4月）

东北金矿，地面宽阔，遍及各省。砂金分布，是由西北而东南；从额尔克纳河东岸的古拉林、乌马、奇干经漠河、盘古、伊昔、余庆、鸥浦、呼玛、黑河、瑷珲、佛山、汤原、合江、牡丹江到吉东的汪清、和龙。

参加金矿生产的工人，单就国营金矿来说，有×万人，至于私营小矿和农村群众在冬夏二季利用农隙直接间接参加采金的人数就更多了。矿区群众，一般的对于砂金操作例如探沟、作坝、做碛、泼流、淘金、炼金，各有一套经验。特别曾经利用采金船采金的地区，当地群众对于使用电力机械有相当丰富的经验。即在交通比较闭塞的地区，对蒸汽机、水泵或蓄力水车的运用，也相当普遍。可以说各个地区都有为当地群众所熟识的生产方法。某些地区老至是世代相传，男女老幼都熟悉的一套经验，这种力量就形成了黄金生产战线上的有利条件。它是今天我们最广泛可靠的力量。

一、一月生产会议

支援前线和全国，黄金是最通用轻便灵活而且最有价值的资财。每两黄金在北满的物价比值上等于二吨半粗粮或一百吨煤，也就是等于前方一个战士全年生活需要的费用。至于黄金在吞吐货币、平衡外汇、稳定物价、巩固金融上所起的作用还是次要的。经委会根据战时生产黄金的重要性，在今年一月召开了东北解放区第一次金矿命议，总结了过去一年的经验教训，确定了金矿经营管理的基本方针，并制定了今年全年的生产任务。

为着保证生产任务的完成，首先在统一北满金矿工作的领导上，成立了金矿总局和一、二、三、四金矿区的金矿分局。在干部配备、工人补充和培养上作了必要的调整。在生金国有、金价和税收方面确定了税一的矿税，收买生金和掌握金价的方案。在发展生产、实现企业化的方针下，规定了成色、差价、实物比价、统一供给、保证材料等具体问题的解决方法。在生产管理和技术改进方面，检讨了探、采、收、炼怎样分工努力和计算赔赚，照顾闲月，精简组织机构，划一供给标准等问题。并研究了如何使探矿测量成为金矿的经常工作，保证常有新沟可开。如何争取在排水、出砂、泼流、收金上分别合理使用电力机械和畜力。减少碛上劳动，增加碛下劳动。并如何做到当天收金，实行日报制，收支核算，统一炼金和增收副产物等等。在工运同生产结合方面，提出了依靠工人，清洗坏蛋，提高生产，改造干部思想作风，反对官僚腐化，禁绝娼赌鸦片，提倡积蓄，安家致富等等。并要求从实际行动中去考验和丰富以上种种工作，搞出一套有系统的经验，打下今后基础，保持生产成绩不断的提高。

二、三个月来各主要矿区的生产序幕

根据金矿会议的精神，第二金矿区在取得铁路局测量队的帮助之下，首先完成了该矿区第一金矿的测量工作。并在经委会计划处研究室对于砂金探矿钻设计制造（内容见本刊第二期"制造砂金探矿钻经过"报告）的工作配合之下，进行了金沟实地试钻工作。勘测结果见第一图：

紧接着勘测工作，该矿并已进行新沟大碛开辟工作，先着手开了六个大碛，其中四个碛本月已开始产金。新制探矿钻的第一批出品曾经分送第一和第二金矿区先行采用，成绩尚好，以后拟陆续制造，供给北满各砂金矿区普遍采用，保证新沟钻探工作的顺利进行。

第一金矿区在电业局的送电工作配合之下，完成了该矿区第一矿的大碛恢复工作。产量比以前提高了五分之三。现一方面正改装碛口机械，另一方面在进行新沟勘测。特别在改装碛口机械方面对于碛上工作，如出砂、泼流等项，已将手摇绞车改装电动高车自动倒砂，人力泼流改成走水溜，利用碛下抽出水量的水力泼流。每组包括三个大碛，碛上劳动力可节省十五至二十人，碛下镐手可增加八至十人，搬运、支柱和杂工约可增加百人。此项试验工作本月可结束。自五月起，计划全部改用上述装置，费用节省，产量可以提高。此外并在研究淘金盘的改良，提高金砂实收率。对于采金船的装修利用，也在计划中。该矿区第二矿和第三矿探新沟近亦有新的发展,详情待报告。

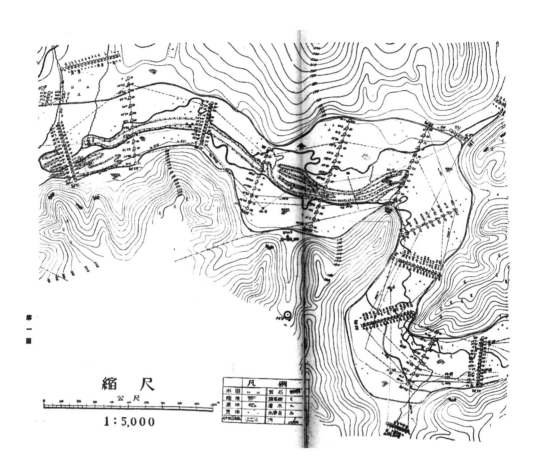

第四金矿区在去年年底恢复矿厂生产之后,工人数目增加两倍以上。生产走向正常化,平均每日可采矿石××吨,并选出精矿砂××吨和产金×斤,生产量逐日在提高中。为着配合山金采选工作的开展,已由经委会派员勘查第三矿区的金银铜矿,从事采选工场的恢复,修理运输线和筹设炼厂与电解金银铜厂,用金厂选矿所得精铜矿砂作为冶炼原料的一部份,力求采选炼的生产合理化。同时并联系到解决铜的冶炼和精制问题。

第三金矿区地阔人稀,生活枯燥,不时有胡匪和栖林人骚扰,供给运输,特别艰苦。该区干部,坚持工作,在当地地委专署全力配合之下,发动工人，组织生产，矿区建设工作逐渐走上轨道，一反过去翻旧沟作法，在所属第一矿进行了新沟探测，已有头绪，提高了工人生产情绪。

各矿区响应今年生产号召，实现按月交任务，生产的黄金已如期陆续交到（个别路途远的地区都已交来）。对于完成全年生产任务，反映着充分的信心。经委会办公处为着统一炼金，现正积极筹设电解金工场，统一生金提炼，划一金牌成色，收回副产银铜白金等等。

由此短短三个月的生产序幕中可见黄金生产战线的活跃也和前线一样，充满了富于春意的战斗工作。

三、争取完成任务的关键在于"探"

从旧社会经营金矿的经验教训来看，失败的居多，获利的很少。失败原因虽多，而不了解情况，冒险投机是主要的。大致山金矿脉集中而成份复杂，易采难炼。砂金成份比较单纯而矿脉无定，找到难，消失易。加之黄金利大，积弊很多，经营不易。得利既不可恃，摆脱不干，又不容易。因此失败的就特别多。从我们经营金矿短短一年的经验来谈，失败例子，也不算少，特别是放弃管理的地区，黄金逃亡现象相当严重。但从全部来看，却不能说是失败，而且从金矿解决了不少问题。我们所以能够这样，不是因为财运亨通，或者技术特别高明。而是因为有以下几种原因：（一）我们是从收金税入手，走到经营小矿，从无到有，由小到大。投资不多，赔钱有限，或者原来就没有投资，有赚无赔。（二）没收敌伪矿山，从敌伪压迫下把矿工解放出来，使他们在公私两利的条件下参加生产，情绪比较高。技术上我们依靠成批熟练职工维持生产，继承了旧有的一套。（三）干部负责，忠心耿耿，奉公守法，实收实报，工作竞赛，互相推动。省衣节食，贪污绝少。（四）社会基层根本改变了，组织严密，坏人吃不开，走私舞弊，比较困难。（五）干部钻研事业，肯倾听群众意见，敢于正视困难，研究尝试，自己摸出了一套经验。（六）工运诉苦，穷人翻身，斗争坏蛋，阶级觉悟、劳动态度起了基本变化，生产效力截然不同。这些就是我们克服困难的主要法宝，是带有阶级性，并完全符合今天情况为历史上所没有的，如果再加上能掌握技术，少走弯路，完成任务是会更有把握的。

所谓技术，不外探、采、收、炼四方面，对砂金来说"探"是问题的关键，关于探的办法，群众对山形地势、水草和金苗有许多很科学的探沟经验。概括起来，不外金重水急，随流冲积，成漩涡形（群众叫窝子）散布在山沟沿岸。或因地势坦缓，平敷成层，堆积在河岸的砂砾下层。年代既久，更被土掩，草木业生，无法识别。间或因地面变动，流水冲刷，露出一点痕迹，就是金苗露头。根据这种露头的情形，追踪挖掘，或钻地探求，便叫"探沟"。目的在于找出金砂的走向，以便采掘。最简单的办法，是掘起地面上层，见金为止。这样费工多，工作速度慢，掘起的砂土，堆积地面，使地荒废。不如采用盘钻（参看制造砂金探矿钻经过），钻眼不过几寸，对地没有损害，钻时省工，工作速度快。一般的探法，是就金苗露头的上下沟，每隔三五十丈按一排钻眼，如果见金再就两排钻眼中分段细按，或纵横再按，依钻眼有金无金和出砂含金多少，定出金层位置、走向、并算出埋藏量。探勘步次的举例，见以下说明图：

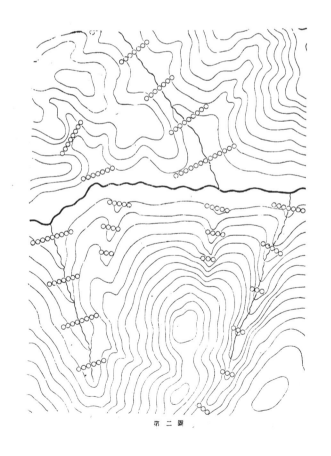

（一）预备钻探前的

钻眼预定位置图例。

此图是就金苗露头地点的上下沟进行地形测量，然后在沟道中测定钻眼排列位置，每排间隔约三十丈，同一排中的钻眼距离约五丈，并在测定的位置打下木桩作标识，如图中画的圈。

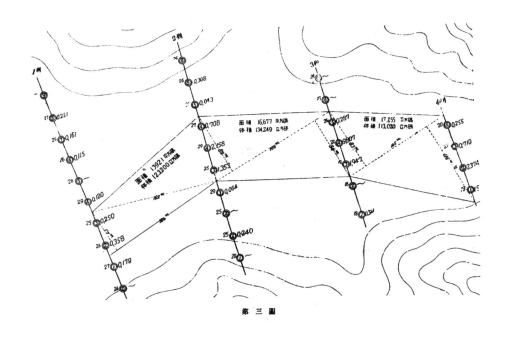

第三图

（二）初次试钻结果图例。

此图是根据测定的钻眼位置，依次序用盘钻钻探的结果，钻眼左面记的是深度；右面记的是探矿钻采出金粒的重量。根据全部钻探得出的金砂分配面，即可找出金砂层的大致走向，长和宽，如图中红线所表示的范围。就这个范围内的钻探结果，可分别地段算出每一立方码金砂地层的含金量（它是用求得的。W 是探矿钻采得的金砂重量，309 是四英寸口径探矿钻的采收系数，d 是平均深度）。并可由此求得该地段的埋藏量。一般的探沟工作，到这地步就可根据金砂分布情形决定硐口位置，进行开硐。

笔墨丹心

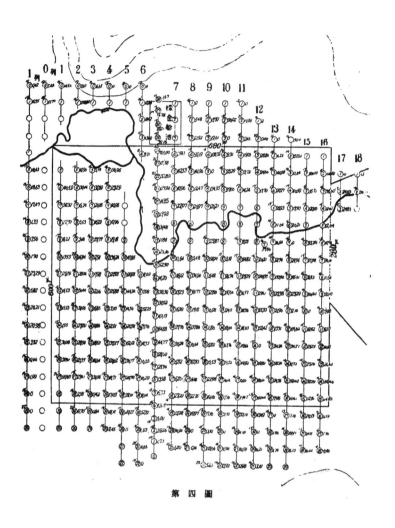

第 四 图

此图是从初次试钻的范围更进一步精探的结果,这只对于金层比较宽阔深度差别不大,完全用机械(探金船)开探比较合算的矿床才有必要。钻探方法与上例相同。

总括起来说:"探"的好处在于用很少数的费用,试探出砂金层的位置走向和集中的地带,有计划的去采掘。生产前途雪亮,小去大来。相反的,如果不探乱采,是无计划的碰撞,盲人瞎马,前途漆黑,没有不失败的!因此探的重要性和善于用"探"去保持经常有新沟可开和如何掌握生产组织工作(例如计算碛下掘进面积,采出多少矿砂,投多少人力资力物力，预计在多长时间内完成多少任务），是关系成败的第一要着。金矿生产，特别是技术条件要求不太高的砂金生产，只要源源不绝的有新沟可开和有分寸的组织生产，脚跟就立稳了。采、收、炼和经营管理，我们已初步的有了一套工作经验，不难在现有基础上提高一步，更走向生产合理化。北满的黄金生产，是以砂金为主，砂金问题解决得好，生产胜利就已在望。希望大家先来布下这块走向胜利的踏脚石！

四、黄金的货币作用决定了它的生产价值

战时物资消耗大，必须量出为入，对于财政赤字的弥补，采用发行货币借债或追求贸易利润的方法都不能脱出治标的范畴，发展生产，才是治本的办法。从各种生产对财政的作用来看，又以黄金起的作用最快，因为它本身就是货币的基金，又是国际市场唯一通用的，和国内市场黑市普遍流行的直接流通手段。一切商品的价值，都是由它表现出来，人们并有通过它去取得各种商品的便利，因此争取多产黄金对财政和其他生产都是有好处的。在支援战争上，黄金也最易起广泛迅速直接的急效作用。正因为它有以上种种作用，年产和储备黄金的数量，就成了一般衡量一个国家富强的标识。著名的产金和储备黄金最多的国家以英美苏法为最，世界黄金中心市场，第一次欧战以前在伦敦，战后转移到纽约，操纵着多量黄金的国家，一直是运用黄金的魔力高度扩张它对各方面的影响。美国今天运用金元外交的压力，劫持欧亚，散布着反苏反民主的影响，就是一个现实的例子。从民主国家方面来看，黄金的力量虽不十分显著，但在作经济斗争方面，仍是不容漠视的，特别表现在国际贸易的场合。例如苏联当第一次欧战后的 1921 年，黄金生产量曾降低到年产两吨，但在斯大林号召重新建立黄金生产事业之下，派遣远东探险队，大量开发金矿，产量逐年提高，1928 到 1932 年恢复到战前年产三十五吨的规模，1933 到 1937 年产量突飞猛进，年产由一百吨提高到二百吨以上，数量超过了美国（以上数字是根据日本满洲采金株式会社的调查，摘录生产情报，太平洋星报，北平新闻报和美国金融统计局的报导），因此苏联才做到了在英美的黄金壁垒以外，独树一帜，摆脱了它的影响，这件事对于苏联坚持民主阵线的成功是起了一定作用的（当然在新经济政策下的其他生产工作同样起了很大或更大的作用）。我国矿藏丰富，东北一角和苏联的远东产金地带地势毗连，生产黄金，天赋不薄，今天的产量虽小，但已数倍于苏联 1921 年产金的数量，基础应不比苏联坏。战时劳动力虽受到限制，不能过于强调黄金生产的发展，但要巩固前线的军事胜利，也就迫切需要巩固的后方经济和经济的急效作用。目前虽不是放手采用苏联当年对黄金生产开发方针的时候（例如派遣十个远东探险队调查金矿和组织 × 百万人参加黄金生产工作等等），而在军事连续胜利，东北局局势稳定，劳动力和物资可能调整的情形之下，黄金生产应得到加强，是可以肯定的。至于今天究应加强到多大，应根据（一）货币基金的储备量,（二）对外贸易的支出量,（三）支援全国的需要量,（四）发展各种生产的比重,（五）生产利润率的比较来决定。解放区大多没有脱离农村自足经济的范围，通货面积有限，有没有外汇往来，银行准备金数目需要不大，黄金所起货币基金的作用不显著，战时对内对外交通贸易关系多未建立，一般的物资交换商旅往来情形困难，黄金所起国外贸易和国内交易的流通手段作用不多。军需民用要求的直接生产品较多，生产黄金的投资也受到一定限制，由于现在把黄金作为储藏手段和执行固定金价的结果，更使我们感到生产周转停滞和投资利润微薄，这些因素形成了目前对于生产黄金的怀疑是很自然的。但战争开支浩大，财政必然有赤字，战区变动很多，当地生产必然受到损失，流离失所的群众待救济，战争破坏的企业待恢复，必然有庞大的入超要弥补，因此在支援前线和全国的需要上，数字是很大的，而且是和前线的继续取得更大胜利，行政经济范围的迅速扩大，金融贸易关系的日益复杂化成正比例的。后面这条事实，必然会改变前面几条事实。黄金生产是不会受到什么限制的。即就现有黄金的生产和储备量来说，也是很不够而不是太多，我们是没有去用它，而不是用不出去，可以说是生产赶不上要求，而不是生产超过了要求。并且在将来还会感到生产远远赶不上要求的。总之，黄金的货币作用决定了它的生产价值，在国际货币没有废止黄金和我们的经济没有脱离国际的经济影响以前，也就是说共产主义社会没有在全世界普遍实现以前，黄金生产是不会过剩的。黄金生产战线上的英雄们！你们的努力，将给财政以新鲜的血液，将巩固前线的军事胜利，将改善解放区的经济地位，给中国的解放以有力的支持，希望你们勇敢的担当这个艰巨的任务！

（原载于1948年5月《东北经济》杂志）

背景说明：

1948年以后，为了支援全国的解放战争，东北财经委把工业生产作为今后工作的重点，开始了全面恢复生产、提高产量的艰苦历程。陈康白作为经济委员会委员、计划处副处长，一方面为东北的工业生产出谋划策，提出多项科学的管理意见和建议，另一方面，还发挥自己的专业特长，在技术上给予工厂实际的指导，参与了大量直接的生产和研究工作。这篇文章就是在这一时期诞生的，后来刊登在1948年5月的《东北经济》杂志上。

在这篇文章中陈康白特别强调了黄金生产对于支援前线和全国经济工作的特殊作用，分析了当前东北黄金生产所遇到的困难，并结合自己在胶东玲珑金矿工作的实际经验，强调了探矿的重要性。探矿工作搞好了，砂金的产量才能上去，才能获得更多战争急需的黄金。最后陈康白以激昂的语言鼓励黄金生产战线上的英雄们："你们的努力，将给财政以新鲜的血液，将巩固前线的军事胜利，将改善解放区的经济地位，给中国的解放以有力的支持，希望你们勇敢的担当这个艰巨的任务！"

十二、关于划一度量衡和丈量地亩标准的说明（1948年）

陈康白

一、解放区广大人民要求有自己的度量衡标准

东北长期处于帝国主义侵略与封建剥削下的局面造成了度量衡制度的混乱现象。例如，尺有营造尺、鲁班尺、官尺、木尺、裁尺、大布尺、杆尺、米突尺、英尺、俄尺、日本尺等。秤有十四、十六或三十二两秤，磅秤，日本台秤，架盘杆秤，架盘天平等。量器有官斗、私斗、立脱尔、匣子、提子、葫芦等。甚至甲地和乙地，秤与秤（普通秤），每斤相差可到三分之一斤。尺与尺（大布尺）每尺相差可到一尺。升与升（普通升），每升相差可到二升半。敌伪时期，根据日帝国主义的要求，度量衡虽经强制统一，但除城市和铁路沿线的群众被迫使用伪制度量衡外，推行范围并不广泛。特别反映在地亩丈量，谷物工矿生产量和物价指数方面，很难找到精确可靠的统计数字。

今天东北解放区人民，正进行彻底的土地改革，开始了自己的历史进程，特别在平分土地，发展生产，改善生活，支援战争等运动中，迫切要求规定新的统一的度量衡标准。东北行政委员会为了满足广大群众的要求，便于新民主主义经济的发展和争取战争的胜利，在去年十二月三十日颁布了划一度量衡的标准。这是解放区政治军事经济发展的一种标志，同时也是解放区广大人民生活改进上的一件大事。

二、规定新度量衡标准的根据

1、目前度量衡的问题不是没有标准，而是没有恰当、合法、划一的标准。选择这样一个标准，既要顾及到群众的经验习惯，又要做到划一恰当；现定标准保留了几乎一切群众习惯上用的名称和界说，只在基本单位

尺、升、斤的实质上规定了划一的标准。它适合群众的口味，用力省，又能达到划一的目的，这是我们决定新度量衡标准的第一个根据。

2、由新度量衡标准换算国际度量衡标准，计算简单，在交流经验、经济情报和交换生产手段上，容易得出比较具体齐一的判断。又东北接近铁路交通线大城市和通商口岸的群众，对于公升、公尺、公斤、公吨有一般的感性知识。对于近似现标准的度量衡器，会比较普遍的使用过。现标准也顾计到群众在一方面的经验，推行应该容易。这是第二个根据。

3、新度量衡标准是逢十进位，计算简单。在单位累进上可以节省时间和精力，避免错误。比采用十二进位或十六进位的标准，计算方便，容易群众化。这是第三个根据。

4、用弓步丈量地亩的办法，关内外群众都相当熟悉，但各地大、中、小亩沿用极不一致。东北平原广漠，大亩比较普遍，用大亩制去划一地亩，事半功倍。这是第四个根据的。

5、用三市尺等于一公尺的长度标准，和五市尺一弓，两弓一丈，三百六十平方弓或九十平方丈一市亩的地亩标准，结果一分地恰等于一公亩，一市亩恰等于一公垧，一市恰等于一公垧。都等于公亩制的十倍，换算非常简易。这是第五个根据。

6、用斗石量的谷物，因谷物颗粒大小不同，即同一种谷物得到的重量常极不一致。用升合量的液体，因液体比重不同，得到的重量也常相当悬殊，从此可知量器只能对固定的物品，肯定了它的重量换算率以后，才能起手续比较简单的衡量作用。各地大小斗石差数之大，原因和各地所用标准实物各有不同，是密切联系着的，因此，在习惯于用重量的社会经济生活中，量器起的衡量作用往往不如衡器简单、直接、精确和易于划一；这就是现标准对量器规定简单并决定废止各地大小斗石，和对谷物采用公吨制（一公吨等于二千市斤）过秤的理由。也就是第六个根据。

总之，新度量衡标准的规定，是根据东北群众的经验整理划一的，它既适用于全东北，也便于全国和国际标准的换算。这就是我们东北解放区广大人民自己的度量衡标准。

三、如何使用新标准丈量地亩？

根据现标准三市尺等于一公尺，一市垧等于一公顷。对大块平地的简单丈量办法，就是用三十市丈或六十弓作一边见方得一垧地。对小块平地的丈量可用三市丈或六弓作一边见方先得出一分地，积十分地得一亩地，积十亩地得一垧地。丈量工具，只须用曲尺一条（木匠或瓦匠用的），木杆四根和长三十丈（合一百公尺）的绳子两条（如果能找到长五十或一百公尺的布带圆卷尺代替绳子当然更准确）。一般的地亩即可采用下举最简单的直角三角法丈量（如采用非直角三角法或其他测量方法丈量地亩，当然更好；但数学知识要求较多，群众不易接受；如完全不同点基本测量办法，丈量又不易做到比较准确。因此介绍直角三角丈量法）：

例一、三角地的丈量法

先在地面的三个角大体定出甲、乙、丙三点。在乙、丙两点各立一木杆。用曲尺放在甲角，使曲尺的两边大致和甲乙、甲丙两线相符合。然后离甲点一、二十丈在丁、戊两点立一木杆，从甲经过丁或戊去看乙或丙，使甲丁乙三点同在一直线上，甲戊丙三点同在另一直线上。并按曲尺角度纠正甲乙、甲丙两直线，使成直角在甲点相交，然后在甲、乙、丙三点打下木桩，量出甲乙和甲丙两直线的长度，用两线长度相乘再用二除，得到所划甲乙丙三角地的面积。

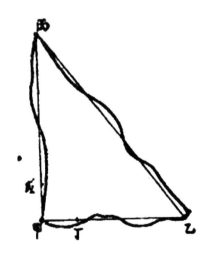

例如，甲乙线长十五丈，甲丙线长六十丈即得五亩地。

又如，甲乙线长二百六十丈，甲丙线长三百四十丈，得四十九垧一亩一分一厘零十平方尺。

例二、方块地的丈量法

先在方块地面的四角取甲乙丙丁四点，在乙丙两点各立一木杆，按例一，三角地的丈量法，先定好甲乙、甲丙两线。在乙丙两点打下木桩，然后将曲尺移到乙点，同样的求出乙丁线，再将曲尺移到丁点，同样作出丙丁线。在丁点打下木桩，最后量出甲乙、甲丙两线的长度，用两线长度相乘即得甲乙丙丁所圈方块地的面积。

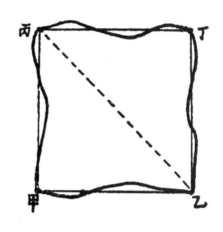

例如，甲乙、甲丙两线各长三十丈得一垧地。

又如，甲乙线长三十五丈，甲丙线长二十八丈即得一垧零八分八厘八十平方尺。

例三、不规则地面的丈量法

先择甲、乙、丙三点尽可能求得将大部份地面包括在内，仿照例一量三角地的方法，量出这一地面的面积，再就不包括在大三角形内的地面，找出丁戊己三点，取丁戊两角为直角，做成乙戊己和甲丙丁两个三角形；仿照例一的三角丈量法，量出乙戊己和甲丙丁两块地的面积，由以上甲乙丙、甲丙丁和乙戊己

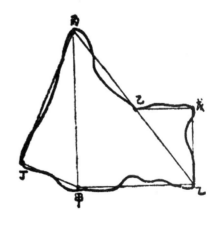

三个三角形的面积相加，即得出这块不规则形地的面积。

例如、甲乙线长四十丈，甲丙线长五十丈，甲丁线长二十丈，丙丁线长四十六丈，乙戊线长二十五丈，戊己线长二十丈；即得甲乙丙三角地的面积为一垧一亩一分零一平方丈，甲丙丁三角地面为五亩一分零一平方丈，乙戊己三角地面积为二亩七分零七平方丈。这三个三角地面积相加，即得甲乙戊己丙丁所包不规则地的面积为一垧九亩地。

以上举例只能说明使用现标准丈量地亩的一种简单概念。目的仍在说明由新标准所得一分一亩一垧地的实际概念。群众对于丈量土地经验丰富、方法很多；我们不一定要求他们使用上述这种呆板丈量办法；但在此地必须着重提起一件事让大家注意，就是市尺、市丈的实际长度。它必须是三市尺等于一公尺，十市尺等于一市丈，在丈量地亩时第一件要紧的事就是将市尺和市丈弄准确。接近城市的地方如可以买到长五十或一百公尺的布带圆卷尺，最好用这种布带圆卷尺做丈量地亩的工具（按一百公尺恰等于三十市丈）。如果找不到这种圆卷尺，也可利用米突尺，按三十三厘米又三毫米等于一市尺（严格的说是等于三十三厘米的又三毫米和小数点三的循环小数，因愈分愈小可以省略）确定一市尺的长度，用作丈量地亩的标准，下面画的尺子就和一市尺的实际长度相等。

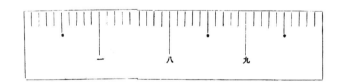

这一尺子的十倍即一市丈，在买不到米突尺的僻远乡村，我们建议当地政府利用本刊这篇说明中画的市尺作标准，做一木质市尺介绍给群众，希望大家十分认真地去办好这件事！

东北政委会颁布的划一度量衡标准，既是东北人民自己历史上开创的产物,又是发展生产、发展经济、改善生活、支援战争的一种要求,让我们全东北解放区党政军民一致积极来推行它吧!

(原载于1948年5月第4期《东北经济》杂志)

背景说明:

1947年2月,陈康白接到调令离开了胶东半岛赴东北执行新的任务,后主要是在兴山(今鹤岗)从事军工生产工作,担任东北民主联军军工部总工程师。1947年9月,陈康白调东北财经委员会在王首道领导下工作。1948年2月东北经济委员会成立,陈康白担任经济委员会委员、计划处副处长,开始全面参与东北地区的经济建设工作。这篇文章就是在这一时期由陈康白亲自撰写并发表在当时的《东北经济》杂志中。

本文首先对各解放区不同的度量衡标准进行了介绍,说明了统一度量衡标准的必要性和紧迫性。最难得的是陈康白将度量衡转换中的各类复杂问题进行了异常细致的解读,并提出了非常实际的解决办法,使人可以清晰地看出陈康白具有非常丰富的实践经验,熟知民间各类测量方法。很难想象,一位才高八斗的大科学家在这种最普通最繁琐的细节技术上竟也如此认真,让每一位百姓、每一位执行者都明明白白,这足以显示出陈康白踏实认真的工作态度。最后,陈康白作为一项政策的制定者,还不忘告诫大家:统一度量衡的标准,在当今发展经济、支援战争的情况下是十分重要和必需的。

十三、对于东北钢铁生产工作的建议（1949年2月）

陈康白

一、现有设备能力

根据过去的文字记载和工业部的鞍山本溪湖钢铁工业报告，大致可以得出各种构成东北钢铁生产机构的有关矿山、工厂所具备的设备能力，详细情形见第一附表（如不用仔细考证它和分析它就可不看）

从第一附表列举的材料可以得出以下三项数字：

	（一）原有设备生产能力（吨）	（二）最高年产量（吨）	（三）现有设备的可能年产量（吨）
铁矿石	6 325 000	5 515 000	1 750 000
富矿	2 495 000	2 445 000	65 000
贫矿	4 330 000	3 070 000	1 100 000
粘结性煤洗粉	4 934 510	3 340 000	960 000
普通生铁	2 180 000	1 510 000	660 000
低磷生铁	320 000	190 000	34 000
钢块	1 330 000	843 000	580 000
钢片	1 000 000	718 905	500 000
钢材	490 000	375 888	200 000
特殊钢	23 000	9 255	18 000

第一项是东北钢铁生产的原有设备生产能力，即1945年8月日本投降以前的完整设备的机械能力，今天已因机械的部分残缺不是那样大了。但当年矿山和工厂的规模却仍旧存在。第二项是在原有设备基础上实际表现的最

大综合年产量。这也因机械的部分残缺,不可能作为今天的生产标准来要求了。但仍可以作为恢复它的最高要求目标。第三项是现存设备按机械能力估计可以达到的生产量。这并不等于今天就可以达到的生产数目,因为各个机械设备的复工和整个生产机械的作业正常化,需要经过一定的时间。

另一方面它只是在一定的相对条件下估计的数字,而各种有关条件只能在实践中才能肯定。但由于这种估计不易正确,而产生和事实的距离却不会很大,并且是在恢复生产以后经过一定时间就可以纠正的。今天尽管它是估计的数字或估计本身有程度精粗的不同,它对于规定当前工作任务和制订恢复计划来说是很必要的。钢铁生产如何由目前的情形做到第三项的生产高度,再由第三项提高到第二项的年产高度,必须经过几个恢复阶段。下举恢复计划就是针对这个工作提出的初步方案。

二、初步恢复计划

现已有四个初步恢复计划可以作为研究的参考:(一)鞍山钢铁公司的钢铁工业修复计划;(二)本溪湖煤铁公司的钢铁工业恢复计划;(三)梅根常三郎提的鞍山钢铁复兴计划案;(四)国党资委会鞍山钢铁公司的钢铁恢复计划。关于这四个计划的综合比较详见第二附表(如不要仔细分析它们,也可不看)。从第二附表可以扼要的得出以下甲、乙、丙、丁、戊、己六项:

	第一恢复期			第二恢复期		
	甲 机械能力	乙 可能产量	丙 实际产量	丁 机械能力	戊 可能产量	己 实际产量
铁矿石	1 257 000	750 000	200 000	2 500 000	1 750 000	800 000
富矿	913 000	616 000	180 000	1 270 000	650 000	500 000
贫矿	344 000	143 000	20 000	1 230 000	1 100 000	300 000
石灰石	480 000	440 000	100 000	770 000	700 000	350 000

续表

	第一恢复期			第二恢复期		
	甲 机械能力	乙 可能产量	丙 实际产量	丁 机械能力	戊 可能产量	己 实际产量
粘结性煤洗粉	1 000 000	700 000	200 000	1 500 000	960 000	850 000
焦炭	560 000	442 000	120 000	1 070 000	700 000	450 000
普通生铁	376 000	266 000	72 000	693 000	660 000	300 000
低磷生铁	47 000	34 000	10 000	47 000	34 000	40 000
钢块	436 000	290 000	55 000	590 000	580 000	290 000
钢片	500 000	250 000	38 000	500 000	500 000	260 000
钢材	235 000	176 000	40 000	400 000	200 000	200 000
特殊钢	23 000	14 000	8 000	30 000	18 000	12 000

（甲）项是第一个恢复期中可能完成的机械设备能力，即机械的公称能力，（乙）项是这些机械设备全年能生产的吨数。修复各个机械设备的时间速度不同，因此有（丙）项。它是第一个恢复期中实际可生产的数量。（丁）和（戊）项是第二个恢复期中可完成的机械能力和可能产量。（己）项是在第二个恢复期中实际可生产的吨数。这就是上举四种不同计划对今后钢铁生产恢复工作画出的简单轮廓。

（一）（三）（四）三个恢复计划都是就鞍钢提出的。它们的主要相同点有两个：

（1）生产规模，它们一致认为在现有机械设备条件下经过第一恢复期以后可能达到年产二十万吨生铁，二十万吨钢块，十八万吨钢片，十五万吨钢材的生产规模。经过第二恢复期以后可能达到年产六十万吨生铁，五十八万吨钢块，五十万吨钢片，二十万吨钢材的生产规模。（这即接近于东北现存钢铁生产设备的可能年产量，参看第一节第三项数字和第二附表的综合比较数字。）此后若再要扩大生产量就非由国外取得物质帮助添置机械设备不可。

（2）恢复对象，各个计划所提要恢复的矿由工厂和先后恢复次序，如第二附表所载，虽稍有异同，但大体是一致的。

（一）（三）（四）三个计划的主要不同点也有两个：

（1）时间，第四恢复计划规定第一个恢复期的时间是十个月，第二个恢复期的时间是一年。在第一个恢复期间虽因受我夏季攻势影响而停工三星期，根据他们的英文报告第八节所写五个月的工程进度至一九四七年五月底，曾完成原定计划百分之三十三，其中主要设备的修复，如熔矿炉、炼钢炉、炼焦炉、轧钢厂等等并已完成了原定计划百分之六十。后半部计划因煤电、铁道运输受到严重限制而降低了一半，截至一九四八年二月我收复鞍山止，敌人至少曾替我们完成了年产十万吨钢铁应恢复的生产设备，对于剩下的另一半恢复工程（最多再加上一九四八年两次易主的损失而增加的另一些恢复工程，但据各方面报告反映却都说鞍钢的基本设备没有受什么破坏），第（一）（三）两个恢复计划提出的时间却要两年（根据梅根、赖尾计划上注明的时间）。换一句话，就是要用二十四个月以上的时间去做人们原认为五个月上下可以完成的工作。虽然这两种恢复计划在时间要求的估计上是有比较大的出入的。

（2）工程，第四恢复计划对各个恢复对象规定分别要求达到的能力标准（即可能年产量）和工程需要的工数与预定完成日期都比较肯定，第（一）（三）恢复计划对此或推诿不作说明或模糊不清，工程标准和时间限度的伸缩性很大，工作质量和经济开支的伸缩余地当然也很大。特别在铁矿石、人工富矿、耐火砖、洗煤、炼焦熔矿炉等有关矿山工厂设备的复工条件和可能恢复产量的估计上显然它们有一个距离。谁是谁非只有将来实际去做才能作出正确的解答。

根据上述情形，今天可以比较肯定的有以下几点：

（一）如果能把东北现存的钢铁生产设备全部开动起来，至少可以年产五十万吨钢铁。恢复过程须分两步，第一步可达到年产二十万吨，第二步可达到年产五十万吨，年产二十万吨钢铁的生产规模可以作为当前的恢复任务。

（二）第一步恢复过程需要的时间，从现已完成的工程给于我们的保证和尚待进行的工程所要求的工作来看，可以规定为一年，即从今年一月起到今年年底止。具体工作内容，除已修复或接近修复的设备应及时检验开工外，并包括第一号熔矿炉、第七号炼焦炉的修复和开工准备工作。

（三）第二步恢复过程需要时间也可暂定为一年，即从明年一月起至明年年底止。具体工作内容，除第一步恢复的设备充分开工外，并包括第四熔矿炉、第九号、第十号炼焦炉、第四号平炉的修复和开工准备工作。

第（二）恢复计划是单就本溪方面提出来的，它所规定的任务可以作为今年努力的目标。本溪的问题不在恢复进度而在建设方针。它有更进一步的肯定和明确化的必要。从第一附表我们可以看出本溪生产低磷生铁的吨数远远超过所生产钢的吨数。甚至抚顺生产的特殊钢要比本溪生产的多一倍。再从第三附表可以找出本溪生产的大量低磷生铁是全部运到日本去做军用钢原料。这里说明了一件事，即本溪的钢铁生产设备不是一个整体，而是半个。另一半在日本的吴港。日本一九四四年从本溪得到的低磷生铁据说是二十八万吨，占日本军用钢所需要的低磷生铁数量的一半以上。本溪现存的海绵铁和电炉钢设备可能生产的数量微不足道，必须建设崭新的一套制炼压延、锻造等工厂，才能和它的炼铁设备相称。这是一个建设方针问题，而且是和军工造船、造大型精密机器所需要的钢材的基本解决不可分离的，制造这类钢用的炼钢设备是酸性平炉，不是鞍山和他处的碱性平炉所能代替的。又电炉炼钢每炉出钢量很小，大件制造常不能解决问题。这类钢材的需要量是一天比一天多而且迫切。如将低磷生铁输出去换进钢材，国外的高价工资加上运费，并须受到他国生产计划的限制，就远不如自己在当地制造合算、及时和富于灵活性。因此建设军用钢厂的方针是必要的。但这不等于今天就要大兴土木，建设尽可由小而大，由少而多，由首要而次要，规模尽可根据需要和可能的条件去决定，但方针又须从今天明确起来，以免工作没有方向，受到不必要的损失。至于工具特殊钢的问题，今天抚顺、本溪、大华三处所生产的数量满可以应付有余，没有扩大生产设备的必要。

三、往年的生产分配关系和今天的需要量

往年东北所产钢铁，在生产和分配关系上，是可以查出的，这种关系有一定的规律性，它是和东北的社会经济基础分不开的。第三附表所列各种统计数字就是一九三九年东北全部钢铁生产和分配的大略情形。它的主要内容如下：

项目	部门	普通生铁	低磷生铁	钢材	合计
生产		845 306	150 000	388 884	
消费	铁路	8 627		159 696	168 323
	钢铁业	491 306	5	143 484	634 795
	机械	24 249	20	34 493	58 762
	电业	253		2 636	2 889
	军工	20 480	8 595	2 000	31 075
	煤矿			15 000	15 000
	农业	3 000			3 000
	林业	14		4 000	4 014
	化学	14		373	387
	窑业	17		1 345	1 362
	出口	297 332	141 380	23 301	432 513
	总计	845 292	150 000	386 828	

今天除日本帝国主义从东北掠夺的那一部分不复存在以外，上述那种供求关系的绝大部分，只要东北社会经济领域中的各种生产企业的车轮照常转动，仍旧是存续的（企业的分域今天可能有某些改变但机器开动，总是需要那个数量），而且特别同今天东北的国营经济和小商品经济有密切关系。这是钢铁需要的一方面，随着政治军事形势的发展，关内新解放区的群众生产得到苏复，小商品经济和私人资本经济也在发展。它们同样很迫切需要钢铁。这是最富于新内容的另一方面。但立时就要我们付出大量钢铁的还是和今天解放战争直接联系着的铁路和军工军需工作。其次是正在恢复中的国营企业。目下有案可查等着要解决的有以下几项数字（前已解决了的未列入）：

	需要数量	向外订购	须自己解决
铁路	285 000	111 000	113 000
军工	30 000	62 000（预补订）	14 000
军需		16 000	1 200
工矿	42 000	800	41 200
林业	8 400		8 400
电业	2 200		2 200
共计	367 600	189 800	180 000

以上数字并不包括今天东北实际需要的全部钢铁，它只是几个重要企业要求解决的数字，军需一项不易统计，因我纵队后勤习惯于自行解决，很少提出要求，此外凡没有提出要求或提出没有得到解决而又不能不要的就发展为拾破烂，拆矿山工厂机件，拆送电，水道暖气装备，拆建筑物钢材，和在市场高价收买等现象。例如哈尔滨市钢铁缺乏的情形从去年的物价上涨指数的比较中就可以看到。根据哈市商业局的统计，去年哈市最突

出的物价上涨指数就是钢铁。它在一月到十一月的十个月中，上涨110倍。和它同时的其他物价，平均只上涨9倍到10倍。这是一种需要迫切的表现。至于拆路修路当然是另一种无法解决供求关系的迫切表现。这些都说明了今天对钢铁需要的迫切性，数目不是几万吨而至少是几十万吨。超过五十万吨的数字是迟早就会提出来的。真要正确的改变这种关系，唯一的好方法就是采取一切有效措施去促进钢铁工业恢复工作和提高生产量。

四、几点建议

根据现有钢铁工业的设备能力和今天的钢铁需要量并参照前述几种恢复计划，特提出以下几点建议：

（一）确定在两个整年以内使鞍山和本溪现有可开动的主要机器（指毋须新添什么即可开动的）全部开动起来。这就是要在今明两年以内完成第二节的（甲）项和（丁）项生产能力的一切开工准备工作，确保1951年度能按（戊）项要求的年产数量生产。1949年和1950年的生产任务以第二项的（丙）项和（巳）项数字为主要努力目标，并争取超过。方法是尽可能放弃一些钢材加工工作，抽出力量去做好生产钢铁的开工准备工作，提早开工。

（二）熔矿炉和炼焦炉的恢复开工是提高钢铁生产量的最主要标识，因此应号召钢铁生产战线上的全部人员集中力量，为计划修复的熔矿炉和炼焦炉的如期或提早开工的一切准备工作而奋斗。并须保证开工后生产作业的逐渐正常化。主管部门在恢复期中就用炼焦和熔矿炉是否能按计划开工和开工以后作业是否正常，为检查工作的主要标准。

（三）恢复计划批准以后，国家保证按预算先两个月拨付资金，确保生产工作的顺利进行。在这以前工业部应责成所属企业部门，切实统计各矿山工厂的库存材料、可以活用的资金材料和人力开具清册，报告该部和财经委员会以便考虑投资方法和如何计划将停顿间置中的人力物力全部充分有重点地予以有效使用。

（四）确定钢铁生产成品的分配权全部属于国家，不经批准不能出卖或移用。生产成品出厂之后，应按期做成日报、月报表按级报告，并定期向国家交任务。

（五）为了加强钢铁生产建设的组织工作，建议工业部（甲）就所辖整个企业单位重新做通盘考虑，是否可在今天的资材干部劳动力都感不够分配的条件下，缩小一些次要企业，把抽出的资材干部劳动力，有重点地加强到几个重要企业方面去。（乙）重新考虑将敌伪时代原属钢材加工和其他附属材料制造的工厂，例如：满洲神钢、久保田铸铁、大谷重工业、满洲制麻、满洲镀锌、满洲精钢、满洲钢管、住友金属工业、住友钢管、鞍山炉材、鞍山铁塔、奉天酸素、南满瓦斯、康德金属工业等中小生产单位，干脆从鞍钢划出来，另行建制或更好地加以调整，去减轻鞍钢的非主要工作成分。（丙）成立钢铁生产管理局，对鞍山、本溪的生产管理、资材、人力、设备的调整、检查研究制度的建立，更能统一方针步调，合理运用现有力量，提高工作计划性。

（六）通化二道江的电气炼钢厂是日本帝国主义企图进行东边道钢铁工业计划的一小部分，没有其他设备的配合，原就失去了它的作用。该厂的机器往年我军从通化撤退时军工部拆去了一部分，发电变电装备都曾大部炸毁。今天来看，不如把剩余的机器装备移到本溪，去加强本溪生产军用特殊钢的力量更为有利。这对于逐渐将本溪建设成为一个军用钢制造的方针是吻合的，因此提议将通化二道江炼钢厂和军工部的兴山炼钢厂正式合并到本溪，并将本溪的建设方针，单独提出来作为一个研究问题，考虑全国对它的需要，在建设方针上请中央给以确定，必要时可请中央由其他解放区的钢铁厂、枪厂、炮厂、造船厂、金属材料厂的技术行政人员中，抽调一批干部和工人到本溪来帮助它的建设策划工作。

（七）以往各单位从鞍山、本溪搬走的器材和技术人员，统由组织做出决定归还原处，并研究是否可以向苏联提出送回鞍钢所需要的大型压延、第二小型压延、薄板工厂、住友车轮厂水压机的问题，或征询他们对共同经营鞍山、本溪钢铁工业的意见，在合作的基础上由苏联投入那些机器设备和必要的技术人员，这对鞍山、本溪的恢复建设工作将是有决定意义的。从国际主义的精神来看，也是应该这样办的。特别对加强我们的重工业建设上可以起推动的决定作用。而在整个经济利益来看，例如在节省运费、降低成本、提高产量、广泛利用当地的丰富资源和劳动等等，都是很合算的。特别对加强东方的钢铁自足自给、扩大中国的钢铁生产规模和由此直接供给东方国家以充分的钢铁材料，在缩短运输和时间距离、节省车辆、减少浪费上是合理的。

（八）东北有丰富的钢铁矿藏，优越的水电交通条件，现成的钢铁辅助工业（如机械压延、炼焦、煤气、耐火材料等工业），充足的熟练技工，雄厚的社会经济力（地广粮多），加上背靠苏联没有战争，应该是今天全国发展重工业很理想的地方。鞍山、本溪并已有多年建设经营的基础，破坏不大，恢复不难，特别在能很快大量提高生产的特殊条件（停顿中的设备很多，争取恢复起来即可生产）和急效作用上看，是任何国内其他地区的钢铁工业赶不上的，对于支援战争和全国生产建设来说，也是具有能任重负远的力量的。如何更快更好地恢复它们，应该是一个带有全国性意义的问题。如果我们把它摆在全国能力范围内来解决，魄力一定会更大，速度必然会加快。而且好在全国范围的方针政策、生产要求下，充分运用全面力量统一步调，调整资金、材料、劳动力，使它真正成为全国性重工业的一个重点。很好的恢复计划必须由彻底的行政方针去贯彻，也只有这样才能更大发挥鞍山、本溪的最高度生产能力，真正起着它对全国的更大支持作用。

关于第（六）（七）（八）三点建议，请考虑是否可在原则上请示中央给以决定。

（根据陈康白遗存油印稿整理）

背景说明：

1949年年初，辽沈战役已经结束，东北全境都回到了人民的怀抱。面对战争给东北人民造成的深重灾难，当下最主要的工作就是恢复工业生产，重振东北经济，为全国的解放战争提供强有力的战略支援。此时的陈康白已由哈尔滨来到了沈阳，在东北财经委员会领导下的计划委员会任重工业处处长，他的首要任务是全力开展工业生产恢复工作，其重中之重就是要恢复鞍山钢铁公司的生产。

1949年1月，陈康白陪同东北财经委副主任叶季壮等人来到鞍钢摸清实情、调查情况，并召开鞍钢技术人员和工人的座谈会，让大家献言献策，共同想办法尽快恢复生产。陈康白从鞍钢回来后，没顾上见家人一面，又马不停蹄地赶往本溪湖钢铁厂，调查那里的生产设备和人员情况。1949年2月，陈康白回到沈阳，他将多日来的调查材料仔细整理，认真研究，理性分析，提出了一系列的计划和建议，最终形成了这份《对于东北钢铁生产工作的建议》上报给东北财经委员会。

从这份建议中，可以看出陈康白出色的统筹计划和严谨的系统整合能力。他的建议中既有在国际问题上的深度和广度，也有对国内区域间的优劣势对比；既在宏观上为我国钢铁生产发展探讨方向，又在微观上说明了企业优势重组的必要性；既对中央、各级政府的管理部门提出科学的要求，又在具体操作层面上提出具体办法。可谓是有高有低、有简有繁、有远有近、深入浅出，实为一篇融智慧、知识、抱负、情感、责任为一体的难得佳作。

十四、关于铜的生产和分配问题（1949年6月）

陈康白

由于缺乏铜在生产工作中所引起的困难，今天已提到我们面前了。在电力装备、车辆修造和机械生产的加速发展下，铜的需要今后会一天比一天迫切。如何正确掌握使工作推进一步主要要弄清楚铜的供求关系数字，设法给以适当解决。因此可分为以下几个问题来说：

一、生产设备能力

根据过去的记载和现有的材料，我们可以初步得出东北铜的生产设备能力如下：

（见后页）

第一表 东北铜的生产设备能力

单位 吨

矿山和工厂	种类	1943年生产设备能力									现有生产设备能力		
		(一) 矿石			(二) 精矿				(三) 铜		(四) 矿石	(五) 精矿	(六) 铜
		探矿机械能力	年产量	含铜百分比	选矿机械能力	年产量	含铜百分比	精炼机械能力	采收百分比	年产量	可能年产量	可能年产量	可能年产量
华 铜	贫矿	72 000	36 163	1.1	送分水	2 696	13		90	313	20 000	1 500	175
	块矿	3 000	1 395	5	66 000（未完成）				90	63	800		36
芙 蓉	贫矿	67 000	24 965	0.9	送分水	1 508	12		87	157	16 000	1 000	104
	块矿	3 000	869	4.4	66 000（未完成）				84	32	500		18
桓 仁	贫矿	12 000	3 722	1	36 000	342	13		90	43	2 000	200	23
	块矿	2 000	1 047	5.5			12		90	51	180		10
夹 山	贫矿	83 000	45 000	2.4	66 000	2 000	13		90	233	26 000	1 200	140
接梨树	贫矿	30 000	26 000	0.9	12 000	1 000	6.5		90	108	10 000	600	60
石咀子	贫矿	100 000	70 000	1.2	100 000	5 800	6		90	680	50 000	4 200	500

续表

矿山和工厂	种类	1943年年产设备能力 (一) 矿石 探矿机械能力	年产量	含铜百分比	(二) 精矿 选矿机械能力	年产量	含铜百分比	(三) 铜 精炼机械能力	采收百分比	年产量	现有生产设备能力 (四) 矿石 可能年产量	(五) 精矿 可能年产量	(六) 铜 可能年产量
夹皮沟	尾矿	72 000	42 268	0.23	60 000	1 624	8		87	92	40 000	1 500	84
老金厂	尾矿	72 000	40 585	0.25	100 000	2 010	10		88	106	40 000	2 000	100
天宝山	尾矿	72 000	50 000	0.5	100 000	2 000	5.5		88	139	20 000	800	56
马鹿沟	贫矿	33 000	20 000	0.7	100 000	1 100	8		90	100	25 000	750	67
倒流水	尾矿	50 000	30 000	0.3	36 000	1 500	8		88	72	18 000	900	44
五家子	尾矿	22 000	12 000	0.5	36 000	800	6.5		90	60	6 000	400	28
狮子岭	尾矿	33 000	18 000	0.5	35 000	1 200			90	86	10 000	650	47
分水	尾矿	72 000	30 000	0.28	20 000	1 000			80	30	5 000	160	8
安东炼厂	铜				701 000			600					
洛阳炼厂	铜							3 000		2 382			
共计		798 000	442 026		833 000	24 530		3 600		2 382	279 480	15 860	1 500

325

从（一）（二）（三）项数字可以看出采选设备特别庞大而分散，冶炼设备相当集中，并有余力（安东冶炼厂备而未用），矿石来源主要靠贫矿（含铜量千分之三到十三的低品位矿石占百分之九十）。年产铜二千三四百吨要处理贫矿三四十万吨，虽然那些矿山和选矿场的原有重要机械至今大体存在，但因八一五后生产停顿、年久失修，都不免残破，个别矿山并曾受到较重的破坏。从（四）（五）（六）项可知今天尚有采三十万吨矿石，选一万五千到两万吨精矿，和炼一千五百至两千吨铜的设备可以恢复生产。这就是东北现有铜的设备能力的全貌。目前洛阳冶炼厂所存精矿和富矿约有一万二三千吨，其他矿山也有存千数百吨不等的，存矿大致可供今年冶炼。事实很明显，如何利用上项生产设备去完成我们需要的铜量，第一个关键就在于如何加紧矿山选采设备的恢复。不然，明年要保持一千五百吨铜的生产也是不容易的。根据工业部的报告，有色金属局今年的矿石生产计划见下表。

第二表 有色金属局1949年生产矿量计划表

单位 吨

矿山	每月生产矿石量												全年产矿石量	全年出矿量
	1	2	3	4	5	6	7	8	9	10	11	12		
夹皮沟	3 616	3 617	3 617	4 350	4 350	4 350	4 350	4 350	4 350	4 350	4 350	4 350	50 000	72 000
老牛沟	2 903	2 903	2 904	2 904	3 628	3 628	4 355	4 355	4 355	4 355	4 355	4 355	45 000	67 500
石咀子	2 903	2 903	2 904	2 904	3 823	3 628	4 355	4 355	4 355	4 355	4 355	4 355	45 000	67 500
清原						500	500	750	750	1 000	1 000	1 000	5 500	16 500
青城子						2 500	3 750	3 750	5 000	5 000	5 000	5 000	30 000	50 000
岫岩								1 250	1 250	2 000	2 000	2 000	8 500	25 000
芙蓉							2 000	2 000	3 000	3 000	3 000	3 000	16 000	25 000
五龙							1 250	2 000	2 000	2 500	2 500	2 500	12 000	20 000
马鹿沟											1 000	1 700	2 700	5 000
接梨树											1 000	1 700	2 700	5 000
夹山											1 250	1 250	2 500	5 000
华铜									1 155	1 848	1 848	1 849	6 700	13 000
总计	9 423	9 423	9 425	10 158	11 606	14 600	20 560	22 060	26 315	38 403	31 853	33 059	226 600	370 000

附注：生产矿量包括矿石及废石。矿石与废石的比例为二比一。

如果能按上项计划生产，对明年需要的矿石筹备工作应不很成问题，这是很好的。但新矿床的探测、选矿场的恢复，和二三十万吨矿石如何及时选好的计划，都待进一步肯定，应该加紧这一工作布置，逐月检查，保证生产任务的完成。

二、供求关系数字

满铁一九四四年所编《满洲华北朝鲜地区的工业现况和资源供求计划的调查》对于钢有以下统计数字（见原文四十至四十二页）：

供给情形	一九四二年（实际数字）	一九四三年（实际数字）	一九四四年（计划数字）	备考
生　产	2 560	2 383	3 504	由矿石冶炼
收　回	126	1 320	1 343	由废铜收回
存　货	2 991	1 002	600	上一年度存钢
输　入	65	812		
输　出	753			
剩　余	1 063	600	16	
消　费	3 983	4 917	5 431	
分配计划				
军　用			478	
政府用			57	
兵器制造			54	
电力装备			3 659	主要是制电线和电力装备
非铁金属工业			323	
矿　业			16	
机器和车辆制造			843	
共　计			5 431	

上项数字说明了以下几件事：（一）在一九四二年到一九四四年东北工业生产纪录最高的时候，每年需要的铜大约是四至五千吨。（二）这一数量的来源是靠矿石冶炼生产两三千吨。由废铜收回一千三四百吨，不够再由贸易入口解决几百吨。（三）用途分配方面，主要是制送电线和电力装备占全部需要量的半数以上。其次是制造车辆和机械的铜合金配件，再次是军工和非铁金属工业用铜，其他方面需要数字比较小。

这种供求关系今天仍旧存在。从生产恢复的百分比和今天的生产要求来看，今年的供求数字应该比往年小得多，从战后生产设备受到的破坏程度和我们的恢复速度来看，铜的消费指数可能要比往年高一些，但有一定限度，超出情理的大数字是不会合乎事实的，例如：装设送电线，就需要比较普遍的近距离送电线来说，有以下各种：

种类	规格	断面（平方耗）	每公里抵抗	电压（千伏特）	每公里重量（公斤）
硬铜撚线	37/2.6	200	0.092 3	140	1 781
硬铜撚线	19/1.8	50	0.378 8	60	439
硬铜撚线	7/2.6	38	0.487 9	60	337
硬铜撚线	7/2	22	0.824 3	40	200
硬铜撚线	7/1.6	14	1.301 0	20	128
硬铜撚线	7/1.2	8	2.314 0	10	72
硬铜单线	4	12.57	1.414	3	112
硬铜单线	2	3.14	5.657	3	28

东北今天的实际情况是：二十万和十五万超高压送电线路大体完整不需架设，六万四万的高压干线也比较完整，虽长春至吉林线有百余公里和某些矿山工厂区的短距离中要架设此线路，但数量并不太大，需要较多的

是一至二万电压的线路，最普遍需要的是三千电压线路。在有高压送电装备的小范围内，特别有用断面比较小的送电线去取得比较大的电力的方便。例如：三万电压用断面二十二平方耗硬铜撚线，在距离一公里左右可以达到三至四万千瓦特电力，十公里内外可以达到三至五千千瓦特电力，就不必采用断面三十八平方耗的撚线。甚至在电力要求不大的情形下，还可以用小一些的铜线。例如：电力装备一千五百至二千千瓦特的工厂，距离在十公里内外用二万电压送电，用直径四耗的单线却已够用。这样在铜的节省上可以由 3.3 吨减至 1.1 吨。事实上今天要恢复或架设的线路，旧线究竟有多少可以利用，缺多少公里，当地电力装备和某矿某厂实际需要电力情形怎样。如何最合理，都应诚实计算。再尽可能利用旧有设备的条件上补充新线。过粗和不必要的送电线，一吨半吨都要设法节省。从伪满资料中可以找到 1940 年曾完成北票、西安、龙井、天川四个发电所约十二万千瓦特的电力装备，阜新、周水子二哥发电所约八十八万千瓦特的变电设置，和由阜新到鞍山，由西安到桦甸，由浑河到本溪的二千二百公里送电干线和支线的新设线路，总共只用铜三千四百吨，这可以作为今天恢复电力装备需要铜量的比较。

　　再如一部机车的铜合金，有显著消耗的只限于轴瓦、轴箱瓦、轴衬、轮芯等等。修理机车时去旧换新主要是这一部分。它们的铜件全重，对于一部米卡伊机车来说，是在一吨左右。截至它们必须全部换新时为止，磨损部分的重量平均不会超过五百公斤。而且因损耗率各自不同，需要检修的程度也逐件不同。所谓死车复活、大修、中修、局部修、定期检修、日常检修等等，其中以定期检修和日常检修的百分比最大（约占十之八九），真要把它们全部换新的机车数目是很小的。换新时旧件仍可利用作铜料。补充的铜料又可采用杂铜。从每年需要修理的机车数字来看，铜的需要量是不会太大的。伪满一九四四年度计划分配给车辆修造的铜量可供今天参考，至于拆甲修乙或窃失等情，究无一定规律，很难作为计算材料的标准。为了补救既成事实，不妨把今天的死车复活数字作为特殊情形，据实报销。至于造新车需要的铜量，无疑的应全部按新件计算。从今天的制造能力来看（最高不会超过五十部），需要铜量也是很有限的。

又如军工用铜一颗七九子弹的弹头包甲和弹壳全重十二公分，一千万发约合一百二十吨，按三七黄铜折合纯铜为八十四吨。在子弹制造作业中，平均每吨铜每次可制二万五千发，每发平均合四十公分，废品（包括化铜、下料、去边、伸长、退火、酸洗和不合格废品等等）二三倍强。此项废品通常是重复熔化利用，最后只氧化、酸洗熔化和末屑丢失部分不能直接利用，数量约占全数百分之十五至二十。因此每颗七九子弹平均需要铜十四公分上下。每一千万发约合一百四十吨，折合纯铜应为九十八吨。今天要求达到这一个目标可能比较吃力，但此数距离实际需要数字应不很远。另如一颗七五生的山炮弹，弹壳重一公斤，弹带（纯铜）重二百五十公分，引信头铜件约重七十公分，全重约1.32公斤，十万发需要铜一百三十二吨。按四六黄铜折合纯铜八十九吨。在制造过程中，每发需要3.6公斤，废品约2.3公斤强。重复熔化利用，最后不能直接利用部分约百分之十五。因此每发平均需要纯铜合四五公斤，每十万发需要黄铜一百四十五吨，折合纯铜一百零八吨上下。全年生产任务多少，可以从此推算。

上举三种实例是今天要求铜比较最多的方面，如获得适当解决，铜的供给问题也就相对解决了。其中除送电线需要纯铜外（也不是绝对的，例如，可用铝线或铁线），机车铜件和弹壳一般都是用铜合金（青铜或黄铜），后两种的原料来源主要可采用杂铜，它们互相比较起来又以机车铜件在含铜百分比和纯度上不及弹壳严格。因此除须给一部分纯铜保证弹壳化铜时兑入的必要数量外（相当于全部铜量的百分之十至十五），基本可由杂铜和废品获得主要解决。从它们的年度生产任务，现有生产设备能力，和机械技术种种配合条件的最大可靠性来看，现有各生产部门需要的纯铜数量应在两千吨以下。情形大致如下：

	纯铜（吨）	计算基础
电　力	600	四万电压线路150公里，二万电压距离三十公里的线路200公里，三千至一万电压，距离在二十公里以下的线路250公里（全用纯铜）
军　工	400	炮弹十万发，子弹三千万发（全用电解铜制黄铜）
车辆修造	500	机车：检修二万台，死复四百台，新造二十；客货车：检修五万台，死复三千台，新造一千台（只供兑铜用电解铜）
机　械	200	机器五千台，零件五万套（全部新造，供兑铜用电解铜）
其　他	400	
共　计	2 000	杂铜数量未包括在内

如果假设的生产任务有改变，计算基础根据的年产数字，而算得的纯铜需要量也应有所改变。这和各部门目下提出的需要数字有一个距离，其中有的距离是比较大的。这样一个概算缺点在所不免，希望用铜的部门据实精密计算，给以修正。另一方面对这种距离我们不应该拿它作为讨价还价的张本，而应用提高工作的精确性，和设法节省原料降低成本来弥补它才是。

三、解决办法

从上述问题可见生产数字赶不上将要数字，如何解决问题？不外以下五个办法：第一是从开采新矿或扩大现有生产规模去提高产量。第二是从对外贸易购进一批铜。第三是盘存仓库，利用整体观点有计划地调整存铜。第四是设法从废品中回收铜。第五是找铜的代用品。这叫做产、购、盘、收、代，五件事都做好，问题应可得到相对解决。我们从敌伪不惜赔本广泛开采低品位矿石和利用浮游选矿去达到增加铜产事实（由采三十万吨贫矿增产一千多吨铜）来看，可见增产上面的文章虽不易做，它仍旧是今天必须采用的主要办法，但要单从采贫矿达到十分意外的大增产是困难的。从对外贸易方面看，根据近年的经验，虽比价贵而得到的数量少，希望仍是有的。盘存可能直接调整一部分储品，甚至可间接清出一部分铜的器材成品和半成品，作为生产计划的有力修正，不过数量有限，一分不可再分，自难寄以大希望。铜的代用品，例如用铝线铁线代替一部分送电、通信、配电、电车线和室内线，用锻铁铸铁代替低压棒和低压栓，用含铜百分之四十的铜合金代替，电器配件中所用含铜百分之八十的铜合金，用含铜百分之八、锑百分之十二、锡百分之八十的铜锑锡合金，代替机车轴瓦所用含铜百分之八十、锡和锌百分之二十的铜锡锌合金，以至采用氨化合物代替硫酸铜作为农业用杀虫剂等等，确可以节省相当大的一个数字。但材料的使用和工作经验是分不开的，改变需有一个过程，前途虽大，急切难求进到很大数字。比较最捷近而有希望的办法是从废品和杂铜中收回铜。敌伪时期每年单从车辆轴瓦、轴箱瓦、轴套等等改装时收回的铜量即在千吨以上，今天如果在材料供给制度上能肯定发新收旧或按件扣除旧铜的办法，节省范围和铜的用途恰应成正比，数字必然是可观的。

要办好这件事，第一，要通令各级生产部门确定发新收旧的材料供给、报销、审核制度。第二，政府可参考以往限制使用铜的习惯颁布法令，规定铜的使用、买卖、运输办法，在尽可能给予代用品和节制使用的基础上，有计划的向民间收回大批杂铜和铜制品。第三，要设立杂铜废铜收回工厂，专门解决上项杂废提纯和处理各生产部门在化铜技术上不能利用的废品。问题的关键就在杂铜废铜如何提纯和设立铜的收回工厂。自许多处理杂铜废铜的办法（例如转炉收回法、柯尔门法、干馏法、电解法等）看来，以直接电解的办法最经济适用。方法大致如下：

利用杂废铜（例如黄铜屑）铸成阳极板，在硫酸铜电解液（每公升含铜约四十公分，锌约七十公分，硫酸约五十公分），温度摄氏四十至五十度，电流密度每平方公尺一百至一百五十安培，电压 0.5 至 0.7 伏特，电流率 95% 的条件下进行电解。用连续注入硫酸铜溶液去保持电解液中的铜锌成分，使铜在每公升四十公分左右，锌在每公升九十公分以下。结果可以得到含铜量 99.4% 的电解铜。当电解液中含有的铜降低到铜量每公升十五公分以下，含有的锌每公升增加到一百公分以上时即用液体循环方法注入新电解液，将此种旧电解液逐渐从循环槽的收回槽移至用铅制阳极的电解槽中再行电解，将铜除去。剩下的液体移到中和槽进行中和，除去铁、铋、锑等杂质，再加入少量锌粉使钴、镍沉淀。最后导入过滤机将沉淀滤出，使成比较纯粹的硫酸锌电解液，依下法进行电解，得出电解锌。电解时所用电解液应保持每公升含铜在二至四公分以下，含锌在八至十四公分以上，含硫酸二十至五十公分左右，温度摄氏四十至五十度，电流密度每平方公尺一百五十安培，电压 1 至 1.2 伏特，电流率 90%。所得电解锌再经电炉铸成锌块。

上述这种方法已经是相当工业化了的办法，朝鲜镇南浦冶炼厂就有类似的这种设置。我们不妨依样画葫芦，将现有闲置的电解槽改装成杂铜电解槽，并添设循环装置、中和槽、过滤机、锌电解槽和铸锌装备等。从今天的电解设备基础上增加这一部分装置是比较有条件的。至于青铜（铜锡合金）、白铜（铜镍合金）的电解和这种办法大同小异。今天黄铜废杂数量很大，最好先将黄铜的电解设置起来，再进一步解决青铜和白铜的杂废处理问题。我沈阳冶炼厂最近对电解黄铜已试验过几次，据说结果还不错，应继续进行下去，用小型工业方法完成整套应做的试验以便从现有条件上取得更多更确切可靠的经验，然后逐步放大，才比较稳当。即或小有蹉跎，也不应中途气馁，或急促地要求一蹴而就。问题解决之后，不仅摆在眼前的废铜可以化无用为有用，同时可以取得电解锌和铅。并可大量吸收民间杂铜废铜，用最低的成本变成纯的铜锌铅镍。这样就可以使我国从铜器时代遗留下来的破烂铜器古物钱币等，一切获得改造，变成电气时代的有用物质。数量自然会数千百倍于现有年产数量。至于设立工场地点，从利用现有铜的冶炼电解设备，从便于吸收外来矿砂（例如：山东和关内其他地区的铜矿砂）杂铜废铜的条件来看，似以安东侧重冶炼，沈阳偏重电解比较适宜。这件事希望工业部及时予以考虑决定。

四、几点建议

（一）确定东北两三年内铜的生产计划，以采炼贫矿为主，回收杂废为辅，因此必须努力完成矿石采选任务，注意就各有关矿区进行探采新矿和探求其他新矿区的工作，确保每年能从矿石达到产两千吨铜的生产目标。同时应在资金、人力的支配上付出相当代价，去进行杂废回收试验和杂废处理工厂的建设工作，使之成为生产计划的组成部分，去争取每年从杂废中收回一两千吨铜的要求，充分发挥产、购、盘、收、代五种办法中所谓收的作用。

（二）选矿厂、冶炼炉和电解槽的恢复开工或添设是增产铜的主要标识，有色金属局应号召全体员工为每一个计划恢复或增设的矿石粉碎机、冶炼炉和电解槽的提早开工而奋斗。为此应尽先就沈阳和安东两冶炼厂的生产重点作出决定，以便整个生产组织、运输供给和新设备的添置能有计划做到有机配合。

（三）由于东北铜矿产出的贫乏，除广泛探求新矿外，应积极吸收外来矿砂，山东玲珑矿的铜矿砂以往是向日本和朝鲜输出的，当地有比较完备的采选设备，但没有冶炼厂。如东北吸收山东的矿砂，由龙口运安东冶炼厂，实为两便。每年并不难争取增产铜六百至一千吨，安东冶炼厂也可以很快恢复生产。

（四）东北的锌铅矿藏是比较丰富的，铜和锌铅不仅在天然产出上有共生关系，而且在用途上也经常在一起（例如：黄铜和青铜）。因此，如何扩大铅锌开发和提高精炼技术对于补救铜产的不足是有好处的。今天特别新的精炼设备不够。我们应采取有效办法去克服葫芦岛精炼厂技术上现存的困难，并在新矿探测方面充分利用物理探矿办法（时间、人力、费用都比较经济，北平物理研究所先有这种装备）进行比较广泛的调查。

（五）对于矿区分散、品质低而数字庞大的东北铜矿来说，如何获得最经济的运输条件，对生产成本关系很大，我们应以现有铁路干线运输为核心组织小规模运输和群众业余运输来发挥综合运输能力。同时应强调统一管理，在资金、材料和劳动力上很好贯彻集中使用的原则。

（六）由贫矿产铜价格是相当高的，但绝不能因此而放松，从提高工作质量和降低生产成本上去求得生产价格的合理，相反地，应有意识地把规定铜价降低到市价水平。不然，铜的生产发展前途是有困难的。计算成本时，由电解得到的金银理应作为铜的副产品，或者把铜作为金银的副产品，二者必居其一。这样就可以将现价降低到市价水平。

（七）分配问题今天对供不应求的铜来说是特别需要很好掌握的。我们应该努力克服漫天要价、落地还钱的做法，代以实事求是解决问题的做法。不患寡而患不均。改正个别的浮支浪费，才能弥补集体的供求差数。只有从继续不断克服不公允、不合理的现象下，才能做到更公允合理。希望大家当仁不让多来议论一番，把这件事办得更好。

（八）铜是电力、交通、机器工业等等不可少的原料。要求大而产出少。今天比较完善的生产设备全国还要推东北最有条件。至少在全国没有更大规模的铜矿产出以前，东北所产的铜对于保证工业上铜的需要来说，有决定作用。因此必须使东北铜的生产分配问题做得更好，才能把全国的电力、交通、机械工业的生产水平提高一步。从供求关系上看，我国要做到铜产的相对自给自足还是有条件的。

（根据陈康白遗存油印稿整理）

背景说明：

1949年6月，随着鞍钢炼铁厂2号高炉炼出了第一炉铁水，这也标志着鞍钢全面恢复生产工作已取得重大进展。但这对于东北解放区的冶金业来说只是万里长征迈开了第一步，陈康白接下来的工作就是抓紧时间尽快提高重要战略物资铜的生产量。

铜业生产在东北具有较长的历史，在夹皮沟、华铜、老金厂等10多个地区都有丰富的铜矿藏，并具备了较强的生产能力。随着战争的推进和经济工作的开展，铜的需求一天比一天迫切。为了调动和挖掘东北铜矿开采的生产潜力，找到增加铜产量的科学方法，陈康白起草了这份《关于铜的生产和分配问题》报告。陈康白在报告中初步总结出了东北铜的生产设备能力，根据实际情况制定了生产计划，并列出了供求关系统计表，从生产、回收、存货、输入、输出、剩余、消费等多方面详述了目前铜的消费趋势、生产能力转化、基础保证等多方面的问题，提出了科学的解决办法，使之成为当时东北铜业生产的纲领性文件，也是今后东北铜业生产的工作指南。

十五、东北工业建设需要全国科学工作者来共同努力
（1949年7月）

（七月二日在北平座谈"东北工业"会上的发言）

陈康白

各位先生：

今天我想谈谈东北工业中需要全国科学工作者来共同努力的问题。东北工业条件很好，有许多有研究价值问题，我想提出了请各位先生指教。

首先是钢铁工业。东北有年产200万吨生铁的生产设备能力。敌伪最高纪录曾经达到年产生铁一百四十万吨，钢铁一百三十万吨，钢片八十万吨，钢材六十万吨。工厂设备主要在鞍山和本溪。鞍山的设备是生产铁路钢的，包括道轨、鱼尾板、道钉、螺丝、机车的轮轴、钢板、车轮、各种型铁和钢管等，这一类型的钢是碱性平炉钢，一般来看，从采、选、炼到钢材的生产，没有什么大问题。另一方面是以本溪船舶钢和特殊钢为主，本溪当地出产低磷煤矿和低磷铁矿，形成了炼低磷生铁的最好条件，当地有采选煤铁矿和炼低磷生铁的很好的设备，有全东北最好的选煤厂。以往每年生产低磷铣铁在五十万吨以上，其中可以制船舶钢的低磷生铁约三十万吨，几乎是全数运到日本吴港去造军舰钢甲。日本以前每年须由欧洲的瑞典输入大批船舶钢原料，自从本溪开发以后，就解决了日本所用过半数的船舶钢原料。但是当地设备只有采矿、选矿、炼矿的这一部份，没有酸性平炉炼钢的那一部份；当地虽然也有几个小电炉可以炼工具钢，供给工厂矿山使用，并在八一五前，炼过一些军用特殊钢供给沈阳兵工厂使用；但规模非常小，和当地低磷生铁的产量比较是微不足道的。这说明了一件事，就是本溪只有炼铁的生产设备，没有炼钢的应有设备。例如人有了上身，没有下身；一半在本溪，分一半在日本的吴港。我们今天不能依

靠日本来解决船舶钢制大型机器用和军用特殊钢等等。因此，必须解决酸性平炉和一系列分块、压延、钢材制备、副产品收回的设备问题。另从需要方面，例如从交通运输来说，船舶的运输力要比铁路的运输力大得多，船舶的运费低于铁路的运费十倍左右；今天全中国快解放了，南方需要北方大量的铁煤和其它原料；如上海那样一个六百万人口的城市，在今天，煤就要北方来解决，至少是淮南煤矿没有达到大量生产以前不能这样办。假如自己有船舶运，煤就不必依靠外船来运。这件事联系到中国整个航海业如何着手建设的问题。中国近百年来，虽然有一个小小的招商局，但是我们自己的船舶小得很可怜；中国这样长的海岸线，地大物博，出产丰富，但是我们就没有一条船能到印度洋和红海去的，更谈不上欧美了。这说明今天如何需要建立船舶工业的急迫性。如果一个国家，只是把原料输出，而不能把原料变成生产品输出，物品出入口的运输全靠外国船，这个国家一定很难摆脱半殖民地的地位。要改变这样的一个关系，那就非解决机械工业、船舶工业和这需要的钢材生产问题不可。因此，本溪低磷生铁利用的问题，是一个很重要的问题。对于这样一个炼钢厂从无到有的建设有研究的专家们，东北是欢迎之至的！又东北的铁矿，贫矿占五十七万万吨强，富矿不满七千万吨，炼铁先须处理贫矿，这种设备远赶不上生产需要，亟待设法解决，也迫切期待着对此有研究的专门家去帮助。

煤的问题。东北虽有年产两三千万吨煤的生产设备能力，但其中可以炼焦的黏结性沥青煤，根据以往的最高纪录，只达到三百多万吨。东北铁的生产，有二百万吨的能力，这样规模需要的焦炭，每年就在二百万吨以上。黏结性沥青经过清洗，炼成焦炭，很明显是远远赶不上冶金需要的数量的。敌伪对这个问题基本没有解决，甚至鞍钢从1935—1945的十个年头中，在不得已情况下，会采用混合煤（用本溪、抚顺、北票、开滦、鸡西等处的混合煤）直接炼焦，因此灰分很高，直接影响到铁的生产量。在战争末期，他们虽曾提出要大量开采富锦、松湾、赛马等地的黏结性沥青煤，但一直是停留在计划阶段，没有来得及开采。这一个困难今天仍旧交给我们了。我们今天要大量提高钢铁生产。不错，没有钢铁就谈不上工业生产建设。但是，假若焦炭的问题得不到合理的解决，提高钢铁生产便会成为一句空话。因此，如何大量开采黏结性沥青煤，如何进行探采工作，如何设备新的选矿场，都成了我们今天迫切待解决的问题。不然，这一环就要落后于客观要求，就必然会把这个生产建设工作的发展拖后一步。这样一个问题的本身包含有一系列的小问题。例如松湾煤矿是在通化地区，通化的黏结性沥青煤如杉松岗、铁厂子、砟子窑等矿，在性质上有一个共同的弱点，煤的灰分特别高，很容易粉碎。这样一个特性产生了选炭方面的困难。目前东北所有包门式选炭、跳汰式选炭和浮游选炭种种设备，对于此项沥青煤都不见得适用和经济。从理论方面讲，我们可以采用风选的办法。但是这种装置，今天在东北还没有。这就成为最近进一步开采通化矿区的黏结性沥青煤迫切待解决的问题。对机械选矿有研究的专家们，东北是很欢迎的！此外如抚顺、阜新、西安（今吉林辽源——笔者注）这一类挥发成分特别大的高槽长焰的烟煤，矿山设备都比较近代化，坑下工程设备和安全问题比较低槽煤要难于掌握得多，我们对于这样大矿的管理有经验的工程人员很不够，也需要专家们来帮助。

电的问题。东北原有二百多万千瓦水火电力装备，其中火力电约占一百二十万千瓦，经过战争破坏之后，今天能用的不到三十万千瓦。很明显，如何恢复原有设备能力，如何在现有条件下加强管理，调整负荷，保证供给，是一个关系工业动力的重要问题。例如，小丰满和水丰的水电设备是很不错的，它们构成了东北工业区的两条超高压电力供给线，在工业动力来源来说关系很重要。现在存在的问题，例如小丰满的水坝建设，直到八一五尚未完成。虽早已发电，但堤工建筑还差二十多万立方公尺没有建设好，这一工作就要今天来补做。就水坝工程一般看来是比较做得马虎的，现在堤身已经有许多地方渗漏，水叩部分也有冲坏的地方，隘流部分还要加强，最重要是防洪的排水沟设备几乎等于没有。如何进行补修工作，如何按历年周期性洪水的最高标准准备山洪暴发后的排水沟，都是当前迫切待做的工作。这个问题如果不搞好，一旦山洪暴发，把整个水坝冲坏，那么对于东北整个工业的影响就不可想像了。希望对于水电水坝工程有研究的专家们来参加这项工作。此外在电力设备方面，例如火力电厂的恢复工作，发电厂、变电站如何修复，这一系列问题都需要专家们来帮助。东北现有的电机厂，只能造一百马力以下和修理二千马力左右的电动机，但是工业需要大批三五百马力左右到一两千的电动机，我们还没有能力制造。至于超高压变电器、避雷器、自动管制装备等随处有许多待解决的技术问题。这些工程和制造上的专家们如愿去东北工作，对东北工业是有很大帮助的。

非铁金属。关于非铁金属和轻金属如铜、铅、锌、铝、镁这一类的工业，东北原有相当基础。例如铜有年产四五千吨的设备能力，铅有年产六七千吨，锌有年产一千吨，铝矾土有年产七十万吨，菱苦土有年产六十万吨的设备能力，并可制铝一万五千吨，制镁一千五百吨。这些工厂大体都存在，也有部分被破坏的。关于这些工业有许多待解决的问题，例如东北的产铜主要是靠含铜量千分之三到十三的贫矿，每年从矿石生产两千吨铜，需要探采贫矿三四十万吨，经过浮游选矿，拿到一至二万吨含量约百分之八的矿砂来进行炼铜。这样，从生产成本来看，是不合算的。但铜的生产对电业和机械工业很重要，不能不开采贫矿。今后如何广泛找新矿，就需要研究地质矿产的专家们来努力。另一方面是从杂铜、废铜中收回铜。以中国历史悠久，面积广大，从铜器时代到现在遗留下来的古铜和散在民间的铜器、铜币等等数量是相当大的。从杂废收回铜，就可以把无用的杂废铜变成很有用的电解铜。这种工厂在东北也还没有。对非金属有研究的专家们去参加这一工作，东北是很欢迎的！和铜一起产出的有铅、锌、金、银等矿；解决铜就要联系到这一系列的金属。东北对于铅已有冶炼设备。锌的问题，以往没有很好解决；锌和铜关系密切，锌铜合金很普遍；例如黄铜在机械轴瓦、轴衬、轮心以及炮弹、子弹壳各方面都用得很广泛。今天对于锌的要求非常迫切，如何解决是目前急切要办的一件事。又如铝、镁的制炼虽然有现成的厂，或者已被破坏，或者工厂规模远远赶不上矿的生产规模。它包括有新厂建设的整个问题，需要许多专家们来努力。山东的淄博在铝矾土和菱苦土的产出上也很有名，这是发展近代轻金属工业必须做好的一件事，前途很大；技术上需要大家来共同努力的地方很多。和铜有密切关系的黄金，东北产出也很多；一方面是和银铜矿分不开的山金，有延吉经桦甸、清原到热河承德、凌源一线都是，它和银、铜、铅、锌共生成为这类矿产的主要副产品。另一方面从珲春经牡丹江、佳木斯、梧桐河、黑龙江、呼玛到漠河，沿黑龙江和松花江都是砂金。敌伪对于此项砂金采用采金船一类的机械生产设备。砂金的问题主要是产区分散、地区寒冷、交通不便和人烟稀少；因此，采金和交通、机械、电力的条件是不可分离的。敌伪用电力和机械的结合解决了一部份问题，但对于气候寒冷，交通不便的黑河，漠河所产的丰富砂金，始终没有作进一步解决。到八一五前，由于他们感到战争快要失败，并对佳木斯、牡丹江有机械电力的金沟都全部加以封闭。关于这一线的金矿，在东北来说是很有希望的，电力和交通并不难解决；主要的困难在于机械。如果机械生产得到长足进步，金的产量应可以得到很大的提高。

机械工业。东北的机械工业基础比较薄弱，虽然敌伪有所谓满洲重机、满铁车辆工厂、满洲自动车、满洲飞行机、满洲工作机械、满洲矿山机械、三菱机器、住友金属、大连船渠铁工、大连机械、满洲工作机、满洲九一八部队工厂等等，共拥工作机三万多部，投资占日本财阀在东北投资百分之四十；但都是不相连属，分散在各种企业中的。因此对整个机械工业的发展，非但不能起积极推动作用，并且起了一种互相抵触的作用。直到今天，还没有形成一个力量。它们大致可分为以下几种：（一）满铁的铁路车辆修造厂，每年能生产车厢三四千辆，机车约五十辆。（二）船舶制造方面，以大连的船渠铁工为主，能修造八千吨左右的轮船，年产量在二十万吨左右。（三）矿山机械以鞍山、抚顺为中心，对于一般工矿用的工作机和工具都能自行解决。（四）此外在长春、沈阳、公主岭有自动车厂、飞机制造厂等等，另在沈阳还附设了许多小型的卫星工厂。这些机器工业，战后虽有一部份损失；但大体仍在。问题是没有很好组织起来无从发挥它们的最大力量。它的基本弱点是缺少精密机器和大型母机，并在数量配备上缺乏有机的联系和衔接。它和中国工业的情形一样，好像是欧美出品的陈列馆，从手摇的、蒸汽动力、柴油动力的，到电动的，形形式式都有；电动机器之中，比较新式的又少，超过使用期的居多，亟待组织整理和充实。

化学方面。可以分以下几部份：第一、是无机酸制造工业，主要在大连的甘井子，部分在葫芦岛。甘井子的生产量可以年产硫酸和硫酸铔各二十万吨，葫芦岛的硫酸厂并可制造发烟硫酸，年产量在五万吨左右。此外，鞍山、本溪、抚顺都附设有硫酸厂，年产都在几万吨以上。另外在大连和沈阳有硝酸、盐酸的制造厂，生产量各几千吨不等。甘井子的设备还有几套完整的，八一五以后就没有开工，最主要的问题是硫化铁矿石来源没有得到适当解决。敌伪时期，东北需要的硫化铁矿石在五万吨以上，除由东北和华北自行解决万余吨以外，几乎都是由日本输入的。今天此项来源困难，如不得适当的解决，硫酸厂的复工，是值得考虑的。这个问题在敌伪时期已经存在，硫化铁矿的运输曾给敌人背上很大的包袱。他们曾经企图以满洲里附近盛产的芒硝为代用品，但因战争需要硝酸，甘井子的设备可以转入大量制造硝酸，就把这一企图放弃了。今天我们不易从日本取得硫化铁，原料问题已提到我们面前了。我们是否可以用满洲里出产的丰富的芒硝矿或山西太原附近的大量石膏矿，作为制造硫酸的原料，或者利用关内硫化铁矿石，如当涂马鞍山或者广东英德所产矿石等等，是目前很有意义的一个问题。它们对于东北硫酸制造业的复工，有很重要的意义。其次是油脂工业，分高温煤焦油、煤的低温干馏、油页岩干馏油类和大豆油脂等等。高温煤焦油是以鞍山、本溪、吉林为中心。这类工厂目前随着钢铁工业和炼焦工业的恢复而得到复工。从油页岩干馏所得原油到石蜡一系列的油类（包含由重油制造气缸油）的生产中心是抚顺，全部恢复生产不成问题。由大豆油出发制造低压变压器油和油漆等等的生产中心在大连、哈尔滨和沈阳。所有这一类型的工厂，都已先后复工。有问题的是由煤的低温干馏加氢生产燃料油的工厂，或由水煤气合成汽油的工厂。它们主要分布在抚顺、锦州、四平、吉林等地，年产一万吨左右的工厂有好几个。虽然个别的在机械设备上有缺点或触媒制备技术上待研究，但工厂都还存在。我们今天用的油可以从近东和苏联得到，需要上不必走这样的弯路，因此这一类工厂如何利用成了问题。当然东北有充分利用这种工厂的条件（有大量的褐煤原料等等），问题是这类工厂本身还存在有弱点，例如四平油厂的设备既老，机械构造和建厂时想利用的西安煤的性质就不适合。西安煤含有机酸成份比较大，并且容易风化。四平油厂的主要机械设计就没有考虑到这一特点的很好利用，而采用了比较复杂的机械构造，形成了它对于酸的侵蚀不可克服的困难，最后就只能改为专炼粗油的精炼厂。关于这一类问题如果我们要利用它们的话，就必须重新很好研究，加以改造。用焦油做原料的燃料工厂、医药品工业等等，在东北已有许多小厂，但对于我们需要解决的问题，并没有很好联系。这些方面可以容纳许多化学工作者去参加。另外如食盐工业、曹达工业，东北的条件也很好。东北年产食盐一百二十万吨，卤汁约两三万吨，曹达灰五六万吨，都是现成的原料。东北产天然碱特别多，但仍全部停留在原始状态。这些富源都是化学工业的最好对象。另外在吉林，因为当地电力、石灰石和煤的方便，敌伪在吉林设有大型电化工厂制氧化钙；并设有乙醛、酒精、人造橡皮、人造羊毛、人造树脂等小型试验工厂。这些工厂战争中虽会受到破坏，将来仍可利用。因此如何进行恢复就成了今天需要解决的问题。

总结。 以上所谈只是很概括的触到东北工业方面存在的问题，每一方面还包括了一连串的问题，其中也有敌伪时期不存在的，例如船舶钢问题、机器制造问题、电力问题等等，也有敌伪时期就已存在没有得到适当解决的，例如褐煤干馏问题、硫酸原料问题、黏结性沥青煤不足和铜不足的问题等等。也有由于敌伪所采用方法陈旧，留给我们的困难，或由于敌人的殖民地经济控制割裂下如原料、生产、销场的割裂，技术、管理和关键设备的割裂等等造成的困难。今天我们都要在独立自主经济合理的工业要求下来给以很好的解决。这包括富源的调查研究，现有工业生产设备物质和技术基础的了解利用，和各种恢复生产的工作计划。因此也就特别需要集思广益，有待于全国科学界来共同努力。

八一五以后，国民党虽然占据了中南满一带的地区，他对于以上这些问题毫未考虑如何解决，他们对生产可以说是十分消极的。共产党和国民党相反，我们是积极想法来解决，使用一切力量来争取恢复工业生产的。例如在收复吉林、长春、沈阳以前，我们是在松花江以北的北满。北满的工业生产，第一是煤矿，第二是林业。我们在其困难的交通、电力、机械、技术条件下，曾经使它们恢复到战前生产量百分之八十以上。例如木材在战前会达到年产五百万立方公尺，而我们已达到年产四百多万立方公尺。北满的煤产，战前年产不到六百万吨，而我们已达到五百万吨。至于国民党军占有的南满，如抚顺、阜新、西安、本溪、北票、烟台等地，设备都非常好，生产条件也很集中。但是煤的生产从没有着手整理过，到处停顿，抚顺的煤十分之九是淹在水里的；相反的，他们还开了一些倒车，丝毫没有做表土剥离工作，无限制的进行露天采掘，过分的抓了一把，今天给了我们很大的困难。同样他们在本溪也丝毫没有进行建设，只在当地设了几个小煤球厂，把很好的黏结性沥青煤做成煤球出售，其实这种煤球是无法烧的（它会粘结在炉条上使通风困难）。又如沈阳冶炼厂我们在收复不到两个月就开工了，目前已经达到日产电解铜八至十吨左右（虽然在工厂管理上还存在很多缺点），但是国民党在沈阳的时间虽然相当长，却从来没有去恢复冶炼厂的生产，他们只把冶炼厂电解铜的阳极泥拍卖了（因为里面含黄金白银的成分很大）。上面我已说过东北铜的生产主要是利用贫矿，如果我们要从采选贫矿到炼铜从头到尾的搞起来，那不可能使沈阳冶炼厂得到今天这样的复工规模。但竟能做到这一点，其主要原因是敌伪在沈阳冶炼厂留有一万二三千吨含铜量 $8\%\sim10\%$ 的矿砂，这样现成的条件，造成了我们今天能够很快复工的便利。国民党在沈阳几年，就没有考虑如何用自己力量生产铜去解决战争需要的铜，如何利用这种便利条件。至于拿工厂矿山的机器出卖，将工业器材囤积起来做生意，是数不胜数的。这些事实已够说明共产党和国民党对待东北工业的基本态度了。在国民党那个管理之下是生产停顿、破坏、拍卖工厂矿山设备。在共产党管理之下是生产恢复，添置新机器设备，不断的扩大生产能力。有人说共产党对于生产建设外行，不会管理，这种说法如果指我们缺乏技术干部来说是对的，但不能说我们对搞生产没有希望。共产党是从最艰苦的条件下长大的，在敌后作战那种困难条件下，如果不搞生产就不能存在。当时毛泽东同志有两句话："我们作战是靠小米加步枪，生产是靠一把锄头面向荒山（就是说开荒）。"从抗战初期起，我们总是一面作战一面生产，在开荒的号召下，自毛主席到每一工作人员和兵士都上山开荒，大家的手都打起了泡，这样来解决粮食供给问题。部队不打仗就种地，朱总司令就是南泥湾政策的倡导者。在南泥湾开荒的部队，不但不向政府要饷，自己除解决全年粮秣、菜蔬、衣服、用费以外，还要向政府送粮缴租，这样的部队是全世界没有的。前方军队也一样，放下枪杆就帮助老百姓种地。学校学生放下书本就上山开荒。为了解决衣服问题，延安曾经发起纺纱运动，毛主席每天也纺纱。东北的护路军，一方面执行警戒工作，一方面担任修路工作，去年南满各个战役中军队运动很快，护路军对铁路抢修工作的努力，起了决定作用。这种传统作风今天一直存在。东北的机关规定了星期六劳动日，自政府负责同志至工作人员星期六全部到工厂农场去参加体力劳动。这说明了共产党对于生产劳动的重视，不是一种口头上的号召，而是广泛贯彻到解放区各级人员行动中的；不是心血来潮说说装样子，而是二十几年如一日，从历史上一直到今天都是这样做的。以前只能够做到一把锄头面向荒山；到了今天，工厂矿山的条件太好了，加上共产党对生产劳动的认识，他不会忽视这种好条件的。因此，即或是共产党在技术上，甚至在生产管理上不太内行，但从他的接近群众、钻研生产、兢兢业业要把生产搞好、从历史养成的作风和高度自觉的努力来看，是一定会把生产搞好的。这也就可以决定他对于技术工作者的态度了，他必然会和以办好中国的事和建设新中国为职志的各位先生很好合作的，他一定不会关起门来自吹自擂，不听大家的意见。关于共产党对科学工作者的重视，我可以举一个眼前的例子。今天在座的高士其同志，他是研究细菌的，因细菌伤了他的神经，多少年前就得了脑炎和行动不便的病，和今天的情形一样。一九三七年我在延安就看到了高同志，在抗日战争的残酷斗争条件下，共产党把他送到香港，今天来到北京，十数年如一日，这就可见共产党对于科学工作者如何爱护了。此外，凡我所接触的科学工作人员，没有不得到共产党重视和爱护的。

即抗战初期一般大学中学跑到延安的学生，今天在东北都成为中级技术干部了。如各位先生和我们更长久的相处，就会对全国科学界来参加解放区的科学技术工作，自然是更欢迎的了。国民党以往虽有好的技术条件，但不重视技术，例如沈阳冶炼厂，有很好的炼铜条件，战争也需要铜，为什么他就不生产铜呢？因为他有一个很简单的打算，这个打算就是美帝国主义可以给他铜。他可以不费任何气力取得铜，而且是现成的子弹炮弹成品。这样一件事把它一般公式化就是这样："与其自己生产，不如推销美国生产品。"原料可以这样办，工厂设备也可以这样办，科学技术人员也可以这样办（请美国顾问）。一切都可以不靠自己干。这种态度基本不是为国家为人民办事的。这和共产党的态度绝对相反。我因不满于这种现象，所以跑向共产党。今天在座的各位先生，是从全国各方面来的，在国民党地区的时间更长，对于国民党这种黑暗情形，一定比我体味更深长。今天这个科学会议，全国科学工作者的代表人物不远千里跑到北京来参加，我相信如果各位先生对于共产党和国民党对待生产建设科学技术的不同态度没有最基本的认识是不会这样做的。大家这种为国家为人民服务，为建立新中国的满腔热情，我们是知道的。有了今日工业建设条件和解放区群众的劳动力，加上各位先生的丰富知识和经验，我想以上所谈东北经济建设中的各项问题是可以得到很好解决的。两星期以前，有一个十多年前的旧同事从北京写了一封信问我："共产党对于技术人员的政策，对于科学理论的态度是怎样？"我的回答很简单：共产党历来就欢迎一切为人民为社会来服务的科学工作者，并且很诚心诚意欢迎他们，尊重他们，把他们当作建设新中国的宝贵财富来看待的。共产党很知道如何使他们得到机会发挥他们的长处。共产党很重视理论。我们常说：理论是行动的指南，因为真正的理论是总结了历史的经验，根据科学的道理来指导实际行动的。关键在于理论要和实际结合，从现有物质基础和现有技术水平上做起。这个朋友是在理论、有机化学方面有研究的。从今天的化学工作来看，我们正缺乏这样的人才。这件事我想不仅限于他一个人，而是代表很大一批学者的想法。今天在座的苏步青先生是研究数理的，数理是纯粹的理论科学，但是许多机械、力学、化学、天文上的问题，都可以从数理方面预先找到推断根据，或者是和数学相互发展不可分离的。过去的科学充分证明了这件事。我们当然欢迎这样的人才来参加我们的科学努力。又如在座的严济慈先生，他对光学很有研究，我希望严先生仍继续他的这种研究工作。又如这次筹委会名单中的地质学家李四光先生、工业化学家侯德榜先生、生物学家秉志先生、在座的各位先生和数目很大的青年科学工作者，我想都是新中国的财富，共产党是万分欢迎你们来参加生产建设工作的。首先，东北的工业建设和生产恢复工作，就需要大家来共同努力。

科学在中国是受着几千年的封建制度，近百年的帝国主义，和近二十年的官僚资本重重束缚的。今天解放战争的辉煌战果已基本摧毁了这种束缚，开辟了适宜于科学生长的园地。这是一个大的改变，我们不应该把它解释为政权的简单易手，如中国历史上重复的那种演变一样。如果问题是那样，中国的生存就很成问题了。它应该是一种基本改变，彻头彻尾惊天动地的改变，才能适应今天的时代。科学工作者是以改造为职志富于事业心的。如何奠定中国的物质经济基础，使中国从落后的农业国转变为工业国，首先要全国科学工作者来共同努力。确立东北的工业，只是使全国工业化的一个跳板，但是一个重要的跳板。所谈材料很片段，问题很肤浅，希望各位指正。

（原载1949年《科学》杂志31卷11期）

背景说明：

1949年6月，陈康白赴北京参加筹备全国自然科学工作者代表会议（科代会）预备会议。陈康白觉得这是一个非常好的机会，一方面可以和全国的科学工作者做广泛的交流，另外一方面可以寻求全国科学技术人才的支持、动员一些技术人才支援东北解放区的工业建设。1949年6月19日，"科代会"筹备会在北平灯市口中国工程师学会会所召开，陈康白作为东北自然科学研究会的代表参加了筹备工作，并担任临时干事会干事（有丁瓒、钱三强、孟少农等11位）。1949年7月2日，"科代会"筹备会专门组织了一次以东北工业为题的座谈会，在这次会议上陈康白代表东北工业界作了《东北工业建设需要全国科学工作者来共同努力》的主旨发言。这份发言稿先是刊登在1949年《科学通讯》第三期上，后经陈康白补充后又刊登在《科学》杂志上。

陈康白的这次主旨发言才华横溢、内容充实、气势磅礴，具有极高的政治站位，他在发言中对东北工业形势的介绍具有极强的专业性，对全国其他解放区的工业生产情况也有精准的描述。陈康白从科学的角度认真分析了当前形势，展现了东北解放区昂扬向上的大好局面，强调了党在经济工作中的领导作用，给予大家主动战胜困难、为即将成立的新中国努力奋斗的坚强信心。在这篇发言稿中显示出陈康白具有极强的调查研究能力和资料运用能力，凸显他作为一名专家型领导的特殊风范。特别值得一提的是，陈康白在发言中明确地指出共产党和国民党不同的执政理念和对待工业生产完全不同的态度，讴歌了中国共产党的正确与伟大，同时号召全国各解放区的各类人才积极投身到东北的经济建设当中来，在大家共同的努力下，早日把中国从落后的农业国建设为强大的工业化国家。

十六、工业考察团总结报告（1949年10月）

工业考察团这次到东北、上海、太原、京津等地考察以后，对各地工业情况的了解，在总的方面，有以下几点：

第一：各地工业情况和重点建设

东北资源丰富，基本工业如电力燃料、钢铁、机械、化工等已有相当基础。铁路运输、工业用水和各种附属工业条件相当完备，加以背靠苏联，恢复发展的条件在全国范围内都是比较好的。华东地下资源丰富，但未开发，上海由于过去半殖民地的经济性质，工业虽有一定的基础，而原料仰仗外来，生产发展极不平衡，私营企业占很大优势。华北情形在东北和上海之间，资源丰富，开发程度和工业规模不及东北，原料供应比上海条件好，但仍存在不平衡现象。华中、西北条件又不及华东和华北，但华中的特殊金属矿如钨、锑、锰等，西北的石油矿都蕴藏丰富，并有相当的开发基础，是其他地区所没有的。根据以上情形，今天工业建设的重点应放在东北，同时必须照顾地区性的工业生产。

第二：工业干部的分配和培养教育

各地工业部门的干部情形，一般的老干部其工作流动性比较大，表现不太安心，应加紧培养使其专业化。对新参加革命工作的各级人员，在政治学习和帮助上，做得不够，应加强政治教育。此外各地都表现有工业干部数量悬殊，工作忙闲不均的现象（特别是东北，技术干部最为缺乏）。今天似有必要做一个全国性的调查、了解，根据生产需要由中央征求各地意见，加以适当调整，并照顾地区间的薪资待遇和生活水准的不同，给予适当保证。

各地应注意培养更多高职以下技术人员，工业大学顶好由中央指地点办理。务求互相衔接，相辅为用。

第三：几个一般的建议

（一）各地区的产销供应关系比较隔膜，是目前工业生产中一个严重问题。各地区都要求有专门机构加强计划性，解决供求关系中的困难。

（二）工业品标准规格没有，各地区不能互相了解，也是供求困难的一个原因。各地要求制定标准规格样本，以便互相订货，供求适合。我们可以要求苏联帮助，能较快解决。

（三）工业品的运输。工业产品的成本高和原料运输有密切关系，对工业品的低价运输的要求也很普遍。

（四）工业研究机构的整理健全。工业生产中带技术性的研究问题在工厂本身来做比较不经济，都要求整理和健全现有研究机关。

（五）各地区大部厂矿缺乏生产总负责人，一厂一矿之中常缺统一意志。

（六）各地区经营方面均缺精密盘存，精确核算，须大家努力。

第四：有关电力、电机、机械、冶炼、化工、器材等方面分别的意见

一、电力：

（一）各地区普遍感觉电力不足，我们认为可以采用以下几种补救办法：

1. 节约和调整负荷。由政府制定用电法规，加强节约，并采用硬性调整负荷的办法，组织电力的合理使用，责成各用电单位强制执行。

2. 修复现有电力设备，并就全国范围内作合理的调整。

3. 添置必要的新电力设备。

（二）各地发电能力一般要看锅炉设备能力，增加锅炉即可提高现有发电能力，需要酌量增加锅炉设备和大量补充过滤管，因此有许多汽轮机的叶子需要修理或更换，也急需作大量补充。

（三）为了配合东北工业恢复的进度所要求的电力，小丰满应添置70 000 瓩水力发电机二台，连现有的共四台，经常保持三台连转。抚顺增

加 50 000 瓩，阜新增加 2 500 瓩火力发电设备各一套。

（四）全国范围内目前需要增加电力设备的地区是：西安、太原、济南和大冶、郑州，除重点建设外，应优先照顾以上地区。

（五）为了工业动力的长远打算，减低生产成本，应从速在全国范围内着手筹建水力发电站，并先应注意水文站的普遍设立。

二、电机：

（一）在东北建立一个年产 100 000 瓩的重型电机制造厂，生产 1 000 瓩至 10 000 瓩发电机，200 马力至 2 000 马力电动机及 1 000 千伏安至 10 000 千伏安变压器。同时建立同样生产规模的锅炉厂。

（二）为了配合重型电机制造，所有制造送电、配电、保安等设备的厂子必须相应扩大。

（三）前资源委员会建立重电机厂的技术资料全部交给东北，其已有的专门人员尽可能满足建立重电机厂的需求。

（四）各地区制造中小型电机的计划，在不妨碍建设重电机厂的原则下可以照常运行。

（五）目前全国的电机制造还没有统一，今后应逐步走向统一领导。

三、机械：

（一）重型机器应由东北制造，中型及精密机器由上海制造，其余机器的制造由各地区按其生产能力和需求决定。

（二）造船厂首先以大连为主要发展中心，上海、武汉等地为副。

（三）扩大大连及皇姑屯的机车厂，使其能制造机车。至于车辆制造可分别在大连、皇姑屯、哈尔滨、太原、戚墅堰、武昌、青岛、济南等可能制造之地进行。

（四）瓦房店滚珠轴承厂目前应注意增加设备、检验工具及技术人员，提高质量，增加产量。积累经验后可再筹建分厂。

（五）华中区可增加中型机器制造厂。

（六）上海通用和中农两机器厂，因正在建设中尚未成型，应由华东工业部按其实际需要及情况提出具体建设计划，交中财委会作最后决定。

四、冶炼：

（一）恢复和发展钢铁工业，应以东北为中心，特别是应从速恢复鞍钢的重型压延、无缝钢管及薄板厂设备。

（二）本溪应筹建炼钢厂，利用所产低磷生铁制成各种特殊钢材，如船舶、军用、高速等钢材。

（三）鞍钢现在的炼钢能力较轧钢为大，钢锭有余。应尽量利用其它地区的轧钢设备制造各种钢材制品。

（四）组织专门机构，勘查全国煤铁资源，特别着重勘查长江流域南京至鄂西段、山西、绥远及山东等地。

（五）利用山东张店余存的炼铝设备，恢复抚顺炼铝厂。

（六）东北应注意恢复葫芦岛炼锌厂，冶炼厂也应设法改良设备，收回氧化锌。炼铜厂方面扩大矿砂供应，改良冶炼设备。

五、化工：

（一）铔肥制造对工农业结合上很重要，大连硫酸铔厂必须赶快恢复。

（二）抚顺东、西两制造厂如全部恢复，可年产粗油 400 000 吨，制成燃料油及各种重要机械用油，同时并可产硫酸铔 90 000 吨，应尽可能争取从速恢复，改良技术，发展利用。

（三）全国各地焦炉所产煤焦油的数量很大，应集中精炼（东北可在辽阳，华北可研究适当地点筹建新厂），制造炸药、染料、医药品等。

（四）目前各地进行的电极制造很难适应工业要求，应在东北正式建设一个规模完备的电极制造厂。

（五）东北硫酸生产设备能力很大，各地需要量也很多，应尽量恢复。

但目前运输设备不好，可添购一批运硫酸车辆，保证东北制成的酸暂可以供给全国各地区。

六、器材：

（一）上海现存器材为数很大，且有许多贵重机器（如特大机器和精密机器）对全国工业的恢复和发展关系很大，建议由中财委会组织一个专门处理机构，负责了解、研究、调拨和分配这一批器材（初步意见见副本）。

（二）成立国营工矿器材供应机关，各工业区设分机关。

（根据陈康白遗存油印稿整理）

背景说明：

1949年10月1日中华人民共和国成立，陈康白也和全国人民一道沉浸在这无比的幸福和欢乐之中。新中国成立不久，在政务院中央财经委的领导下组织了以重工业部副部长刘鼎为团长的、各大行政区重工业部门负责人和专家参加的重工业考察团，对东北、华北和华东地区进行工业考察，陈康白是这次考察团的重要成员之一。考察团在考察工作结束之前，以陈康白为主，大家集思广益将这次考察中的收获和体会撰写了这份《工业考察团总结报告》。

报告中首先介绍了东北、上海、太原、京津等地的工业情况和重点建设情况，分析了各地区在工业方面的优劣情况，特别对这些地区工业干部的分配和今后干部的培养教育问题提出了及时合理的意见，希望中央统一筹划专业人才队伍的使用，合理协调地区间的薪资待遇和生活水准，注重高职以下技术人员的培养，并由中央来指定办好工业大学。报告中还指出了当下工业生产面临的多种困难，提出了很多好的建议，强调了发展电力的重要性，对于很多关键设备的制造、重要原材料的生产都拿出了指导性意见。通篇文章专业性强、思路清晰、系统全面，具有很好的实用性，显现出很多陈康白调查报告的特点，为新中国早期的工业建设提供了重要帮助。

十七、如何搞好今天的生产建设来巩固以苏联为首的世界和平阵线（1949年12月）

陈康白

马恩列斯告诉我们：经济建设是政治建设的基础。为了造成苏联社会主义胜利必需的经济基础，一定要把俄国由农业国变为工业国。这是列宁、斯大林在粉碎了帝国主义进攻，在苏联恢复经济和进行工业建设时期提出的总努力路线。由于这一路线的正确，苏联才能顺利地实行两个五年计划，积累了物资力量，给一九四一年法西斯德国的进攻以迎头痛击，结果把全世界最凶恶的敌人打败，巩固了今天的和平阵线。中国今天和当年苏联的情形相仿，是处在击败日本帝国主义、国民党反动派和赶出美帝国主义势力的时候。全国的生产基础很残破，社会经济急待苏复。我们只有把我国的生产基础搞好，铲除现有经济和技术上的落后情况，才能巩固政治军事的胜利果实，把我国更提高一步，成为世界和平阵线的更重要组成力量。

经济建设的道理千头万绪，总括一句：就是要搞计划生产。大家都知道，搞生产建设特别是重工业建设要用的资金很多。帝国主义资本主义国家解决他的工业资金是靠疯狂的侵略战争，靠拼命的压榨殖民地，靠残酷的剥削国内劳动阶级，靠争夺国外市场倾销他的商品，靠掠夺他的附庸国和借外债。这些恶浊的办法都是我们不能采取的。我们解决资金的唯一办法是靠自己积累由劳动创造的价值，靠劳动创造财富。靠提高劳动生产效率和降低生产成本，靠改进技术，靠建立新技术基础，例如农业机械化和化学化去增加土地利用率、生产收获率和工作速度，靠工业和农业结合，靠很好的组织生产和推销工作加速资金周转率，靠减低以至消灭与计划与组织的自由竞争现象，防止相互抵消工作相互损害果实。这就是说要从原料生产设备、劳动力、技术资金、利润、国家投资到各种生产的供求关系的相互配合等等，都要按统一计划统一步调的原则来进行，彻底消灭"自由主义"的现象。我们应从生产能力需要能力和实际产销供求数量的调整上求得很好平衡，去节省我们的资金和人力，更有计划的用到重点建设方面去。这样才会有充裕的力量去建立新兴的工业：冶金工业、国防工业、燃料工业、电力站、重机械工业和重化学工业等等。这个方向仍然是斯大林同志指给我们的。为了更好的把中国今天的工业建设工作搞好，今年七八月间斯大林同志派了几百个专家来帮助我们，他们大部分都留在东北。我们应该虚心的求知若渴的，吸收他们的丰富经验，针对实践中的困难，对症下药，求得问题的合理解决。我们应该很好的来检阅我们的生产阵容是否符合"计划生产"的要求。中国今天的条件比苏联当年实行新经济和五年计划时候的条件好的多了，首先我们有强大的苏联和各民主国家的帮助，我们能吸收他们多年积累的宝贵经验，避免走多少弯路。我们有比较更适于耕种的国家领域（土地）、非常丰富的产物和地下富藏、绵长的海岸线、宽阔的领海和更多的劳动力。凡此种种，都是我们比当年的苏联更应加速完成生产建设计划的有力保证。在二十世纪二十年代的苏联，因为有了两个五年计划的生产间隙，加强了自己的物质基础，积累了力量，结果打败了全世界最凶恶的德意法西斯侵略。在二十世纪五十年代拥有四万万七千五百万人口，有共产党领导的、民主统一的新中国，一旦生产建设走上轨道，加上和苏联在政治经济地理条件上比任何国家更密切广阔的联系，对于巩固世界和平阵线反对战争挑拨者的影响，在力量对比上是会大大改变的。我们应该如何来努力加速实现我们的天才导师斯大林同志以前指给我们，今天更派了许多专家来具体指导我们的这一经济建设方向，来表达我们对他的敬意。毛泽东同志说：我们要学愚公移山，经济建设上的无知，是当前工作的一座大山。我们要下决心移山工作。归根一句话就是要学习苏联的"计划生产"。毫无保留的丝毫不折扣的,迅速敏捷的接受他们的宝贵经验和具体工作中一点一滴的指教。使斯大林同志的亲密助手能够更好的发挥他们的经验和指导作用,保证斯大林同志事业的胜利和中国人民共和国的经济建设事业的胜利。

斯大林同志万岁!

毛泽东同志万岁!

中国经济建设工作胜利万岁!

以苏联为首的世界和平阵线万岁!

(根据陈康白遗存手稿整理)

背景说明:

1949年12月中旬,陈康白接到了中苏友好协会东北总分会的一封邀请函,邀请他参加12月21日的沈阳各界"庆祝斯大林70寿辰大会",并在大会上做专题演讲。此文是陈康白当年讲演稿的底稿。

在这篇激情四溢的讲演稿中清楚地显现出陈康白对中国经济状况的客观分析,显现出他对苏联建国后经济迅速发展的承认与赞赏,显现出他对计划经济的坚定信念和深刻认识,更显现出他对新中国经济工作在苏联的帮助下走向全面胜利的坚定信心。

十八、漫谈青年学习自然科学问题（1950年1月）

一、符号、公式、试验和习题

学习是工作的准备。工作有轻重难易的不同，准备也就有繁简深浅的区别。当秘书要比当收发员做的准备多一些，当矿师或工程师要比当测验员或车间工作组长做的准备多一些。就是说：要具备一定程度的知识和经验。

对这没有起码准备的青年就得先学习。学习内容，看工作应具备的知识和经验条件而定。对于他们来说必然是生疏甚至枯燥无味的。例如数学、物理、化学，都有许多符号和公式要记，实验和习题要做。从形式上看，它们确是枯燥无味的；但不要它们，或不那样做，是不是可以呢？办简单的事也许可以，办复杂的事是不行的。

这和人类需要文字的道理一样。相传人类最初是用结绳记事，用一条绳，有事就打一个结。但事情多了，绳上打的结一天比一天多，分不清楚，于是改用各种符号来代替打结，这就产生了文字。不论象形文字也罢，拼音字也罢，总得用脑子去记并练习写和用，也就只有这样做，才能把千千万万的事情有系统的记载整理归纳出来。人类的文化天天在进步，事情就越来越（愈）复杂，件件用文字描写，仍旧太繁难，于是又采用简明的符号代替它们。再进一步，用符号仍不能解决问题，就把符号罗列起来变成公式。对于某种物理变化、化学反应、数学推理、工程计算，都采用一定公式来表示，抓住要点，使人们容易理解和记忆。从发展观点来看，这些符号和公式是进步的、科学的，也是有用的。实验和习题，目的就是为了使初学青年，在数理化实验和习题中，好像真的到工作中去实际操作一样，通过这些象征的作法，去了解符号和原理的运用。

在学习进程中这些都是不可少的，不过中国的历史有几千年，世界上的事物又非常复杂，我们如要求今天的知识青年把表示各种事物的符号和公式一齐塞进脑袋,生吞活剥的死记,对于他们来说,当然是一件苦事。尤其是一生都用不着的符号和公式也要他们来背诵和演算,那就更不必要了。

二、旧社会不可能产生今天需要的正确学习方针和制度

科举时代读书人的学习是靠啃四书五经,做破题、八股、应制诗赋。我们讥讽他们是读死书、死读书、读书死,这一类型早已成了过去。

从民初以来,一般旧学校里的学习,不是硬搬东洋就是硬搬西洋。从教材、课程、分科、学制各方面去看,都是零批整趸外国货色。先生讲,学生听,这一代学了又去教下一代,衣钵相传,便成经典。这种方法,和前一种方法并没有基本上的不同,不过把啃四书五经改成啃日本、英、美的教条就是了。它的产物同样是成批可怜的蛀书虫。东北学生在日本帝国主义侵占的十四年中,曾被强迫执行着废止中文读日文,和"勤劳奉仕"的一套奴役学习方法,目的当然是制造"王道奴才"式的蛀书虫。

封建帝王和帝国主义者有意识的豢养着大批蛀书虫,目的是要他们歌功颂德,当顺民,绝不造反。封建军阀和国民党反动派也有意识的培养了一大批蛀书虫,目的是要他们装饰门面,当花瓶,诵习经典,不过问政治。虽然其中也有不少的热心家和思想家会埋头自己的教育事业,研究工作,或工农业生产,但受当时种种的逼迫,不能不离开实际很远,去弹那搔不着痒处的高调;更有少数的斗争家会投笔从戎参加革命,或邀集同志作各种反抗斗争,但结果是死的死了,改行的改行了。

我们今天要承认这样一件事实,就是:到今天为止,具备学用结合、完全符合今天要求的自然科学学习的新方针和制度,还是没有眉目的。读死书的方法既不对,搬外国的方法也不对,自己又没有现成的一套,新的没有,旧的就能存在,而时代前进了,这就不能不使许多青年不满和失望。这件事却又难怪谁,因为方针制度是社会环境的产物,必然是政治先行,学制随后。在政治没有解放以前,希望我们有一套正确的学习方针制度,那是唯心的说法，尽管我们厌弃旧的方针制度，大声疾呼要改造它，但缺乏现实条件，而提出来的方针制度往往是不能实现的乌托邦；只有在政治环境具备了产生新方针制度的条件，才会有真正适合今天要求的新学习方针制度出现。前一时期它决不能产生，如果说能，那反而是反常了。因此青年不满于旧的一套是对的，但不能过于责备旧的存在，最要紧的是要改革旧的，提出新的。今天正是酝酿这种新学习方针制度的时候。

三、用活读书代替死读书，用学学做做、再学再做代替一气呵成

学习的新方针制度应至少包括以下两项内容：

第一、是用活读书代替死读书。学习材料应以今天生产建设工作中需要的基本知识和经验为主，教材必须采用普遍运用的基本原理，但重点要放在应用科目上。基本原理的上课和实验，主要在学校内进行；应用科目的上课和实习，应和今天生产场所的工作密切结合，这就是要面向今天的工厂、矿山、农林场所、铁路、医院、海口、商埠等等。充分吸收现有各种工作过程中应用的原理、方法和工程作业，编成生产教材，配合普遍原理同时学习。凡说明普遍原理以后，必须用实际工作来举例，力求具体形象化，并有计划的把一部分课程移到生产场所去进行，适时的由教员带着学生到现场去实习。从看到的现象，发现的问题，联系学的基本原理来演算和练习题。并用和工人一起劳动，或帮助作生产记录和总结经验等等，来达到学习目的。百闻不如一见，这样一办，教学双方可以节省许多空洞的描写和不必要的误解，也就节省了精力和时间。至少我们的教材不会全部落空，脱离现实；习题不会干燥无味，茫然不知其所以然；并且不会因为教科书、讲义、图书、实验室设备和学校经费等等的短缺，发生心有余而力不足的困难。我们要知道包罗万象尽善尽美的实验室设备是不会有的。把自己关在学校大门以内，不去利用现实的工厂、矿山、农林场所等等极其丰富、现成的设备去进行学习，那只是傻瓜。

东北不论在工、矿、农、林、交通、建设各方面都有丰富而现成的生产教材。就只怕我们画地为牢，固步自封，死也不肯越出学校大门一步，抱残守缺的抱着几本死书去死啃。我们只用把求知的触角试向校门外伸出去，就是合作社和工厂，不远又是农田水利，大胆跳上大车，两三个钟头就可以到达抚顺、鞍山、本溪。再远的如满洲里、鹤岗、东安、大连等地，也不过两天路程，而政府和生产部门又是诚恳欢迎我们面向实际，学用结合的。

要实现上述学习方法应该是不难的。只要肯用一点读死书的时间去读活书，肯用一点建筑博物馆、实验工厂的钱去作实习旅行，收获将是出乎意料的。当然单在外边乱跑、串门子、赶开会，那也是错误的。我们要很好去运用理论和现实，活的工作总结和死的符号公式，把它们生动、活泼、有机的结合起来。多、少、深、浅看我们的程度、进度和具体条件去决定。这还有待于今天教和学的同志来集体创作。

第二、是用学学做做、再学再做的循环学习方法，去代替雪窗萤火十余年，或由幼稚园到大学研究院廿多年一口气读完的特殊阶级的学习方法。采用这种方法的分科、班次、年限，可按培养目的、教材内容和学习成绩去决定。今天并不妨先办年限短些的班次，尽可能适应生产建设需要。往后再配合生产建设工作的客观要求，慢慢加长学习年限，提高要求水平。那种旧制学加高小、初中加高中、重重叠叠的年级，似乎应该删改。教材内容也应加简练充实，并把年限缩短些。

学学做做、再学再做的循环学习方法，就是：中学毕业以后，应到生产场所去做一两年工，同大自然、劳动阶级和现实社会见见面，这种见面是很必要的，因为人是社会的动物，如果把自己圈起来脱离了现实社会，那是会变成怪物的。参加生产劳动，表现可以深造的中学毕业生，才送进专校或大学去提高。毕业后分配到生产场所去作练习技术员，确能胜任，才提升正式技术员，以至技师等职位，直到他的成绩表现有更进一步提高的必要，再送研究院学习。那时他可到有关的专门技术研究室去跟学问优异的专家们作专题研究，把自己的理论知识更提高一步，取得一个矿师或工程师应有的知识水平。毕业后可到工厂、矿山去当练习工程师或练习矿师。

这种方法主要是把工作、学习、理论、实践有无成绩和一个科学工作者的升级、升学，有理性的溶成一片，变成他要求前进必须遵循的规程。不是单纯有钱就可镀金，镀了金就可在生产部门中滥竽充数，高踞在人们头上拉屎。也不致脱离实际，单从空洞理论无补于社会国家的问题卜去钻牛角尖。同时它是把工矿农林和各种生产场所直接变成了学校的实验室，也把学校门名符其实的变成了工矿、农林和各种生产场所培养干部的学校。

（原载1950年1月11日《知识生活》杂志）

背景说明：

陈康白在延安时期就致力于自然辩证法的研究，早在1938年春季就和董纯才、高士其在科学社内发起并组织了"自然辩证法座谈会"，这是当时陕甘宁边区第一个专门学习自然辩证法的学习小组。在这十多年的革命生涯里陈康白从事了多种复杂而又艰苦的工作，但核心来讲，主要是科学教育和技术实践方面的工作。新中国成立以后，陈康白成为我党少有的专家型领导干部。在和平环境里，陈康白一边忙于繁重的工作，一边更多地腾出时间关心科教事业的发展，关心青年人的培养，也能够将自然辩证法自觉地融入到实际生活和工作中，有思想，有行动，有学术成果，始终没有停止在自然辩证法领域的探索与研究。

这篇《漫谈青年学习自然科学问题》是陈康白1949年年底创作的，文中从基础学习、正确方法、学用结合等多方面阐述了学习的基本规律，特别告诫广大青年要"用活读书代替死读书，用学学做做、再学再做代替一气呵成"。同时指出："这种方法主要是把工作、学习、理论、实践、有无成绩和一个科学工作者的升级、升学，有理性的溶成一片，变成他要求前进必须遵循的规程。""把工、矿、农、林和各种生产场所直接变成了学校的实验室，也把学校名符其实的变成工矿、农林和各种生产场所培养干部的学校。"这些思想是陈康白延安时期教育办学思想的延续，也是自然辩证法理论中自然科学与社会科学相互联系的通俗解读。后来这篇文章发表在1950年1月11日的《知识生活》杂志上。

十九、自然科学是否有阶级性（1950年5月）

陈康白

科学既然是从人类社会历史生活实践反映中找到的正确知识总结，就必然和当时当地的社会活动分不开，并直接受到生产发展的影响和当前社会统治阶级的经济政治利益的支配。它就必然具有一定的阶级性。这可分以下三方面来说明：

第一、使用方面，这就是说科学为谁服务。在资本主义统治的社会里，科学的发明不是减轻工人的劳动，而是加强资本家的剥削。在社会主义国家里，科学是为劳动人民服务的。它的一切成果将交给广大的人民，去提高人民生活的水平。例如：原子能的利用，化学家居里研究原子分解的目的，是为了科学进步，为了更精深的发现自然规律的秘密，使人类能更好的控制和利用自然力量，去创造生活价值。正如苏联今天利用原子能开山谷、通河流、变沙漠为草原，来提高劳动人民的生活水准一样。但在另一方面，英美帝国主义者却要把原子能秘密垄断起来，作为原子武器，进行战争和毁灭人类的勾当。战后德国有几万化学专门工作者被强迫运到英美去进行原子武器的研究制造。前后两种使用内容的对照，显然带有绝对相反的阶级性。又如崔林斯基在研究人造液体燃料时，偶然发现了芥子气。原来目的是为了解决液体燃料的自然缺乏。德帝国主义者却在第一次欧战末期大批用它做最凶恶的杀人武器，企图挽回它行将失败的战争，嗣后并在阿比西尼亚战争中用来屠杀阿比西尼亚人。又如德国柴可夫斯基利用火箭原理发明的喷火式飞机，原来的目的是为了月球探险。但希特勒却把它用作杀人武器，去进行法西斯战争。高倍显微镜和细菌的发明者，目的是为了研究疾病、防止死亡、造福人类。但日本法西斯细菌战争的准备者却企图利用鼠疫、伤寒、鼻疽等等凶恶细菌对庞大无辜人民和牲畜进行屠杀，今天还在美帝国主义者的掩护下秘密活动。至于飞机、潜水艇、无线电等等，在它本身来说，都是科学战胜自然的知识总结，但在为谁服务的问题上同样也是可以为着增进人类幸福或为着垂死的阶级进行最后挣扎的。这种例子很多，都是说明科学是有阶级性的。

第二、发展方面。这就是说科学本身的发展过程。从原始公社经封建社会、资本主义社会到社会主义社会，每一历史阶段的社会生产力发展到一定限度，都要受到时代统治阶级利益的限制而产生停顿，直到生活不能容许的边沿而发生革命，又得到进一步发展。科学往往是随着社会生产力的发展、停顿、改革、前进而发展前进的。每一历史时代的科学又对于前一时代的科学是有它的革命性和进步性的，对于后一时代的科学又是有它的革命性和保守性的。资产阶级的科学，在对封建主义斗争的时期是革命和前进的，到资产阶级本身成为社会统治阶级以后，它就蜕化为资本主义的保护者了。原子学说在化学的历史发展过程中有过很大贡献，但当它变成一种陈旧传统，坚持原子不可能再分时，就由阻碍科学发展蜕化为没落资产阶级反对发展的"永恒理论"的护身符了。直到居里发明原子分裂，才从事实上驳倒了这种理论，把化学发展推进一步。"动者恒动、静者恒静"的学说在数理的历史发展过程中也有过很大贡献，同样当它变成一种陈旧传统时，就蜕化为法西斯"绝对静止"理论的护身符了。直到爱因斯坦发明相对论，才用各种事证粉碎了这种理论，把数理的发展推向前一步。这样的理论例子，在科学的发展道路上是相当普遍的，它们都带有一定的阶级性。这在科学的物质成果方面，阶级性的表现比较更明显。例如：封建社会的手工工具、资本主义社会的小型机器、和社会主义社会的大型机械，彼此之间是有很大差别和发展限度的。它们在社会生产力的影响下，是适合于各个阶级社会发展，带有浓厚阶级性的。此外，从科学的方法、组织、和形成发展上看，它们也是随着历史前进而不断改变着的。封建主义和资本主义社会的科学，受着当时统治阶级的压抑和束缚，本身往往表现为极端分散、无政府状态、手工业方式、个人主义和很大盲目性的。新民主主义和社会主义国家的科学，却是有计划、有目的、大刀阔斧、富于朝气的。国家常利用科学的一切力量和方法去解决国民经济、国防事业和文化发展中的许多迫切问题。哥白尼的"太阳系学说"在封建社会里是受到封建主的镇压的。爱因斯坦的恒动学说在法西斯社会里受到希特勒驱逐的。反动的统治阶级常常给科学以种种束缚和压迫，使它成为盲目、散漫、抱残守缺、没有力量的东西。中国近百年来科学的特别落后，也是这一类型的实际例子。这种现象在社会主义国家里就完全改变了。苏联的十月革命和社会主义建设为科学的发展开辟了新的时代，科学在人类历史上是第一次由资本主义限制下解放出来，为劳动人民服务。列宁远从苏维埃政权存在的第一天起，就在最新的科学基础上亲自着手制定了改造整个苏联国民经济的电气计划。在斯大林五年计划时代，科学更获得了很大发展，科学创造得到了无比的提高。社会主义科学组织的优越性使它在许多部门中得到了空前的成绩。它是一种全民的科学。它不是闭门造车的，而是根据人民先进分子的经验、根据实际、根据工农企业中的劳动英雄和模范工作者的发明创造、根据牲畜饲养、植物栽培的实验人员的经验等等综合起来的。它的特点是彻底执行理论和实际统一的原则。实际活动在实践中所获得的经验，不断地使科学内容更为丰富，自然打破了陈旧的传统。它是最善于利用这些科学传统，不是变成这些传统的奴隶的。它是有勇气有决心来打破这些旧的传统、旧的定额、旧的设计的。只要这些东西已经变成了陈旧无用、成为前进的障碍时，它就迅速地创造了新的传统、新的定额和设计。它是反对理论的停滞或将理论变成偏见的。造成这种情况往往是由于老而有功的科学工作者错误地认为自己是科学的垄断者。因此它也是经常和这种科学垄断者作斗争，为着新的理论、未来年青的科学家打开研究科学的广阔道路的。从以上这些例子我们可以看出科学本身的发展，是有阶级性的。

第三、世界观方面，科学的世界观，是认为一切物体从小的砂粒到大的行星都是处在始终不间断、不停止的运动，和由简而繁、由旧而新、由低级而高级、没有止境的变化中的。这就是说世界是要不断进步和发展的。旧死新生、新陈代谢，是发展的规律，没有永远不变的生产关系、社会秩序，和政治原则制度。这和资产阶级所说的"绝对观念"、"宇宙精神"、"永恒原则"截然不同，也和改良主义者的"缓慢变化"论截然不同，更和什么大小周天、周而复始的循环鬼话截然不同。推进社会的决定因素是生产力。根据社会生产力的发展，在新社会形成的各种条件下一定会无止境地产生更美满的社会制度，而不是什么"资本主义社会里社会发展的终点"。在这方面当然有非常明确的不同阶级性。

（原载于 1950 年 5 月 6 日《东北日报》）

背景说明：

这篇文章是陈康白 1950 年年初创作的，是陈康白早在建国初期就致力于自然辩证法研究的标志性文章。文章创作初期的题目是《关于数学、化学是不是科学和科学是否有阶级性的解答》，后经反复修改，最后定稿为《自然科学是否有阶级性》，在 1950 年 5 月 6 日的《东北日报》上发表。

这是一篇纯学术性文章，全文 2 600 多字，从中可以看到陈康白在学术领域里的深入思考。科学技术的阶级性问题是自然辩证法中的基础性理论问题，近代哲学史中有无数学者在这方面展开研究和讨论。在这篇文章中，陈康白先从三个方面论述了科学的阶级性问题："第一、使用方面，就是说科学为谁服务。第二、发展方面，这就是说科学本身的发展过程。第三、世界观方面，科学的世界观是认为一切物体从小的砂粒到大的行星都是处在始终不间断、不停止的运动，和由简而繁、由旧而新、由低级而高级、没有止境的变化中的，这就是说世界是要不断进步和发展的。"应该说这种文章发表在1950年5月的《东北日报》上，是让绝大多数读者难以读懂的。但是从中国自然辩证法研究与发展的历史角度来看，说明陈康白在新中国刚刚成立、百废待兴的情况下，就开始尝试在民间开展自然辩证法的普及和教育活动，是新中国自然辩证法教育与研究的积极推动者。通过这篇文章也足以证明陈康白当年在自然辩证法的研究上已经达到了很高的水平。

二十、为什么在今天要搞计划经济（1950年8月）

陈康白

今天为什么要搞计划经济呢？首先要了解，国家如不通过计划管理，要掌握整个经济领导就没有可能。生产的规模越大，条件越复杂，就越要进行计划管理。例如：生产工具、机器设备、材料、动力、劳动、资金、运输、销路等等，都必须很好组织配备，使它们平衡发展，并在数量时间上求得某种程度的确切保证。今天东北的生产机构，比较欧洲某些国家的生产机构都要庞大。对于这样庞大复杂的生产组织，如何使它们的分工衔接很科学，动作步调很协调，只有通过计划管理，才能办到。

如果没有计划管理，就会产生彼此脱节，生产不适合需要，能力配备不平衡，工作进度不一致，应该做的没有做，不必要做的又做了，以至造成人力物力的浪费、产品积压、资金冻结、情绪低落的种种紊乱现象。譬如说：一个国家的粮食产销计划搞不好，农民的光景就过不好。粮食过剩的地区，粮只好烧炕、煮酒、熬糖；缺粮的地区，群众却要吃草根树皮饿死人。煤矿产销计划搞不好，工人的生活也就过不好，煤产过剩的地区，要担心煤堆自然着火，资金劳动代价一旦化为乌有；缺煤地区，煤却比粮食还要贵。钢铁过剩的工厂，钢铁要压死现金，生活改善不了；缺钢铁的工厂却要因机器缺料停工失业。

如果通过计划管理，就可以从计划上求得平衡衔接，和从执行情况的检查改正中，去不断消灭不协调现象，使得紊乱停止，矛盾解决，生产发展，工农生活得到改善。随着国家需要的提高和社会经济的繁荣，计划也一天一天在提高和发展。国家如不通过统一的计划管理，要掌握整个经济领导，自然没有可能。因此制定统一的人民经济计划，是管理国家的首要任务。这是一种理由。

其次是如不实行计划经济，要想改造社会也没有可能。旧社会的生产是没有计划的。它的生产手段，例如：工厂、矿山、铁路、银行等等都是由私人占有，各个抱着追求最高利润目的。生产发展既存在着无政府状况，原料和铁路就不能不服从自由市场的支配。自由市场剧烈竞争的结果，就无法避免生产过剩、囤积倾销，以至争夺原料和市场，造成大批失业破产和社会经济恐慌现象。历史告诉我们：这种恐慌发展到顶点，代表经济利益的各个集团或国家，就要用暴力来解决，全副武装跑上战争舞台。如果它的范围成为国际经济危机，就要爆发国际战争。近代历史上重复演出的许多战争，直到近两次世界大战，都是在这种情形下造成的。特别是资本主义经济的生产条件，是社会性的，但生产的占有，却是属于私人。私人垄断的规模越大，这种矛盾的发展就越尖锐和越不可能克服，就更无法摆脱经济危机。

帝国主义者，曾经梦想在私有制的社会基础上搞计划经济，去和缓失业恐慌和国内经济危机。美帝国主义者想抄袭社会主义国家的办法，曾设立国家资源局，准备搞六年经济计划，但大资本家认为不妥当，无人出钱，结果垮台了。英帝国主义者也曾企图搞过社会保险计划，规定由工人交保险金，但工人的工资过于低微，没有力量交保险金，资本家又不肯出钱，计划也就破产了。所有这样类似的企图都曾遭到可耻的失败。结果还是以邻为壑的商品倾销，或制造邻国战争的"剩余物资援助"，以至于不惜采取新战争冒险的道路，来企图摆脱经济政治危机和自身死亡。如果我们不是健忘，试问今天英美帝国主义者采取的道路和往年德、日帝国主义者采取的道路（由幕后制造战争走到公开参加战争）有何区别？可见生产手段掌握在私人资本家手里，要搞计划经济，只是一种谎言。问题的关键，就在于生产的社会性和私人占有制度的基本矛盾无法克服。为了改造社会，我们必须从经济组织上铲除以上的矛盾，使生产和占有统一，然后可以改变无政府无计划的生产，去消灭失业和提高人民物质生活水平。前一条路是由生产发展到资本主义、帝国主义、战争死亡的道路；后一条路是由生产发展到新民主主义、社会主义、和平繁荣的道路。

斯大林说："没有计划经济，就不能消灭失业现象"。列宁说："没有计划经济，社会主义的存在就没有可能。"可见实行计划经济是改造社会必须采取的唯一道路。往年已在东北胜利实现的，和目前政协会议决定今后在全国实行的土地改革和生产计划工作，就是这条道路的具体实现。它是把战争死亡变成和平生存的道路。它是由经济被压迫走到经济解放，由落后穷困走到前进繁荣的道路，当然是今天全国人民迫切期待的。这是另一种理由。时代的车轮要前进。比较全国先解放的东北自然首先要踏上搞计划经济的道路。

（原载 1950 年 8 月 6 日《生活知识》）

背景说明：

新中国成立以后，其初期任务是继续完成民主革命没有完成的任务，在全国范围内建立新民主主义的政治和经济制度，以便进行大规模的经济建设，并为有步骤地实现从新民主主义社会到社会主义社会转变创造必要的条件。当时中国实行"一边倒"的外交政策，对于刚诞生的新中国来讲，学习苏联的成功经验是当时最重要的工作方向，而坚持公有制搞计划经济就是当时最重要的任务。陈康白从 1948 年以后就战斗在东北的经济战线上，虽然那时解放战争正在进行之中，经济建设还谈不上走上正轨。但是从两年多的实际工作中就可以看到，东北的各项经济建设都是在党中央和东北局的统一领导指挥之下，一切为了战争，一切为了人民，一切为了未来的国家建设，实际上走的就是一种计划经济的探索和实践。陈康白作为一个有理论、有实践、有见识的经济工作领导者，坚决拥护国家实行计划经济体制。

这篇文章就是陈康白在这个大背景下创作出来的，它强调了搞计划经济的必要性，指出了公有制与私有制之间的必然矛盾，用充分的事实证明我们只有搞公有制、搞计划经济，才是新中国未来正确的发展道路。这篇文章刊登在当年发行量很大的《生活知识》上，成为当时人们认识、了解社会主义道路、掌握理论知识的重要学习材料。

二十一、工业部门报告（1950年8月）

（报告第四部分是我执笔，前三段刘鼎执笔有我的意见。——陈康白本人注）

第一部分　接收和恢复工业的情况

（一）接收了些什么？情况如何？

随着人民解放战争的胜利，全国除台湾、西藏以外的国土已获得解放。我们接收了原属敌伪及官僚资本的所有工业，这些工业的基础本来就薄弱，再经过战争中敌伪的破坏，官僚资本的摧残，接收时已是残破不全。如钢铁工业被破坏90%，电力50%，其中又以东北最重。

由于我国原有的工业大部是帝国主义和仰赖帝国主义的买办资本建设起来的，具有浓厚的殖民地、半殖民地色彩。其情况是：

1. 不能独立自成一套。钢铁、煤、电互不衔接，工厂设置、原料产地、市场也互不配合。

2. 大部分集中在东北、上海、台湾等沿海地区。内地很少。

3. 轻工业所占之比重极大，其中有一部分如纸烟、火柴等现均超过需要，而感生产过剩。

4. 设备陈旧，生产效率低。

5. 管理不良，成本较高，一般比不上私营企业。

（二）现在恢复的情况。

解放以后，全国各地工业在全体职工的积极努力下，在中央有步骤、有重点地恢复的方针之下，恢复工作取得了一些成绩。东北工业生产总值已占全部国民经济的35%。许多复工的厂矿，生产效率均已突破敌伪或国民党时期的最高水平。

全国主要工业原有设备及现在恢复情况约如下表：

类别	原有设备能力	已开工设备能力	开工设备占有股权 %
生铁	3 000 000 吨	873 000 吨	29
炼钢	1 476 000 吨	658 000 吨	45
轧钢	700 000 吨	495 000 吨	71
机器	约 70 000 台		
硫酸	483 600 吨	48 000 吨	10
纯碱	146 000 吨	90 000 吨	62
硫酸铔	386 000 吨	50 800 吨	13
煤	60 000 000 吨	26 000 000 吨	40
电力	2 068 000 瓦	现发电不足一半	
纱锭	5 170 000 枚	未全部运转	
纸	337 000 吨	110 000 吨	33

因为各地区原来的基础不同，解放的先后不同，因此，恢复的情况也不一样。东北解放最早，破坏最厉害，解放后大力恢复，普遍发起合理化建议，创造了许多新纪录，打破了不能超过旧的生产效率的保守观念。关内受战争破坏不大，恢复的过程也就是改组的过程。如以上海为例，过去原材料大部分仰仗于舶来，现在则必须面向国内，自己求得解决。西南地区因解放较晚，同时大部分是兵工，过于庞大，因此，生产还没有全部恢复。

（三）获得成就的原因及现存阻碍我们前进的因素：

在工业的恢复过程中，我们能获得上述成绩，首先是因为革命在政治上、军事上的胜利打碎了束缚我国工业发展的帝国主义及官僚资本的枷锁。没有这个前提，我们不可能有这些成就。

其次便是解放了的工人阶级以主人翁的态度，积极地努力为自己生产。

这是和以前完全不同的新情况。

第三，中央领导的正确。解放之初，各地执行了不打乱原企业机构的政策，使工厂迅速恢复生产。然后逐步纠正原来不合理的制度及作风，实行民主化管理与企业化经管，调整机构，精简节约，进一步启发职工的觉悟，为搞好生产而努力。

第四，苏联专家的帮助。苏联专家来帮助我们的时间虽然很短，人数也还不多，但已经做出了很大成绩。苏联专家到了什么工厂，什么工厂便出现了新纪录。特别是铁路和钢铁工业方面，成绩尤为显著，如：两个月完成淮河大桥，如：石景山 250 吨的炼铁炉，原来每天只出 130 吨左右，在苏联专家指导下，制造了 331 吨的新纪录。苏专家不辞辛劳的工作精神在我全体职工中留下了极深刻的印象。

但就在目前恢复的过程中，同时也存在着阻碍我们前进的因素，这也就是我们要克服的困难：

第一，技术落后，技术干部不足。我们虽有驰名世界的科学家和工程师及苏联专家，但这和整个工业情况是不相称的，我们的技术基本上是落后的，技术人员是太少。

第二，国家经过十三年的战争，国民经济受到严重的破坏。现在台湾和西藏尚待解放，因此，不可能有很多资本投入工业的恢复和发展。

第三，保守的，迷信英美的旧观念在作祟。不相信自己，不相信我们在苏联及新民主国家的帮助下，有能力和有办法使我们的国家走上工业化的道路。

第四，我们缺乏管理工厂的经验和素养，使工厂不能很快进入正轨。

第二部分　中国工业必须调整

由于我们中国长期受帝国主义侵略，长期受官僚资本主义统治，使中国工业带着三种很恶劣的特性，就是附庸性、投机性、盲目性，既不能独立生产和分配，又不得不在市场上积极投机，最后结果是盲目生产、盲目发展造成完全无政府状态。

今天帝国主义被驱逐，官僚资本被打倒。中国工业立时呈现出几个大不平衡：第一是量的不平衡。如矿砂多于生铁，生铁多于钢锭，钢锭多于钢材。第二是性质的不平衡。修理业多，制造业少，工具业更少；轻工业多，重工业少，化工业更少。第三是原料与生产的不平衡。如纺织业多，棉花少；蒋介石的军火工业多，军火原料完全没有。第四特别严重的是生产装备与生产技术的大不平衡。东北的各种较大的生产的技术一向掌握在日本帝国主义手里，蒋介石过去的生产机关掌握在美国人手里，他们一切被驱逐，他们把技术人员全部或大部地带走了。这些大不平衡都是今天急待调整的。

什么叫调整？调整就是改变工业中不平衡为平衡，截长补短。新开辟其不可缺少部分，关闭其毫无用处部分以及改组分散，或并小成大。其中较大的调整就是新开大批原料工厂和补充大批技术人员。如果从主要的来讲，全国调整工业需要：

资本——500亿斤小米；

技术——工程师二万，技术员十万；

时间——三年。

其中资本一项，中国五亿人口，分三年，每人每年负责33斤小米，这是咬紧牙关能办到的。而三年以内要出工程师二万、技术员十万，就大为困难了。因为中国封建主义长期的障碍，帝国主义深入侵略下，官僚资本放弃主权。近十年毕业的理工科学生不够二万，而且无处实习，多半改行。招新生受训来不及，结果三五年内无法补充这二万工程师和十万技术员，造成一个技术的严重脱节。

而且这里所谓技术需要，不能仅仅了解为工程师配备，必须了解为工程师加上大批技术工人和某些突出的生产方法和设计。

我们不仅需要有几个或几十个国际上权威的工程师，如侯德榜先生一样，而且更需要有散布在全国工人范围内的较高的技术水平（的技术工人）。

这是我们国家工业前进道路途上最严重的困难。这是我们整个工商调整工作最难克服的困难。

我们曾经发动了工人阶级的较高的劳动热情，然而热情有余，技术不足，解决不了技术的要求，结果是徒叹奈何而已！这里，呼唤我们全国的科学界同仁，给予足够的注意。缺乏技术，是我们发展经济当前的大困难！

我们要科学界同仁们组织起来，面向生产，面向实际。让"科学自流"变为服从国家的意志，让科学的运动与生产运动结合，让我们人民智力与人民的体力结合，让智慧与热情结合。这个所谓（大困难）就会被我们粉碎，渡过我们技术的历史的脱节，使我们任情地发展人民的工业，人民的经济。

第三部分 调整工作与未来的远景

我们两三年内基本的工作是恢复，恢复工作又不能不加以调整，调整之后的恢复已经不是原形了，已经是按人民的需要，另加以投资，另加补充或改组。结果，焕然一新，面貌全改，其内容，其特性也就完全不同了。它就是新民主主义的工业，人民的工业！

我们人民工业的新建设，将是从恢复过程中开始做起。大规模的工业建设在此二三年之后继续出现，只有这样，财力、物力和人力也才来得及。

在此二三年的调整恢复之后，才能开始今后的新建设，十年八年大的新建设，才能达成我们国家的工业化。

旧工业必须恢复

恢复不免调整

调整包括新建

新建才能达成工业化

这是我们工业工作的公式，是我们摆脱半殖民地工业为新民主主义工业的道路，也是我们工业建设的远景！

我们工作得好的话，三年之后的远景就是：把我们原接收的工业基本上补足成为完整的一套了，它自己互为供销，互相衔接，具有较大的生产效能，并且开始出产汽车、轮船、火车头和一些重型机器装备。

第四部分　几点意见

（一）理论与实际结合的问题：

理论与实际结合的问题，其中最现实的一部分便是研究与生产结合的问题。李四光副院长在科学院的报告会经常提到科学研究和实际生产部门的关系，指出研究不能脱离实际社会的要求，希望专门科学工作者就各人的科学领域，紧密地和生产工作联系起来，逐步发展成为全国性的、有计划的研究工作，去改进社会的生产方式，提高工作效能。这种看法是很正确的。过去的反动政府是不让科学研究机关和好心的科学专门家来按照人民的需要来进行工作的，因此，满怀好意的科学家无从了解人民需要解决的问题，自然很难谈到研究与生产结合的问题。但是，今天人民政府下的工作部门是欢迎科学专门家为解决生产中的困难、提高生产效能来努力的。也只有国家的生产部门才能确切知道现有生产建设中急待解决的关键问题，因此，生产部门就有义务向研究机关提出各种需要研究的问题，请他们帮助解决。这就是说，生产部门要主动地去结合研究机关，提出我们的请求。在另一方面来说，研究的部门如果不从确切了解生产需要的领导部门来取得研究题目，是无法使他们的研究工作更恰当地适合于生产需要的。

一般来说，这样的做法是容易保证生产和研究结合的。尤其在今天，国家的财经领导部门和工业生产部门正在调整经济生产工作，许多重点恢复正在开始，资源调查也在计划筹划，需要科学研究来配合的地方是非常多而迫切的。

我们过去空喊理论与实际结合的多，实际提出的问题少，应该受到批评，今后要纠正。我们生产部门尤其是重工业部门，应该主动地去结合研究部门和全国的科学专门家，为解决实际问题而共同努力。这就是说，我们有责任向研究部门提出研究的题目。研究部门的研究题目不是从个人的兴趣出发，为研究而研究，脱离实际生产提出的；更不是追随着帝国主义国家要求的研究范围提出来的，而是从今天国家人民的需要提出来的。这样，自然能够照顾到工业的重点和生产的需要，有组织、有计划地进行研究工作，来更好的为人民服务。

我们这次科代会议作了一个很好的开端，提出了一些急待解决的问题，这些问题基本上是代表着目前和将来的生产要求，但是还很不够。在生产部门方面，今天还没有提出恰当题目的经验和习惯，一部分问题不是从很好地了解生产过程中的迫切要求而提出的，但也可以看到今天生产对研究方面的要求。希望能够很好的发展下去，抛砖引玉，得到各位科学专家们的帮助和解决。

（二）专门学会和工业生产部门的关系：

以上说的理论与实际结合，研究和生产结合，谁也会赞成的，但是怎样结合法，通过怎样的形式来达到这样一个目的，是大家关心的。尤其要把全国的科学工作者很好的组织起来,为人民服务,这个问题就不简单。

中国的科学工作者是自由结合来从事研究工作和科学普及工作的,他们缺乏统一的机构和合理的组织。(这些科学工作者)一方面要为生产部门中提出的研究问题来努力,解决生产技术上的提高问题;另一方面要为提高工农群众科学水准的普及工作来努力。这两方面的工作都是提高生产效率缺一不可的,因为,群众的知识水平不普及就无法接受提高的科学成果。因此,必须通过各种科学专门学会的桥梁和全国各种科学专门人才联系起来。只有通过他们,才能把各种科学专门人才组织起来,适合生产的需要,来研究解决生产中提出的专门问题;也只有通过他们,国家才能更好的吸收有素养的优秀科学家来参加国家生产部门的工作和充实国家研究部门的学术研究人员。在今天来说,通过专门学会,组织"科联"来达到合理使用全国科学工作者是非常必要的。

我们生产部门是很欢迎这种专门学会和学术团体来帮助我们的。重工业就很欢迎各种工程学会,同时也愿意帮助他们,希望与他们取得完全的合作。不论汽车工程学会、航空工程学会、船舶工程学会、汽涡轮学会、热处理学会、高速切削学会等;不论是综合性的,或者专门性的,我们都欢迎。因为从发展去看,我们迫切需要他们。从克服困难,提高质量,降低成本,积累资金,发明创造,各方面来看,我们也是迫切需要他们的。我们不能满足于今天的半手工业生产情况。我们要求提高,就必须取得各种专门学会的有力帮助。同样,国家的研究部门要有计划的、全面的、切合生产需要的来进行研究工作,今天也需要各种专门学会的支持。

另一方面,对于群众科学知识的普及工作,原有的大众科学、大众工业、大众医学、大众农业等等,对于社会的科学知识普及方面已经做了不少工作,也获得了一定的成果。我们希望他们在原有的工作基础上扩大他们的努力范围,担负起各地区群众的科学普及工作,为提高工农的生产知识和生产技术熟练程度去努力,减少生产中的不必要的事故和浪费,使广大的生产劳动能更好的提高效率,真正做到毛主席指示的"在普及的基础上提高和在提高指导下的普及"的努力方向。

(三)纯粹科学和科学组织工作是发展生产建设过程不可缺少的部分:

在结合生产的要求下是不是不要纯粹科学和科学的组织工作了呢?这是今天许多从事这方面的科学工作者关心的一个问题。毫无疑问,纯粹科学是人类经验的更高的总结,它是应用科学的基础。数学、物理、化学、生物都是纯粹科学,但是一切的工程,如果离开它们,是无法进行工作的。这是一种常识,对于今天在座的代表们,原不需要作任何解释。但有人说生产部门不需要纯粹科学,只重经验,不重理论,这是不妥当的。我们经常说,理论是行动的指南,只有在很好的理论基础上方能提高我们的实际工作能力,掌握我们的工作方针。

其实,工业部门是迫切要求纯粹科学的帮助的:

1. 重工业直接要求理学家们帮助我们解决高速动力学问题、高速切削问题、气力学问题、金相学问题、物理探矿问题、酵母问题、触媒问题等等。这些问题的解决将会给我们开辟工程上的新发展的道路。

2. 高级的工程学术必须理学帮助才能发展。

3. 工业部门要求各科学组织多给我们介绍和培养工程人员。

在今天中国生产、文化落后的条件下,关于生产效能的提高、困难的克服、富源的调查、开发和利用、适合广大群众需要的生产工具的推广、运用和教育工作,到处是需要科学的。这种需要的科学水准一般都不高,但是,从数量方面来说,从面的方面来说,它是广大的群众所迫切需要的。过于现代化的应用科学在中国反而找不到急切使用的机会,这就决定了我们今天对于纯粹科学和科学组织工作的迫切需要。从事与纯粹科学和科学组织工作有多年经验的科学家,在今天建设新中国需要广泛发展生产的前提下，正是大家好努力为人民服务的时候。今天只是懂得科学的人员太少，供不应求；而不是太多，没有出路。问题的关键在于如何有计划、按今天的需要和可能把我们应该做的工作很好组织推动起来，使有限的科学专家能得到恰当的工作机会。很明显的，如何把全国科学工作者组织起来，这个工作就非得请各地有名望的科学老前辈来登高一呼，责无旁贷地担负起这种组织和团结科学人才的任务。在发展生产，建设新中国的方针任务下，只要我们紧紧地站在新民主主义的经济建设方面，一切科学工作者应该是可以人尽其才的。

以上只是从生产对于科学技术的要求上提出来的几个问题，是不是对，或应如何具体化，希望大家很好的考虑，给以批评指正。这次会议是全国的科学工作者第一次大团结的会议，我们希望由这种团结产生力量，对今天的生产建设很大的推进一步。我们应该想象到，这正是全国的科学工作者，在人民政权的温床下生根、发芽、开花、结果的第一天，理论和生产结合的第一步，正如毛主席说的"经济建设万里长征的第一步"。接着我们应该分头对于工作的推进，更进一步的来具体交换意见，做出我们的行动计划，使生产和科学技术的结合，从这个会议打下它不可动摇的基础。预祝会议的成功和各位代表的身体健康。

（根据陈康白遗存印刷品整理）

背景说明：

1950年8月18日，新中国首届"中华全国自然科学工作者代表会议"在清华大学礼堂开幕，这次盛会在中国科技史上具有里程碑的意义。陈康白作为筹备会常务委员会委员参加了这次盛会，他在这次会议中的最大贡献就是与重工业部副部长刘鼎共同起草了《工业部门报告》，全文6000多字，刘鼎副部长执笔了报告前三部分，在这前三部分中也融入了陈康白的很多思想，主要谈的是新中国工业的现状、需要调整的方向和对未来的展望。陈康白执笔了第四部分，3 000余字。

在陈康白执笔的这部分内容里反映出陈康白一贯的哲学思想，进一步强调了理论与实践相结合的重要性；进一步强调了科学技术对工业生产强大的促进作用；进一步分析了纯粹科学与应用科学之间的关系，陈康白讲道："理论是行动的指南，只有在很好的理论基础上方能提高我们的实际工作能力，掌握我们的工作方针。"应该说，陈康白已经从政治的高度上注重科学理论问题，把自己掌握的自然辩证法科学知识运用到了共和国的工业发展和科技发展之中，希望新中国的科学技术走在理性的发展轨道上。陈康白在文章中还论述了专门学会与工业部门之间的关系，并重点强调了成立"全国科联"的紧迫性和必要性，这是陈康白对新中国自然科学界人才组织与交流以及科学普及教育方面做出的重要贡献

也就是在这次大会上决定，"中华全国自然科学专门学会联合会（科联）"和"中华全国科学技术普及协会（科普）"成立，陈康白当选为"科联"副主席，开始了他为新中国科技事业与社会发展而奋斗的新征程。

二十二、对《巩固国防、发展经济》草稿的修改意见
（1951年2月）

高主席：

对巩固国防发展经济报告草稿，我提供以下两点意见：

（一）报告第三部分第三段所提改进技术管理一项非常好。这是提高生产力改善生产方式必不可少的办法。关键在如何具体去做，单责成生产部门是不够的，应组织一切现成的条件和力量来负担这个责任，其中最主要的要把生产、研究和教育工作在这一问题上具体结合起来。我们这几年对这点是做得比较差的。东北有基础相当好的研究所和专门学校，但直到今天还没有认真合理地组织利用它们，使之产生应有的作用。例如大连化学研究所（伪满满铁中央试验所，主要是化学方面）、铁道研究所（即伪满铁道技术研究所，主要是物理方面）、长春研究所（即伪满大陆科学院，主要是农业方面）、公主岭农场、哈尔滨工大、长春医大、各地矿山工厂的直属实验研究场所和附属技术学校等等不下九十处（可参考满洲科学技术要览），基础是相当好的。这几年在工农业生产恢复的过程中当然也有许多处得到恢复，但有计划有系统的注意和认真整理是非常不够的。它们原来和东北的工农业生产是密切结合的，今天生产中发生的问题有许多是已研究解决有案可查，只要翻出原文就可大体解决的，有的是有现成的完整试验研究设备可资利用，只要配备必要的干部去工作的，例如大连化学研究所的设备非常完备不可多得，今天实际利用不到五分之一，大连铁道研究所有八部二十六个室全部闲置未用。这两个研究所有近三十年的历史，它们是全东北的化学、机械、金属、电力、燃料、通讯、土木交通、各种工业和工程作对象来进行研究的。过去发表过研究论文一千五百多篇，对生产建设技术改进方面是起过相当重要作用的。它们的每一研究室都是围

绕着一定中心目的的。从各有关方面应具备的试验研究设备装备起来的。某些设备不仅全国少有,就是远东也是不可多得的。今天我们生产中迫切希望得到解决的问题,如钢材、机械合金、油脂、燃料、褐煤、送电、电器材、电化工品、石材、土材等等的试验研究,它们都有现成的装备可资利用。如果很好联系广泛组织利用,不仅可作为生产技术上克服困难的有力工具,同时也就解决了各种企业的器材供给、规格、质量和工作要求问题。可见关键是要很好组织他们合理动起来。我们的缺点是对它们注意不够,没有给以一定的干部经费和抓紧领导,因此形成了比较严重的自流现象。甚至很好的设备被拆散或受到不可避免的损失。今天如不采取几种办法去管理帮助他们,以上现象是不会停止的,因为整馆的设备很精巧又现成,目前出重价还买不到,但伸手就可拆来用,长远利益很渺茫。目前困难很现实,自然谁都想占便宜,是防不胜防的。希望在您的号召下把整顿研究工作结合生产这一问题列入我们今日的工作程序。

同这密切联系着的是技术干部问题。今天各方面都感到技术干部不够分配,但另一方面某些部门、研究所和学校又喜欢开中药铺各摆一摊。虽然有它的历史客观原因,从今天的现实条件来看是应该改变的。因此有把生产、技术、教育工作具体结合,改进技术,提高生产力来研究一番加以调整的必要。

(二)报告第三部分第三段所提三项工作都很好但作为一般号召,不如作为建立健全制度来要求,成效将更大些。特别对于有组织的生产工作来说,建立制度是做好工作的重要关键。我们党搞生产建设如从陕甘宁边区算起,已有十年以上的经验,东北也有四五年经验,搞计划经济都有两年经验。各部门的生产员工近百万,管理业务的干部都是成千成万的。每年投资在几百万吨粮食以上,这样大的生产规模,如果不从认真建立制度上来要求工作,那是绝不会抓住工作要害的。我们不能说今天还没有条件建立制度，事实上工厂、矿山、农林场所和其它有关机构都有一种现行办法在支配着目前进行的工作，这就是成文或者不成文的工作制度。如果不加以整理确定，任其自流，空子自然很多，就容易出岔子。空子岔子既多，根本无法搞好工作，也无法要求群众的目标步调一致，是非责任也很不容易搞清楚。于是干部好的地方工作可能好一些，干部差的地方工作就很糟糕。这是一种农村作风的表现，靠人不靠制度，例如卷款潜逃的事常有，就因为现金管理没有健全制度。大连苏联办的远东电业公司所属各生产单位，几年来没有出过财务人员卷款潜逃的事，高明就在于现金交库制度的健全。工厂每天就把现金送到银行库存，规定金库人员送款一定要有个士兵背条大枪押送，数目多时并规定用汽车送，这就保证了不出岔子。目前我们的工厂成本核算常搞不清楚，就是因为没有建立成本制度，严格规定成本项目。我们的产品质量差，就是因为技术操作规程、生产技术、经济定额、供给和成品检验没有严格建立制度。出了岔谁都不负责任，无法追究。工资问题多，也是因为没有根据当前实际要求提出合理的工资制度。很显然的，有一种工作就应有一种制度，大家才好遵守，责任才会明确。一件大工作是由许多小工作集合起来的。有一定的办法并指定了每人的岗位，才能要求步伐齐一，速度提高，也容易发现问题，检查成效。因此认真建立制度是搞好生产最基本扼要的重要关键。今天，我们也有一些工作制度，但还做得很不够，或者流于形式。你的报告倘能特别强调这点是会有好处的。其至可指定一个制度委员会，负责督促有关部门建立制度，并进一步使它系统化，逐渐做到统一要求。这对于完成生产任务是会起一定作用的。其他工作如竞赛、创纪录、主动推广经验，掌握新技术等等，都会因而得到很好的物质基础。

为了建立制度而不流于形式，就应该认真反对形式主义。例如，表报制度的表格就应该认真搞一搞，既重要又能办到的予以保留。否则应该毫不可惜的取消它。又如日报制度在车间特别重要,日报表一定要当天填,不要拖延把它变作周报、旬报表挤到一次来填。预算绝不能等事情完了才编,决算决不应该在工作过去半年以后才做,生产计划指标决不能等到一年生产工作完结了才决定。脱离生产的办公机构和工作人员要研究工作效能,对工作起积极作用,因此我认可把反对形式主义作为检查工作的一个项目检查,工作报告必须有这一项,直到将来消灭了形式主义,才取消它。

  提得不对的地方请你批评。

布礼

陈康白
二月十三日
(根据陈康白遗存手稿整理)

背景说明:

  1950年12月陈康白离开了重工业处,调东北人民政府文化部任副部长。据陈康白的夫人黎扬回忆,虽然陈康白有了新的职务,但其主要精力还是放在东北的经济建设当中。1951年2月11日陈康白参加东北局扩大会议,会后带回来一份公函,并随公函附上了东北人民政府主席高岗将要在东北人民政府委员会第三次扩大会议上作出的重要报告《巩固国防,发展经济》草稿一份,希望陈康白提出书面意见,并尽快送回办公厅秘书处。这份文章就是陈康白在这个背景下完成的。

  通读这篇陈康白写的修改意见后发现,这根本不是什么意见反馈和修改稿,而是一份真切、焦急、严谨、细致的问题反映书、方法建议书。文中罗列了大量目前东北工业方面存在的严重问题,并痛陈了这些问题的危害性。文中还谈到了东北技术干部的调配问题,指出了有些单位各自为战,各摆一摊,缺乏协作精神,强调了生产、技术、教育工作具体结合起来的重要性。文中笔墨最多的就是强调制度建设的重要性,指出很多单位存在着盲目生产、盲目管理的现象,缺乏计划制度建设,缺乏财务制度建设,缺乏成本核算制度建设,缺乏人事制度建设,等等,反复提出:制度建设是搞好生产最基本扼要的重要关键。

从这份修改意见书当中就可以看出,陈康白心胸坦白、目光敏锐、经验丰富,并富有极强的工作责任心,他急工作所急,想工作所想,是一位敢说真话的好领导。

二十三、哈尔滨工业大学培养青年师资的工作（1953年）

哈尔滨工业大学校长　陈康白

研究生在教学中起了重要作用

从一九五零年春季到一九五二年年底，哈尔滨工业大学招收过四期研究生，共计五百八十六人。他们来自全国各地的高等学校、研究所和工业部门。现在正在学习俄文的研究生有一百五十一人，随苏联教授进行专业学习的有一百零七人，已完成专业学习、正在进行实验教课的有五十二人。

从研究生专业学习的考试来看，大家的学习成绩是好的，得三分的（及格）占百分之十四，得四分（优等）的占百分之二十五，得五分的（最优等）占百分之六十一。

从研究生参加实验讲课和教学行政工作的情况来看，也可以看出绝大多数研究生的学习成绩是好的。同学对他们的教学工作都表示满意。现在，他们已经成为本科、预科和专修科各课程教学的中坚力量，代替了一部分不称职的教师。

研究生在本校短期师资进修班和专修科的教学工作中起着重要的作用。短期师资进修班和专修科学生的学习年限都是很短的（一年半到两年），他们不可能先学习俄文，然后直接跟苏联顾问学习，只能间接地通过研究生的帮助来进行学习。研究生除参加制订进修班和专修科的教学计划、教学日历、教学提纲、生产实习提纲以外，还要给进修班和专修科同学讲课。苏联顾问则给研究生进行预备，并参加听课、测验和考试等工作，必要时才给进修班和专修科同学解答问题。因此，研究生不仅要在培养工程师的工作中起中坚作用，而且要在短期师资进修班和专修科的教学工作中起桥梁作用。

此外，研究生在翻译教材的工作中也起着重要的作用，他们翻译了苏联出版的许多教科书。

培养研究生的工作是怎样进行的

我们在培养研究生方面有以下几点经验：

（一）关于研究生的培养，我们是根据我国的条件参照苏联的先进经验进行的。培养对象为具有专业知识、参加教学工作三年以上的现有高等学校讲师、助教或是成绩特别优良的大学毕业生。学习期限暂定三年。第一年学习俄文，结束时要求基本上能看书、听讲、说话、记笔记的程度。第二年、第三年每个研究生都必须在苏联顾问的直接指导下，按个人的特定计划进行专业学习（包括听苏联顾问讲本科的课程）；此外，研究生还要学习如何指导本科学生做毕业论文设计，进行实验教学、翻译书籍和从事科学研究工作。从我校研究生的讲课成绩来看，这种培养方法是有效的。

其次，我们不仅要让每个研究生都补做生产实习、课程设计、毕业论文设计等工作（因为他们以前几乎完全没有学过这些东西），还要让他们认真地学习内容崭新的专业课程。他们在学习专业课程、听顾问讲课、实验讲课和学做教研室工作时，就可以广泛地学到一个新型师资所必需的具备的知识。

（二）关于研究生的入学考试和学习年限。过去我校所招收的研究生都是由上级领导机关介绍的，随到随收，没有举行入学考试。因此，研究生的程度是不齐的。个别研究生的文化水平太低，学到半路竟学不下去了，不得不延长学习期限；这就给苏联顾问和指导教师增加了许多困难。所以，今后招收研究生时，必须举行严格的入学考试。

俄文的学习年限，根据我校的经验，一年的时间大体上是足够的。研究生经过一年的紧张学习，基本上可以达到能够阅读、听讲、说话、记笔记的程度；他们向苏联顾问学习时不会遇到太大的困难。我校本科、预科和专修科现有一百个俄文班,俄文教师有一百二十人以上。为了加强俄文的教学力量,我们现正计划训练一批新的俄文师资。

关于研究生的专业学习年限。根据我校的经验,研究生的专业学习时间大约需要两年;至于数学、物理、化学、理论力学等师资的培养时间,可以少于两年。但教专业课程的师资,学习时间不能少于两年。

(三)充分发挥苏联顾问的力量。苏联顾问的工作是极为繁重的。每一顾问平均要带六至七个研究生,多的要带十三四人。因为研究生不仅按专业向固定的顾问进行学习,还必须向其他顾问学习有关的课程。例如,学继电器保护的研究生,同时还要学习有关发电厂和电力网的课程;学习发电厂课程的研究生,也要学习继电器保护的课程。

苏联顾问组的同志大部分都担任本科的教学工作。从形式上看,这似乎和培养研究生的工作没有直接关系,但从实际工作上来看,这正是带研究生的一种重要方法。研究生一方面听指导教师所教的本科课程,一方面担任该门课的助教,帮助改习题、帮助进行课程设计和生产实习,等等,以便学习教好这门课的本领。因此,苏联顾问教本科的课程,乃是训练和培养研究生的一种重要方法。

研究生的实验教学,并不等于正常教学,因为研究生在上课时的一切都是在苏联顾问的指导下进行的。所以,苏联顾问听课也是训练研究生的一种重要方法,它要求苏联顾问付出更多的时间。

教学研究室的工作,是和培养研究生的工作密切关联着的。我校苏联顾问花在讲课上的时间约占工作总时数的百分之四十,其余时间几乎全部投入了辅导工作中,因此他们的工作量是很重的(苏联工业大学研究院的教授一般只带四个研究生,有副教授帮助的教授至多也只带八个研究生)。因此,要求苏联顾问每人带二十多个研究生,从我校的具体情况来看,是不易办到的。因为目前我们的条件很差,甚至连起码的科学研究设备都还没有。为了更好地发挥顾问们的力量,今后我们要减少他们的事务性工作,让他们集中力量指导学术研究工作。我们认为,要求苏联顾问组每人带十个研究生是比较合理的。

如何更有效地培养研究生

为了培养更多的青年师资,今后我们将采取重点培养的方法,先集中培养一批质量较好的研究生,然后再通过他们去培养师资。这就是:由现已完成专业学习的研究生分班进行讲授,苏联顾问则担任指导工作。平均每个研究生可以带领十个到十五个人。如果现在参加教学工作的研究生,调动不大,我校教学工作和培养研究生的工作不会受到太大的影响;假若调动频繁,势必在干部条件上产生时增时减的现象。这不仅影响教学,也影响苏联顾问组的工作,因为这种情形势必要求他们重复地教一门固定的课,不能集中力量从事培养研究生和师资的工作。因此,延缓外校研究生的返校时间是解决这个问题的合理办法。我们要求一部分外校研究生在他们学习期满以后,继续留下学校里参加一年到两年的教学工作。

如何从现有的基础上把培养研究生的工作提高一步?根据我校两年来的经验,要把工作从现有基础上提高一步,必须解决以下三个问题:

第一,关于生产实习结合问题。生产实习的基本目的,在于使理论和实际结合起来,并巩固同学在专业学习中所获得的理论知识。如果同学缺乏生产实习的工作经验,毕业后就不会懂得如何把理论知识应用到生产实际中去。旧型高等学校的毕业生几乎都没有做过生产实习、课程设计和毕业论文设计工作,因此他们毕业后到了工厂,很难领导生产。

生产实习对于教学工作水平的提高也有很大的作用。如果教师不到生产实际中去,他就不会知道生产对科学技术的要求,也不会了解现代科学的成就,而他所教的东西也就会落后于今天生产的技术水准。

两年多来我们虽然注意了生产实习工作,但由于抓得不够紧,以及生产部门对学校生产实习工作的认识不一致，使生产实习受到了一定的影响。例如：工厂领导方面认为，组织和领导生产实习是学校教师的事，甚至认为学生的实习会妨碍生产，没有认真地领导此项工作。要改进这一工作，单单靠学校是不够的，必须根据苏联的先进经验，由上级领导机关规定具体的办法，责成学校和企业部门订立生产实习合同。

第二，关于科学研究合同问题。加强教师、同学和国家经济建设的联系，把科学技术方面的成就应用到生产实践中去，并将生产实践中所获得的新成果充实科学研究工作的内容，乃是科学研究工作的中心任务。因此，我们今后要加强科学研究工作，使全体教学人员都有机会帮助解决我国经济建设中的技术问题，同时不断提高教学工作的质量。在苏联顾问组的帮助指导下，我校在科学研究工作方面已和工厂、矿山建立了初步的联系。

这里必须指出，工业和生产部门对于学校科学研究工作的认识深度是不一的。有的单位主动地来找学校，要求在研究工作方面和学校密切配合起来；有的单位对这一工作是不够重视的，借故推脱。这说明某些生产单位的领导同志不懂得科学研究是提高生产的主要方法。为了改变这种情况，我们会在哈尔滨工业大学五年发展计划草案中规定了科学研究工作的发展方向，提出了二百多种研究题，向上级领导部门提出了和工厂、矿山订立科学研究合同的要求。

第三，关于图书和设备的充实问题。二年多以来学校在保证教学图书和一起设备的供应方面做得很差。我们单纯依靠国家对外订货，事后又没有及时检查，也没有及时和有关部门联系，结果没有完成计划；既误了教学工作，又使培养研究生的工作遇到了很大困难。我们知道，要充实图书和仪器设备并不是短期内可以做到的，今后必须用革命的精神来克服这方面的困难。

最后，我要谈一谈学位论文问题。我校有培养前途的研究生是很多的，可以让他们跟苏联顾问学习作学位论文。有人认为，应该使他们有机会做教学专题研究工作和科学研究工作，并在学校定期召开的会议上试做报告，然后逐渐创造条件，让他们做毕业论文和论文答辩（这是引导研究生作学位论文的重要步骤）；成绩特别优良的，可以做学位论文。这种意见是对的，它可以把培养研究生的工作向前推进一步。目前我国虽然还没有具备这种条件，但教育领导部门对这个问题是应该予以考虑的。

（原载1953年4月7日《东北日报》第三版）

背景说明：

1951年4月，中央调陈康白到哈尔滨工业大学主持工作，1951年6月25日，中央正式任命陈康白为哈尔滨工业大学校长，这也使他成为新中国成立以后哈工大的首任校长。当时的哈尔滨工业大学是全国理工科高等教育的示范校，肩负着改革旧教育制度、总结推广学习苏联先进经验的重任。

陈康白从1951年4月到1953年年底在哈工大工作了两年多，这期间陈康白认真贯彻执行中央的指示精神，虚心向苏联学习，并把延安时期的办学经验融入到学校发展建设中，在师资和人才培养、实验室设备建设、学校规模建设和人才培养目标等方面，都做出了重要贡献，得到了中央文委领导同志的明确肯定。

特别值得一提的是，陈康白非常注重青年教师的培养，为哈工大日后的腾飞奠定了重要的基础，哈工大著名的"八百壮士"就是从陈康白校长这里开始培养起来的。这篇文章中阐述了陈康白校长在青年教师培养工作方面的重要思想和经验，也是陈康白教育思想的重要体现。后来这篇文章登载在当时的《东北日报》上。

二十四、生产技术革新者和科学工作者亲密合作，来争取国家工业化的更好完成（1955年）

陈康白

一

鞍钢在中国共产党的领导和苏联专家的帮助下，开展了大规模的技术革新运动。不到两年，涌现出大批先进工人、工程技术人员和职员。计有一万七千多人提出三万八千六百多件合理化建议，并有一万三千多件已得到实际采用。这对于改善劳动条件、提高劳动生产率、改进产品质量、降低成本、充分利用潜在能力等等，起了很大的作用。结果使得鞍钢的年度总生产率提高百分之二十四，超额完成了计划任务。

由于这种集体创造性活动的高度发挥，它就不断地提出了许多新的、迫切要解决的问题。这些问题就促使有关各方面，例如器材供应、交通运输、成品推销等等，不得不采用同样的姿态、步调和进度来跟随上去。这就推动了国家建设，沿着进步的道路向前大迈一步。这是符合国家生产力的发展和物质技术基础的改善和巩固的，这正是总路线规定的，国家工业化建设纲领的具体实现。

这里特别值得提出的是先进工人的主动性、创造性和集体精神。以张明山、栗根源、王崇伦、吴良亚等人为首的大批生产技术革新者得到的各种成就，都充分地说明了这个问题。例如张明山在党专家和老工友的帮助、鼓励下，克服了种种困难，得到了反圆盘的成功。这把以往工人成为"阎王殿"的小型工厂变为自动化工厂，把机器撑着人干活的沉重图画变为工人看着机器干活的轻松图画。从它的经济意义来看，又很成功地削减了生产品的不平衡现象。它使劳动力减少百分之四十四，生产效率提高百分之二十二,全年为国家创造财富二百多亿。从它的政治意义来看,它打破了陈旧过时的轧钢理论。它使工人相信了自己的创造力,带动了成千成万的先进人们开动脑筋,提出了数以万计的合理化建议。它起了推动技术革新运动的火车头作用。这样一件有历史性的创举也就使我们知道,应如何依靠群众的广泛主动性、创造性、集体智慧和集体经验,才能保证领导国家建设工作的正确性。它的政治和经济意义都是很大的,它表达了最高类型的爱国主义。

为什么工人能起这种作用呢?因为生产实践是和他们的生活血肉相连的。他们熟悉生产的情况和困难所在,像熟悉自己的手掌一样。他们熟悉所有的生产操作过程、劳动的强度和生产品质量的好坏。他们熟悉种种职业病和种种在材料、时间、人力上不合理、不经济的地方。他们特别关心劳动条件的改善。这对工人来说,是一种意味着减少伤亡的切身问题。这些事情不知道多少万遍深深地刻画在他们的头脑中,几乎成为和他们的生活不可分离的东西。因此工人一旦开动脑筋,就很容易体会到:人应该怎样去管理机器,提出的办法也非常技巧。例如鞍钢的工人们创造的反圆盘、立圆盘、自动卷线机、自动扳道机、硫酸自动导流子、拉管机的自动铆挂、磕头铁道等等,都说明了工人的创作如何富于创造性、简单、恰到好处地解决了问题。工人对技术革新的种种创造普遍反映了这个特点。在这种地方,工人的作用是非常突出的。没有生活在生产实践中的工程技术人员就不易达到这种境地。他们常常表现为搔不着痒处、不易抓住问题的要害、推陈出新不够大胆。这是科学工作者应该很好尊重工人和向工人虚心学习的。列宁曾这样说过:"现在一切事情都在于实践。这样的历史时机已经到来:理论成为实践,理论被实践发扬,被实践纠正,被实践检查。"这几句名言,今天又经技术革新这件崭新的事物里得到充分证明。希望全体工人同志继续发扬你们的优越作用,掀起全国生产技术革新运动!带动科学工作者同样付出他们的脑力劳动。

二

同志们！社会的事物是不断发展的。在生产的不断增长和完善中，我们如何去满足生活的需要和所提出的新问题呢？单纯看作劳动强度的竞赛、劳动条件的改善和生产合理化建议等等是不成功的。我们还要用技术的不断革新去提高已得的成果，我们要在技术的高度发展中创造更大的经济价值，我们要满足整个社会经常增长的物质需要和文化需要。在这种场合，科学工作者的作用就显得重要。因此工人和工程技术人员要建立密切的友谊关系，很好地把工人的劳动经验和科学工作者的科学知识结合起来！鞍钢的技术革新运动同样提供了不少这种生动的例子，例如老工人卢乃涛和技术员吴良亚对于设计自动推钢机、自动运料机的合作；老工人蒋有富和技术员吴孝林、张佩禹等人对于设计辊道自动化和自动冷床的合作；老工人许国盛和技术员宋少微、姚春荣对于试制光继电器的合作；老工人栗根源、杜光明、青年工人王崇伦等人在遇到困难时找工程技术人员来共同琢磨，因而获得各种显著成就。这些都说明了在进一步解决技术问题时，工人和工程技术人员合作是非常必要的。我们如果善于利用这种合作关系，用工人的长处去补工程技术人员的短处，或用工程技术人员的长处去补工人的短处，其结果将是更高度、合理、经济、技巧地解决问题！正如卢乃涛和吴良亚的合作，你找我、我找你地研究讨论，他们就很好地解决了推钢机、运料机的自动化问题。又如栗根源研究马达高热停止器遇到技术困难时，他就去找工程师讲解水银膨胀的道理。结果很成功地利用了水银膨胀的道理，创造了马达高热停止器。至于制烧结矿，炼低矽铁，改进炼钢炉体，快速炼钢和生产过程全部自动化等等，当然更多需要工人和工程技术人员，以至苏联专家的共同创作。只有这样才能回答社会生产不断增长和完善中所提出的多种多样新鲜、复杂、带有高度技术性的问题，并取得更大的成就。

另一方面我们如何去提高工人的技术水平？如何去增加这个数目占企业总人数百分之九十以上的人们头脑中的基本技术知识呢？这更靠工人和工程技术人员友谊关系的建立和巩固去求得解决。工人为了计算材料、成品、劳动力、时间进度、生产定额等等，迫切需要学习数学的基础知识。这项要求就可以通过车间工程技术人员友谊帮助得以解决。工人为了提高工作能力，要熟悉生产过程中经常遇到的材料强弱、机械性能、机械原理、水电和煤气的物理或化学变化等等问题，这也不难通过现场工程技术人员的友谊帮助得到解决。这些几乎是工人今天普遍的要求，这些就要靠工人和工程技术人员的互相帮助来解决。将来甚至可以按不同程度的要求，通过各种学习活动，由工程技术人员来做各种不同的帮助，逐步使工人的技术水平提高到工程技术人员的水平。其结果就会像斯大林所说："假若大多数工人都把技术提高到工程技术人员的水平，我国工业就会提高到其他各国所不能达到的高度。"这当然是一件非常有出息和有头等重要意义的事情！

对科学工作者来说，通过这种友谊合作，许多学术研究工作就可以更好地联系生活实践，吸取工人丰富的感性经验，并照顾到工人迫切要求回答的问题。这样他们可以把所研究的问题紧密恰当地和国家的建设任务、企业的生产需要、人民的经济生活以及解决问题已经形成的种种具体条件结合起来。同时他们也可以更充分地吸取生产中最新的成就，来武装自己的理论知识，使它成为一件颠扑不破、真能帮助实际工作者更好更快地完成任务的指导性意见。这样它就自然会和国家人民的迫切要求建立不可分割的联系，这样它就自然会保证我们在解决最大胆的任务时有所收获或取得重要的科学成果。所有这一切，今天将鼓舞着祖国的先进科学工作者在创造性工作中取得新的成就。

同志们，如何来发扬上面讲的生产技术革新者和科学工作者友谊合作的作用、建立科学和生产的紧密联系，正是我们今天要开辟的新的、没有人去走过的道路！这种创造性的发展，已经从鞍钢的技术革新运动得到证明！我们希望它更能在广泛开展全国技术革新运动中得到巩固！

（根据陈康白遗存手稿整理）

背景说明：

1954年年初，陈康白调中国科学院工作，同年5月，陈康白被任命为中科院秘书处秘书长，并成为中科院党组成员。当时陈康白还担任着"科联"副主席，而"科联"的业务工作归中科院领导，所以陈康白在中科院的主要工作是在"科联"方面的工作上。

当年"科联"的主要任务是在全国各地建立各科学分会，领导各分会响应政府号召，配合生产部门的工作，加强学术研究活动，带领全国各行各业的科学工作者为总路线服务，为社会主义建设服务。在那一时期，陈康白奔走于全国各地，一方面在全国各地成立"科联"分会，一方面调研全国各地的工业生产状况，结合自己多年的工业管理经验和理念，写了大量文章，作了多场报告，号召大家全面改善各地的生产状况，提高科技水平，更好地为社会主义建设服务。

这篇文章就是在这种背景下，陈康白根据鞍钢的实际情况撰写的。在20世纪50年代中期，鞍钢为提高企业管理水平、调动职工积极性、推动技术创新，经过上下共同努力，鞍钢逐渐形成"两参一改三结合"的独特模式："两参"即干部参加集体生产劳动，工人群众参加企业管理；"一改"即改革企业中不合理的规章制度，建立健全合理的规章制度；"三结合"即企业领导干部、技术人员与工人群众相结合。在文章中陈康白根据鞍钢工人与技术人员在实际生产活动中的先进事迹，号召技术革新者与科学工作者紧密合作，为广泛开展全国技术革新运动做出积极贡献。

这篇文章是陈康白在中科院主管"科联"方面工作的具体体现，文章中的内容既延续了陈康白在过去东北工业生产管理方面的专业性、系统性、科学性，又体现了陈康白在新中国成立以后倾心社会主义建设、致力于科学为工业生产服务的时代感。

二十五、百家争鸣、百花齐放是延安精神的发扬（1956年）

谁都知道，当时的延安不仅是抗战建国的中心，而且也是科学文化最活跃的后方。党和政府都尽力帮助科学技术人员，改善他们的物质条件，使他们能够充分地发挥自己的学识和专长。在抗战救国的原则下，科学技术上的各种设想和创造获得了充分的保障，人人可以各抒己见，处处能够看到自由讨论的空气在发扬。在党中央关于延安干部学校的决定中就曾经把"养成学生自由思想、实事求是、埋头苦干、团结互助的学风"明确地写成条文，并指出它同时也适用于各抗日根据地。

延安自然科学院是培养党和非党的科学技术的干部学校。专门课占百分之八十，政治课占百分之二十。教学方法是注意采取启发、研究、实验的方式，利用边区的实际材料，去发扬学生在学习中的自动性和创造性的。在政治课的学习上很注意使学生用马列主义理论去分析当时的具体问题、开展讨论、总结经验。也曾经对学校办理的具体方案和课程内容，以及在边区经济建设的具体工作，展开过不同意见的论争。一个不大的问题，常常会引起许多人的关心和争论。这种自由争论是延安真正民主的特征之一。我们党在这个问题上的态度是明确的。强调指出：科学艺术上的原则争论，应该发扬。正确的东西是和错误的东西作斗争中发展起来的。只有争论才会产生新的理论，才能促使科学文化的繁荣。

当时虽没有提出"百花齐放、百家争鸣"的口号，但是十分重视以下方法：一、要尊重劳动，向劳动人民学习，不是轻视劳动人民，不是忽视他们的需要和自愿。二、鼓励各种不同意见的自由讨论，互相尊重、合作和学习，不是互相轻视和排斥。三、要服从党的领导，不能向党闹独立性。四、要尊重辩证唯物主义，不搞唯心主义和形而上学，但不排除对它们的研究讨论。反对随便贴标识。这种精神，同现在党的百花齐放百家争鸣的方针是完全一致的，而且后者是前者的继续和发展。

党对自然科学的领导一切从实际出发，理论联系实际，坚持对马克思主义、毛泽东思想的学习；勤俭建国，勤俭办一切事业；科学技术必须为无产阶级的政治服务，为生产建设服务，为坚持建设新中国而服务。百家争鸣、百花齐放和社会主义觉悟、共产主义觉悟相结合。这些都是党发展科学文化坚定不移的阶级政策，是我们党的优良传统。

当我们现在回忆起延安时代的科学技术工作者，在党的领导下，在那种艰难困苦的条件下，还能从事大量的科学技术工作，取得如此成就的时候，我们就会产生巨大的力量。我们现在的条件比那好的简直不可比拟，因此我们坚信只要我们继续高举三面红旗，坚持发奋图强、自力更生、埋头苦干、勤俭建国的精神，只要在党的领导下，只要在毛泽东思想的指导下，团结一致地努力，我们就一定能够取得更伟大的成就，就一定能够攀登世界科学的高峰。

（根据陈康白遗存油印稿整理）

背景说明：

1956年，社会主义改造已经完成，社会主义制度初步确立，开始探索社会主义建设道路，需要调动一切积极因素，包括知识分子的积极性。1956年4月28日，毛泽东在中央政治局扩大会议上说："百花齐放，百家争鸣，我看这应该成为我们的方针。艺术问题上百花齐放，学术问题上百家争鸣。"5月2日，毛泽东又在最高国务会议第七次会议上正式提出实行"双百方针"，他还强调"百花齐放""百家争鸣"是一个基本性的同时也是长期性的方针，不是一个暂时性的方针。当时全国上下掀起了认真贯彻"双百方针"的热潮，陈康白的这篇文章就是在这个大背景下撰写的。

文章中陈康白介绍了自然科学院在延安办学的基本情况，重点说明了自然科学院当年的教学方法，同时也阐述了延安当时的学术氛围，提到："在抗战救国的原则下，科学技术上的各种设想和创造获得了充分的保障，人人可以各抒己见，处处能够看到自由讨论的空气在发扬。"然后结合当时的形势证明：百家争鸣、百花齐放和社会主义觉悟、共产主义觉悟相结合，这些都是党发展科学文化坚定不移的阶级政策，是我们党的优良传统。

二十六、延安自然科学研究院的成立（1956年）

　　当时的延安是全国进步青年向往的地方，在奔赴延安的知识青年越来越多的情况下，党为了培养科学技术干部，于1939年由马列学院、抗日军政大学和其它部门调集了少数干部建立了延安自然科学研究院。这些忠于党的事业的科学技术干部，经过一段短期学习后，陆续跨出了研究院，走向了新的实际生产建设岗位，担任了延安的造纸厂、化工厂、农具厂、制革厂、纺织厂、煤矿等单位的厂长和其它技术方面的领导工作。为了适应形势发展的需要，延安自然科学研究院办到1940年即改为延安自然科学院。我们党中央的李富春同志、吴玉章同志、徐特立同志都先后担任过该院院长，领导这项工作。继自然科学院成立后不久，于1940年2月，在毛主席和朱德同志、陈云同志、李富春同志、康生同志、林伯渠同志、王稼祥同志、吴玉章同志、徐特立同志等亲自发起的赞助下，又成立了延安自然科学研究会。当时有个人会员三百多人，团体会员有农学会、医学会、低脂矿冶学会、机械电机学会、化学学会等五个学会。在成立大会上，陈云同志、康生同志都作了报告，我们敬爱的领袖毛主席作了重要的讲话，在讲话中他指出"今天开自然科学研究会成立大会，我是很赞成的，因为自然科学是很好的东西，它能解决衣、食、住、行等生活问题。……自有人类生活以来都要吃饭，要吃饭就要进行生产，就有自然科学的萌芽。……自然科学是人们争取自由的一种武装。人们为着要在社会上得到自由，就要用社会科学来了解社会，改造社会，进行社会革命。人们为着在自然界里得到自由，就要用自然科学来了解自然，克服自然和改造自然，从自然界得到自由。自然科学是要在社会科学的指挥下去改造自然界，但是自然科学在资本主义社会里却被阻碍了它的发展，所以要改造这种不合理的社会制度。……"（原载《新中华报》1940年3月15日第三版）主席的指示，为我们科学技术工作者指出来前进的方向。

根据我的了解，延安自然科学研究会的成立，最初是由于群众的自发要求，并不是我们党先有了一套计划以后才办的。来延安追求真理的知识青年愈来愈多，他们迫切地要求政治理论的学习，也希望增加新的科学知识，交流经验。原来在延安各有关单位工作的同志，也常常有科学技术上要求人们帮助解决问题，希望有谈谈问题、交流经验的场所。善于窥察新生事物的党，在新生事物尚在萌芽状态时，就及时地灌输它以雨露和阳光，使它茁壮的成长。当党看到了群众的这种要求时，就扶植和赞许这种要求，于是自然科学研究会就成立了。

当时在国民党统治地区，没有人权，没有从事科学研究的自由，到处是血腥镇压。只有指导全国人民进行斗争中心的延安，才是科学文化的中流砥柱，才是全国科学文化活跃的心脏。那时，在延安党的科学文化的旗帜下，汇集了全国向往自由，向往民主，向往科学文化的进步科学技术工作者，热诚忠心地从事着科学技术工作。当时人们都深深地感觉到，只有在延安，才能看到思想的自由，才是从事科学技术工作的广阔天地。在那里我们不仅看见了科学技术工作者的远大前途，也看见了我们伟大民族的生机。

自然科学院就是我们党第一次从事培养科学技术干部的新型干部学校。

我们有光荣的党和英明伟大的领袖，在那艰苦的年代里，就已经料到了今天的宏伟局面，料到了我们伟大祖国的今天。因此，在从事革命斗争的同时，就着手培养又红又专的科学技术队伍，而这支队伍在党的领导下得到了迅速的成长和壮大。

党的科学技术发展路线

我们党不仅做了许多培养科学技术干部和推动科学技术的活动，而且从那个时期起就明确了我国科学技术发展路线中一些有关的方针政策性的根本问题。例如：党对科学技术工作的领导，科学技术要为生产建设工作服务，科学技术工作必须从生产实践出发，理论必须联系实际，必须依靠群众性活动搞科学技术工作，提倡学术上自由论争等等。这条路线是发展科学技术的马克思主义路线，它深刻地反映了自然科学发展的规律，保证了政治对科学技术的领导。毛主席在上面提到的延安自然科学研究会成立大会上讲话中就已经指出这些问题，他曾肯定地指出："自然科学要在社会科学指挥下去改造自然界。"这就是说党应该领导自然科学，而不是其它。在党的不断教育下，我们许多科学技术工作者，逐渐认识到党是完全能够领导自然科学的，因为它是以马列主义理论武装起来的，是以辩证唯物主义作指南的。这个思想武器深刻地反映了自然界、社会和人类思想的普遍规律，它不仅能指导人们认识社会发展规律进行社会革命，也能指导人们认识自然界的发展规律，革自然界的命。有了这个武器，党就能领导一切。因此党的一切事业包括科学技术事业在内必须由党来领导，那是天经地义的。

理论必须联系实际，理论的基础是实践，它转过来又为实践服务。真理的标准只能是社会的实践，科学技术工作必须从生产实践出发，生产实践永远是自然科学发展的源泉和动力。这是我们党的世界观，也是我们党的方法论。我们党一直就是这样做的。在毛主席提出的"自己动手，丰衣足食""无产阶级是抗日的先锋队，应为坚持抗战到底建设新中国而斗争"的伟大号召下，科学技术工作与生产实践、群众需要紧密的联系已成为我们当时行动的准则。自然科学院就是靠我们自己的双手在荒山上建立起来的。那时我们一无设备，二无宿舍，真是一穷二白，可是因为我们党需要这样一所培养科学技术干部的学校，就能够从无到有把它创立起来。院址建在什么地方呢？在考虑这个问题期间，林伯渠同志来了，他亲自带领我们去寻找我们理想的园地，几经勘查后就在延安城外的杜甫川划给了我们一片荒山。于是我们就披荆斩棘，打了一排窑洞，使昨天狐兔出没的地方，变成了今天学习的校园。边区的工农业生产建设的实际材料，就是我们学习的资料,党的政治、军事、经济、文化方针政策就是我们的理论依据。开荒、纺线、种地、背柴和研究讨论边区的经济问题是完全结合的。就这样我们建立了延安自然科学研究院和自然科学院。延安的开荒运动和纺线运动是人所共知的。那时,从中央负责同志到一般干部都参加劳动,都参加纺线,就连我们伟大的领袖毛主席也参加了开荒、纺线。劳动创造了我们所需的一切,劳动使我们有吃有穿有学习,得到了丰衣足食的生活和提高认识、改造思想的效果。事实说明,我们党的一切工作,都是扎根于实际,扎根于当前的实际政治斗争和生产斗争,都是理论和实际血肉相连,都是从群众的迫切需要出发的。对敌斗争和建设祖国不仅给了我们以很实际的学习材料,而且给了当时的科学技术工作以很大的推动力,为它的发展创造了有利的条件,提供不断的研究课题和不尽的丰富材料。它就是在不断解决实际课题和给以理论概括中得到发展。这也就是边区科学技术所以能够繁荣进步的真正原因。

(根据陈康白遗存油印稿整理)

背景说明:

当笔者在陈康白的遗物中发现这份油印稿时,翻遍全稿也找不到任何的时间标记,只不过从油印稿的用纸和字迹上分析,这份稿件与前一份《百家争鸣、百花齐放是延安精神的发扬》油印稿产生于同一时期,故将此文章的诞生时间定为1956年。笔者判断这是当年陈康白根据有关部门的要求所写的延安时期革命生活回忆性文章。

这篇文章中真实地记录了延安自然科学研究院、陕甘宁边区自然科学研究会、自然科学院的诞生经过和主要目的,通过一系列真实事件的描写向今天的人们回答了:(当年)"只有指导全国人民进行斗争中心的延安,才是科学文化的中流砥柱,才是全国科学文化活跃的心脏。那时,在延安党的科学文化的旗帜下，汇集了全国向往自由，向往民主，向往科学文化的进步科学技术工作者，热诚忠心地从事着科学技术工作。当时人们都深深地感觉到，只有在延安，才能看到思想的自由，才是从事科学技术工作的广阔天地。在那里我们不仅看见了科学技术工作者的远大前途，也看见了我们伟大民族的生机。"

陈康白在文中还详细阐述了当时党的科学技术发展路线，通过自己在延安时期广泛而又深入的革命实践，用铁的事实来证明："党的一切事业包括科学技术事业在内必须由党来领导，那是天经地义的。"

这篇文章的发现对于人们了解和认识延安当年的科技史、教育史、革命史，特别是北京理工大学校史，具有特别重大的意义。文章中明确地表述："自然科学院就是我们党第一次从事培养科学技术干部的新型干部学校。"这是对学校光荣历史最准确、最鲜明的定位。在2021年建党一百周年之际，最新的《中国共产党简史》出版，在书中95页写道："1940年9月创办的延安自然科学院，是党的历史上第一个开展自然科学教学与研究的专门机构。"这是我党简史中第一次有这样明确的描述和记录。这也充分证明北京理工大学的光荣校史永远地载入了党的史册。

二十七、中共中央高级党校自然辩证法班 1958—1959 年学习计划

一、期限：暂定一年，从 1958 年 9 月 22 日开始到 1959 年 7 月 11 日结业，分两学期：

第一学期：自 1958 年 9 月 22 日到 1959 年 1 月 24 日。

第二学期：1959 年 2 月 12 日到 7 月 11 日。

二、时间：共 42 周。其中除寒假两周外，各种假日占 9 天，开学后布置学习计划和支部工作占 2 天，最后结业总结占 10 天，除 37 周可用在学习。

三、内容：学习目的和方法，哲学中的根本问题（反映论、实践论、矛盾论、十大矛盾、六十条、真理问题、辩证法的基本规律、社会主义建设问题总路线、生产力、生产关系和技术革命等）　　　　4 周，10%

自然辩证法第一部分，（导言：反杜林论旧序、十二和十三章、哲学笔记中的谈谈辩证法）　　　　2 周，5%

自然辩证法的第二部分，包括运动的基本形态，数学、天文、力学、热、电、磁、光、物质构造、现代物理（唯物主义和经验批判主义第五章）、化学、原子论、生物、生命起源。

自然辩证法第三部分，农、林、水、气、土壤、工业技术等部分。

　　　　　　　　　　　　　　　　　　　　二、三部分共 20 周 50%

生产、技术、文教部门报告和讨论　　　　　　　　4 周 10%

参观和参加其他单位思想斗争活动　　　　　　　　4 周 10%

体力劳动　　　　　　　　　　　　　　　　　　　2 周 5%

学习计划讨论（鸣放）　　　　　　　　　　　　　1 周 2.5%

四、进程：

9月22日—23日　布置学习计划和支部工作

24日—30日　参观（徐水人民公社、村办工业、研究机构和大学）

10月1日—2日　假日

3日—9日　讨论学习方法、鸣放、结合阅读文件

10日—17日　哲学学习目的和方法、哲学中的根本问题、真理问题

18日—20日　哲学部分复习讨论

21日—27日　辩证法基本规律

28日—29日　讨论

30日—11月5日　总路线—技术革命

6日—8日　讨论

10日—24日　自然辩证法第一部分

11月25日—1月24日　自然辩证法第二部分前四章

1月25日—2月11日　寒假

2月12日—4月12日　自然辩证法第二部分后四章

4月12日—26日　参观（工厂矿山）和劳动

5月4日—6月4日　第三部分技术、科学、农林、工矿

6月5日—30日　生产部门报告和参观

7月1日—11日　总结

附注：专题讨论由学员组织进行，并在讨论作总结后写成文章，六月底提交学校集体审查，九月印出初稿。

（根据陈康白遗存手稿整理）

背景说明：

1958年10月，中共中央高级党校开办自然辩证法班，这是我国自然辩证法领域第一个培养教育与研究人才的研究班，是中国自然辩证法领域

培养专业人才的珍贵历史，更是一项开创性工作。而陈康白正是当年中央高级党校能够开办这个班的关键性人物。

当年中共中央高级党校党委书记兼校长杨献珍曾讲过这样的话："……那么我们有什么本钱来开这门课呢？外面的科学家还要来旁听，大概认为我们这里有很多自然辩证法的专家，要讲的课都准备好了。其实不是这样。我们的家底都跟大家说了，我们这里并没有很多自然辩证法专家。我们之所以敢于大胆地开这门课，在北大同志的倡议之下，我们接受了这个任务，只是作研究自然辩证法的倡导。我们这里懂得一点马克思主义哲学而又懂得一点自然科学的，只有一个陈康白同志，我们敢于开这门课的本钱只有这么大……"这段话足以说明陈康白在这项工作中的关键作用。

陈康白根据当时的政治形势和高级党校党委制定的这个班的办学目标，结合自己的实践经验和对自然辩证法领域的深刻理解，反复斟酌和修改着这个班的学习计划，当遇到不好把握的问题时，他就主动与杨献珍等领导进行沟通和讨论，最后很快制定了这个比较系统的学习计划方案。现在这份计划重新面世，为研究建国后中国自然辩证法发展史提供了很好的帮助。

二十八、自然辩证法教学计划纲要
（1960年6月15日脱稿）

一、导　言

1. 学习自然辩证法的目的	待补
2. 原书导言	4-20
克鲁克斯的唯灵论	34-38
毕达哥拉斯的数学唯心主义	38
5. 辩证法	39-45
8. 运动的基本形态	46-61
运动是物质的存在形式	46
运动的构成	47

运动的本质

笛卡尔的命题

笛卡尔的产生

笛卡尔平衡和统一

笛卡尔的出现

物质固有运动形态

牛顿的重力论

黑格尔命题

物质的可分割性

机械的运动观

庸俗机械论

自然辩证法对象

运动的度量	62-75
奥斯特瓦尔特的唯能论	56、72
爱因斯坦的相对论	56、72
3. 我国科学发明	158-160
信上帝的自然科学家	160
打开第一个缺口的哲学家	164-165
不管自然科学家高兴采取怎样态度	173
4. 生产斗争知识对自然科学重要性	181
掌握对事物的普遍联系和对事物运动的发展规律	待补

二、辩证法的基本规律

渐变和飞跃、进化和革命的更替过程	待补
6. 辩证法的基本规律	174-184
绝对分明的界限是不存在的	
一切对立的东西都互相过渡、不断变化	174-175
客观辩证法	175
抽象的同一性	176
同一性和差别性	178
正和负	179
对立面的统一和斗争是发展的源泉	待补
偶然性和必然性	180-183
7、8 辩证逻辑和认识论、认识界限	184-202
辩证逻辑和认识论	184
概念关系的发展和判断和分类	184-187

个别性、特殊性、普遍性	188
归纳和演绎、归纳和分析、归纳万能论赫克尔的荒谬	188，190
耐格里的不能认识无限	198 199
恶的无限性——永恒的自然规律	198-200
认识和物自体	200-202
只要自然科学在思维	202
发展是螺旋式运动	待补

三、各种自然科学的辩证法内容

引力和重力	204
由吸引到排斥和由排斥到吸引的转化	204
运动和平衡	205-206
天体运动	206-207
机械的自然观（对凯库叶、赫克尔、梅耶尔的批判）	210-214
毕达哥拉斯的数学唯心主义	214
元素周期律、门捷列夫的预言、镓	214
9. 数学问题和数学的无限原型	216-229
一、0、0幂、$\sqrt{-1}$	218-221
渐近线、曲线和直线	222-223
三角形	223
应用数学问题	223
微分	229
能量守恒	236-237
力和力的守恒	237-241

内聚力	242
10. 涨潮和退潮	76-81
潮汐和摩擦	235
牛顿的万有引力	230
天文	160
地理	210
克鲁克斯的唯心主义	34-38
拉普拉斯理论	231
气象	增补
地质	增补
土壤	增补
农田	增补
水利	增补
11. 热和电、磁	82-85
碰撞和摩擦	236
动能的消耗	236
辐射热	240
气体运动	242
光和暗	243
静电和动电	244-247
能	待补
克劳西斯的第二命题	241-244
黑格尔的预言和哲学命题	244
物体的内在运动	236
机械转动、自动控制	待补

电机	待补
喷气式机	待补
电子计算机技术革命	待补
马赫的物理学批判	待补
12. 奥斯特瓦尔特和爱因斯坦	
化学问题反应、亲和力和分解	248
电化学和电子的发现	247
尿素的合成、对李比希和黑尔姆霍兹的批判	待补
蛋白质和生命的起源	162、215、258
原子核	待补
光压、质量和能量的关系	待补
电子束和光子束、电子显微镜的发明	待补
新原子论和物质构造学说	227、248
放射性元素和放射性同位素	待补
13. 原生生物	258-260
从深水虫到脊椎动物	12、260、263
个体和整个有机界	260-261
生产斗争知识对自然科学重要性	261
达尔文、魏斯曼、微尔和的细胞学说	176、231
巴夫洛夫的高级神经活动学说	待补
米秋林学说	待补
中医和我国针灸	待补

四、对各种反动观点的批判

13. 牛顿的第一推动力和引力　　　　　　　　168、203

14. 克劳西斯的第二命题　　　　　　　　　　241、244

15. 赫克尔的荒谬　　　　　　　　　　171、175、189

　　耐格里的不能认识无限　　　　　　　　　198-199

　　微尔和的细胞学说　　　　　　　　　　　176、251

16. 毕达哥拉斯的数学唯心主义　　　　　　　214、38

17. 新康德主义的自在之物　　　　　　　　　201-202

　　新达尔文主义的生存斗争　　　　　　　　261-262

　　魏斯曼和摩尔根的遗传学　　　　　　　　　待补

　　马尔萨斯的人口论和新人口论

18. 马赫的物理学　　　　　　　　　　　　　　待补

19. 奥斯特瓦尔特的唯能论　　　　　　　　　　56

　　爱因斯坦的相对论　　　　　　　　　　　　72

20. 施略丁格的共振论　　　　　　　　　　207、211

21. 胡适的实用主义　　　　　　　　　　　　待补

五、结语

14. 对自然哲学和哲学边沿问题的研究

　　现象和本质

　　形式和内容

　　生产认识命题、技术工艺规程

15. 辩证法要素。

注：

1. 每章的主要范畴；

2. 正面理论；

3. 反面理论；

4. 小结。

（根据陈康白遗存手稿整理）

背景说明：

1958年10月，中共中央高级党校自然辨证法班正式开班，初期主要是来自高等学校、中央高级党校、中科院哲学所的20多名党员教师，其中绝大部分是从事自然科学教学的。1959年春节以后有更多的高校希望派教师参加学习，使这个班的学员人数最后达到了60多人。但是因为当时特殊的历史原因，这个班并没有按照原计划于1959年7月结束，直到1961年2月前后才正式结业。

1959年下半年，中共中央高级党校哲学教研室主任艾思奇接管了自然辨证法班的领导工作，1959年年底艾思奇升任党校副校长、主持日常工作，仍兼任哲学教研室主任。1959年暑期以后，陈康白在艾思奇领导下继续担任自然辨证法班班主任，这期间陈康白一直想写一部自然辨证法教科书，为中国自己的自然辨证法研究探出一条新路，并为此煞费苦心，付出了大量心血。

1960年6月15日，陈康白亲自撰写的《自然辨证法教学计划纲要》（简称《纲要》）正式完稿，并把它交给艾思奇审核，艾思奇也在这部手稿上签署了修改意见。虽然笔者并未找到这部《纲要》的全部书稿，但根据这份《纲要》的目录已清晰显露出陈康白对自然辨证法研究的专业和系统，他对国外哲学领域的各种流派信手拈来，对自然科学的诸多知识掌握全面、深刻,对自然辩证法研究的必要性和未来的发展方向都有了深刻的思考。虽然这部《纲要》中只有简单的标题,页码部分残缺也不完整,各类知识点的排列也欠规范,但透过这些大家足以看到陈康白已为此进行了大量的资料收集和教科书编写工作,在《纲要》的后面一定是包罗万象、精彩纷呈。这应该是陈康白在中国现代自然辩证法研究领域中的一项历史性创举。

但遗憾的是,这部凝结着陈康白心血的教科书并没有真正面世。后来自然辩证法班根据中央高级党校党委的指示在毕业前编写《自然辩证法提纲》(简称《提纲》)一书用来代表和总结这个班近两年多的学习和研究成果,而这份《提纲》与陈康白自己撰写的《纲要》已是完全不同的两个版本。

二十九、回忆延安时代的科学技术活动（1961年）

陈康白

延安，这座中国人民革命的圣地、人类历史上的名城，已被光荣地载入史册。

在那里，我们党和中国各族人民的伟大领袖毛主席，指挥了全国人民的抗日战争，和中国人民的解放战争，并取得了民主革命的伟大胜利。

在过去艰苦的年代里，我们党在政治斗争和军事斗争的伟大业绩，已经是世人皆知的了。可是，党在从事旋转乾坤的伟大革命斗争的同时，在培养科学技术人才和开展科学技术活动方面，也做了大量的工作，并取得了显著成就。在庆祝党诞生四十周年的今天，来回忆一下延安时代的一些科学技术活动，我想是有教益的。

大家知道，党对于科学技术工作和培养科学技术人才，一贯是很重视的。就当时而言，我是个从大后方去延安的知识分子，做的又是团结和教育知识分子的工作，所以对于这一点，感受很深。

大家是知道的，那时我们不可能建立像今天这样的科学技术机构，也没有设备齐全的科学技术学校，但是，党还是利用了各种场所开展和推动了科学技术工作的蓬勃开展。

第一次工业展览会

1939年的1月和5月，我们党在延安举办了第一次具有相当规模的农业展览会和工业展览会。虽然二十多年过去了，可是至今回忆起当时的筹备工作和展览情况，仍历历在目。

展览会是在党和毛主席的生产自给运动的号召下举办的、它和抗战建国的事业是密切相联的。毛主席提出"自己动手，开荒纺线""一面战斗，一面生产，一定能战胜敌人"的伟大号召，至今仍深深印在人们的脑海里。

农业展览会的举办是成功的。展览会的内容相当丰富，展览品有谷物、棉花、牲畜、羊毛、布匹、食盐、木料、蔬菜、药材和其它农业产品。不仅数量多，质量也不差，这是在党的教育下，那些能工巧匠们辛勤劳动、苦心钻研所创造出来的成果。展览会结束后表扬了一批在工作中肯钻研、在科学技术上有成绩的革新者，其中有放羊最肥、培育种羊最好的农民；有培植棉花最好的植棉模范；有纺织棉布改进操作技术的女工；也有使谷子长到一尺半长的种谷子能手；还有种地最好、开荒最多的劳动英雄……在那里，任何科学技术方面细小的改进和创造，都会得到党的赞许和鼓励。

当时，由于国民党反动派的重重封锁，一切物质条件都是极端困难的，然而并没有影响科学技术活动的蓬勃发展，科学技术工作者和那些土专家们的敢想敢干的精神，在党的无微不至的关怀下和支持下，得到了充分的发扬。

继农业展览会胜利闭幕之后，工业展览会又于1939年"五一"节，在延安东门外桥儿沟开幕了。我清清楚楚地记得，从展览会的筹划到展出，都是由党中央张浩同志亲自领导进行的。展览品也相当丰富，其中包含边区工业生产的各种真实可贵的资料，有我国最早的、从宋朝就有记载、清末民初就已开采过的延长延川的石油、手工业和工业的原料、生产工具、器件和机械模型，工厂出品的布匹、纸张、陶瓷、农具、药品、通讯器材，兵工厂制造的步枪、迫击炮等等。另外，安定、绥德、清涧的丝绸是非常引人注意的，许多观众还以为是苏杭产物。

展览会开幕的那天，会场布置的简单而壮丽，展览厅的中央悬挂着我们伟大领袖毛主席"无产阶级是抗日的先锋队，应为坚持抗战到底建设新中国而斗争"的题字，一进门是陈云同志手提"劳动创造一切"、旁边是李富春等同志的贺词。（已划掉：说起来二十多年过去了，在这漫长的岁月

里,虽经过抗日战争和解放战争,可是毛主席对于工业展览会的那幅题字,我至今还珍惜地保藏着)

展览会的许多展览品,都是从群众中来的,不少是群众的发明创造,通过展览会也就总结了群众的科学技术活动和先进经验。同时从展览会展出的棉毛纺织、丝织、编织品、榨油、瓷窑、造纸、制革、制药、肥皂、火柴、酒精、石油分馏、石蜡等等所表现出来的科学技术成果,和人们勇于创造革新的精神,可以清楚地看到,一批新生的科学技术队伍正在党的教育下迅速地成长和壮大。

当时国民党反动派利用胡宗南匪帮的几十万大军对边区重重地封锁,妄想在革命力量尚未成长壮大的时候,就把我们饿死在革命的摇篮里。他们根本没有想到,"自己动手活下去"是劳动人民的本色。毛主席在1939年的延安生产动员会上曾经作过下面的生动分析和号召:"国民党颁布限制异党活动办法,迫使我们不得不从事经济自给的运动。我们是饿死呢?解散呢?还是自给动手呢?饿死是没有一个人赞成的,解散也是没有一个人赞成的,还是自己动手吧。……让我们来考察一下,从古代的人类到今天的贫农,人们之所以能够活下去,并且活得同野兽不同的原因,无非就是他们有两只手,并且将手接长起来,拿着工具。我们再来考察一下,我们自己,原来每一个人也都有两只手,我们也可以将手接长起来,拿着工具。这个考察很重要。这样一来,我们的问题就立即解决了。我们是确信能够解决经济困难的。我们对这方面的一切问题的回答就是'自己动手'四个字。"这一号召,不仅动员了边区的党政军学人员,也动员了边区的老百姓,这一年老百姓开荒到一百万亩之多。这个消息传到华北,也动员了在华北战场上作战的八路军,他们也在战斗间隙中从事生产。"开荒歌"和"生产大合唱"就是那时唱出来的。中国共产党能够克服世界上人所能及的任何艰难困苦,和难以忍受的生活煎熬。边区的农业、手工业、轻工业、运输业、畜牧业、商业、文化教育、科学艺术事业，就这样一段一段发展起来了。铁的事实对于国民党反动派是无情的致命打击，他们的如意打算彻底破灭了。

自从陕北有了红军，有了党和毛主席，陕北人民的生产和生活就变了样，那里就成了我们抗日军事运输和军事供应的重要后方。如果和过去的陕北对照一下，那就远非昔比了。过去的陕北，天灾人祸，十室九空，谈到陕北，真是人人裹足。而当时呢？我们不仅扩大了农业生产、解决了吃饭穿衣问题，并且着手初步建立了工业，开采了煤、铁和石油，发展了盐业，盐由原来年产七万驼增加到七十万驼（每驼一百五十斤，每斤二十四两）。同时还建立了小型的纺织厂、造纸厂、石油厂、制药厂、化学厂、制革厂、农具厂、面粉厂、机器厂、煤矿、炼铁厂等等。这就大大推动了边区的经济建设，推动了各项生产事业的发展；人民群众真是有吃有穿，过着丰衣足食的生活。

（根据陈康白遗存油印稿整理）

背景说明：

这篇文章是陈康白在1961年七一前夕为纪念建党四十周年而撰写的，文章中主要回顾了延安时期陈康白在党的领导下所从事的多项科技活动。文章以介绍延安时期第一次工业展览会为重点，通过陈康白自己的所见所闻描述了陕甘宁边区广大军民冲破国民党反动派的重重封锁，在农业、工业、石油、矿产、科技、教育等方面取得的丰硕成果，用铁的事实证明："党在从事旋转乾坤的伟大革命斗争的同时，在培养科学技术人才和开展科学技术活动方面，也做了大量的工作，并取得了显著成就。"这篇文章对于了解延安时期革命史具有十分重要的意义。

三十、重读《孙子兵法》笔记（1978年）

计篇第一

此篇重点，在五校之计和诡道，多算胜，少算不胜。要广泛采纳庙算的意见。

注：庙算，朝廷或帝王对战事进行的谋划，是中国最古老的一种战略决策形式。

作战篇第二

此篇重点，在兵闻拙速，未覩巧之久也。不尽知用兵之害，则不能尽知用兵之利。故智将务食于敌，是谓胜敌而益强。兵贵胜不贵久，战史实例很多。

注：1. 覩，古同"睹"，看见之意。

2. 务食于敌，务求用敌人的物资装备，解决自己的后方供应。务：务必，务求。

谋攻篇第三

重点在谋攻之法，必以全争于天下，不战而屈人之兵，故兵不顿而利可全。即所谓知彼知己，百战不殆。先殄行军类此。并列举知胜之道五。

形篇第四

此篇重点在于守则不足，攻则有余，胜于易胜者也，其所措胜，胜已败者也。故常立于不败之地，而不失敌之败也，所谓胜兵先胜而后求战。其战也若决积水于千仞之谿也。因此要修道而保法，即政治决定斗争的胜败。当然也要注意加强物质的基础工作，否则就是空头政治了。

注：谿（xī），意同"溪"。

势篇第五

此篇重点在战者以正合以奇胜。无穷如天地，不竭如江河。奇正相生，如循环之无端。势险节短，纷纷纭纭，斗乱而不可乱也，浑浑沌沌，形圆而不可败也。求之于势，不责于人，故能择人而任势，如转木石于千仞之山。所谓任势不责人，如站在浪头上御风而行，田单破燕，张良率师追项羽类此。

孙子所说乱生于治，怯生于勇，弱生于强，治乱、勇怯、强弱互相转化，不可拘泥。形势已变，要善于任用它，去取得斗争的胜利。倘拘泥于老一套，必然失掉机会。刘备劝刘表攻曹操，表不能用，以致灭亡，妻子为曹操诛戮，即此类也。

虚实篇第六

此篇重点在善战者致人而不致于人，善攻者敌不知其所守，善守者敌不知其所攻，故能为敌之司命。形人而我无形，则我专而敌分。我专为一，敌分为十，是以十攻其一也。我所与战之地不可知，则敌所备者多。寡者备人者也，众者使备己者也。故知战之地、知战之日，则可千里而会战。不知战地，不知战日，则前后左右不能相救。故曰胜可为也，敌虽众可使无斗。故形兵之极，至于无形。因形而措胜于众，众不能知。其战也，应形于无穷，能因敌变化而取胜。所谓兵贵神速，先声夺人。处处争取主动，使敌不知其所守，则我常以十攻其一，无往而不胜。

孙子在这里讲到兵形象水，水无常形，兵无常势，五行无常态，四时无常位，要从变化中看问题。孙子强调的无常，正是他的辩证法。

军争篇第七

此篇重点在兵以诈立，以利动，以分合为变，其疾如风，其徐如林，侵掠如火，不动如山，难知如阴，动如雷霆。悬权而动，知迂直之计者胜。凡为将者，必须知用众之法，治心、治力、治气之道，辩证而用之，此种实例多。

九变篇第八

此篇重点在于晓畅五利之危，所虑必杂于利害，杂于利而务可信，杂于害而患可解。无恃其不来，恃吾有以待之，无恃其不攻，恃吾有所不可攻也。此之谓辩证看问题。斯大林格勒之战类此。

行军篇第九

此篇重点在如何处军料敌，例如处山、处水、处斥泽，处平陆，处丘陵堤防，处各种险地、疑地，及如何根据各种实际情况料敌进退治乱的行动，善于以兵应之。故兵不在多，唯无武进，足以併力料敌使人而已。近代坦伦堡之战类此。

地形篇第十

此篇重点，在知六地六败。地形者兵之助也。上将之道，在计险厄远近，料敌致胜。战道必胜，必战可也，战道不胜，无战可也。故进不求名，退不避罪，唯民是保，而利合于主。视卒如爱子，故可与之俱死。知吾卒之可以击，知敌之可以击，并知地形之可以战，乃可以操胜算，动而不迷，举而不穷。

战国如晋楚城濮之战，殽谷秦晋之战，近代如坦伦堡之战，皆得助于地利，并熟知敌我士卒之可以击，因而用之，故能操胜算。

九地篇第十一

此篇重点在详述九地之利弊，和所以用之之法。要在使敌人前后不相及、众寡不相恃、贵贱不相救、上下不相收,卒离而不集,兵合而不齐,然后我可以因而胜之。设问敌人各种不同情况和我何以待之之法。画龙点睛地说明我将怎样对待那些情况。例如说,敌众整而将来必须先夺其所爱则听矣。又如说兵之情主速、乘人之不及、由不虞之道,攻其所不戒也。又如说为客之道,深入则专,掠于饶野,谨养勿劳,并气积力,运兵计谋,为不可测。兵士甚陷则不惧,无所往则固,入深则拘,不得已则斗。禁祥去疑,至死无所之。

(根据陈康白遗存手稿整理)

背景说明:

《孙子兵法》被奉为兵家经典,已有2 500年历史,历代都有研究。陈康白自幼饱读诗书,对《孙子兵法》也是烂熟于心,这在陈康白丰富的人生经历和革命生涯中都有充分的体现。1978年前后陈康白或在老家麻林桥闲居,或在杭州大女儿陈爱康家暂住。那时虽然"四人帮"已倒台一年多了,社会上也是消息满天飞,但是陈康白的平反昭雪工作也还没有任何音信。闲来无事,陈康白在笔记本上工工整整地抄写了一遍《孙子兵法》,并在后面写了笔记和评注,这些笔记就是从陈康白的笔记本上摘录下来的。

从这些笔记当中就可以看出陈康白不仅深谙《孙子兵法》的精髓,并且结合古今中外历史、社会现实、个人感悟和诸多实例,对《孙子兵法》有分析、有评判、有延伸、有联想,博古通今,体现出极强的现实意义。如:"孙子强调的无常,正是他的辩证法""当然也要注意加强物质的基础工作,否则就是空头政治了""斯大林格勒之战类此"等等,都是陈康白理论与实际相结合的生动体现。

三十一、国务院参事室陈康白同志的讲话摘要
（1980年6月）

同志们：

首先让我向校庆四十周年致以热烈的祝贺！

我在这讲几句话，马克思、列宁都讲过，人的认识问题，就是在事物中间，去揭示真理、认识真理。马克思他就是从商品交换这个最简单、最平常的现象中，发现了革命的真理……

我们在延安办自然科学院的时候，就是要去发现真理，掌握真理。那时候很穷啊！今天在座的延安自然科学院的老同志都是知道的嘛！那时候，在山上打窑洞，就是窑洞大学嘛！就是这个样子，我们培养自己的干部，在斗争中去发展，掌握社会科学、自然科学的真理……

今天我非常高兴，看到你们的一个校庆学术报告会目录，有几十个学术报告啊！我们在延安时搞不了这么多，现在条件好了，毛主席党中央领导的革命成功了，有了人民政权，有了好的条件，我们才能搞出这样的东西来，大家的每一篇报告，都说明这样一个问题，不论你是讲机械的、讲电的，还是讲其它的，但都是去发现科学的真理，有了这个东西就可以为社会服务。在延安的时候那时徐老就讲过这个问题，讲政治要同自然科学结合起来。我记得我们在延安还开过一次什么自然科学联合会，会上，我们亲自去请毛主席讲话，他讲的就是自然科学应该同社会科学相结合，自然科学同社会科学一结合，你就可以为革命服务了。所以今天同志们所做的工作就是实现毛主席的话，对于这样的成果，我非常高兴。我要请你们接受我对你们所取得的成果表示的祝贺。再有希望同志们继续努力，按照革命的要求，党中央的要求，人民的要求，为建设好我们的社会主义祖国

而奋斗。最后，再一次祝贺同志们取得的科学成果。

（原载于 1980 年 7 月 5 日《北京工业学院校报》）

背景说明：

1980 年 6 月 14 日，北京工业学院举行了 40 周年校庆庆祝活动，在庆祝大会开始之前，陈康白提前来到了学校会议室，在这里他见到了多年未见的一些自然科学院的老同事，大家心情激动、畅谈古今。在庆祝大会开始以后，陈康白发表了这篇热情洋溢的讲话。

在这篇讲话中，陈康白回顾了自然科学院的办学历史，向今天自然科学院的继承者们描述了老一辈革命家在延安时期发现真理、掌握真理的艰难历程，并寄语今天的师生们："继续努力，按照革命的要求，党中央的要求，人民的要求，为建设好我们的社会主义祖国而奋斗。"

四十年前，陈康白和李富春、徐特立等老一代革命家共同缔造了这所红色的大学，在延安率先举起了中国共产党兴办自然科学高等教育的大旗。自然科学院通过多年的办学实践，为党领导科技人员全心全意地为边区服务、为人民服务闯出了一条红色征途，为延安精神的诞生与传承做出了重大贡献。

四十年过去了，陈康白重新回到了师生们中间，他把自己在党的领导下科技报国、追求真理的精神留给了大家；他把自己秉持的自然科学与政治相结合的理念留给了大家；他把对学校和年轻人的殷切希望留给了大家。这也是陈康白在人生的最后时期留给母校的最珍贵的纪念。

三十二、给乌兰夫同志信（1980年8月）
谈内蒙托克托旗喇嘛湾水力发电站建设问题

乌兰夫同志：

在中央召开五届人大政协三次会议的今天，代表们正集全力研究国家政治经济建设路线和方案。你何不正式提出内蒙托克托喇嘛湾水力电力站建设的要求。

这件工作关系国家经济大动脉的问题。而且对今天许多工矿农牧企业缺乏电动力而停工、半停工、和新企业举棋不定有积极推动解决的作用。正是党中央和国家负责同志当务之急、应当首先研究解决的。也对内蒙社会主义经济建设有近水楼台先得月的好处。如果采用东北小丰满二十二万伏特水力发电站的形式，则一切应有设备，例如发电子工厂、铁塔工厂送电变电器材工厂等等，都是现成的可以利用。政治路线上、还有社会主义加电气化走向共产主义的作用。中央人民政府国务院还有一个由刘澜涛同志负责的电力工业部当管这项工作。真是万事俱备、只欠东风。是否有当，请你在会议期间和小平、陈云、彭真、先念、王震并送依林等同志商榷，并在你们的大会发言中提一提，应该是满可以促使代表们注意研究解决的。

此致
敬礼！

陈康白
一九八〇年八月廿九日
（东人大政协秘书处转乌兰夫主席）

笔墨丹心

背景说明：

这篇文章是 1980 年 7 月，中央有关部门邀请陈康白等人专程到内蒙古去考察水利电力设施情况，在考察结束后陈康白给内蒙古自治区主席乌兰夫写的一封信。

陈康白自 1979 年 3 月离开湖南回到北京以后，一方面忙碌自己的平反昭雪和政策落实情况，另一方面心系国家的经济建设，和一些老同志一起赴东北等地区考察实际情况，写出了多份报告和建议。同时陈康白还不顾自己年迈多病，主动向中央组织部申请多参加一些具体工作。陈康白在那一时期特别关心水利电力的发展严重制约四化建设的相关问题，在他那一时期的日记和诗词创作中，多次提到了国家水利电力建设发展的问题，并附上了给国家有关部门的明确意见。这些举动既体现了一位科学家的高瞻远瞩，又体现了一位老革命家心系祖国、老骥伏枥志在千里的情怀。

陈康白在这封信中强调了电力建设对内蒙古经济发展的巨大促进作用，并根据内蒙古现有的情况向乌兰夫主席提出了现实的解决办法。通过这封信真实地反映出晚年的陈康白忧国忧民的满腔热情和强烈的工作责任心。

后 记

2022年12月，《笔墨丹心》在大家历时一年多的共同努力下终于完稿，这部《作品》是为了配合王民馆长花费十余年精力创作的专著《陈康白传》出版而编写的，是对《陈康白传》有益的细化和补充。本书收录了陈康白从青年到暮年的66篇诗词和32篇文章，展示了陈康白在不同历史时期有代表性的工作内容，更展示了他在化学研究、石油开采、农业开发、经济管理、社会哲学、教育教学、军工生产、重工业管理、矿产开发、高等教育、科学机构设置和自然辩证法研究等领域重要的成果和贡献。全书分两部分，第一部分是对陈康白创作的诗词进行注解、翻译和赏析，使读者能够清晰理解作者的诗词用意，具有较强的艺术性和可读性，既弘扬了优秀传统文化，又能成为帮助青少年提升古文和诗词水平的课外读物；第二部分是对陈康白不同时期撰写的文章有重点地进行了汇总，并附有简要说明，使读者能够更全面、更立体地了解陈康白在不同时期、不同领域里所作的突出贡献，具有较强科学性和史料价值，为了解我党领导的科技发展史提供了珍贵的参考资料。

2021年下半年王民馆长创作的《陈康白传》初步完成，考虑到此书时间跨度大，记录的重大事件和历史人物众多，出版之前王民馆长让我们先印制了30余本样书，送有关专家和亲属进行补充、修改和校审，以保证《陈康白传》的真实性和严谨性。现《陈康白传》正在由中央文献研究室有关专家进行最后的修改和校审，计划于2023年由中央文献出版社出版发行。

2021年下半年，也就是在《陈康白传》修改和校审的日子里，王民馆长交给大家一个任务，让我们把多年来收集到陈康白诗词和文章集中起来，让我们对每一首诗词作翻译和注解，并写出创作背景和诗词赏析，最终形成一部赏析作品，与《陈康白传》配套发行。就这样，我们在馆长带领下开始了艰苦却意义重大的编写和创作工作。

王民馆长在创作《陈康白传》的十余年里，通过多种渠道、历尽艰辛收集到了大量陈康白老院长的个人信息和背景资料，使《陈康白传》的内容真实、感人并具有珍贵的史料价值。尤其在2019年6月以后，王民馆长多次带领我们前往陈康白女儿陈明珠家，发现了大量陈康白遗存的诗文手稿和文件资料。这些资料中有延安时期、解放初期和建国初期的手稿和印刷品，几乎涵盖了陈康白老院长奋斗的一生，对了解陈康白的人物性格和人生经历起到了至关重要的作用。透过这些残缺、发黄、字迹模糊的历史资料，我们看到了老院长卓越的才华和深厚的文化底蕴，看到了他在多个领域、多个岗位上显现出的丰功伟绩，更看到了他一心为公、胸怀祖国的壮丽人生。更为难得的是，在这些材料中竟然还有我党多位领导人在延安时期的珍贵手稿，真实记录了我党延安时期的多种重要活动，这些资料的意义已经不仅单纯是陈康白老院长个人的资料宝库，而是我党延安革命史的重要史料补充，填补了历史空白，具有极高的文物价值。但是考虑到传记创作的文学性，很多资料不能在《陈康白传》中完整展现。为了使这些珍贵的历史资料得以面世，为了更全面、更立体地刻画人物形象，同时也借此为延安革命史研究和中国科技史研究提供更多的参考资料，我们开始了一项充满挑战的整理、编辑、创作和挖掘工程。

回想起2020年的一个炎热的夏天，我们在厚厚几摞的陈康白遗存资料中发现了几个笔记本，上面都是陈康白抄录的诗词和古文。起初我们以为这些都是陈康白的摘抄本，所以并没有细心查看，但是馆长不愿意放过每一个细节，他耐心翻阅着其中一个封面陈旧的硬壳本，在后半部分竟然发现了几首延安时期的诗，很明显这些诗句并不是古诗文摘抄，再定睛一看，

后 记

诗歌的题目中赫然呈现着"开盐田""寿徐老",诗歌下方标注的时间也与陈康白在延安的经历相符,这真是让我们喜出望外。往后翻看了几页,我们又发现了十余首陈康白写的诗词,馆长马上就让我们把这些诗词摘录了下来。虽然当时发现的诗词数量并不多,但因为陈康白的字迹有时难以辨认,而且遣词用句较为生僻,所以我们也着实用了一整天才全部摘录。看着眼前这些引经据典的生花妙笔,我们不由得感慨陈康白的文学功底是如此深厚,大家激动的心情一时间难以平复。前一段时间,我们接触到陈康白的手稿繁多,但都是与科学研究、工业生产和教育教学相关的,这还是我们第一次目睹陈康白在诗词方面的不凡才情。

从那以后,陈康白遗存的浩繁材料为我们打开了一扇长久封闭之门,使我们有越来越多、越来越惊奇的发现。当时馆长正在修改《陈康白传》,并且他一向鼓励我们年轻人多做研究、多写文章,所以他把陈康白诗词赏析的主要任务交给了我们。在接到这项任务时,我们深感自己有责任做好这项工作,这是光荣的使命,同时也是艰巨的挑战。通过一段时间的认真整理,我在陈康白的各种资料中又陆续找到了几十首诗词作品,虽然这些诗词作品多出于陈康白的晚年创作,但也足以说明他一生对古诗词的热爱和追求。在整理过程中,我发现陈康白有多首诗都借鉴了杜甫的作品,说明他对杜甫沉郁风格的诗作情有独钟,于是我便阅读了数本杜甫诗集,以祈盼能与老院长形成共鸣。陈康白有好几首诗词都是围绕三国历史展开的,我也为此重读了《三国演义》,帮助我进一步理解老院长创作时的内心世界。每每遇到诗词中的引经据典,我也要引申阅读其中典故,以期以更专业的角度鉴赏他诗词中蕴含的真实表达。虽然我是文学专业毕业,但对古诗词也只是处于爱好的阶段,并无专业基础,这也是我第一次如此系统集中地学习和研究。尽管艰辛,但其中的愉悦和成就感无法言喻,翻译和赏析陈康白的诗文成为我最大的精神慰藉,有时在睡梦里我还在反复琢磨诗句,这也是陈康白带给我的宝贵的人生体验。

2022年夏季学期以来，馆长带领着我和王鹏系统梳理了每一首诗词的创作背景，和我们一起逐字逐句翻译，赏析工作也随之有序推进。我们一起围坐在电脑前，共同探讨着每一首诗词的深义，有时一个字、一个词会让我们为难一整天。在诗词翻译的过程中我们也经常会各执己见、互不相让，无法达成共识。每每遇到此类情况，馆长经常让我们暂时放下，沉淀一两天再说，给各自留下思考的空间。三个人的共同创作开启了不同的视角，阐发了新的见解，并在最后达成一致。就在这样的集思广益和团结协作之中，我们在11月中旬完成了全部诗词的翻译和赏析。与此同时，馆长在众多的资料中挑选出30余篇陈康白撰写的各类文章，并结合《陈康白传》的创作内容，为每一篇入选文章撰写了简要的背景说明。至此，饱含大家心血的近35万字的《笔墨丹心》终于在11月中旬编著完成。

转眼间我们已经与陈康白的诗词和文章"耳鬓厮磨"了一年多的时间，眼前这已经完稿的一篇篇诗词和文章，伴我们度过了多少文思泉涌抑或是灵感枯竭的日子。这一年多创作赏析的过程，是我们不断学习和探索的宝贵经历，也使得我们更加深入、全面地了解陈康白这个不平凡的人物。陈康白的广博学识和横溢才情常常使我感到自身学识尚浅，他的家国情怀和赤子心肠也令我们由衷感佩，我们怀着无限敬意与诗文背后的陈康白跨越时空交流，在字里行间重温着他丰富而又多舛的一生，这是何其的荣幸！如同馆长历经十余年时间撰写的《陈康白传》一样，我们也经历了从无到有、把自己推倒再重建的过程，也在每一步艰难的前进之中，收获了打破砂锅问到底的执着和抽丝剥茧的耐心，完成了曾经以为不能胜任的挑战，丰富了自己的人生阅历。

这本书是馆长、王鹏和我共同创作的，我们三人加在一起或许不能胜过诸葛亮，但确实让我感受到了集体的智慧和团结的力量。在我们共同创

后 记

作的过程中，馆长的一句话或不经意的点拨就能给我带来创作的灵感，毕竟他对陈康白的了解比我们深入得多，经常能够准确地领悟到陈康白的文字背后所要表达的深意，这也让我的创作少走了许多弯路。

在创作的不同阶段，我们都得到了大力的支持和帮助。首先要感谢我的前同事王新宇，我们从2019年年初就共同协助馆长收集和整理陈康白的各项资料，并配合馆长撰写《陈康白传》。他在陈康白手稿的整理和校对工作中付出了极大心血，同时也参与了陈康白诗词的整理工作。虽然他并未在成书过程中参与创作，但他的前期基础工作为我们后续的诗文赏析奠定了扎实的基础。在此向王新宇表示诚挚的感谢！

在对陈康白的手稿、讲话稿等文章进行整理的过程中，我们也得到了校史馆的研究生助管和讲解员张振泽、胡晓滢、杨绿平、曹烨彤、郑惠欣、王磊、李晓青、姚本林等几位同学的大力帮助，他们参与了陈康白手稿的初期整理工作。这项工作非常不容易，既要求他们耐心细致，又需要他们鉴别潦草、晦涩的词语，这都给学生们的整理工作增加了难度。但是他们不仅出色地完成了任务，并且也在这个过程中感受到了陈康白的科学研究精神，从他们的反馈之中，我们也收获了许多宝贵的意见和建议，这对于这些文章的后续整理和校对分析等工作都具有重要参考价值。这些同学现在大部分都已经毕业，有的在国内外深造，有的已走入工作岗位，在与他们的联系之中我也得知，在校史馆的这项工作给他们留下了深刻的影响，对于他们未来的学习和工作都有着积极的意义。这是我们的荣幸，也是陈康白留下的精神遗产所发挥的价值。在此对上述学生们表示诚挚的感谢！

在我们整理陈康白的资料时，发现其中有一篇署名为陈运煌的化学研究的德语论文，这是1937年陈康白在德国哥廷根大学进行化学研究工作时发表的，并以单行本形式出版发行。为此我们委托北京理工大学外国语学院博士生宋方方同学进行翻译，使这篇我们目前能够获得的陈康白最早的文章《关于麦角固醇 B_3 的氧化》得以收录在这本书中。在此由衷感谢宋方方同学的帮助！

在《笔墨丹心》创作完成之后，为了使此书更加完善和严谨，更为了避免在诗词翻译方面出现错误，我们特别邀请学校校友：原中国科学技术出版社社长苏青老师和学校合作与发展部专务韩棋老师对此书进行校审与修改。在此过程中，这二位老师非常重视和认真，为此书提出了诸多的宝贵意见，给了我们极大的帮助和支持，在此表示衷心的感谢！

更要提出的是，苏青老师作为国务院政府特殊津贴专家、中国新闻出版行业领军人才，欣然接受我们的邀请为此书作序。苏青老师为作此序花费了大量的时间和精力，多次向我们询问创作细节，去粗取精，字斟句酌，最终成就了一篇内容充实，感情真挚，才华横溢的精品之作。这篇精彩的书序是对此书很好的诠释和引领，更为此书增光添彩。在此表示衷心的感谢！

感恩多方的支持和鼓励，本书才能得以完整地呈现在大家眼前。在《陈康白传》正在进行重大选题审批，即将付梓之时，本书先行面世。由于陈康白的诗词文学性较强，其文章涉及学科广泛，所以我们难免会有理解偏差和不足之处，希望学界同仁和广大读者能够批评指正。

成书过程道阻且长，但不经历这番千淘万漉，也无法吹尽狂沙、始到真金。希望这本书能够为宣传党史中的人物、宣传北京理工大学校史贡献点滴力量，阐发更多的见解与思考。

再次感谢前辈和朋友们的支持、帮助和指点！

北京理工大学校史馆编写组

执笔：宋逸鸥

2023 年 4 月